호모 커뮤니쿠스

AI 세상과 만나는 외국어 교육의 미래

호모 커뮤니쿠스

AI 세상과 만나는 외국어 교육의 미래

류태호 지음

경희대학교 출판문화원

추천의 글

"미래에도 계속 외국어를 배워야 할까?"

한석수
세종공동캠퍼스운영법인 이사장/ 전 KERIS 원장

『호모 커뮤니쿠스, AI 세상과 만나는 외국어 교육의 미래』(이하 외국어 교육의 미래)를 읽으면서 오래전 관람한 워쇼스키 감독의 영화 〈매트릭스〉가 떠올랐다. 당시 영화에서 인상적인 부분이 있었다. 주인공에게 헬기 조종이 필요한 상황이 되자, 기지에서 주인공의 두뇌에 바로 조종법을 전송하는 장면이었다. 업로드가 완료되자, 주인공은 바로 헬기를 조종할 수 있게 된다. 그때 나는 그 장면을 보고, '앞으로는 저런 식으로 두뇌에 영어 통번역 프로그램을 업로드하면 될 테니, 우리 아이들은 나처럼 영어 스트레스를 받지 않고 살 수도 있겠네'라는 생각을 했다.

그때나 지금이나 여전히 사람들은 외국어를 배운다. "우리는 기술이 더욱 발달할 미래에도 계속 외국어를 배워야 할까?" 저자인 류태호 교수는 이 책에서 우리가 '언어를 통해 인간이 된 존재'라는 사실을 상기시키며, 생성형 인공지능이 그 언어를 대신할 수 있게 되었을 때, 인간의 정체성과 교육의 의미는 어디로 가야 하는지를 묻는다.

『외국어 교육의 미래』는 단지 외국어 교육의 변화를 말하지 않는다.

한편으로 "외국어 교육의 종말"을 예견하는 도발적인 질문은 마치 선언처럼 들린다. 하지만 책을 읽어나가다 보면, 그것은 단순한 종말이 아니라 새로운 시작을 예고하는 질문임을 알게 된다. 이제 생성형 인공지능이 실시간 통번역을 가능케 하고 AI 튜터가 문법과 발음을 척척 교정해 주는 시대가 되었다. 외국어를 잘한다는 것은 더 이상 '암기력'이나 '노력'의 문제가 아니다. 이 책은 언어학습의 패러다임이 완전히 바뀌었다는 점을 강조한다. 그렇다고 기술의 발전을 지나치게 낙관하거나 두려워하는 데 머물지 않는다. 오히려 그것을 발판으로 삼아 '언어란 무엇인가', '교육이란 무엇인가'를 성찰하는 철학적 질문을 던진다. 인간은 단지 의미를 주고받는 존재가 아니라, 의미를 창조하고 공유하며 정체성을 형성하는 소통하는 존재(Homo Cummunicus)라는 인식이 책 전체를 관통하고 있다.

저자는 언어의 기원에서 시작해서 공교육 외국어 교육의 현주소를 날카롭게 진단하고, 앞으로 교육에서 무엇이 어떻게 달라져야 하는지를 친절하게 제시한다. 특히 생성형 인공지능과 가상현실, 메타버스의 융합 등이 외국어 교육에 가져올 변화는 기술 중심적 논의를 넘어 개인화·자율성·감성지능 기반 학습의 가능성까지 조망하게 만든다. 『외국어 교육의 미래』는 외국어를 가르치는 교사에게는 도전장을, 외국어를 배우는 학생에게는 나침반을, 교육 정책을 고민하는 이들에게는 깊은 통찰을 제공할 수 있을 것으로 보인다. 그뿐 아니라 생성형 인공지능이 말해 주는 단어 너머의 미묘한 뉘앙스와 문화적 맥락까지 고민하게 만든다.

언어는 단순한 소통의 수단이 아니다. 그것은 세계를 인식하는 방식이며, 타인과 나 자신을 정의하는 도구이다. 『외국어 교육의 미래』는 그러한 언어의 본질을 잊지 않으면서도 기술의 진보 앞에 무력해지기보다는 능동적으로 재구성하는 교육의 길을 제안한다.

세상은 변했고 우리는 그 변화의 한복판에 서 있다. 이 책은 바로 그 자리에서 우리가 놓치지 말아야 할 가장 인간적인 질문을 꺼내 보인다. 그리고 말한다. "외국어 교육은 끝나지 않았다. 이제 진짜로 시작될 뿐이다." 모쪼록 이 책을 읽는 사람들이 소통하는 존재(Homo Cummunicus)로서, 도구적 인간 호모 파베르(Homo Faber)와 놀이하는 인간 호모 루덴스(Homo Ludens)의 특성을 발휘하여 인공지능을 도구로 외국어를 놀이하듯 가르치고 익힐 수 있기를 바란다.

호모 커뮤니쿠스, 인공지능을 만나다

언어는 오랫동안 인류 진화의 초석이자, 우리 종(種)을 다른 생명체와 구분 짓는 핵심적인 특성이었다. 초기 인류부터 현대 호모 사피엔스(Homo Sapiens)에 이르기까지, 복잡한 아이디어나 감정, 문화적 서사를 언어로 전달하는 능력은 인류 발전에 중요한 역할을 해왔다. '소통하는 인간'을 뜻하는 호모 커뮤니쿠스(Homo Communicus)는 인간관계를 형성하고 사회를 이끌어가며 기술 혁신을 촉진해 온 인류만의 독특한 언어적 능력을 상징한다. 그런데 최근 생성형 인공지능(Generative Artificial Intelligence)이 급속도로 발전하면서 언어와 소통의 영역에서 획기적인 역할 수행이 가능해지자 기존의 언어나 외국어 교육에 대한 무용론마저 거론되고 있다.

얼핏 생각하면 실시간 통번역이 가능해진다면, 언어 특히 외국어를 배울 필요가 없다는 결론에 다다를 수 있다. 하지만 초기의 단순한 소리와 제스처부터 오늘날의 정교한 언어에 이르기까지 우리의 말하는 능력은 우리를 규정하고 문화를 형성하며 세대를 넘어 서로 연결해 왔다. 따라서, 생성형 인공지능의 탄생을 계기로 인류만의 고유한 언어 능력과 언어의 본질적인 의미를 더욱 깊이 들여다보는 시간이 필요하다.

이러한 되짚음은 오히려 앞으로 언어교육의 미래를 만들어갈 밑거름이 될 것이다.

인간의 언어는 생물학적 진화가 낳은 경이로운 산물로 기호와 소리, 몸짓이 복합적으로 어우러진 체계이며 우리 종(種)이 번성해 온 핵심 동력이다. '호모 커뮤니쿠스'라는 명칭은 언어가 단순한 의사소통 도구에 그치지 않고 인간 존재의 본질을 구성하는 요소임을 상기시킨다. 언어의 발전은 인간 문화를 형성하고 사회 조직을 가능케 하며 세대를 거쳐 지식을 전수하는 데 결정적인 역할을 해왔다. 호모 커뮤니쿠스가 인류 진화에서 지니는 의의는 여러 측면에서 나타난다.

첫째, 언어는 문화적 정체성이 형성, 유지되는 매개체다. 사람들은 이야기를 나누고 의식을 공유하며 신념을 전함으로써 개인의 생애를 넘어서는 유대감을 형성한다. 둘째, 언어는 혁신의 통로이기도 하다. 고대 사회의 구전 문화부터 오늘날 과학 논문에 이르기까지 언어는 아이디어가 전달, 비판, 정제되는 창구가 되어왔다. 마지막으로, 언어는 협업의 기반이다. 작은 공동체에서 거대 국가에 이르기까지 복잡한 사회 구조를 효율적으로 운영할 수 있는 것은 정보를 공유하고 이해하기 쉽게 만드는 언어 덕분이다.

결국 호모 커뮤니쿠스라는 개념은 생각, 감정, 경험을 언어로 표현하는 능력이 우리의 진화를 어떻게 이끌어왔는지 잘 보여준다. 또 언어가 고정된 것이 아니라 사회가 성장하고 기술이 발달하며 문화적 맥락이 변함에 따라 끊임없이 진화해 왔다는 사실을 일깨운다. 이런 맥락에서 호모 커뮤니쿠스라는 개념은 단순한 말하기 행위를 넘어 인간이 소통하고 창조하며 시간과 공간의 한계를 초월할 수 있는 심오한 능력을 지녔음을 의미한다.

2022년 11월 전 세계를 떠들썩하게 만든 챗GPT의 등장 이후 최근 몇 년간 생성형 인공지능은 인간이 구사하는 언어를 이해하고 생성하는 놀라운 능력을 보여주었다. 챗GPT뿐만 아니라 애플 인텔리전스(Apple Intelligence), 삼성 라이브 통역 앱 등 최신 생성형 인공지능 프로그램들은 개발자, 교육자, 정책 입안자 할 것 없이 모든 이들의 상상력을 뛰어넘는 성능을 선보였다. 이런 생성형 인공지능 프로그램들은 단순히 입력된 언어를 처리하는 것을 넘어 시와 소설 등 언어를 창조하는 기능도 제공하고 실시간 번역부터 정교한 대화 에이전트에 이르기까지 다양한 능력을 갖추고 있다.

생성형 인공지능 기반 챗봇은 방대한 인간 언어 데이터를 학습하여 패턴을 추출하고 이를 활용해 인간 소통을 모방하는 문자나 음성을 생성하거나 이용자들의 질문에 인간적인 말투로 빠르게 대답함으로써 고객 서비스 분야의 혁신을 주도하고 있다. 또한, 생성형 인공지능의 실시간 번역 서비스는 서로 다른 언어를 사용하는 사용자 간에 즉각적이고 효율적인 소통을 할 수 있게 도와 그동안 극복하기 어려웠던 언어 장벽을 허물고 해외여행의 필수 동반자가 되고 있다. 이러한 생성형 인공지능의 급부상은 진정으로 언어를 이해하고 사용하는 것이 무엇인지를 다시 생각하게 한다. 인공지능은 실시간 번역과 빠른 응답 면에서는 뛰어난 능력을 보이지만 문화적 맥락이나 관용 표현, 미묘한 함의를 완벽히 이해하지 못하는 경우가 여전히 많다. 이런 문제는 특히 복잡하거나 민감한 상황에서 오해나 과도한 단순화의 위험을 불러오기도 한다.

인간 고유의 언어 능력과 생성형 인공지능 기술이 만나는 교차점에서 우리는 이 둘 사이에 협력과 대립이 공존하는 흥미로운 상호작용을 발견할 수 있다. 생성형 인공지능이 언어 장벽을 넘어 이해와 소통을 돕는 도구를 제공하기도 하지만 문화적 뉘앙스와 맥락적 섬세함을 지닌 인간 언어를 온전히 이해하기에는 한계가 보이기 때문이다. 특히 이런 교차점이 두드러지게 드러나는 분야가 바로 외국어 교육이다. 전통적인 언어학습은 문법과 어휘뿐 아니라 문화적 맥락과 대인관계 기술까지 중요시해 왔다. 생성형 인공지능이 빠른 번역 서비스나 대화 연습용 챗봇을 제공할 수는 있지만 실제로 다른 문화를 체험하면서 생기는 미묘한 몸짓, 억양, 맥락적 단서를 완전히 재현하기는 어렵다. 또한, 교육 현장에서 생성형 인공지능을 적용한다면 기술과 학습의 균형이 어떻게 잡혀야 하는지도 중요한 과제로 떠오른다.

생성형 인공지능이 언어학습 자료를 제공하고 몰입형 학습을 돕는 보조적 역할만 하도록 할 것인지 아니면 보다 주된 역할을 맡게 하여, 디지털 도구에 대한 과도한 의존으로 심층적인 언어 능력과 문화적 민감성의 성장이 자칫 방해받을 수 있는 위험까지 감수할 것인가에 대한 고민이 필요하다. 한편, 생성형 인공지능을 활용해 의사소통하는 과정에서 윤리적 문제도 제기될 수 있다. 생성형 인공지능이 서로 다른 문화권 사람들의 소통을 돕는 과정에서 특정 문화의 표현을 왜곡하거나 편향된 방식으로 전달할 위험이 있기 때문이다. 이러한 문제를 막으려면 생성형 인공지능의 알고리즘 설계 과정에서부터 투명성과 언어와 문화에 관련된 더 다양한 전문 지식을 강화한 데이터베이스를 구축하기 위한 노력이 필수적이다.

이 책은 생성형 인공지능이 교육 환경을 재편하고 있는 시점에서 외국어 교육의 미래를 탐구하는 여정에 길잡이를 제공하고자 한다. 언어교육은 단순한 단어의 번역 그 이상이다. 언어교육에는 의미 있는 소통, 문화적 이해, 개인적 연결을 촉진하는 기능이 포함되고 정교화된 알고리즘만으로는 온전히 포착할 수 없는 요소들이 있다. 우리의 여정은 인간 문명의 심장과 영혼을 반영하는 복잡하고 살아있는 시스템임을 이해하는 데서 출발한다. 호모 커뮤니쿠스가 생성형 인공지능과 만나는 이 시점은 언어학습의 종말이 아니라 오히려 진화의 과정이기 때문에 기술 혁신과 함께 인간적 공감, 문화, 창의성에 대한 새로운 시각이 요구된다.

앞으로 생성형 인공지능은 더욱 급속도로 발전해 나갈 것이다. 이 새로운 시대에 개발자, 교육자, 학습자 상관없이 모두 우리 앞에 펼쳐질 미지의 영역을 헤쳐나가야 한다. 언어교육에 있어서 새로운 기술에 대한 도전은 기술 변화의 물결에 저항하는 것이 아니라 그것을 활용하여 언어에 대한 이해를 풍부하게 하고 서로 간의 연결을 심화시키는 데 있다. 인간 소통의 영원한 가치를 인식하고 기술과 전통의 역동적 상호작용을 받아들임으로써 혁신과 문화유산이 공존하는 교육의 미래를 구축할 수 있다.

호모 커뮤니쿠스가 생성형 인공지능과 만나면서 언어교육에 혁신적인 변화가 일어나고 있다. 이 책은 그러한 인간의 언어와 생성형 인공지능 기술이 만나는 교차점에서 이뤄지는 대화로의 초대이다.

목차

PART 2.
언어란 무엇일까?

PART 3.
생성형 인공지능이 가져올 외국어 교육의 변화

PART 4.

외국어 교육의 미래

PART 1

우리가 꿈꿔온 미래가 점차 현실화되고 있다. 이제 언어학습에 있어서도 전통적으로 계속해 오던 암기와 반복 훈련의 한계를 넘어 새로운 가능성을 열어가는 단계에 이르렀다. 특히 번역이나 발음 교정 같은 기본 기능뿐만 아니라 학습자의 수준과 특성에 맞춰 실시간으로 피드백을 제공하고 몰입형 학습환경을 구현하는 일이 가능해졌다. 이로써 외국어 학습은 더 이상 '교실에서의 지루한 연습'이 아니라, 흥미로운 모험이자 무한히 확장되는 소통의 장으로 재탄생하고 있다.

이번 장에서는 이러한 변화를 이끄는 핵심 요소와 이를 둘러싼 사회·문화적 흐름을 살펴보고자 한다. 생성형 인공지능 기반 번역 서비스와 대화형 챗봇의 급부상은 그 자체로도 놀라운 혁신이지만 이것이 우리 삶 전반에 어떻게 녹아드는지, 또 어떤 장점을 제공하고 어떤 문제를 내포하는지 짚어볼 필요가 있다. 이미 세계 곳곳에서는 실시간 음성 통역이나 개인화된 학습 시스템을 활용해 언어 장벽을 허물고 교육, 비즈니스, 여행 등 다양한 분야에서 새로운 협업 기회를 발굴하고 있다. 이러한 흐름 속에서 우리에게는 '외국어를 배운다'는 개념을 넘어 '언어의 미래를 만들어간다'는 인식 전환이 필요하다.

호모 커뮤니쿠스

AI 세상과 만나는

외국어 교육의 미래

상상이 현실이 되다

실시간 통번역 시대가 열리다

최근 몇 년간 진행된 인간 언어와 생성형 인공지능의 융합은 언어 번역 분야에 새로운 시대를 열었다. 오랫동안 공상과학의 영역처럼 여겨졌던 실시간 번역이 실제로 구현되고 있다. '생성형 인공지능'이란 방대한 데이터에서 학습한 패턴을 바탕으로 텍스트나 이미지, 오디오나 영상 등 새로운 콘텐츠를 만들어내는 시스템을 말한다. 기존 알고리즘처럼 미리 정해진 규칙을 따르는 것이 아니라 언어 데이터를 학습해 인간 의사소통을 닮은 번역이나 창작물을 생성한다는 점이 특징이다.

특히 '인공신경망 번역 시스템'은 자동 번역 분야에서 큰 도약을 이뤄냈다. 규칙 기반이나 통계적 방식으로 작동하던 전통적 기계 번역과 달리 심층학습 모델(Deep Learning Model)을 활용해 문장을 이해하고 번역을 생성한다. 이를 통해 맥락, 관용 표현, 심지어 문화적 미묘함까지 파악해 보다 자연스러운 번역 결과를 내놓기도 한다. 번역 속도와 정확도가 향상된 것은 물론이고 언어의 미묘한 뉘앙스까지 어느 정도 반영하는 실시간 번역이 가능해진 것이다. 이러한 기술은 개인 간 소통부터 국제 비즈니스까지 언어 장벽을 허물어 전 세계인의 의사소통 방식에 새로운 흐름을 불러일으키고 있다.

기계 번역의 역사적 발전

최초의 기계 번역 시도는 1950년대로 거슬러 올라간다. 컴퓨터가 언어 장벽을 없앨 수 있으리라는 낙관적 기대 속에서 미국과 유럽의 연구진은 사전에 의존하는 간단한 번역 모델을 시도했다. 이 초기 시스템은 매우 제한적이었고 언어의 복잡성을 충분히 다루지 못했다.

1960~70년대에는 문법 규칙과 어휘 데이터베이스를 정교하게 구축해 문장을 분석, 생성하는 방식의 '규칙 기반 기계 번역(Rule Based Machine Translation: RBMT)'이 등장했다. 당시에는 상당히 혁신적인 접근이었지만 인간 언어의 무수한 예외 상황과 복잡다단한 맥락을 모두 반영하기에는 역부족이었다.

1980~90년대에 들어서는 '통계적 기계 번역(Statistical Machine Translation: SMT)'이 큰 전환점을 마련했다. 이 방식에서는 미리 정해둔 규칙 대신 대규모 이중언어 말뭉치(Corpus)를 기반으로 확률 모델을 만들어 번역을 추론했다. 이전 방식들에 비해 확실히 발전된 결과를 보여주었지만, 여전히 문법적 자연스러움이나 맥락 이해 면에서 한계가 있었다.

이후 2010년대 중반 인공신경망 기반의 번역 시스템이 등장하면서 기계 번역은 또 한 번 거대한 혁신을 맞이했다. 인공신경망 번역은 전체 문장을 하나의 단위로 받아들이고 문맥을 함께 고려해 번역하는 방식이다. 이런 전반적 맥락 인식 능력 덕분에 훨씬 더 정확하고 유창하며 자연스러운 번역이 가능해졌고 이를 바탕으로 생성형 인공지능이 접목된 실시간 번역 시대가 열리기 시작했다.

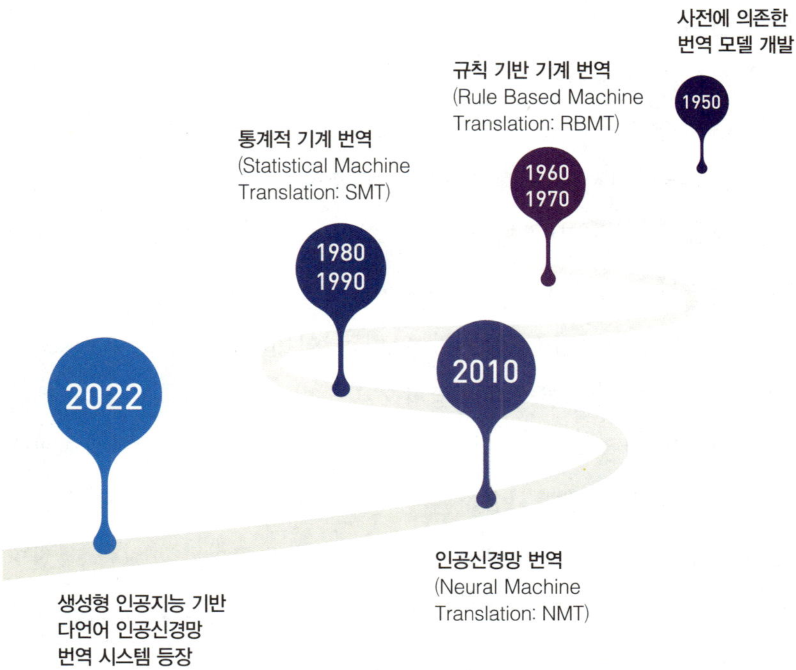

기계 번역의 역사적 발전

실시간 번역 기술의 현주소

오늘날의 실시간 번역 기술은 불과 몇 년 전만 해도 상상조차 할 수 없던 수준이다. 거의 즉각적인 번역을 제공하면서도 정확도가 크게 향상되었다. 이러한 기술은 모바일 앱, 웹 서비스, 기업용 커뮤니케이션 플랫폼, 국제 외교 등 다양한 분야에서 활용되고 있다. 특히 주목할 만한 점은 실시간 음성 통역이 가능해졌다는 것이다. 이런 실시간 번역 프로그램은 음성을 텍스트로 변환해 번역한 후 다시 음성으로 합성하는 과정을 몇 초 안에 수행한다. 또한 다국어 텍스트 말뭉치(Corpus)로부터 언어 구조, 어휘, 관용구, 문맥을 학습함으로써 기존의 규칙 기반이나 통계적 번역 방법과 달리 딥러닝 아키텍처를 사용해 문맥을 이해하고 보다 자연스럽고 유연한 번역을 만들어낼 수 있게 됐다. 이로 인해 현장에서 통역사를 섭외하기 어려운 상황에서도 언어 장벽 없이 대화를 이어갈 수 있게 되었다. 비즈니스 회의, 해외여행, 긴급 상황 등에서 이 기능은 매우 유용하게 사용된다.

더 나아가 문자나 음성뿐만 아니라 이미지, 영상 등 다중모드(Multimodal) 데이터를 번역하는 방향으로도 발전이 이뤄지고 있다. 예를 들어 라이브 방송 자막을 실시간으로 번역해 보여주거나 화상회의에서도 각기 다른 언어를 사용하는 참가자들이 언어적 제약을 넘어 동등하게 협업할 수 있도록 지원하는 기술이 빠르게 확산되고 있다. 생성형 인공지능은 여기서 맥락 인식 능력을 한층 높여 문화적 함의나 관용 표현까지 고려한 번역을 지원하고 있다.

생성형 인공지능이 몸짓, 얼굴표정, 문맥적 이미지를 분석하여 더욱 미묘하고 문화적으로 민감한 번역을 제공할 수 있다고 상상해 보자. 이러한 번역 기술의 발달은 비언어적 신호를 이해하는 것이 언어적 표현만큼 중요한 외교적 상황이나 문화 간 협상 분야에 큰 변혁을 가져올 것이다.

대표적 인공지능 번역 시스템

현재 가장 활발히 활용되고 있는 대표적 인공지능 번역 시스템들을 살펴보자.

구글 번역

2006년 첫선을 보인 후 통계적 기계 번역 방식을 거쳐 현재는 정교한 신경망 번역 엔진으로 진화했다. 100개 이상의 언어를 지원하며 전 세계 수많은 사용자가 활용하고 있다.

구글 번역의 강점 중 하나는 크롬 브라우저나 안드로이드 기기 등 여러 구글 제품과 밀접하게 연동된다는 점이다. 덕분에 웹페이지, 문자 메시지, 심지어 음성 대화까지 실시간으로 번역해 준다. 구글이 축적해 온 막대한 다국어 데이터(Multilingual data) 덕분에 맥락으로나 언어 표현 면에서 번역 품질이 상당히 높은 편이다.

다만 특정 전문 분야나 기술적 내용에 대해서는 어색한 번역을 내놓기도 한다. 수집된 데이터가 방대한 만큼 편향된 데이터나 왜곡된 정보가 포함될 확률도 높기 때문에 특정 편향이 그대로 반영할 위험도 있다. 그럼에도 불구하고 구글 번역은 인공신경망 번역이 대중화되는 데 크게 기여한 대표 사례로 손꼽힌다.

딥엘

2017년에 등장한 딥엘(DeepL)은 특히 유럽 언어권 번역에서 뛰어난 품질을 보여주면서 빠르게 명성을 쌓았다. 경쟁 프로그램과 달리 깊이 있는 심층학습 알고리즘을 통해 미묘한 언어적 뉘앙스까지 반영한 자연스러운 번역 결과를 제공한다는 평가를 받는다.

딥엘의 강점은 다양한 언어의 번역을 지원하기보다 번역 품질 자체에 집중한다는 점이다. 지원 언어 수는 상대적으로 적지만 전문적인 번역 수준이 요구되는 사용자들에게 만족도가 높다. 또한, 문자 번역뿐만 아니라 음성이나 문서 번역 분야로 영역을 확장해 실시간 커뮤니케이션에도 적용 폭이 넓어지고 있다.

구글 번역과 딥엘은 인공신경망 번역과 생성형 인공지능의 힘을 잘 보여주는 두 가지 예시다. 접근 전략은 다르지만, 둘 다 언어 간 장벽을 허무는 동시에 높은 수준의 번역 품질을 추구한다. 앞으로 이 두 가지 프로그램이 더욱 발전하면서 폭넓은 언어 지원과 고품질 번역 사이의 경계는 더 모호해질 것으로 보인다.

글로벌 소통과 비즈니스에 미칠 영향

가장 즉각적인 효과 중 하나는 국제 협업의 촉진이다. 오늘날 기업, 대학, 정부 기관 등은 다양한 언어권에 걸쳐 활동한다. 실시간 번역 기술은 이들이 모국어가 달라도 원활하게 소통할 수 있게 함으로써 생산성과 효율성을 높여줄 수 있다. 또한, 언어 장벽을 뛰어넘으면 자연스럽게 새로운 시장 진출이 쉬워지고 더 폭넓은 고객층을 확보할 수 있다. 통역사나 다국어 전문가 고용에 드는 비용을 절감할 수 있어서 특히 중소기업에 큰 도움이 된다. 원활한 커뮤니케이션 덕분에 협상과 물류 등의 업무도 효율적으로 진행될 수 있어 장기적으로는 경제 성장에도 기여할 가능성이 크다.

한편, 실시간 번역은 소비자 시장에서도 고객 서비스와 사용자 경험에 변화를 가져오고 있다. 이중언어 구사자를 채용하지 않고도 번역 기술을 통해 즉각적이고 정확한 고객 응대를 제공할 수 있기 때문이다. 이는 글로벌 시장에서 경쟁력을 높이는 중요한 요소가 될 수 있다.

마지막으로 실시간 번역 기술은 경제적 가치 외에도 문화 교류와 이해를 촉진하는 가교 역할을 한다. 여행, 국제 미디어 소비, 온라인 교류 등이 더욱 활발해지면서 서로 다른 문화의 차이와 공통점을 더 깊이 인식할 수 있게 되며 궁극적으로 세계 시민으로서 공감 능력과 포용성을 높이는 데에도 기여한다.

도전과 고려 사항

실시간 번역의 장점은 분명하다. 하지만 해결해야 할 도전과 윤리적 문제도 존재한다. 기술에 과도하게 의존하다 보면 정작 다른 언어와 문화를 직접 배우고 체험하려는 동기가 약해질 수 있다. 또한 데이터 프라이버시, 알고리즘 편향, 번역 오류로 인한 오해가 발생할 가능성도 있다. 이러한 문제들을 해결하기 위해서는 개발자, 교육자, 정책 입안자 등 분야별 전문가들이 힘을 모아 책임감 있게 기술을 도입하고 운용해야 한다. 편향 감소를 위한 연구 투자, 알고리즘 투명성 강화, 그리고 기계 번역을 보완하는 언어교육의 중요성을 강조하는 노력 등이 필요하다.

생성형 인공지능과 인공신경망 번역 시스템의 지속적인 발전 가능성을 충분히 고려하더라도 인간 통역사를 완전히 대체할 가능성은 크지 않다. 오히려 이러한 시스템들은 의사소통에서 인간 통역사의 역할을 재정의할 것이다. 생성형 인공지능은 일상적인 번역과 문맥을 고려한 빠른 출력을 처리할 수 있지만 고도의 협상, 복잡한 문화적 상호작용, 공감과 미묘한 판단이 요구되는 상황에서는 여전히 인간 통역사가 필요하기 때문이다. 이러한 공생 관계에서 기술은 인간의 능력을 보완하는 자리에 머물게 된다.

생성형 인공지능과 인공신경망 번역 시스템의 부상은 기계 번역 진화에 있어 획기적인 전환점을 마련했다. 규칙 기반에서 시작해 통계적 방식, 오늘날의 인공신경망에 이르기까지 기계 번역은 끊임없는 혁신과 적응의 역사를 거쳐왔다. 구글 번역과 딥엘 같은 대표 사례들은 실시간 번역이 어떻게 우리의 언어 장벽을 극복하고 전 세계를 더욱 가깝게 만들 수 있는지 잘 보여준다.

지금까지 살펴봤듯 생성형 인공지능을 접목한 번역 기술은 단순한 기능적 업그레이드가 아니라 다양한 언어가 공존하는 세상에서 소통을 바라보는 방식 자체를 변화시키고 있다. 실시간으로 말이나 글을 번역할 수 있게 되면서 국제 협업, 경제 성장, 문화 교류의 새로운 가능성이 열렸다.

언어 장벽이 점차 사라지는 미래는 서로 다른 언어를 '장애'가 아닌 '다리'로 만들며 사람과 조직이 지금까지는 상상하지 못했던 방식으로 연결될 것이다. 그러나 언어와 문화의 다양성, 인간적 소통의 가치는 여전히 소중하다는 점을 잊지 말아야 한다.

실시간 번역 시대가 열어갈 미래는 무궁무진하며 그 변화는 상상해온 모습보다 훨씬 빠르고 거대한 흐름으로 우리 곁에 다가오고 있다. 이 책에서는 앞으로 생성형 인공지능이 외국어 교육 분야와 어떻게 접목되고 있는지를 더욱 깊이 있게 살펴볼 것이다. 기술이 어디까지 가능성을 열어주고 어떤 한계가 있는지를 함께 고찰함으로써 기술이 인간의 언어 경험을 풍부하게 하도록 이끄는 지혜로운 방향을 모색할 것이다.

기계가 사람 말을 한다?
기계어(Machine Language) VS. 자연어(Natural Language)

최근 생성형 인공지능의 급속한 발전은 인간 언어와 기계 통신의 관계에 관한 흥미로운 질문들을 낳았다. 정말로 기계가 인간 언어를 '말한다'라고 할 수 있을까? 이 물음에 답하기 위해서는 먼저 컴퓨터가 이해하는 낮은 수준의 이진 코드인 '기계어'와 인간의 복잡하고 풍부한 의사소통 수단인 '자연어'를 구분해야 한다. 여기에서는 기계어와 자연어의 정의부터 시작해 자연어 처리(Natural Language Processing: NLP)의 기본 개념과 기계가 인간 언어를 이해하도록 만드는 과정의 난제들을 살펴본다. 또한 지피티3(Generative Pre-trained Transformer 3: GPT-3)와 버트(Bidirectional Encoder Representations from Transformers: BERT) 같은 대규모 언어 모델(Large Language Model: LLM)이 보여주는 진보와 더불어 여전히 남아 있는 맥락 이해와 뉘앙스 파악의 한계를 논의하고자 한다.

기계어와 자연어의 정의

기계어(Machine Language)

기계어는 컴퓨터의 중앙처리장치(CPU)가 직접 실행할 수 있는 명령어 집합으로 0과 1로 구성된 이진 코드다. 컴퓨터 하드웨어의 동작 방식에 정확히 부합하도록 만들어졌으며 산술 연산과 논리 연산, 제어 작업 등을 오차 없이 수행하도록 설계되어 있다. 이처럼 기계어는 하드웨어 수준의 낮은 단계에서 효율적인 작업 수행은 가능하지만, 인간 언어가 가진 유연함과 표현력, 그리고 중의적 특성은 전혀 갖추고 있지 않다. 엄격하고 직관적 구조를 지닌 기계어는 인간의 풍부한 사유와 감정을 담아 내기엔 적합하지 않다.

자연어(Natural Language)

반면 자연어는 인간이 복잡한 아이디어, 감정, 문화적 서사를 전달하기 위해 사용하는 의사소통 수단이다. 한국어, 영어, 중국어, 스페인어, 아랍어 등은 오랜 역사와 문화를 거치며 발전해 왔고 맥락에 따라 의미가 달라지거나 은유와 모호성을 담을 수 있다. 자연어의 이러한 특성은

기계어 vs. 자연어

정보 전달뿐만 아니라 인간이 경험하는 세세한 뉘앙스까지도 표현할 수 있게 한다. 이렇듯 기계어와 자연어의 근본적 차이로 인해 인간의 소통 방식을 컴퓨터가 그대로 처리하기란 쉽지 않다. 기계어는 이진 코드 처리에 특화되어 있지만 인간의 언어인 자연어는 그보다 훨씬 유동적이고 복잡하기 때문이다.

자연어 처리(NLP)의 기본 개념

자연어 처리(NLP)는 기계가 인간 언어를 해석, 생성, 응답하도록 만드는 인공지능의 한 분야다. 컴퓨터공학, 언어학, 인지심리학 등이 융합된 이 분야는 언어의 복합적 특성을 다루기 위해 다음처럼 다양한 기법을 활용한다.

자연어 처리(NLP)의 핵심 구성 요소

① **토큰화와 파싱**(Tokenization & Parsing)

자연어 처리(NLP)의 첫 단계는 문장을 단어, 구, 기호 등의 작은 단위(토큰)로 분리하는 것이다. 이후 컴퓨터가 입력된 데이터를 분석하여 구조화하는 파싱(Parsing) 과정을 통해 문장의 문법적 구조를 분석해 단어들이 어떻게 연결되는지 파악한다. 주어진 문장이 '문법적으로 올바른가?'를 확인하기 위한 구문 분석(Syntax Analysis) 중 구성 구문 분석(Syntactic Parsing)과 의존 구문 분석(Dependency Parsing) 등을 활용하여 각 단어의 역할을 식별한다.

② **의미 분석**(Semantic Analysis)

문장의 구조를 이해했다면 그다음은 문장이 전달하는 의미를 추론하는 의미 분석(Semantic Analysis) 단계다. 단어와 구를 의미에 맵핑(Mapping)하고 이들이 맥락에서 어떻게 상호작용하는지를 해석해야 한다. 동의어, 다의어, 맥락적 변이를 고려해야 하며 이는 자연어 처리(NLP) 시스템이 실제 상황에서 올바른 뜻을 파악하는 데 중요하다.

③ **맥락 이해**(Contextual Understanding)

같은 단어나 구라도 맥락에 따라 전혀 다른 의미를 가질 수 있다. 예를 들어 'bank'는 금융 기관을 의미할 수도 있고, 강둑을 뜻할 수도 있다. 고급 자연어 처리(NLP) 시스템은 주변 단어나 주제 등 맥락 정보를 활용해 의미를 더욱 정교하게 구분한다.

④ **화용 분석 및 담화 분석**(Pragmatic & Discourse Analysis)

문장 단위를 넘어 실제 상황에서 언어가 어떻게 사용되는지를 분석하는 단계다. 화용 분석(Pragmatic Analysis)은 문장의 연관관계를 분석하여 말하는 사람의 의도를 파악하고 담화 분석(Discourse Analysis)은 대화나 전체 글의 흐름 속에서 문장들이 어떻게 연결되는지를 살핀다. 이는 내용 요약 및 대화 생성 등 고차원적 명령을 수행할 때 필수적이다.

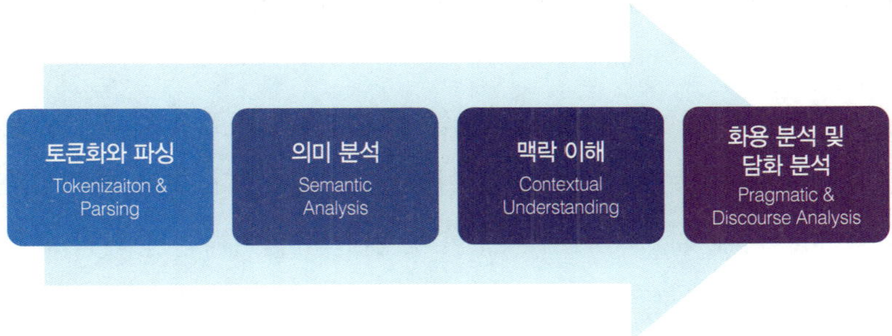

NLP의 핵심 구성 요소

자연어 처리(NLP) 기법과 접근 방식

초기 자연어 처리(NLP) 연구는 문법과 구문 규칙을 일일이 정의해 놓고 컴퓨터가 이를 적용하도록 하는 규칙 기반 접근을 취했다. 그러나 이 방식은 확장성과 적응력이 떨어졌다. 이후 통계적 기법이 도입되어 대규모 말뭉치(코퍼스) 데이터를 활용해 단어나 구문 출현 확률을 학습하는 방식으로 발전했다. 통계적 기법은 번역이나 감정 분석 등에서 어느 정도 성과를 냈지만, 여전히 문맥적 의미나 복합적 관계를 완전히 포착하기엔 한계가 있었다. 최근 자연어 처리(NLP)는 심층학습의 도입으로 또 한 번 혁신을 이뤘다. 순환 신경망(Recurrent Neural Network: RNN)이나 트랜스포머(transformer) 같은 모델을 활용해 데이터로부터 복잡한 패턴을 직접 학습하게 함으로써 다양한 응용 분야에서 크게 향상된 성과를 거뒀다.

기계가 인간 언어를 완전히 이해하기 어려운 이유

자연어 처리(NLP)가 크게 발전했음에도 기계가 여전히 인간 언어를 온전히 이해하기는 쉽지 않다. 그 이유는 여러 가지다. 첫째, 중의성과 다의어(Ambiguity and Polysemy) 때문이다. 인간의 언어에는 중의적 표현이 많다. 단어, 문구, 문장 하나에도 맥락에 따라 여러 뜻이 내포될 수 있다. 이를 정확히 해석하려면 단순한 문법 분석뿐만 아니라 광범위한 맥락 정보와 배경지식이 필수다. 둘째, 관용 표현과 비유(Idiomatic and Figurative Language) 때문이다. 몸의 상태가 좋지 않음을 나타내는 영어 관용구 "Under the weather"를 "날씨 아래에 있다"라고 직역하거나, 폭우가 쏟아지는 상황을 의미하는 비유적 표현 "It's raining cats and dogs!"를 문자 그대로 "하늘에서 고양이와 개가 내린다!"라고 번역하면 원래 뜻과 전혀 다른 의미가 된다. 따라서, 이런 표현을 이해하려면 문화적, 언어적 맥락에 대한 폭넓은 지식이 필요하다.

다음으로는 맥락과 화용론(Pragmatics)을 들 수 있다. 이전의 대화 내용이나 화자의 의도에 따라 문장의 의미가 크게 달라질 수 있기 때문이다. 일반적으로 기계는 텍스트(text) 자체만 처리하기 때문에 인간이 자연스럽게 고려하는 맥락을 놓치기 쉽다. 또한, 분야별 전문 용어(Domain-specific Terminology)도 기계가 인간 언어를 완전히 이해하기 어렵게 만드는 데 한몫한다. 의학, 법률, 공학 등 특정 분야의 전문 용어는 일반 언어와는 다른 의미 체계를 가진다. 이런 용어의 정확한 처리를 위해서는 해당 분야의 방대한 데이터나 영역(Domain) 적응력이 높은 모델이 필요하다. 마지막으로 문화적, 사회적 뉘앙스(Cultural and Societal Nuances) 때문이다. 언어는 문화와 깊이 연결되어 있다. 유머, 풍자, 사회적 규범 등은 단순히 단어를 번역하는 것으로는 충분히 전달되지 않는다. 이런 요소를 놓치면 교차 문화 커뮤니케이션에서 오해가 발생할 수 있다.

인공지능 언어 모델의 진보

최근 수년간 등장한 대규모 언어 모델(Large Language Model: LLM)은 기계가 인간 언어를 처리하고 생성하는 능력을 크게 높였다. 그중 대표적으로 GPT-3와 BERT가 있다.

GPT-3: 생성 능력의 비약적 진전

OpenAI가 개발한 GPT-3는 1,750억 개 매개변수를 갖춘 매우 거대한 언어 모델이다. 방대한 데이터에서 학습한 GPT-3는 문맥에 맞춰 자연스럽고 유창한 텍스트를 생성하는 능력을 보여줬다. 질의응답, 번역, 글쓰기 등 다양한 작업을 수행하는 동시에 대화 가능 주제 범위도 폭넓다. 하지만 GPT-3도 한계가 있었다. 출력이 때로는 사실과 어긋나거나 맥락에서 벗어난 답변을 제시하는 환각(Hallucination) 현상이 발생하기도 한 것이다. 무척 방대한 지식을 학습했음에도 여전히 복잡하거나 모호한 상황에서 오류를 범하기 쉽다는 점이 한계로 드러났다.

BERT: 맥락적 관계의 정복

구글이 개발한 버트(BERT)는 양방향으로 텍스트 처리가 가능해 단어가 문맥 속에서 갖는 의미를 더 정확히 포착할 수 있었다. 왼쪽에서 오른쪽 혹은 오른쪽에서 왼쪽으로만 텍스트를 읽던 기존 모델과 달리 버트(BERT)는 문장의 모든 위치를 동시에 참조하는 방식을 통해 질의응답,

감정 분석 등 다양한 자연어 처리(NLP) 과제에서 높은 정확도를 보여주었다. 버트(BERT)의 성공 이후 이를 기반으로 한 다양한 변형 모델이 등장하면서, 자연어 처리(NLP) 분야에서 트랜스포머 기반 아키텍처가 표준으로 자리 잡게 됐다.

맥락 이해와 뉘앙스 파악의 한계

지피티3(GPT-3)나 버트(BERT) 같은 모델이 등장하면서 자연어 처리(NLP) 기술은 크게 발전했지만 인간 언어를 완벽하게 이해하는 데에는 여전히 중요한 장벽이 있다. 첫째, 깊은 이해의 부재다. 생성형 인공지능의 최첨단 모델도 본질적으로 '데이터에서 학습된 패턴'을 재생산하는 방식을 취한다. 인간처럼 진정한 이해를 기반으로 의미를 조합하는 것이 아니라 통계 및 확률적 패턴을 추론해 문장을 생성하는 것이다. 따라서 장문의 대화에서 일관성을 유지하거나 실생활의 지식을 결합해 깊이 있는 추론을 하는 데는 한계를 보인다.

둘째, 미묘한 뉘앙스 처리의 어려움 때문이다. 풍자, 반어법, 감정 표현 같은 미묘한 뉘앙스는 대규모 데이터에서 학습했더라도 쉽게 잡아내기 어렵다. 아무리 정교화된 모델이라도 사소한 맥락 변화나 인간 고유의 암시적 표현을 놓치면 어색하거나 적절치 않은 대응을 할 수 있다.

셋째, 학습한 데이터에 대한 의존성 크다는 것이다. 대규모 언어 모델(LLM)의 성능은 학습 데이터의 품질과 범위에 크게 좌우된다. 편향된 데이터를 학습하면 모델 역시 편향된 출력을 내놓을 수 있으며 특정 언어 혹은 방언이 부족하게 포함된 경우엔 해당 언어군에서의 성능이 저하되게 마련이다.

넷째, 장기 맥락 기억과 일관성 유지의 한계 때문이다. 대화나 문서가 길어질수록 모델이 이전 내용을 기억하고 일관성 있게 대응하는 일은 어려워진다. 최근에는 이 문제를 완화하기 위해 다양한 기법들이 연구되고 있지만 아직 완벽한 해결책은 없다.

마지막으로 윤리 및 실용적 함의 때문이다. 맥락 및 뉘앙스 파악의 한계는 사회적으로도 중요한 결과를 초래할 수 있다. 의료, 법률, 외교 같은 분야에서 기계 번역이나 생성형 인공지능이 잘못된 해석을 제공하면 개인적이나 문화적, 더 나아가 정치적 갈등이 심화할 위험이 있다. 따라서 정확한 의사소통이 핵심인 영역에서는 생성형 인공지능의 도입에 더욱 신중해야 한다.

더 정교한 미래를 향해

생성형 인공지능의 발전이 계속되면서 앞에서 언급한 여러 가지 한계를 극복하기 위한 연구와 개발이 활발히 진행되고 있다. 문자 외에도 영상, 음성, 이미지 등 다양한 형태의 데이터를 함께 활용하는 다중모드(Multimodal) 접근, 보다 나은 기억 메커니즘 도입, 구조화된 지식(Structured Knowledge)과의 접목 등이 논의되고 있다. 또한, 편향을 줄이고 언어적 다양성을 보장하기 위한 데이터베이스의 개선도 중요한 과제다. 앞으로는 단지 문법적으로 정확한 문장을 생성하는 데 그치지 않고 인간의 감정과 문화적 맥락, 대화 흐름까지 제대로 이해해 대응하는 생성형 인공지능이 등장할 가능성이 높다. 이는 교육, 고객 서비스, 국제 외교, 창작 등 매우 다양한 분야에서 새로운 가능성을 열어줄 것이다.

기계가 인간 언어를 말하도록 만드는 여정은 규칙 기반의 초기 연구부터 인공신경망에 이르는 오랜 도전과 혁신의 역사였다. 기계어가 정확한 이진 코드를 통해 컴퓨터를 작동시키는 언어라면 자연어는 인간의 사유와 감정을 표현하기 위한 유동적인 의사소통의 수단이다. 자연어 처리(NLP)는 이 둘 사이의 간극을 메우는 역할을 하며 고도로 발전한 기법들을 통해 기계가 인간 언어를 해석하고 생성하도록 돕는다.

지피티3(GPT-3)나 버트(BERT) 같은 모델이 보여주듯 이제 생성형 인공지능은 인간 언어를 엄청난 수준으로 모사할 수 있게 되었다. 그럼에도 불구하고 진정한 맥락 이해와 깊이 있는 의미 파악이라는 측면에서 기계와 인간 사이의 간극은 여전히 존재한다. 사실상 기계는 패턴 인식에 의존하기 때문에 인간이 대화에서 자연스럽게 사용하는 중의성, 은유, 문화적 함의를 완벽히 처리하기는 어렵다.

앞으로 자연어 처리(NLP)와 생성형 인공지능 연구가 진전됨에 따라 기계가 인간의 언어적 미묘함을 더 잘 파악하게 될 가능성은 높아질 것이다. 그러나 그 과정에서 드러나는 기술 및 윤리적 문제를 제대로 인식하고 이를 해결하기 위해 신중하고 창의적으로 접근하는 것이 필요하다. 이러한 도전과 기회는 우리가 기술과 함께 인간 소통의 지평을 확장해 가는 과정 그 자체를 흥미로운 여정으로 만든다. 기계가 인간 표현의 심오함을 더 잘 이해하고 재현할 수 있도록 멈추지 않고 도전해 나가는 과정은 기계어와 인간의 언어인 자연어가 계속해서 더 심도 있는 대화를 이어갈 수 있는 교량이 될 것이다. 자, 그러면 이러한 생성형 인공지능의 기술 발전이 외국어 교육과 어떻게 만나는지, 학습 현장에 생성형 인공지능을 도입했을 때 벌어질 변화들에 대해 구체적으로 살펴보자.

외국어 학습? 이젠 개인 맞춤형으로

최근 몇 년간 외국어 교육은 '하나의 방식으로 모두를 가르치는' 접근에서 벗어나 학습자의 수준과 취향에 맞춰 교육과정을 개별화(Individualized)하고 적응화(Adaptative)하는 방향으로 전환되고 있다. 여기서는 전통적 언어학습 방식에서 인공지능 기반 맞춤형 학습으로 옮겨가는 과정, 그 중심에 자리한 학습자 프로파일링과 적응형 학습 알고리즘에 대해 살펴보고자 한다. 또한, 대표적인 맞춤형 언어학습 플랫폼의 예시와 이러한 방식이 가져다주는 이점, 개인화된 언어학습이 앞으로 어떤 모습으로 발전할지, 이러한 혁신이 교육 현장을 어떻게 바꾸어놓을지 전망한다.

전통적 언어학습 vs 인공지능 기반 맞춤형 학습

전통적 언어학습

역사적으로 외국어 교육은 교실 수업, 표준화된 교재, 오디오나 비디오 자료 등에 주로 의존해 왔다. 이러한 전통적 접근은 다음과 같은 몇 가지 핵심 특징을 지닌다.

- **획일적 커리큘럼**: 동일한 교재 및 자료가 모든 학습자에게 동일하게 제공되며 대개 주어진 교육과정에 맞춰 일률적으로 진행된다. 학습자의 수준이나 학습 스타일이 달라도 크게 고려되지 않는다.
- **교사 중심 수업**: 교사가 강의, 반복 연습, 그룹 활동 등을 통해 학습을 이끈다. 학생이 어려움을 겪을 때 교사가 직접 진단하고 보충 설명을 제공하지만, 교실이라는 시간적, 공간적 제약으로 인해 세밀한 맞춤 지도가 쉽지 않다.
- **제한된 개인화**: 교실 안에서 어느 정도 차별화가 가능하더라도 전반적인 구조상 심도 있는 개인 맞춤 교육이 이뤄지긴 어렵다. 학습 수준이 다른 학생들은 수업 속도가 너무 빠르거나 느리다고 느낄 수밖에 없다.
- **고정된 콘텐츠 제공**: 전통적 방식은 교과서나 녹음, 녹화된 자료, 인쇄된 연습 문제 등에 기반하므로 학습자의 진도나 난이도 선호에 실시간으로 대응하는 데 한계가 있다.

이러한 전통적 방식은 오랜 시간 수많은 학습자에게 적용되어왔지만, 학습자 개인의 배경지식이나 인지 능력, 문화적 맥락 등이 다를 때 이를 충분히 반영하기 어려운 면이 있다.

인공지능 기반 맞춤형 학습

인공지능을 활용한 맞춤형 학습은 실시간 학습 데이터를 활용해 각 학습자의 필요에 맞는 교육과정을 제공한다. 주요 특징은 다음과 같다.

- **적응형 콘텐츠 제공**: 인공지능 플랫폼은 학습자의 성취도를 지속적으로 분석해 난이도, 속도, 학습 콘텐츠 등을 유연하게 조정한다. 예컨대 어휘에는 강하지만 문법에서 취약한 학습자에게는 문법 연습을 집중적으로 제공하는 식이다.
- **개인화된 학습자 프로파일링**: 인공지능 기반 맞춤형 학습 시스템은 응답 시간,

오류 패턴, 학습 참여도 등 다양한 데이터를 수집, 분석해 학습자의 강점과 약점 그리고 선호하는 학습 스타일을 파악한다.

- **실시간 피드백**: 전통적 방식과 달리 인공지능 기반 맞춤형 학습 방식은 수업이 끝나거나 평가를 본 뒤 종합적인 피드백을 제시해 주는 것뿐만 아니라 문제를 풀 때나 발음을 연습할 때마다 즉각적인 교정 정보도 제공한다.
- **유연한 학습 경로**: 인공지능 플랫폼이 제공하는 목표 설정 기능과 학습 주제 선택권을 통해 학습자는 스스로 흥미를 느끼는 내용을 골라 공부할 수 있다. 이는 딱 정해진 교과 과정 중심의 교육과는 달리 자기 주도적이고 몰입도가 높은 학습 경험을 만들어낸다.

이렇듯 인공지능이 제공하는 반응형, 개인 맞춤형 학습환경은 학습 몰입도와 학습 효율을 모두 향상시킬 수 있다.

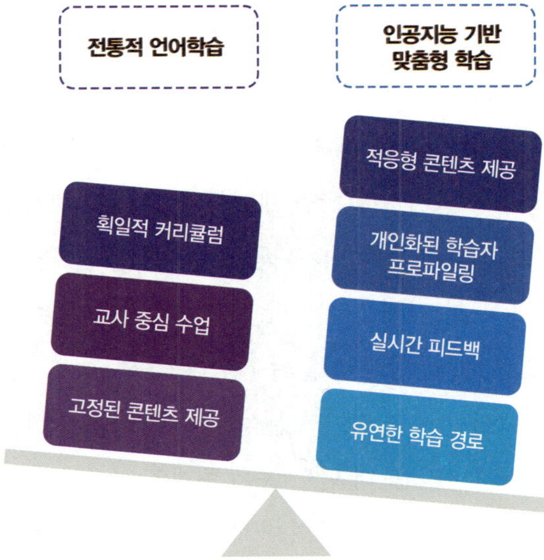

전통적 언어학습 vs 인공지능 기반 맞춤형 학습

학습자 프로파일링과 적응형 학습 알고리즘

인공지능 기반 맞춤형 언어학습은 학습자 프로파일링(Learner Profiling)과 적응형 학습(Adaptive Learning)을 기반으로 한다. 먼저 학습자 프로파일링은 학습자의 능력, 선호, 학습 이력을 종합적으로 파악하기 위한 과정으로 학습 데이터 수집, 오답 및 학습 패턴 인식, 지속적인 업데이트 등 3단계로 진행된다. 학습 데이터 수집 단계에서는 퀴즈 점수, 반응 시간, 학습 중 발생하는 오류 패턴, 학습 참여도 등의 학습 데이터를 다양한 채널로부터 모은다. 이 데이터는 학습자가 플랫폼과 상호작용할 때마다 계속 축적된다. 패턴 인식 단계에서는 수집된 데이터를 기계학습(Machine Learning) 알고리즘이 분석해 특정 문법 항목에서의 지속적인 오류 여부나 시각 자료를 더 선호하는 경향 등을 찾아낸다. 업데이트 단계에서 학습자 프로파일은 고정되지 않고 시간이 지날수록 학습자의 변화에 맞춰 갱신된다. 이를 통해 학습 경험이 항상 최신 상태의 학습 요구에 부합하게 조정될 수 있다.

다음으로 적응형 학습(Adaptive Learning)은 프로파일링을 통해 파악된 정보를 기반으로 학습 과정 전반을 개인화하는 과정이며 콘텐츠 추천, 속도 및 난이도 조절, 피드백 메커니즘, 예측 분석 등 4단계로 구성된다. 첫째, 콘텐츠 추천 단계에서는 학습자의 약점을 보완하기 위해 맞춤형 문제나 영상, 모의 상황 등을 추천한다. 둘째, 속도 및 난이도 조절 단계에서는 실시간 학습 데이터 분석 결과, 학습자가 빠르게 개념을 습득하는 걸로 나타나면 좀 더 난도 높은 주제로 넘어가게 하고 반대로 잘 이해 못하는 걸로 파악되면 기초 단계부터 상세히 보충 설명을 제공하며 천천히 진행하게 조절한다. 셋째, 피드백 메커니즘 단계에서는 학습자가 틀렸을 때 단순히 정답만 보여주는 게 아니라 왜 틀렸는지 설명하고 올바른 이해를 유도하고 즉각적인 오류 교정을 통해 학습 효율을 높이는 데 집중한다. 마지막으로 예측 분석 단계에서는 학습자의 학습 추이를 모델링 해서 향후 어떤 부분에서 어려움을 겪을지 예측하고 이를 기반으로 수업 내용을 사전에 조정하게 된다. 적응형 학습은 이 모든 단계를 통합해 인공지능 기반 언어학습 플랫폼이 각 학습자의 학습 경로를 실시간 맞춤형으로 구성해 제공할 수 있게 한다.

개인 맞춤형 언어학습 플랫폼 사례

인공지능을 활용해 맞춤형 학습을 제공하는 여러 플랫폼 중 두드러진 예로는 듀오링고(Duolingo), 바벨(Babbel), 로제타 스톤(Rosetta Stone), 부슈(Busuu) 등이 있다.

듀오링고(Duolingo): 게임화와 인공지능의 만남

우선 듀오링고(Duolingo)는 인공지능을 기반한 개인 맞춤형 학습 방식을 효과적으로 활용하는 가장 잘 알려진 언어학습 플랫폼 중 하나다. 이 플랫폼은 학습자의 개별 학습결과에 따라 연습 문제의 난이도를 조정하는 적응형 알고리즘을 사용한다. 학습자는 포인트를 획득하고 상위 레벨의 봉인을 해제하면서 게임과 같은 환경 속에서 지속적으로 연습하는 학습 동기를 부여받는다. 듀오링고는 학습 진행 상황을 세밀하게 추적해 학습 콘텐츠가 너무 쉽지도 너무 어렵지도 않도록 관리해 준다. 또한, 학습자가 처음에는 짧은 간격으로 복습하게 하다가 점차 긴 간격으로 복습하도록 전환함으로써 기억을 오래 유지할 수 있도록 돕

듀오링고

는다. 간격 반복(Spaced Repetition)과 실시간 피드백의 사용은 적용형 학습이 언어 습득을 크게 향상할 수 있음을 보여주는 예다.

바벨(Babbel): 맥락적인 대화 중심의 학습

바벨은 실생활에서 바로 쓸 수 있는 어휘와 대화 능력 향상에 초점을 맞추며 인공지능을 활용해 풍부한 맥락의 수업을 제공한다. 사용자의 학습 성과와 선호를 분석해 즉시 활용 가능한 회화 능력을 강조하는 커리큘럼이 채택된다. 또한, 인터랙티브한 대화와 음성 인식 도구를 통해 발음과 유창성을 향상시키며 개인 맞춤형 학습 방식을 통해 학습자가 개인적 또는 직업적 필요에 맞는 콘텐츠와 상호작용하도록 함으로써 학습 동기와 기억력을 동시에 높인다.

로제타 스톤(Rosetta Stone): 몰입형 언어 습득

로제타 스톤(Rosetta Stone)은 몰입형 언어학습의 선구자로 오랫동안 자리매김해 왔다. 이 플랫폼은 인공지능을 활용해 문맥과 반복을 통한 자

바벨

로제타 스톤

연스러운 언어 습득 환경을 조성한다. 적응형 알고리즘이 사용자의 진도에 따라 과제 난이도를 조정해 적절한 도전을 제공한다. 로제타 스톤은 음성 인식 기술을 통합해 발음에 대해 즉각적이고 세밀한 피드백을

부슈

제공함으로써 높은 유창성을 목표하는 학습자에게 유용한 학습 도구이다.

부슈(Busuu): 인공지능 인사이트가 결합된 커뮤니티 기반 학습

부슈(Busuu)는 적응형 학습과 사회적 상호작용을 결합해 포괄적인 언어학습 경험을 만드는 데 주력한 언어학습 플랫폼이다. 개인화된 수업 외에도 학습자가 원어민과 상호작용하며 피드백을 공유하고 회화 연습을 할 수 있는 커뮤니티 기능을 제공한다. 인공지능 기반 학습분석을 통해 사용자의 학습 진도를 추적해 맞춤형 연습 문제를 제공하며 사회적 학습환경을 지원함으로써 높은 학습 참여도와 향상된 학습결과를 유지할 수 있도록 지원한다.

개인 맞춤형 언어교육의 이점과 과제

개인 맞춤형 언어교육은 학습자의 흥미와 학습 스타일에 맞춰 콘텐츠를 제공하므로 전통적 방식에 비해 집중도가 높아진다. 콘텐츠가 개별 학습자의 관심과 필요에 맞춰질 때 내재적인 학습 동기가 부여되기 때문이다. 또한, 즉각적인 피드백과 게임화 요소가 결합된 적응형 시스템은 학습자가 단계마다 성취와 보람을 느낄 수 있는 학습환경을 조성한다. 이런 지속적인 학습 동기 강화는 학습자의 자신감을 높이고 새로운 언어를 습득하는 데 필수적인 규칙적인 연습 습관을 형성하도록 돕는다.

여러 연구에 따르면, 개인화되고 적응형인 학습은 교육 성과를 현저하게 향상시킨다. 학습자마다 개별적인 강점과 약점을 보완함으로써 언어학습에서 종종 발생하는 좌절감을 줄여주고 각자의 숙련도에 맞춰진 수업을 받을 수 있어 완전학습에 도달할 수 있기 때문이다. 특히 실시간 학습 데이터 분석을 통해 개인 맞춤형으로 제공되는 콘텐츠는 개별 학습자가 자신의 능력과 한계에 맞춰 계속해서 도전하게 함으로써 더 오랜 기억과 정교한 언어 구사가 가능하게 한다.

무엇보다도 개인 맞춤형 언어교육은 장애가 있거나 대안적인 교육 방법이 필요한 학습자들도 사용할 수 있어 언어교육의 포용성을 증진시킨다. 또한, 인터넷만 연결되면 개인화된 플랫폼을 통해 누구나 이용할 수 있어 전 세계 어디서든 양질의 언어교육에 접근할 수 있다. 이러한 시스템의 유연성은 직업적 발전이나 개인적 성장을 위해 새로운 언어를 배우고자 하는 성인도 목표, 관심, 맥락에 따라 자신의 일정에 맞춰 학습할 수 있게 지원한다.

이러한 개인 맞춤형 언어교육은 인터넷과 인공지능, 데이터베이스와 알고리즘을 기반으로 개발되고 실행되어야 하는 특성상 데이터 프라이버시와 보안, 알고리즘 편향, 기술 의존 위험 등 여러 가지 당면과제도 존재한다. 학습자가 학습하는 과정에서 방대한 양의 사용자 데이터를 수집하는 만큼 데이터 프라이버시와 보안 문제가 발생할 수 있다. 또한, 대규모 언어 모델(LLM)을 학습시키는 과정에서 데이터 편향 문제에 대한 철저한 대비도 요구된다.

인공지능을 통해 언어학습을 효율화하더라도 인간 교사의 직관적 지도와 직접적인 상호작용이 주는 장점을 간과하게 되면 학습의 깊이도 제한되고 기술에만 의존하게 되는 위험이 발생할 수 있다. 인공지능이 인간 교사의 수업과 학습자의 학습을 더 효과적이고 효율적으로 보조할 수 있도록 역할을 규정하는 것이 필요하다.

개인 맞춤형 언어학습의 미래 방향

개인 맞춤형 언어학습의 다음 단계는 문자, 음성, 영상, 심지어 가상현실(Virtual Reality: VR) 또는 증강현실(Augmented Reality: AR)을 결합해 완전 몰입형 환경을 만드는 것이다. 가상현실(VR) 기술을 활용해 외국에 직접 가지 않고도 현지 모습을 체험해 보고 현실에서 발생 가능한 상황들을 미리 구성해 놓은 가상의 환경 속에서 원어민과 상호작용하며 언어를 배우는 모습을 상상해 보라. 이러한 다중모드(Multimodal) 경험은 학습의 개인화를 더욱 강화해 학습자가 더 문맥적이고 역동적인 상황에서 언어학습을 진행할 수 있도록 할 것이다. 또한, 센서 기술과 데이터 분석의 발전으로 더욱 세밀한 실시간 피드백이 가능해질 것이며 미래의

적응형 언어학습 시스템은 학습자의 반응뿐만 아니라, 눈동자의 움직임이나 스트레스 수준과 같은 생리적 신호까지 모니터링 할 수 있을 것이다. 이런 종합적인 분석을 통해 플랫폼은 학습자의 감정적, 인지적 상태에 맞춰 학습의 속도나 난이도를 즉각 조정할 수 있게 될 것이다.

인공지능 기반 개인화가 많은 장점이 있긴 하지만 그래도 인간 교육자의 역할은 여전히 중요하다. 미래의 언어교육은 인간 교사와 인공지능 시스템 간의 긴밀한 협업을 통해 이루어질 가능성이 크다. 교육자는 적응형 플랫폼이 제공하는 데이터를 활용해 수업을 개별 학생별로 맞춤형으로 진행하고 학생들이 학습 과정에서 막히는 부분들에 개입하며 멘토 역할을 할 수 있다. 기술과 인간이 협업하고 공존하는 교육 모델은 확장이 가능하면서도 깊이 있는 개인 맞춤형 언어교육을 구현할 것이다. 인공지능 기반 개인화가 계속 발전함에 따라 의학, 법률, 산업별 전문 용어 등 매우 특화된 언어 분야에 맞춘 플랫폼이 등장하게 된다. 이러한 수준의 전문화는 각 분야에서 필요한 독특한 어휘와 커뮤니케이션 스타일을 습득하려는 전문가들에게 새로운 기회를 열어줄 것이다.

전통적인 방식의 표준화된 외국어 교육에서 인공지능이 주도하는 개인 맞춤형 학습으로 변화하는 흐름은 언어교육의 본질을 근본적으로 재정의하고 있다. 정교한 알고리즘과 세밀한 학습자 프로파일링을 통해 이제는 학습자마다 다른 학습 경로가 설계되고 그 결과로 학습 몰입도와 효율성이 모두 높아지고 있다. 또한, 듀오링고와 바벨 등 대표 플랫폼 사례에서 확인할 수 있듯 이러한 방식은 언제, 어디서, 누구나 개인 맞춤형 언어교육을 받을 수 있도록 지원하기 때문에 언어교육의 글로벌 접근성도 크게 높여준다.

그러나 인공지능 기반 개인 맞춤형 언어교육은 다양한 이점을 제공함과 동시에, 다른 한편으로는 데이터를 어떻게 안전하게 다룰 것인지, 편향 문제를 어떻게 최소화할 것인지, 혹은 인간 교사가 주는 직관적, 정서적 가치를 어떻게 보완할 것인지 등 해결해야 할 과제도 남기고 있다. 개인 맞춤형 언어학습의 미래는 첨단 기술과 인간 중심 교육이 결합된 혼합형 모델로 나아갈 가능성이 높다. 학습자가 단순히 언어 능력만 익히는 것이 아니라 문화적 이해와 상호작용 능력까지 함께 키울 수 있도록 적절히 설계해야 한다는 의미다.

머지않아 등장할 다중모드 기술을 접목한 가상(VR) 또는 증강현실(AR) 기반의 완전 몰입형 환경, 감정 인식, 윤리적이고 투명한 인공지능 등은 개인 맞춤형 언어교육을 더욱 풍부하고 효과적으로 만들 전망이다. 이러한 발전이 계속 이어지려면 균형 잡힌 정책과 지속적인 연구, 개발, 지역 간 격차 해소를 위한 노력이 함께 이뤄져야 한다. 궁극적으로 개인 맞춤형 언어학습은 단순히 편의성의 문제가 아니라 점점 더 글로벌화되는 세계에서 서로 소통하고 협력하는 능력을 길러주기 위한 핵심 수단이 되고 있기 때문이다.

번역 뚝딱, 작문 뚝딱, 외국어 무엇을 도와드릴까요?

현대 사회는 그 어느 때보다 상호 연결되어 있다. 언어 장벽을 뛰어넘어 소통할 수 있다면, 가능성의 크기는 무한하다. 그런데 이제 인공지능(AI)의 발전으로 인해 실시간 번역과 다국어 작문 능력을 높여주는 혁신적인 도구들이 등장했다. 여기에서는 인공지능 기반 작문 보조 및 번역 도구의 역할을 살펴보고 비즈니스, 관광 등 다양한 분야에서의 적용 사례를 짚어본다. 또한 인공지능이 언어 숙달 능력과 미래의 언어학습과 소통 방식에 어떤 영향을 미칠지 살펴보고자 한다.

작문 보조 및 번역 도구

인공지능 작문 보조 도구는 기본적인 맞춤법이나 문법 교정 프로그램에서 시작해 이제는 맥락에 맞게 스타일을 제안하고 문장을 생성하는 고도화된 시스템으로 발전했다. 이들은 첨단 머신러닝 알고리즘을 바탕으로 이메일, 보고서, 에세이, 창작물 등을 작성할 때 문체와 톤을 조정해 주며 사용자의 명령어 입력에 따라 추천 사항을 즉각적으로 업데이트한다.

예컨대 '그래머리(Grammarly)'나 '프로라이팅에이드'(ProWritingAid) 같은 플랫폼은 자연어 처리(NLP) 기술을 활용해 문법, 구두점, 스타일 문제를 식별하고 개선 방안을 제시한다. 더 나아가 지피티3(GPT-3) 같은 생성형 사전 학습 트랜스포머 모델은 기존 문장에 대한 단순한 수정 기능을 넘어 사용자의 의도에 부합하는 텍스트 자체를 생성할 수 있다. 이처럼 인공지능 작문 보조 도구는 실시간으로 글을 작성, 편집, 다듬는 과정을 지원함으로써 사용자의 시간과 노력을 크게 덜어준다.

인공지능 번역 도구 역시 초기에는 규칙 기반이나 통계적 방법을 사용했다면, 오늘날에는 더욱 빠르고 정확한 번역을 제공한다. 구글 번역(Google Translate), 딥엘(DeepL), 마이크로소프트 번역기(Microsoft Translator) 등이 이를 대표한다.

다양한 분야에서의 실시간 번역 적용

비즈니스나 관광 분야는 물론 의료나 교육 등 여러 분야에서 이미 인공지능 기반 실시간 번역기술의 사용이 보편화되고 있다. 글로벌 비즈니스 분야에서도 인공지능 기반 번역 도구가 회의나 협상, 서면 소통 등에서 실시간 번역을 제공한다. 다국적 기업뿐만 아니라 해외 시장 진출을 노리는 중소기업이나 스타트업 회사들도 이 도구를 활용해 낮은 비용으로 언어 장벽을 빠르게 허물고 있다. 실시간 자막 및 번역 기능을 갖춘 화상회의 플랫폼은 회의 참가자들이 각자 모국어로 말하면 상대방의 발언을 자동 번역된 텍스트나 음성으로 제공할 수 있다. 이는 전문 통역사 고용 비용을 낮추고 의사결정 속도를 높이는 데 큰 도움을 준다.

관광 분야에서도 실시간 번역은 사용자 경험을 크게 개선했다. 여행객들은 스마트폰 앱을 통해 메뉴나 간판을 모국어로 번역해 읽거나 현지인과의 대화를 즉시 번역해 낯선 환경을 수월하게 탐색할 수 있게 됐다. 호텔이나 식당 직원들도 해외 방문객에게 정확한 정보를 제공해 줄 수 있어 전체적인 여행 만족도가 향상된다. 또한, 증강현실(AR) 기술을 통해 관광객이 스마트폰 카메라로 유적지나 명소를 비추면 화면 위에 관련 설명이 번역되어 표시되는 서비스도 주목받고 있다. 이는 문화 교류 및 이해를 촉진하고 언어 장벽을 뛰어넘어 여행이 더욱 편리하고 풍부한 경험이 될 수 있도록 도와준다.

한편 의료나 긴급 상황에서 언어는 생사를 가르는 핵심 정보가 될 수 있다. 실시간 번역은 의료진이 환자의 증상이나 병력, 약물 정보를 정확히 파악하도록 돕고 구급 상황에서 필요한 정보를 신속하게 전달할 수 있게 해준다. 이는 통역사를 구하기 어려운 상황이나 긴급도가 높은 상황에서 더욱 중요해진다. 또한, 교육 영역에서도 실시간 번역을 활용해 국제 세미나나 온라인 강의에 대한 더 폭넓은 참여를 유도할 수 있다. 세계 각지에서 모인 학생과 연구자들이 언어 제약 없이 협력하고 지식을 교류할 수 있게 됨으로써 학술 및 연구 협업 환경에 대한 진입장벽이 낮아지는 효과가 있다. 특히 비영어권 국가의 연구자들에게 다양하고 폭넓은 기회의 장을 제공할 수 있다.

언어학습을 위한 활용

인공지능 작문 보조 도구는 언어학습자에게 즉각적이고 개인화된 피드백을 제공함으로써 학습 효과를 높인다. 외국어 작문은 문법, 어휘, 표현 등이 모두 맞물린 복잡한 영역인데 인공지능이 이를 실시간으로 보완해 주면서 학습자 스스로 문제점을 파악하고 개선하도록 돕는다. 인공지능 작문 보조 도구는 철자나 문법, 구문 오류 등을 실시간으로 찾아줘서 학습자가 어떤 부분이 잘못됐는지 즉시 확인하고 더 나은 표현을 학습하게 한다. 즉각적인 피드백은 학습자에게 잘못된 언어 습관이 굳어지기 전에 교정할 기회를 제공한다.

인공지능 작문 도구는 특정 문맥에 더 적절하거나 심화된 단어도 추천해 준다. 이를 통해 학습자는 중복된 표현을 피하고 자연스럽고 풍부한 어휘를 익힐 수 있게 된다. 예컨대 간단한 문장을 입력했을 때 동의어나 관용어 등을 제안해 주면서 표현력을 넓힐 수 있게 돕는다. 공식적, 학술적, 구어체 등 쓰임새에 따라 문체와 톤은 달라져야 하기 마련인데 인공지능 기반 작문 보조 도구는 글 전체의 맥락을 분석해 주어진 목적이나 독자에게 맞는 문체나 톤을 추천한다. 이는 특히 학습자가 다양한 장르의 글쓰기를 연습할 때 유용하다. 또한, 최근 생성형 인공지능은 몇 가지 키워드나 문장만으로도 관련된 텍스트를 자동 생성해 준다. 이는 외국어 초급자들에게는 글쓰기 부담을 덜어주거나 아이디어를 제공하는 기능이 될 수 있다. 학습자는 인공지능이 제시하는 예시를 참고하며 글의 구조나 표현 방법을 자연스럽게 익힐 수 있다.

언어 업무 활용의 윤리적 고려

앞에서 살펴보았듯이 인공지능 번역 및 작문 도구가 제공하는 편의성과 효율성은 분명하다. 하지만, 이를 책임감 있게 사용하기 위해서는 여러 윤리적 쟁점을 살펴봐야 한다.

첫째 쟁점은 데이터 프라이버시와 보안 문제다. 많은 인공지능 시스템은 대규모 데이터베이스와 사용자가 생성한 콘텐츠에 접근해서 사용자의 스타일과 패턴 등을 파악할 수 있을 때 더 높은 성능을 낼 수 있다. 이때 개인정보가 포함된 텍스트가 노출될 위험이 있기 때문에 이를 어떻게 안전하게 저장하고 처리할지에 대한 명확한 대책이 필요하다. 또한 사용자는 자신의 데이터가 어떤 식으로 활용되는지 명확히 알 수 있어야 하고 동의 여부를 결정할 수 있어야 한다.

두 번째 쟁점은 편향과 문화적 감수성 문제다. 인공지능 모델은 대량의 데이터로부터 학습하는 과정에서 데이터에 내재된 편향이나 문화적 가정들을 그대로 답습할 수 있다. 이는 번역 과정에서 특정 집단에 대한 편향적 표현이 드러나거나 문화적 뉘앙스를 제대로 반영하지 못해 오해를 일으킬 위험이 있다. 따라서 지속적인 모니터링을 통해 모델을 개선하면서 다양한 언어와 문화권에 대한 공정성을 높여야 한다.

세 번째 쟁점은 기술에 대한 지나친 의존과 기술 숙련 저하 문제다. 인공지능 도구가 지나치게 발전함에 따라 사람들의 언어 숙련도가 낮아질 수 있다는 우려도 있다. 작문이나 번역 과정에서 모든 단계를 인공지능에 맡기면 언어에 대한 깊은 이해나 표현력이 떨어질 수 있기 때문이다. 따라서 학습자나 전문가나 상관없이 누구나 인공지능을 보조수단으로만 활용하고 기본적인 언어 능력을 계속 단련해야 한다.

네 번째 쟁점은 지적재산권과 저작권 문제다. 인공지능이 생성하거나 번역한 콘텐츠의 저작권은 누구에게 귀속되는가? 또, 인공지능이 참고한 소스 텍스트는 어떻게 인용하고 표기해야 하는가? 이런 문제들은 특히 학술 및 창작 분야에서 더욱 중요하다. 인공지능으로 생성된 텍스트의 소유권을 둘러싼 기준과 저작권을 보호하는 방법에 대한 명확한 논의와 규정이 필요하다.

언어 능력 발전에 미치는 영향

인공지능 기반 작문 보조 및 번역 도구가 언어 업무 전반에 사용되면서 개인의 언어 능력 습득에 다양한 영향을 미칠 수 있다. 우선 인공지능의 즉각적 피드백과 적응형 학습이 결합되면서 전통적인 방법보다 빠르게 언어를 배울 수 있다. 예전에는 글쓰기와 교정을 오랜 시간에 걸쳐 반복해야 했지만, 인공지능 도구를 사용하면 즉시 오류를 확인하고 수정해서 학습 효과를 높일 수 있기 때문이다. 또한 읽기, 쓰기, 말하기, 듣기 영역을 별도로 구분해 배우던 전통적인 언어학습 방법과 달리 인공지능 도구를 활용하면 각 영역을 유기적으로 연결하는 학습이 가능해진다. 예를 들어 인공지능 번역 도구를 통해 듣기 내용을 이해한 뒤, 작문 보조 도구를 이용해 관련 글을 써보는 식으로 언어 역량을 전방위적으로 키울 수 있는 것이다.

다음으로는 개인 맞춤형 학습 경로 설정 및 지원이 가능해진다. 인공지능은 학습자의 현재 수준과 목표, 학습 속도 등을 분석해서 지나치게 어렵거나 지나치게 쉬운 콘텐츠를 피하도록 조정해 준다. 이를 통해 학습자가 자신의 수준에 맞는 적절한 도전을 지속적으로 경험하도록 지원해 목표 달성에 필요한 동기와 자신감을 이어갈 수 있게 돕는다.

하지만 이와 같은 여러 긍정적인 영향에도 인공지능이 모든 언어학습 및 실무 과정을 대체하는 것은 불가능하다. 문화나 감정, 뉘앙스는 실제 사람과의 대화 속에서 더욱 풍부하게 체득된다. 교사나 동료 학습자와의 직접적인 상호작용, 문화 체험, 대면 대화를 통해 얻게 되는 미묘한 소통 능력은 인공지능으로 대체하기 어렵다. 따라서 인공지능의 효율성과 인간적 교류가 조화를 이룰 수 있는 균형점을 찾는 것이 중요하다.

인공지능은 번역과 작문 영역에서 이미 새로운 시대를 열었다. 실시간 번역과 작문 보조 도구는 외국어 커뮤니케이션 방식을 혁신해 다양한 언어 간의 장벽을 낮추고 있다. 비즈니스, 관광, 의료, 교육 등 광범위한 분야에서 국제 교류를 활발하게 이끌고 있으며 언어학습자들에게는 즉각적인 피드백과 무한한 학습 자원을 제공해 준다.

하지만 이처럼 강력한 효용성 뒤에는 데이터 프라이버시, 문화적 민감성, 지나친 기술 의존 등에 대한 윤리 및 사회적 고민이 뒤따른다. 교육자, 개발자, 정책 입안자는 이러한 문제를 인식하고 관련 제도와 시스템을 만들어가야 한다. 미래에는 인공지능이 언어 능력을 더욱 빠르게 개발할 수 있게 해주는 동시에 인간적 교류의 가치를 어떻게 보존하고 강화할 수 있을지가 중요한 과제로 남을 것이기 때문이다.

결국 인공지능을 통해 실시간 번역과 작문이 가능해지면서 외국어 학습과 소통이 이전보다 한층 쉬워졌지만, 그 이면에는 인간적 요소, 특히 문화적이나 정서적 교감이 필수적이라는 점은 오히려 더 강조되고 있다. 언어는 단순히 정보를 전달하는 수단이 아니라 사람과 사람을 연결하는 다리이기 때문이다. 인공지능이 이 다리를 더 길고 넓게 만들어 줄 수 있다면 그 위에서 활발한 교류와 협력이 이루어지도록 하는 것은 여전히 우리의 몫이다. 아직 인공지능과 언어의 결합은 시작 단계일 뿐이며 앞으로의 발전이 언어학습과 글쓰기, 의사소통 전반을 어떻게 재편할지 기대를 품고 지켜볼 만하다.

해외여행의 필수품, 생성형 인공지능 통번역 도구

세계가 글로벌화되면서 해외여행이 일상화되고 이는 문화 교류와 비즈니스, 개인적 경험을 확대하기 위한 좋은 기회를 제공한다. 하지만 언어 장벽은 낯선 타지에서 새로운 환경을 접해야 하는 여행자들에게 큰 장애물이었다. 최근 생성형 인공지능의 발전으로 실시간 통번역 기능을 탑재한 기기들이 등장해 현지 언어를 자유롭게 구사하지 못하는 여행객들도 편리하게 소통할 수 있게 되었다. 여기에서는 구글 픽셀 버즈(Google Pixel Buds)와 아이플라이텍(iFLYTEK) 제품과 같은 인공지능 통번역기의 현황을 살펴보고 이들의 특징 및 기능, 사용자 경험에 대해 분

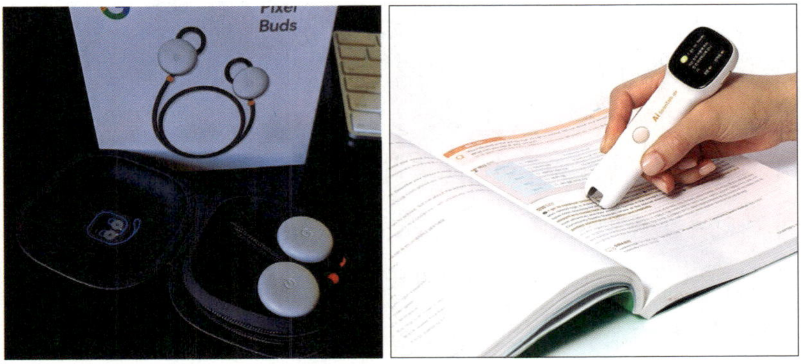

[좌] 구글 픽셀 버즈 1세대 [우] 아이플라이텍

석하고자 한다. 또한 생성형 인공지능 통번역 도구의 한계와 개선 가능성에 대해 논의하고 이러한 기술이 국제 관광 및 문화 간 소통에 미칠 광범위한 영향에 대해서도 살펴보고자 한다.

구글 픽셀 버즈(Google Pixel Buds)

구글 픽셀 버즈는 생성형 인공지능과 웨어러블 번역 기술의 결합을 선도적으로 시도한 사례 중 하나다. 무선 이어폰 형태로 실시간 통역 기능을 제공한다. 구글의 인공신경망 기계 번역(NMT) 알고리즘을 기반으로 스마트폰과 연동해 즉각적인 번역을 수행한다. 다양한 언어에 대한 실시간 통역을 지원하며 다른 언어를 구사하는 상대방과 자연스럽게 대화할 수 있다. 또한, 구글 어시스턴트 등 안드로이드 서비스와 밀접하게 연동되어서 편리하게 사용할 수 있으며 무선 이어폰 형태라 손이 자유로워서 낯선 환경에서 짐을 들고 이동해야 하는 여행자들이 사용하기 좋다.

아이플라이텍(iFLYTEK) 제품군

음성 인식과 인공지능 분야에서 강점을 지닌 중국 기업 아이플라이텍은 전 세계 사용자를 겨냥한 통번역 기기를 선보이고 있다. 이 기기들은 음성 인식, 자연어 처리, 생성형 인공지능을 결합해 통번역 성능이 뛰어나며 음성 통역뿐만 아니라 문자, 이미지 번역까지 지원하기 때문에 해외여행 중 메뉴판이나 표지판 등을 확인하는 데 유용하다. 또한, 다양한 언어를 지원해 여러 언어권을 돌아다니는 여행객들에게 맞춤형 솔루션을 제공하며 터치스크린과 선명한 음성 출력 등 직관적인 사용자 인터페이스(User Interface: UI)를 통해 기술에 익숙하지 않은 사용자도 쉽게 이용할 수 있다.

한편, 포켓토크(Pocketalk)나 WT2 플러스(WT2 Plus) 같은 경쟁력 있는 통번역 기기들도 다수 출시되고 있다. 포켓토크는 휴대 전용 기기로 소음이 많은 환경에서도 강력한 실시간 통번역을 제공하는 것으로 유명하다. WT2 플러스는 두 개의 이어피스를 활용한 양방향 통역이 특징으로 상대와 대면으로 직접 대화를 주고받을 때 편리하다.

여행자를 위한 실시간 통번역 도구의 특징

인공지능 번역 기기의 핵심은 사람이 말한 음성을 문자로 전환하고 이를 번역한 뒤 다시 음성으로 재생하는 과정을 거의 실시간으로 수행하는 능력이다. 이에는 크게 세 가지 단계가 포함된다. 첫 번째는 음성 인식 단계로 수신기로 들어온 음성을 받아 적어 문자화한다. 이 과정에서 오류가 발생하면 전체 통번역 품질이 떨어질 수 있기 때문에 음성 인식의 높은 정확도가 필수다. 다음으로는 인공신경망 기계 번역 단계로 대규모 다국어 데이터베이스를 활용해서 문맥이나 관용 표현, 구어체 등을 고려한 번역을 수행한다. 마지막은 음성 합성 단계로 번역된 문장을 사람이 말하듯이 자연스러운 음성으로 변환해서 사용자나 상대방에게 전달하게 된다.

이런 기기들은 다국어 및 다중모드를 지원하며 메뉴판이나 간판 같은 사진 번역이나 문자 입력 번역 등의 서비스도 제공해 사용자들의 요구에 폭넓게 대응하고 있다.

구글 픽셀 버즈와 같이 스마트폰이나 태블릿PC, 웨어러블 기기 등과 연동해서 지도 앱이나 소셜 네트워크(SNS), 여행 일정 관리 프로그램과도 연계할 수 있도록 설계된 실시간 통번역 기기들도 출시되고 있다. 또한, 시간과 공간적 여유가 부족한 실제 여행 환경 속에서 기계 사용에 익숙하지 않은 사람들도 터치스크린이나 음성 명령 등 간편하고 직관적인 조작만으로 누구나 쉽게 통번역 기능을 활용할 수 있게 지원하고 있다.

생성형 인공지능 실시간 통번역 도구 사용 예시

예시 1 아시아 비즈니스 출장

미국 기업 영업팀에 근무 중인 팀장 토머스는 중국과 일본을 포함한 아시아 비즈니스 출장을 진행했다. 첫 방문지인 베이징에서는 현지 기업 대표들과 협상해야 했는데 구글 픽셀 버즈를 활용해 실시간으로 통역하며 계약 조건을 조율했다. 통역사를 대기시키거나 번역 앱을 따로 실행할 필요 없이 대화가 자연스

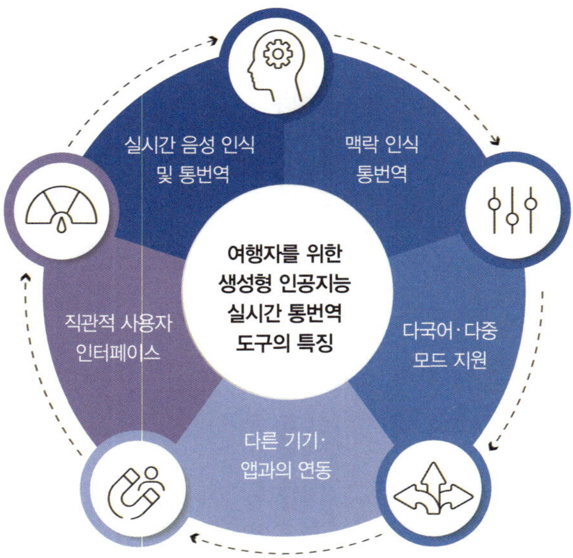

럽게 이어져 협상 속도가 크게 향상됐다. 이후 도쿄로 이동한 그는 일본 바이어들과의 미팅에서 문화적 뉘앙스를 반영한 대화를 나누며 신뢰를 쌓았다. 맥락을 인식하는 번역 기능 덕분에 미세한 표현 차이까지 전달할 수 있어 원활한 커뮤니케이션이 가능했다. 출장 초반에는 기기 설정과 사용법을 익히는 데 시간이 걸렸지만, 곧 익숙해졌고 출장 내내 필수 도구가 되었다. 결과적으로 토머스는 언어 장벽 없이 효율적으로 업무를 수행하며 출장 목표를 성공적으로 달성할 수 있었다.

예시 2 유럽 자유여행

대학생 윤미는 같은 과 친구들과 함께 프랑스, 독일, 이탈리아를 포함한 유럽 자유여행을 다녀왔다. 여행 전에는 언어 장벽이 걱정됐지만, 아이플라이텍 번역 기기를 활용해서 더 편리한 여행을 경험할 수 있었다. 파리에서는 카메라 번역 기능으로 지하철 노선도와 레스토랑 메뉴를 쉽게 해석하며 길을 찾는 데 어려움이 없었다. 독일 현지 시장을 방문해 상인들과 짧은 대화를 나누며 로컬 문화를 더욱 깊이 체험했고, 이탈리아에서는 실시간 통역 기능을 활용해 정확한 주문이 가능해져서 레스토랑에서 현지 음식을 마음껏 즐길 수 있었다. 하지만 로마의 번잡한 거리에서는 주변 소음이 많아 음성 인식이 원활하지 않은 경우도 있었다. 몇 번 말해야 하는 불편함이 있었지만, 전반적으로 언어 걱정 없이 자유롭게 유럽 여행을 만끽했다.

예시 3 중남미 역사 탐방 그룹

호주 국립대학교 역사학과 학생들은 단체로 중남미의 주요 역사 유적지를 탐방하는 교육 여행을 떠났다. 마추픽추, 치첸이트사 등 다양한 유적지를 방문하며 포켓토크 휴대용 번역기를 활용해 가이드의 설명을 실시간 통역으로 들을 수 있었다. 덕분에 잉카와 마야 문명에 대한 이해가 깊어졌고 현지 문화의 역사적 배경을 더 생생하게 체험할 수 있었다. 또한, 학생들은 번역기를 통해 현지 주민과 직접 대화하며 문화적 교류를 나눴다. 페루에서는 전통시장 상인과 이야기하며 지역 특산품의 유래에 대해 배웠고 멕시코에서는 동갑내기 학생들과 대화하며 서로의 문화를 소개하기도 했다. 하지만 일부 지역에서는 인터넷 연결이 원활하지 않아 번역 속도가 느려지는 불편이 있었고 장시간 사용 시 배터리가 소모되어 휴대용 충전기를 사용해야 했다. 하지만 번역 기기는 학생들이 언어 장벽 없이 역사 탐방을 더 풍부하게 경험하는 데 큰 도움이 되었다.

실시간 통번역 도구의 한계와 개선 방향

생성형 인공지능 기반 실시간 통번역 도구는 글로벌 커뮤니케이션을 혁신적으로 변화시키고 있지만 여전히 몇 가지 한계를 지니고 있다.

첫째, 정확도 및 뉘앙스 문제이다. 번역 기술이 지속적으로 발전하고 있지만 맥락 의존도가 높은 표현이나 관용구, 슬랭, 지역 방언 등에서는 여전히 오역이 발생할 가능성이 크다. 예를 들어, 영어권에서 흔히 사용되는 'break a leg' 같은 표현을 문자 그대로 '다리를 부러뜨리다'로 오역하면 '행운을 빈다'는 원래의 의미를 잃을 수 있다. 문화적 배경이나 언어적 함의를 충분히 반영하지 못할 경우, 실제 대화에서 의미 전달이 왜곡될 위험이 있다.

둘째, 소음이 많은 환경에서의 음성 인식률 저하이다. 번잡한 거리, 시장, 공항 등 다양한 환경에서 통번역 도구를 사용할 경우 주변 소음이 많아지면 음성 인식률이 급격히 떨어질 수 있다. 이는 실시간 통역의 정확도뿐만 아니라 사용자의 신뢰도에도 영향을 미치는 요소이다.

셋째, 배터리 및 하드웨어 제약이 존재한다. 대부분의 실시간 번역 기기는 장시간 사용 시 배터리 소모가 크며 사용자가 외부 활동을 오래 지속할 경우 잦은 충전이 필요하다. 또한 하드웨어 성능이 향상될수록

발열 문제와 무게 증가 등의 부작용이 발생할 수 있어 휴대성이 떨어지는 문제가 생길 수 있다.

넷째, 오프라인 기능의 제한이다. 현재 많은 실시간 번역 기기가 클라우드 기반으로 작동하기 때문에 인터넷 연결이 불안정하거나 제공되지 않는 지역에서는 번역 품질이 급격히 저하될 수 있다. 이는 특히 해외여행 중 산악 지역이나 외딴 마을과 같은 네트워크 사각지대에서 실용성을 떨어뜨리는 요인이 된다.

다섯째, 문화 및 맥락 인식 부족이 문제로 꼽힌다. 인공지능 번역기는 언어적 표현의 표면적인 의미를 전달하는 데는 능하지만, 문화적 함의나 사회적 맥락을 충분히 반영하지 못하는 경우가 많다. 예를 들어, 유머나 풍자적인 표현을 정확하게 번역하지 못하면 의도와 다르게 오해를 불러일으킬 수 있다. 역사적, 사회적 배경이 중요한 대화에서는 이러한 문제점이 더욱 두드러진다.

이런 한계점들을 보완하기 위해 기술적 개선에 대해서도 몇 가지 방법을 생각해 볼 수 있다.

첫째, 고급 노이즈 캔슬링(Noise canceling) 기술이다. 다중 마이크 시스템과 정교한 소프트웨어 알고리즘을 활용하면 주변 소음을 효과적으로 차단하고 더 깨끗한 음성을 추출할 수 있다. 이를 통해 거리나 시장 같은 복잡한 환경에서도 정확한 음성 인식이 가능할 것이다.

둘째, 에지 컴퓨팅(Edge Computing) 기술이다. 현재 대부분의 번역 도구는 클라우드 기반으로 작동하는데 기기 자체에서 더 많은 데이터를 처리할 수 있도록 하면 인터넷 연결이 불안정한 환경에서도 일정 수준의 번역 성능을 유지할 수 있다.

셋째, 보다 다양한 언어에 대한 데이터베이스이다. 현재 인공지능 번역 엔진은 영어와 같은 주요 언어들에 대한 학습이 잘 되어 있지만 지역 방언이나 특수한 관용구, 문화적 표현이 부족한 경우가 많다. 더욱 다양한 언어 데이터와 문화적 표현을 학습시키면 번역의 자연스러움이 향상될 수 있다.

넷째, 사용자 인터페이스(UI) 개선이 필요하다. 번역 기기 사용법이 직관적이고 간편해야 다양한 연령층과 낮은 기술 수준을 가진 사용자들이 쉽게 활용할 수 있다. 특히, 음성 입력과 번역 결과를 직관적으로 확인할 수 있는 화면 설계와 사용자 피드백을 반영한 디자인이 중요하다.

다섯째, 웨어러블 기술과의 통합을 고려할 수 있다. 스마트워치나 증강현실(AR) 안경과 연동하면 실시간 번역 기능을 더욱 효과적으로 활용할 수 있으며, 보다 자연스러운 의사소통이 가능해진다. 증강현실(AR) 안경으로 상대방의 말을 자막 형태로 보여주면 보다 직관적인 이해가 가능해질 것이다.

여섯째, 배터리 기술 혁신이다. 인공지능 기반 번역 도구는 실시간 데이터 처리로 상당한 전력을 소모한다. 저전력 프로세서와 고효율 배터리를 도입하면 하루 이상 지속적인 사용이 가능해지고 여행 중 잦은 충전의 불편함을 줄일 수 있다.

하지만 이렇게 모든 부분을 개선한다고 해도 결국 인공지능 번역 기기는 소통을 위한 보조 도구이다. 진정한 이해와 연결은 사람들 사이의 관심과 존중에서 비롯된다는 점을 잊지 말아야 한다.

펜팔(Pen Pal)에서 챗팔(Chat Pal)로

언어 교류(Language Exchange)는 오랜 세월 동안 문화적, 개인적 성장을 이끄는 중요한 동력이 되어왔다. 지리적으로 떨어진 사람들이 서로의 문화를 접하고 실질적인 대화를 통해 언어 실력을 쌓는 창구 역할을 해온 것이다. 그간 언어 교류 방식은 꾸준히 진화해 왔는데 편지를 주고받던 시절에서 디지털 시대의 온라인 교류로 넘어왔고, 이제는 인공지능이 이 과정을 또 한 번 혁신하려 하고 있다.

여기에서는 시대별 언어 교류 방식의 변화 과정을 살펴보고, 인공지능 기반 언어 교류 플랫폼과 챗봇에 대해서도 알아본다. 또한 인공지능 채팅 파트너를 활용한 언어학습의 이점과 한계를 검토하고 이러한 채팅 시스템이 어떻게 교육과정에 통합되고 있는지, 향후 인공지능과 인간의 상호작용이 언어학습에 어떤 영향을 미칠지 전망한다.

언어 교류 방식의 진화

전통적 언어 교류

20세기 중반까지 외국어 학습과 문화 체험을 위해 가장 흔히 사용되던 방법은 편지 교환이었다. 우편을 통해 손편지나 타이핑한 편지를 주고받으며 일상과 생각을 나누고 교재로는 접하기 어려운 문화적 뉘앙스까지 배울 수 있었다. 편지를 쓰는 과정에서 자기 생각을 조리 있게 정리하고 한 문장 한 문장 신중하게 선택해야 했기 때문에 자연스럽게 언어적 표현이 정교해졌다. 또한, 시간이 흐를수록 펜팔과 관계가 깊어지면서 언어뿐만 아니라 서로의 생활 방식과 세계관을 이해하는 기회도 되었다. 손 글씨로 전해지는 정감 어린 소통 또한 특별한 매력이었다.

당연히 이러한 교류 방식에는 한계도 있다. 무엇보다 우편 시스템에 의존하기 때문에 편지가 도착하는 데 몇 주에서 몇 달이 걸리기도 했으며 꾸준한 소통을 유지하는 것이 쉽지 않았다. 상대방의 답장을 기다리며 인내해야 했고 그 과정에서 흐름이 끊기거나 관심이 줄어드는 경우도 많았다. 또한, 물리적 거리와 시간 차이로 인해 빠른 피드백을 받기 어려웠으며 실시간 대화의 기회가 부족했다. 그럼에도 불구하고, 전통적인 펜팔 교류는 언어학습을 넘어 문화적 이해와 인간적인 유대감을 쌓는 중요한 역할을 했으며 오늘날까지도 여전히 애정을 가지고 이러한 교류를 이어가는 사람들이 존재한다.

디지털·온라인 언어 교류

인터넷과 디지털 통신의 발달은 우편에 의존하던 언어 교류 방식을 크게 바꿔놓았다. 인터넷과 이메일의 등장으로 더 이상 편지가 도착할 때까지 기다릴 필요 없이 즉각적인 소통이 가능해졌다. 이메일은 전통적인 편지와 유사한 형식을 유지하면서도 전달 속도가 획기적으로 빠르다. 인스턴트 메신저를 통하면 실시간으로 질문하고 답변을 주고받을 수 있는 시대다. 또한, '컨버세이션 익스체인지(Conversation Exchange)'나 '마이 랭귀지 익스체인지(My Language Exchange)'와 같은 온라인 언어 교류 플랫폼이 등장하면서 특정 언어를 배우려는 사람들을 자동으로 연결해 주는 시스템이 구축되었다. 이 플랫폼들은 사용자의 관심사와 언어 수준을 고려해 최적의 교류 상대를 찾아준다. 덕분에 더 효율적인 학습이 가능해졌다. 특히, 스카이프(Skype), 줌(Zoom), 왓츠앱(WhatsApp)과 같은 화상 채팅 도구로 직접 얼굴을 보면서 대화할 수 있어 더욱 자연스러운 언어 연습이 이루어졌다.

하지만 적절한 대화 상대를 찾는 것이 쉽지 않았고 장기적으로 관계를 유지하는 것도 어려운 경우가 많았다. 시간대가 맞지 않거나 상대방이 지속적으로 응답하지 않으면 교류가 중단되는 일이 빈번하게 발생했다. 결국, 디지털 환경에서도 여전히 인간과의 상호작용이 필수적이었으며 이에 대한 의존도가 높았다.

생성형 인공지능 기반 언어 교류의 등장

최근에는 원어민과 대화하는 듯한 몰입감을 제공하는 챗봇과 학습 플랫폼이 속속 등장하고 있다. 기존의 언어학습 방식이 상대방과의 교류를 전제로 했다면 이제는 생성형 인공지능 챗봇이 언제든지 학습자의 언어 파트너가 되어줄 수 있는 시대가 되었다. 생성형 인공지능 기반 언어 교류의 가장 큰 장점은 24시간 언제든지 이용할 수 있다는 점이다. 인간 파트너와 달리 생성형 인공지능은 피로를 느끼지 않으며 사용자가 필요할 때 즉시 응답해 줄 수 있다. 또한, 학습자의 수준에 맞춰 맞춤형 대화를 제공하며 점진적으로 난도를 높이는 방식으로 개인화된 학습 경험을 제공한다.

생성형 인공지능은 같은 문장을 반복해도 지루해하지 않으며 실수를 해도 인내심을 가지고 사용자와 상호작용할 수 있다. 실시간 오류 교정 기능을 통해 잘못된 표현을 바로잡아주고 문맥에 맞는 적절한 단어를 추천하는 기능도 정교해지고 있다. 이러한 변화는 단순히 언어학습의 편리함을 넘어 누구나 시간과 장소에 구애받지 않고 자연스럽게 언어를 익힐 수 있는 환경을 조성한다.

하지만 생성형 인공지능 기반 언어 교류에도 몇 가지 한계가 있다. 인공지능이 인간의 감정과 문화적 함의를 완벽히 이해하지 못하기 때문에 기계적인 대화가 반복될 수 있다. 그래서 실제 원어민과 상호작용에서는 어려움을 느낄 수도 있다. 또한, 생성형 인공지능이 학습한 데이터는 특정 문화권에 편향될 가능성이 있으며 인간적인 감성적 교류가 결여될 수 있다.

생성형 인공지능 기반 언어 교류의 등장은 전통적인 펜팔 교류에서 디지털 언어 교류로, 이제는 인공지능과의 상호작용을 통한 학습으로 이어지는 큰 흐름의 변화를 보여준다. 언어학습은 이제 더욱 개인화되고 접근성이 높아지며 학습자가 원하는 방식으로 최적화되는 방향으로 발전하고 있다.

언어 교류 플랫폼과 챗봇

과거에는 외국어 학습을 위해 교재를 반복해서 읽거나 직접 원어민과 교류하는 방식이 필수적이었지만 생성형 인공지능 기술이 발전하면서 이제 누구나 인공지능 챗봇과 실시간으로 대화하며 언어를 익힐 수 있는 환경이 조성되었다. 이러한 플랫폼은 방대한 데이터를 학습하고 정교한 알고리즘을 활용하여 자연스럽고 의미 있는 대화를 생성하는 것이 핵심이다.

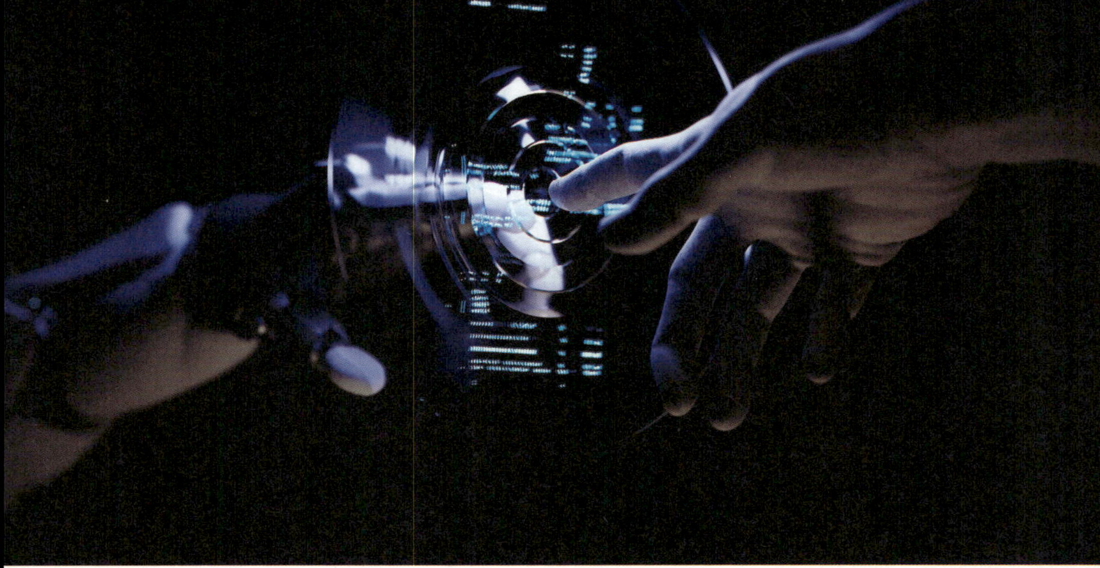

생성형 인공지능 기반 언어 교류 플랫폼의 작동 원리를 이해하려면 앞서 설명한 자연어 처리(NLP) 기술을 살펴볼 필요가 있다. 자연어 처리(NLP)는 기계가 인간의 언어를 이해하고 생성할 수 있도록 돕는 기술로 문법 구조 분석, 의미 해석, 문맥 이해 등의 과정이 포함된다. 이를 바탕으로 생성형 인공지능은 사용자가 입력한 문장을 분석하고 가장 적절한 응답을 생성하게 된다. 또한, 머신러닝 모델인 지피티(Generative Pre-trained Transformer: GPT)나 버트(Bidirectional Encoder Representations from Transformers: BERT) 같은 대규모 언어 모델이 적용되어 문맥에 부합하는 자연스러운 문장을 만들어낸다.

이러한 생성형 인공지능 기반 언어 교류 플랫폼은 다양한 형태로 활용되고 있다. 대표적인 사례로는 챗팔(Chat Pal) 같은 챗봇이 있다. 챗팔은 사용자와 문답 형식으로 대화를 나누며 실시간 피드백을 제공하는 방식으로 어휘 선택, 문법 오류, 발음 교정 등을 지원한다. 듀오링고

(Duolingo) 같은 어학 학습 애플리케이션에는 인공지능 기반 가상 튜터 기능이 탑재되어 있어 사용자가 배운 내용을 실전 대화로 복습할 수 있도록 돕는다. 이러한 챗봇들은 단순한 문법 연습을 넘어 실제 원어민과 대화하는 것처럼 자연스러운 언어 경험을 제공하는 것을 목표로 한다.

인간 강사와 생성형 인공지능이 협력하는 방식인 하이브리드 모델도 주목받고 있다. 학습자가 실시간으로 원어민 강사와 대화할 때 생성형 인공지능이 보조 역할을 수행하는 형태이다. 인공지능이 학습자의 대화 패턴을 분석하여 부족한 부분을 보완하고 반복 연습이 필요한 내용을 자동으로 추천해 준다. 이처럼 인간 강사의 장점과 인공지능의 지속적인 학습 지원이 결합되면 더욱 효율적인 개인 맞춤형 언어학습이 가능해진다.

생성형 인공지능 기반 언어 교류 플랫폼은 단순히 단어를 암기하는 것을 넘어 보다 실용적인 언어학습을 가능하게 한다. 예를 들어, 생성형 인공지능 챗봇은 '식당에서 음식 주문하기', '길 물어보기', '호텔 체크인하기' 등의 상황을 시뮬레이션하여 사용자가 실제 생활에서 필요한 표현을 연습할 수 있도록 한다. 대화 도중 학습자의 오류를 감지하면 즉시 피드백을 제공하고 더 자연스러운 표현을 제안하는 기능도 포함되어 있다.

특히 보다 정교화된 생성형 인공지능 기반 언어 교류 플랫폼에서는 관용 표현, 지역별 언어 차이, 문화적 뉘앙스까지 반영하여 실제 원어민과 대화하는 것과 유사한 경험을 제공하기도 한다. 이러한 플랫폼이 학습자들에게 제공하는 또 다른 강력한 기능은 학습 추적 시스템이다. 인공지능은 사용자가 어떤 문법 요소에서 자주 실수하는지, 특정 어휘나 표현을 얼마나 잘 습득했는지 등을 분석하여 시각적으로 제공한다. 이를 통해 학습자는 자신의 발전 과정을 확인할 수 있고 어떤 부분을 더 집중적으로 연습해야 하는지도 쉽게 파악할 수 있다.

이런 맞춤형 학습 피드백은 학습자에게 동기를 부여하는 중요한 역할을 한다. 결과적으로, 인공지능 기반 언어 교류 플랫폼은 언어학습을 더욱 효율적이고 개인화된 방식으로 변화시키고 있다. 기존에는 교재를 통해 수동적으로 학습하거나 원어민과의 교류를 위해 서로 시간을 맞춰야 했지만, 이제는 언제 어디서든 인공지능과 대화하며 학습할 수 있다. 이러한 기술이 더욱 발전한다면, 언어학습의 장벽은 더욱 낮아지고 누구나 원하는 언어를 더 쉽게 익힐 수 있는 시대가 될 것이다.

인공지능 채팅 파트너를 활용한 언어학습은 기존 언어학습 방식에 획기적인 변화를 불러왔지만, 문제는 인간적 상호작용의 부족이다. 생성형 인공지능이 점점 더 자연스러운 대화를 구현하고 있지만 인간이 가진 감정적 반응, 즉흥적인 표현, 예측 불가능한 대화 흐름을 완벽하게 재현하는 것은 어렵다.

문화적 요소의 한계도 문제로 꼽힌다. 유머, 반어법, 속어, 지역적 표현 등은 생성형 인공지능이 정확히 번역하거나 설명하기 어려운 부분이다. 학습한 데이터에 포함되지 않은 표현이나 문화적 배경이 필요한 대화에서는 실제 대화 내용과 동떨어진 답변을 제시할 가능성이 크다.

기술에 지나치게 의존하게 될 위험성도 있다. 생성형 인공지능 챗봇은 언제든지 연습할 수 있는 편리한 학습 도구지만 실제 인간과의 대화를 대체할 수는 없다. 실전 대화를 경험하지 못한 채 생성형 인공지능만 사용하다 보면 즉각적인 반응을 요구하는 상황에서 자연스럽게 언어를 구사하기 어려워질 수 있다. 생성형 인공지능은 학습 보조 역할을 할 뿐 인간과 직접 대화하는 경험을 완전히 대체할 수 없다.

생성형 인공지능 기반 학습 플랫폼이 가지는 데이터 프라이버시 문제도 고려해야 한다. 챗봇과의 대화 내용이 어디까지 저장되고 활용되는지 불분명한 경우가 많으며 민감한 개인정보가 노출될 가능성도 배제할 수 없다. 플랫폼이 안전한 보안 시스템을 갖추고 있는지도 확인할 필요가 있다.

생성형 인공지능은 학습된 데이터를 기반으로 답변을 생성하기 때문에 때때로 잘못된 문장을 교정하거나 모호한 설명을 제공할 수도 있다. 특히, 문맥에 따라 여러 가지 해석이 가능한 표현에서는 오류가 발생할 가능성이 높다. 사용자가 생성형 인공지능이 제공하는 피드백을 재확인 과정 없이 무조건 100퍼센트 신뢰하면 잘못된 표현을 습득할 수도 있다.

생성형 인공지능을 활용한 학습은 보조적인 수단으로 활용하고 실전 대화와 균형을 맞춰야 효과적인 언어 습득이 가능하다.

전통 교육과의 접목

챗봇 시스템이 언어학습 도구로 자리 잡으면서 기존 교육과정과 결합하려는 시도도 활발히 이루어지고 있다. 그중에서도 특히 혼합형(Blended) 학습 모델을 활용하면 생성형 인공지능의 강점과 인간 교사의 역할을 효과적으로 조화시킬 수 있다. 생성형 인공지능 챗봇을 보충 연습 도구로 활용하는 방식이다. 교사는 학생들에게 챗봇과 일정 시간 대화를 나누도록 숙제를 내주고 수업에서는 학생들이 대화에서 겪었던 어려운 표현이나 문법적 오류를 심층적으로 분석하며 토론할 수 있다. 이를 통해, 생성형 인공지능이 제공하는 실시간 연습과 교사의 맞춤 피드백이 결합되어 학생들에게 더 균형 잡힌 학습 경험을 제공할 수 있다.

또한, 거꾸로 교실(Flipped Classroom) 방식도 생성형 인공지능 챗봇 시스템과 잘 어울린다. 학생들은 집에서 챗봇과 대화하며 미리 연습을 해오고 교실에서는 그 내용을 바탕으로 공통된 오류를 짚어보거나 실전 회화에 대한 피드백을 받는 방식이다. 이 방법은 학생들이 더 능동적으로 학습에 참여할 수 있도록 유도하며 교실에서의 시간을 더 심도 있는 토론과 협업 활동에 집중할 수 있게 한다.

인공지능 챗봇 시스템이 제공하는 실시간 평가 기능도 전통 교육과 접목될 수 있다. 인공지능은 학생의 대화 데이터를 기반으로 자주 틀리는 문법, 부족한 어휘, 학습 패턴 등을 분석해 줄 수 있다. 교사는 이를 참고하여 학생별 맞춤형 지도와 보충 자료를 제공할 수 있다. 기존의 종이 기반 시험이나 단순 문법 연습보다 개인별 학습 흐름을 더 정교하게 파악할 수 있기 때문에 개개인의 약점을 보완하는 데 효과적이다.

무엇보다도, 생성형 인공지능 챗봇 시스템은 학습자 참여도를 높이는 데 기여할 수 있다. 디지털 환경에 익숙한 세대에게 친숙하고 흥미로운 방식이며, 게임 요소나 인터랙티브 대화 기능을 추가하면 학습 동기가 더욱 강화될 수 있다. 챗봇 시스템은 단순한 언어 연습을 넘어 학습 경험의 질을 향상시키고, 더 몰입감 있는 교육 환경을 조성할 수 있을 것이다.

교육기관 도입 시 고려 사항

교육기관이 챗봇 시스템을 효과적으로 도입하려면 학습 효과와 윤리적 측면까지 종합적으로 고려해야 한다. 먼저, 교사 연수가 필수적이다. 챗봇이 제공하는 데이터와 피드백을 올바르게 해석하고 학생들의 학습 상황을 효과적으로 지도하려면 교사들에게 충분한 교육이 필요

하다. 인공지능이 분석한 학습 패턴과 오류 유형을 참고하여 개별 학생 맞춤형 피드백을 제공하는 것이 핵심이므로 교사들은 인공지능을 최대한 활용하는 방법을 숙지해야 한다.

기술과 인간적 요소의 균형을 유지하는 것도 중요하다. 생성형 인공지능은 문법과 표현 교정, 반복 학습, 개인화된 연습을 지원하는 도구이지만, 실제 회화에서 중요한 대인관계 능력과 문화적 소통까지 완전히 대체할 수는 없다. 생성형 인공지능을 활용한 학습이 실제 사람과의 대화 경험을 보완하는 형태로 운영되어야 한다. 생성형 인공지능 기반 학습을 병행하면서도 원어민과의 실전 대화, 협업 프로젝트, 그룹 토론 등의 오프라인 활동도 지속적으로 제공해야 한다.

윤리적 문제와 데이터 보안 역시 교육기관이 신중하게 고려해야 할 요소다. 생성형 인공지능 챗봇 시스템은 학생의 대화 데이터를 지속적으로 학습하며 개선되는 방식이므로 개인정보 보호 및 데이터 관리에 대한 명확한 지침이 마련되어야 한다. 학생들의 학습 기록이 어디까지 저장되고 활용되는지, 외부 기관과 공유되지 않는지 등을 명확히 공지하여 신뢰도를 확보해야 한다.

마지막으로, 생성형 인공지능의 도입이 실제 학습 효과로 이어지는지 지속적인 평가와 피드백이 필수적이다. 단순히 새로운 기술을 도입하는 것만으로는 충분하지 않으며 이를 활용한 학습 방법이 실제로 학생들의 언어 능력 향상에 기여하는지 꾸준히 모니터링 해야 한다. 학생과 교사의 피드백을 반영해 생성형 인공지능 챗봇 시스템을 개선하고 학습자의 만족도를 주기적으로 점검하며 필요에 따라 교육 방식에 변화를 주는 유연성이 요구된다.

생성형 인공지능 챗봇 시스템을 교육과정에 효과적으로 통합하려면 단순한 기술 도입이 아니라 교사의 역할 강화, 윤리적 고려, 학습 효과 분석 등 다각적인 접근이 필요하다. 이를 통해 전통적인 언어교육과 생성형 인공지능 기반 학습의 장점을 조화롭게 활용하는 것이 미래 교육의 핵심 과제가 될 것이다.

챗봇과 언어학습의 미래

인공지능 챗봇은 단순한 번역이나 작문 보조 도구를 넘어 학습자에게 더 자연스럽고 실용적인 언어 경험을 제공하는 역할을 하고 있다. 과거에는 언어학습자가 원어민과의 대화를 위해 직접 교류할 기회를 찾아야 했지만, 이제는 인공지능 챗봇이 언제든지 대화 상대가 되어준다. 이러한 변화는 학습자의 실력 향상뿐만 아니라 언어학습의 접근성을 높인다.

챗봇이 강력한 학습 도구로 자리 잡게 된 이유 중 하나는 적응형 학습 알고리즘 덕분이다. 챗봇은 사용자의 언어 수준을 분석하고 이에 맞춰 대화의 난이도를 조정한다. 예를 들어, 초보 학습자에게는 간단한 문장과 기본적인 문법을 활용해 답변을 제공하지만, 상급 학습자에게는 더 복잡한 문장 구조나 관용적 표현을 사용할 수 있도록 한다. 또한, 사용자가 반복적으로 실수하는 부분을 인식하여 해당 영역을 집중적으로 연습할 수 있도록 유도한다.

챗봇이 제공하는 실시간 피드백 역시 학습 효과를 극대화하는 요소 중 하나이다. 일반적인 언어학습에서는 잘못된 표현을 사용해도 즉시 교정받기가 어렵다. 하지만 생성형 인공지능 챗봇은 대화에서 발생한 문법 오류나 부적절한 표현을 즉시 수정해 주며 대체가 가능한 자연스러운 표현도 추천해 준다. 예를 들어, 학습자가 "I go to shopping"이라고 말하면 챗봇은 이를 "I go shopping"으로 교정해 주고 비슷한 표현인 "I'm going shopping"과의 뉘앙스 차이도 설명한다.

한편, 생성형 인공지능 챗봇은 문화적 맥락을 반영한 언어학습을 지원한다. 같은 단어라도 지역이나 상황에 따라 의미가 달라질 수 있는데 이러한 차이를 학습하고 적절한 표현을 제안한다. 미국식 영어와 영국식 영어의 차이를 설명해 주거나 특정 국가에서 자주 사용하는 표현을 가르쳐주는 방식으로 학습자의 이해도를 높인다.

이렇게 챗봇이 언어학습에 여러 변화를 불러오고 있지만 인간과의 실제 대화를 완전히 대체할 수는 없다. 생성형 인공지능은 정해진 알고리즘에 따라 작동하기 때문에 인간이 사용하는 유머나 감정 표현을 완벽하게 이해하는 데에는 아직 한계가 있다. 또한, 언어에는 즉흥적인 요소와 맥락에 따른 유연성이 중요한데 이러한 부분은 여전히 원어민과의 대화에서 더 잘 습득될 수 있다.

기술이 발전하면서 생성형 인공지능 챗봇은 점점 더 자연스럽고 인간적인 대화를 구현할 것으로 예상된다. 앞으로는 학습자의 감정 상태를 파악하고 더욱 친근한 방식으로 대화를 이어갈 수 있도록 발전할 것이다. 또한, 음성 인식과 결합된 인공지능 음성 챗봇이 보편화되면 실제로 원어민과 대화하는 것 같은 경험이 가능해지면서 언어학습의 보조 도구로서 더욱 중요한 역할을 하게 될 것이다.

펜팔 시절의 느리지만 진솔한 교류에서부터 오늘날 생성형 인공지능 챗봇 파트너에 이르기까지 언어 교류는 인간이 서로 다른 언어와 문화를 이해하고자 하는 열망을 토대로 끊임없이 혁신을 거듭해 왔다. 인공지능 기반 언어 교류 플랫폼은 학습자에게 즉시성, 맞춤형 피드백, 교육비 절감 등 다양한 이점을 제공하며 이전에는 상상하기 어려웠던 방식으로 언어학습을 풍성하게 만들고 있다. 하지만 교사와 학생 간의 실제 대화, 문화적 체험, 예측 불가능한 삶의 언어가 주는 깊이는 여전히 인간 상호작용에서 비롯된다. 따라서 교육자와 기관은 인공지능을 현장 교육과 조화롭게 결합함으로써 언어학습이 테크놀로지의 장점을 최대한 누리면서도 인간적 소통의 본질을 놓치지 않도록 해야 한다.

미래의 챗봇은 감정 인식, 맥락 메모리, 신기술 통합 등을 통해 더욱 진화할 가능성이 크다. 궁극적으로는 인공지능이 제공하는 효율성과 인간이 지닌 풍부한 감성 및 문화적 교류가 조화를 이루는 혼합형 언어학습 환경이 나타날 것이다. 이는 점점 더 연결되는 세계 속에서 우리가 서로 소통하고 배우며 성장하고자 하는 변함없는 열망을 반영한다. 인공지능이 언어 교류의 새로운 길을 열어가는 과정을 통해 학습자들은 더욱 자신 있게 글로벌 무대에서 소통하고 협력할 수 있을 것이다.

동시통역 스마트폰에서 웨어러블 디바이스까지

모바일 기술의 급속한 발전은 언어 통번역의 양상을 근본적으로 바꾸어놓았다. 문자 기반 번역만 제공하던 초창기 스마트폰 앱에서 실시간 맥락 인지 통역을 가능케 하는 최신 웨어러블 기기에 이르기까지 기술은 서서히 언어 장벽을 허물고 있다. 여기에서는 모바일 번역 앱의 진화 과정과 웨어러블 번역 기술의 등장을 살펴보고 스마트폰과 웨어러블 기기의 강점과 한계를 비교한다. 또한 헬스케어나 외교 등 다양한 분야에서의 잠재적 활용 가능성을 탐색하고 웨어러블 언어 통번역 기술 분야가 맞닥뜨릴 도전과 기회를 함께 논의하고자 한다.

모바일 번역 앱의 진화

스마트폰의 발전과 함께 급격히 변화하며 모바일 번역 앱은 언어 장벽을 허물기 위한 필수적인 도구로 자리 잡았다. 초기 번역 앱은 단순한 사전(辭典) 기반 시스템으로 시작되었지만, 딥러닝과 인공신경망 기계 번역(NMT) 기술이 도입되면서 더 정교한 실시간 번역이 가능해졌다. 또한, 사용자 경험을 개선하기 위한 다양한 기능이 추가되면서 번역 앱은 단순한 텍스트 변환을 넘어 실질적인 커뮤니케이션 도구로 진화하고 있다.

초기의 모바일 번역 앱은 비교적 단순한 기능을 제공했다. 사용자가 특정 단어나 짧은 문장을 입력하면 미리 저장된 어학 사전 데이터베이스를 활용해 번역 결과를 얻을 수 있었다. 이러한 방식은 당시로서는 획기적이었으나 여러 가지 한계를 지니고 있었다. 무엇보다도 정적 데이터베이스에 의존했기 때문에 단어 하나하나의 개별적 의미는 번역할 수 있어도 문맥을 반영하는 데 한계가 있었다. 예를 들어, 영어의 "Tell me about it!"이라는 표현을 "그러게 말이야!"처럼 상대의 말에 동조하는 의미가 아니라, 문자 그대로 "그것에 대해서 말해 줘!"라고 번역하는 경우처럼, 문화적 배경을 반영하지 못하는 문제가 빈번했다. 게다가 오프라인 기능이 제한적이어서 인터넷 연결이 원활하지 않은 곳에서는 활용도가 크게 떨어졌다.

이러한 문제를 해결하기 위해 등장한 기술이 인공신경망 기계 번역(NMT)이다. 딥러닝과 대규모 다국어 데이터베이스를 활용한 이 기술은 단순한 사전 검색을 넘어 문장 전체를 분석하고 번역의 일관성을 높이는 방식으로 발전했다. 대표적인 예로는 구글 번역(Google Translate), 마이크로소프트 번역기(Microsoft Translator) 등의 서비스가 있다.

초기의 정적인 데이터베이스 기반 번역에서 시작한 모바일 번역 앱은 딥러닝과 인공신경망 기계 번역 기술이 도입되면서 이제는 음성, 이미지, 개인맞춤형 서비스 기능까지 지원하는 다차원적인 서비스로 발전하고 있다. 향후에는 생성형 인공지능 기술이 더욱 정교해지면서 번역의 정확도가 높아질 뿐만 아니라 더 자연스럽고 인간적인 대화가 가능해질 것으로 기대된다.

부상하는 웨어러블 번역 기술

웨어러블 기기의 특징

스마트폰이 모바일 번역을 대중화했다면 웨어러블 기기는 한층 더 진화된, 양손이 자유로운 '핸즈프리(Handsfree)' 번역 경험을 제공하며 언어 장벽을 극복하는 방식 자체를 변화시키고 있다. 웨어러블 번역 기술은 사용자가 손을 쓰지 않고도 자연스럽게 외국어를 이해하고 소통할 수 있도록 설계된 것이 특징이다. 이를 위해 다양한 형태의 제품들이 등장하고 있으며 그중 대표적인 것이 스마트 이어버드(Earbud)이다. 구글 픽셀 버즈(Pixel Buds)와 같은 인공지능 기반 무선 이어폰은 사용자가 듣는 언어를 실시간으로 번역해 귀로 직접 전달하고 여행이나 국제회의에서 번역된 내용을 즉각 청취할 수 있어 의사소통이 훨씬 매끄러워진다.

또 다른 유형으로 스마트 글라스가 있다. 증강현실(AR) 기술을 활용

[좌] 구글 픽셀 버즈, [우] 해외여행객이 스마트 글라스로 현지어 메뉴를 확인하는 모습 (Dall-E 3)

한 이 장치는 착용자의 시야에 번역된 텍스트를 겹쳐 보여주는 방식으로 작동한다. 외국의 거리 간판이나 메뉴판을 바라보면 실시간으로 번역된 내용을 눈앞에서 바로 확인할 수 있다. 이는 시각 정보를 번역하는 데 최적화된 방식으로 여행자뿐만 아니라 다국적 기업의 현장 근무자들에게도 유용하다.

아직은 연구 단계에 있지만 착용형 마이크나 스피커 기술도 주목받고 있다. 목걸이 형태나 옷깃에 부착할 수 있는 이 기기들은 주변 음성을 감지해 실시간으로 번역하고 스피커를 통해 상대방에게 전달하는 방식으로 작동한다. 스마트폰 없이도 자연스러운 대화를 이어갈 수 있다는 점에서 높은 기대를 받고 있으며 향후 다양한 산업군에서 활용될 가능성이 크다.

웨어러블 번역 기기의 작동 방식

웨어러블 번역 기기의 작동 방식은 기본적으로 모바일 번역 앱과 유사하지만 사용자 경험을 더욱 직관적으로 제공하는 데 중점을 둔다. 지속적 음성 인식이 핵심 기능 중 하나로, 웨어러블 기기의 마이크는 주변 음성을 상시 포착하여 특정 단어나 문장을 감지하면 즉시 번역 프로세스를 실행한다. 예를 들어, 스마트 이어버드는 사용자가 외국어를 들으면 자동으로 이를 감지하고 번역된 내용을 전달하며 착용형 마이크나 스피커는 상대방이 말하는 내용을 즉시 번역해 음성으로 재출력한다.

실시간 처리도 중요한 요소다. 기존의 모바일 번역 앱은 텍스트 입력 후 번역 결과를 기다려야 하는 방식이 많았지만, 웨어러블 번역 기기는 대화가 끊기지 않도록 지연 시간을 최소화하는 방향으로 설계되고 있다. 인공신경망 기계 번역(NMT) 기술을 활용해 빠른 연산을 수행하고 이를 즉각적인 피드백으로 제공하는 것이 특징이다.

또한, 맥락 인지 기능도 발전하고 있다. 웨어러블 기기는 단순히 음성을 텍스트로 변환하는 것이 아니라 주변 환경을 분석하여 번역 방식을 조정하는 기술을 적용한다. 예를 들어, 사용자가 시끄러운 공항에서 대화를 나누는 경우 소음 제거 기능을 강화하고 중요한 단어를 보다 명확히 번역하도록 최적화할 수 있다. 또한, 사용자가 이동 중이면 번역 결과를 더 간결하게 제공하거나 특정 상황에서는 공식적인 언어로 변환해 전달하는 등의 정교한 조정이 가능하다.

웨어러블 번역 기기의 장점

웨어러블 번역 기기는 스마트폰 기반 번역 앱과 비교했을 때 몇 가지 핵심적인 장점을 지닌다. 가장 큰 장점은 손이 자유로운 조작이 가능하다는 점이다. 기존의 모바일 번역 앱은 스마트폰을 손에 들고 사용해야 했지만 웨어러블 기기는 별도의 조작 없이도 즉시 번역이 실행되므로 사용자에게 더 자연스러운 의사소통 경험을 제공한다. 예를 들어, 여행자가 길을 물어보면서 동시에 스마트폰을 조작할 필요 없이 이어버드를 통해 번역된 내용을 바로 들을 수 있다.

또한, 은밀하고 자연스러운 소통이 가능하다. 스마트폰을 이용한 번역은 공공장소에서 화면을 들여다보거나 번역된 내용을 소리 내어 읽어야 하는 번거로움이 있지만 웨어러블 번역 기기는 이어폰을 통한 개인 청취가 가능하여 주변 사람들에게 방해가 되지 않는다. 특히, 공식적인 자리나 조용한 환경에서도 자연스럽게 번역을 활용할 수 있는 점이 강점이다.

웨어러블 기기의 또 다른 중요한 장점은 일상에서 번역 기능이 통합적으로 활용될 수 있다는 점이다. 착용한 상태 그대로 일상생활을 하면서 필요할 때 즉시 번역 지원을 받을 수 있어 언어 장벽을 실시간으로 극복하는 데 효과적이다. 이는 단순한 여행용 도구를 넘어 비즈니스 미팅, 국제 학술 교류, 다국적 협력 프로젝트 등에서도 중요한 역할을 할 수 있음을 의미한다.

마지막으로, 증강현실(AR) 기능과의 결합은 웨어러블 번역 기기를 더욱 강력한 도구로 만들고 있다. 증강현실(AR) 스마트 글라스와 연동하면 시각적으로 제공되는 정보를 즉각 번역해 사용자에게 보여줄 수 있어 외국어를 읽지 못하는 환경에서도 정보를 효과적으로 습득할 수 있다. 예를 들어, 외국의 식당에서 메뉴를 볼 때 스마트 글라스를 착용한 사용자는 메뉴판을 바라보기만 하면 자동으로 번역된 텍스트를 눈앞에서 확인할 수 있다.

결국, 웨어러블 번역 기기의 발전은 번역 기술을 보다 자연스럽고 직관적인 방식으로 활용할 수 있도록 돕고 있으며 미래에는 더욱 정교한 기능이 추가되면서 글로벌 커뮤니케이션을 혁신적으로 변화시킬 가능성이 크다. 이러한 기술의 도입으로 인해 언어의 장벽이 점점 더 낮아지고 세계 어디에서나 자유롭게 소통할 수 있는 환경이 조성될 것이다.

스마트폰과 웨어러블 번역 기기의 비교

스마트폰 번역 앱과 웨어러블 번역 기기는 기본적으로 같은 번역 기술을 활용하지만, 기능성과 사용 방식에서 큰 차이를 보인다. 스마트폰은 다재다능한 번역 도구로 문자, 음성, 이미지, 영상 등 다양한 방식으로 번역을 수행할 수 있다. 스마트폰의 고성능 프로세서는 대규모 데이터를 빠르게 처리할 수 있어 복잡한 문장이나 특수 용어가 포함된 번역에서도 높은 정확도를 제공한다. 또한, 스마트폰은 번역뿐만 아니라 통신, 내비게이션, 검색, 엔터테인먼트 기능까지 포함하고 있어 여러 기능을 동시에 활용하는 멀티태스킹이 가능하다.

반면, 웨어러블 번역 기기는 특정 기능에 최적화된 기기로서 실시간 대화 번역에 강점을 가진다. 스마트폰 번역 앱을 사용할 경우 사용자는 번역 내용을 확인하기 위해 화면을 들여다보거나 기기를 조작해야 하지만 웨어러블 번역 기기는 이런 과정을 생략하고 자동으로 음성을 인식하고 즉시 번역 결과를 전달한다. 특히, 이어버드 형태의 번역 기기는 사용자가 자연스럽게 대화를 나누면서도 상대방의 말을 실시간으로 통역 받을 수 있어, 보다 원활한 소통이 가능하다. 또한, 증강현실(AR) 스마트 글라스는 외국어 간판이나 문서를 실시간으로 번역하여 시야에 바로 띄워주므로 시각적인 번역 경험을 극대화한다.

또한, 사용자 경험의 측면에서도 두 기기는 차별점을 가진다. 스마트폰 번역 앱은 강력한 성능을 제공하지만 기기를 직접 조작해야 한다는 점이 번역 과정에서 흐름을 끊을 수 있는 요인이 된다. 사용자는 번역할 내용을 입력하거나 화면을 보면서 결과를 확인해야 하므로 실제 대화가 끊기거나 번역 과정이 부자연스러워질 가능성이 있다. 또한, 공공장소에서 스마트폰을 계속 들여다보며 번역하는 것이 번거롭게 느껴질 수도 있다.

반면, 웨어러블 번역 기기는 사용자의 신체에 밀착되어 번역 정보를 더 직관적으로 제공한다. 이어버드는 번역된 내용을 음성으로 전달해주며 스마트 글라스는 번역된 텍스트를 시야에 직접 투사한다. 즉, 번역 과정이 사용자의 감각과 직접 연결되어 있어 마치 확장된 인지 기능처럼 작용한다. 이는 특히 여행, 비즈니스 미팅, 국제 행사 등에서 보다 자연스러운 의사소통을 가능하게 한다. 핸즈프리 환경을 제공하기 때문에 손을 사용하지 않고도 실시간 번역을 받을 수 있다는 점에서 편리성이 높다.

한편, 스마트폰과 웨어러블 번역 기기 모두 아직 해결해야 할 과제가 남아 있다. 배터리 수명은 웨어러블 기기에서 특히 중요한 문제로 기기의 크기가 작을수록 배터리 용량이 제한될 수밖에 없다. 이어버드나 스마트 글라스는 장시간 사용할 경우 배터리 부족 문제가 발생할 수 있으며 스마트폰도 번역을 장시간 실행하면 배터리 소모가 많아진다.

인터넷 의존 문제도 존재한다. 대부분의 고급 번역 알고리즘은 클라우드 서버를 통해 처리되므로 인터넷 연결이 불안정한 환경에서는 번역 속도가 느려지거나 성능이 저하될 가능성이 있다. 특히, 해외여행 중 로밍 데이터가 제한적인 경우 웨어러블 번역 기기의 지속적인 사용이 어려워질 수도 있다.

정확도 문제도 여전히 완전히 해결되지 않은 부분이다. 스마트폰과 웨어러블 번역 기기 모두 최신 인공신경망 기계 번역(NMT) 기술을 사용하고 있지만 소음이 많은 환경에서는 음성 인식이 정확하게 작동하지 않을 수 있다. 번역 알고리즘이 모든 언어의 사투리나 관용어, 문화적 뉘앙스를 완벽하게 반영하지 못하는 경우도 있어 가끔씩 어색한 번역 결과가 나오기도 한다.

사용자 편의성도 중요한 요소이다. 웨어러블 번역 기기는 착용감과 디자인이 중요한데 이어버드는 장시간 착용 시 불편할 수 있으며 스마트 글라스는 아직 무게나 배터리 지속 시간 등의 문제가 남아 있다. 스마트폰 역시 번역을 지속적으로 사용하면 손으로 들고 다녀야 하는 번거로움이 있을 수 있으며 화면을 지속적으로 확인해야 하는 점이 단점으로 작용할 수 있다.

이렇게 스마트폰과 웨어러블 번역 기기는 각각의 강점과 한계를 가졌으며 사용자의 목적과 환경에 따라 최적의 선택이 달라질 수 있다. 스마트폰 번역 앱은 강력한 성능과 다양한 기능을 제공하지만 조작이 필요하다는 점에서 대화의 자연스러움을 저해할 수 있다. 반면, 웨어러블 번역 기기는 실시간 번역과 핸즈프리 사용이 가능하여 더욱 직관적

스마트폰 번역 앱과 웨어러블 번역 기기 특징 비교

비교 항목	스마트폰 번역 앱	웨어러블 번역 기기
기능성과 유연성	다재다능함: 텍스트, 음성, 영상, 이미지 등 다양한 번역 지원	전문화: 실시간 대화 번역에 최적화된 설계
	강력한 계산 능력: 대규모 데이터와 복잡한 문장도 빠르게 처리 가능	연속 동작: 별도 조작 없이 지속적인 번역 가능
	멀티태스킹: 번역 외에도 통신, 내비게이션, 엔터테인먼트 기능 제공	인체공학적 설계: 대화 상대에게 집중하며 자연스럽게 사용 가능
통합성과 사용자 경험	화면을 직접 봐야 하므로 번역 과정에서 대화 흐름이 끊길 수 있음	사용자의 귀, 시야, 옷깃 등에 밀착되어 번역 정보가 확장된 감각처럼 제공
	손에 기기를 들고 있어야 하므로 공공장소에서 사용이 다소 불편	핸즈프리 사용이 가능해 실시간 대화에서 더욱 자연스러움
한계와 절충점	배터리 소모가 크며 장시간 사용 시 충전이 필요함	소형 기기로 배터리 용량이 제한적이며 장시간 사용이 어려움
	클라우드 서버 의존도가 높아 인터넷 연결이 원활하지 않으면 성능 저하	인터넷 연결이 불안정할 경우 번역 지연 발생 가능
	소음이 많은 환경에서는 음성 인식 및 번역 정확도가 떨어질 수 있음	사투리, 관용어 등 일부 표현에서는 번역 정확도가 낮을 수 있음
	장시간 사용 시 휴대가 번거로울 수 있으며 화면 조작이 필요	착용감과 디자인이 중요하며 오랜 사용 시 불편함이 있을 수 있음

인 사용자 경험을 제공하지만 배터리 지속 시간과 정확성 문제에서 여전히 개선이 필요하다.

궁극적으로, 미래의 번역 기술은 두 기기의 장점을 결합하는 방향으로 발전할 가능성이 크다. 예를 들어, 스마트폰의 강력한 프로세싱 능력과 웨어러블 기기의 편리함이 융합된 형태로 스마트폰이 연산을 처리하고 웨어러블 기기가 번역 결과를 즉각 제공하는 방식이 더욱 보편화될 수 있다. 앞으로의 기술 발전을 통해 스마트폰과 웨어러블 번역 기기가 상호 보완적인 관계로 작용하며 사용자의 필요에 맞춘 최적의 번역 솔루션을 제공하는 방향으로 나아갈 것이다.

다양한 분야에서의 적용 가능성

헬스케어

의료 분야에서 웨어러블 번역 기술의 활용은 특히 중요하다. 의료 현장은 정확한 의사소통이 생명을 좌우하는 환경이기 때문에 언어 장벽이 치명적인 문제가 될 수 있다. 웨어러블 번역 기기를 활용하면 의사와 환자 간의 소통이 더욱 원활해져 의료 서비스의 질을 높일 수 있다. 예를 들어, 긴급한 상황에서 환자가 자신의 증상을 정확히 설명하지 못하면 진단과 치료가 지연될 위험이 있다. 그러나 실시간 번역이 가능한 웨어러블 기기를 사용하면 환자는 자신의 상태를 모국어로 말하고 의사는 번역된 내용을 즉시 이해할 수 있다.

또한, 응급 의료 서비스에서도 웨어러블 번역 기기는 중요한 역할을 할 수 있다. 구급대원이나 응급실 의료진은 여러 국적의 환자를 대면해야 하는데 시간적인 여유가 없는 상황에서 신속하게 정보를 전달해야 하는 경우가 많다. 이때 웨어러블 번역 기기가 자동으로 환자의 설명을 번역해 준다면 보다 정확한 응급 처치가 가능해질 것이다.

더 나아가, 원격 의료 환경에서도 웨어러블 번역 기술이 활용될 수 있다. 글로벌 의료 서비스가 확대되면서 다른 국가에 있는 의사와 환자가 원격으로 진료를 진행하는 사례가 증가하고 있다. 웨어러블 번역 기기가 실시간으로 대화를 번역해 준다면 언어 장벽 없이 보다 정확한 진료가 이루어질 수 있으며 국제적인 의료 서비스의 접근성이 대폭 향상될 것이다.

외교·국제 관계

국제 외교와 협상에서는 단어 하나, 표현 하나가 중요한 의미를 지닌다. 따라서 실시간 번역이 가능한 웨어러블 기기는 외교관과 정책 결정자들에게 중요한 도구가 될 수 있다. 특히, 실시간 회의 및 협상에서 웨어러블 번역 기기는 즉각적인 의사소통을 지원하며 대화의 흐름을 끊지 않고 자연스러운 소통을 가능하게 한다. 이를 통해 불필요한 오해나 협상 지연을 방지할 수 있다.

또한, 외교적 대화에서는 단순한 문장 번역이 아니라 문화적 민감성을 반영한 번역이 필요하다. 웨어러블 번역 기기가 발전하면서 단순한 직역을 넘어 문화적 함의를 고려한 번역이 가능해질 것으로 기대된다. 예를 들어, 특정 표현이 외교적으로 민감한 의미를 담고 있을 경우 인공지능이 이를 감지하고 적절한 표현으로 조정하는 기능이 추가될 수 있다.

국제회의와 정상회담에서도 웨어러블 번역 기기는 중요한 역할을 할 수 있다. 현재 대형 국제회의에서는 동시통역 장비가 필수적이지만 웨어러블 번역 기기가 보편화되면 참석자들은 별도의 통역 장비 없이도 개인적으로 통역 서비스를 지원받을 수 있게 된다. 이는 회의 참석자의 편의성을 높일 뿐만 아니라 더 많은 사람들이 자유롭게 의견을 개진할 수 있는 환경을 조성할 것이다.

관광산업

관광업계는 이미 다국적 방문객이 몰리는 산업이기 때문에 웨어러블 번역 기기의 활용도가 특히 높다. 여행자는 낯선 환경에서 길을 찾거나 음식을 주문하거나 현지인과 소통할 때 언어 장벽을 겪는 경우가 많다. 그러나 웨어러블 번역 기기를 사용하면 여행자의 편의성이 대폭 향상될 수 있다. 예를 들어, 스마트 글라스를 활용하면 간판이나 메뉴판의 번역이 시야에 바로 표시되며 이어버드형 번역 기기를 사용하면 현지인과의 대화가 보다 자연스럽게 이루어질 수 있다.

뿐만 아니라, 서비스 산업에서도 웨어러블 번역 기기의 활용이 가능하다. 호텔, 레스토랑, 테마파크 등 다양한 장소에서 웨어러블 번역 기기를 고객에게 대여해 준다면 직원과 고객 간의 의사소통이 더욱 원활해질 것이다. 이는 고객 만족도를 높이고 글로벌 관광객을 유치하는 데 중요한 경쟁력이 될 수 있다.

가이드 투어에도 웨어러블 번역 기기가 활용될 수 있다. 특히 증강현실(AR) 기능이 접목된 기기를 사용하면 유적지나 박물관에서 실시간으로 번역된 설명을 눈앞에서 볼 수 있어 보다 몰입감 있는 관광이 가능해진다. 이를 통해, 언어 장벽 없이도 현지의 역사와 문화를 깊이 이해하는 여행이 가능해질 것이다.

비즈니스

글로벌화가 가속화되면서 다국적 비즈니스 환경에서도 웨어러블 번역 기기의 활용 가능성이 높아지고 있다. 특히, 국제 클라이언트 미팅이나 협상에서 실시간 번역이 가능하면 오해를 줄이고 협상 속도를 높일 수 있다. 기존에는 통역사를 대동하거나 번역 앱을 사용하는 방식이 일반적이었지만 웨어러블 번역 기기를 사용하면 보다 즉각적이고 자연스러운 커뮤니케이션이 가능해진다.

사내 커뮤니케이션에서도 웨어러블 번역 기기가 유용할 수 있다. 다국적 기업에서는 다양한 국적의 직원들이 함께 일하는 경우가 많기 때문에 언어 장벽이 업무 효율성을 저하하는 요인이 될 수 있다. 웨어러블 번역 기기를 사용하면 직원들 간의 소통이 원활해지고 협업이 더욱 쉬워질 수 있다. 특히, 원격 근무가 증가하는 상황에서 다국적 팀원 간의 화상회의에 실시간 번역 기능이 적용된다면 글로벌 업무 환경이 한층 더 개선될 것이다.

고객 지원 분야에서도 웨어러블 번역 기기의 활용 가능성은 크다. 글로벌 기업들은 각국의 소비자들과 소통해야 하는데 웨어러블 번역 기기를 활용하면 오프라인 매장이나 고객 서비스 센터에서 다국어 지원을 더 손쉽게 제공할 수 있다. 예를 들어, 해외 매장에서 외국인 고객이 현지 직원과 원활하게 소통할 수 있도록 웨어러블 번역 기기를 지원하면 고객 만족도를 크게 향상시킬 수 있다.

웨어러블 번역 기기의 과제와 기회

기술적 과제

웨어러블 번역 기기가 더욱 발전하기 위해서는 몇 가지 핵심적인 기술적 문제가 해결되어야 한다. 가장 큰 문제 중 하나는 배터리 지속시간과 연산 처리 능력의 한계이다. 웨어러블 기기는 크기가 작기 때문에 배터리 용량이 제한적이며 강력한 연산 능력을 탑재하기 어렵다. 번역 과정에서 실시간 데이터 처리와 고속 연산이 필요하기 때문에 에너지 효율이 높은 저전력 프로세서를 개발하는 것이 필수적이다.

소음과 신호 간섭 문제도 해결해야 할 중요한 요소다. 웨어러블 번역 기기는 실외에서도 사용될 가능성이 높은데 공항, 기차역, 번화가 등 시끄러운 환경에서는 음성 인식률이 낮아질 수 있다. 이를 보완하기 위해서는 강력한 소음 제거 알고리즘과 고성능 마이크 센서가 필요하다. 사용자가 말하는 내용과 배경 소음을 정확히 구분하여 보다 자연스럽고 신뢰할 수 있는 번역 결과를 제공해야 한다.

무엇보다도, 현재의 번역 기기는 네트워크 연결에 대한 의존도가 높아 인터넷 환경이 불안정할 경우 번역 품질이 급격히 저하될 수 있다. 이를 극복하기 위해 클라우드 서버와 연동하지 않고도 기기 자체에서 빠르게 번역을 수행할 수 있도록 로컬 데이터 처리 능력을 강화하는 에지 컴퓨팅(Edge Computing) 기술이 도입되어야 한다.

사용자 중심 설계 과제

기술이 아무리 뛰어나도 사용자 경험이 불편하다면 대중화되기 어렵다. 웨어러블 번역 기기는 사람들이 장시간 착용할 수 있도록 편의성과 인체공학적 설계가 필수적이다. 이어버드 형태의 기기는 귀에 무리가 가지 않도록 가볍고 착용감이 뛰어나야 하며 스마트 글라스는 장시간 착용해도 눈에 부담을 주지 않는 형태로 제작되어야 한다. 두꺼운 프레임이나 무거운 디자인은 사용자의 거부감을 초래할 수 있기 때문에 무게를 최소화하는 것이 중요하다.

사용자 인터페이스(UI) 디자인도 직관적이어야 한다. 웨어러블 기기는 스마트폰처럼 터치스크린을 활용할 수 없기 때문에 복잡한 조작 없이도 자연스럽게 번역 기능이 작동해야 한다. 예를 들어, 사용자가 특정 동작을 하면 번역이 자동으로 시작되거나 음성 명령을 통해 간단하게 조작할 수 있는 방식이 필요하다. 생성형 인공지능 기반의 학습 기능을 적용하여 사용자의 언어 습관을 분석하고 상황에 맞는 번역 결과를 제공하는 것도 중요한 요소다.

웨어러블 기기는 개인정보 보호 문제도 신중하게 다뤄야 한다. 상시 음성을 감지하고 번역하는 과정에서 사용자의 대화가 저장되거나 분석될 가능성이 있기 때문에 이러한 데이터가 어떻게 보호되는지 투명하게 공개해야 한다. 사용자 데이터 암호화, 로컬 데이터 처리, 사용자가 원할 때 데이터를 삭제할 수 있는 기능 등을 통해 보안성을 강화해야 한다.

혁신의 기회

이러한 도전 과제에도 불구하고 웨어러블 번역 기술은 다양한 혁신적 기회를 제공할 수 있다. 가장 흥미로운 가능성 중 하나는 증강현실(AR) 기술과의 융합이다. 스마트 글라스와 같은 웨어러블 기기에 증강현실(AR)을 접목하면 사용자가 보는 장면 위에 번역된 텍스트를 실시간으로 띄워줄 수 있다. 이는 교육, 관광, 엔터테인먼트 등 다양한 산업에서 활용될 수 있으며 외국어 간판이나 안내문을 바로 번역하는 기능을 통해 사용자 경험을 획기적으로 개선할 수 있다.

또한, 웨어러블 번역 기기는 스마트폰, 태블릿PC, 기타 사물인터넷(Internet of Things: IoT) 기기들과 연동되면서 더욱 강력한 크로스 플랫폼 생태계를 구축할 수 있다. 예를 들어, 스마트워치와 스마트 이어버드가 연동되어 사용자의 대화를 실시간으로 번역하고 이를 스마트폰 화면에서 문자로 확인할 수 있는 시스템이 개발될 가능성이 크다. 이처럼 다양한 기기들이 상호작용하며 최적의 번역 환경을 조성할 수 있다.

개인 맞춤형 번역 기술도 중요한 발전 방향 중 하나다. 머신러닝과 인공지능 알고리즘을 활용하면 사용자의 발음, 언어 습관, 학습 스타일을 분석하여 보다 개인화된 번역 경험을 제공할 수 있다. 예를 들어, 사용자가 자주 사용하는 특정 용어를 기억하고 대화 스타일에 맞는 번역을 추천하는 기능이 도입될 수 있다. 이를 통해 웨어러블 번역 기기는 단순한 언어 번역 도구를 넘어 학습 보조 기기와 커뮤니케이션 도우미로서의 역할을 수행할 수 있다.

웨어러블 번역 기술은 새로운 활용 분야를 개척할 가능성이 크다. 현재는 여행과 비즈니스 중심으로 활용되고 있지만 향후에는 의료 상담이나 원격 교육 등 다양한 분야에서 새로운 가치를 창출할 수 있다. 예를 들어, 의사가 환자의 말을 실시간으로 번역하여 정확한 진료를 제공하거나 다국적 원격 회의에서 자동 번역 시스템을 활용하는 방식으로 확장될 수 있다.

스마트폰 통역에서 웨어러블 번역 기기로의 전환은 언어 장벽을 허물고 세대를 거쳐 이어져온 문화와 문명의 교류를 기술적으로 가속화하는 과정이라 할 수 있다. 기술이 더 정교해지고 우리의 삶 깊숙이 자리하게 될수록 다양한 언어권 사이의 소통이 부드럽고 자연스러워질 것이다. 이는 더 많은 사람이 세계 무대를 자유롭게 누비며 언어와 문화가 주는 다채로운 가능성을 마음껏 펼치도록 도와줄 것이다.

생성형 인공지능 시대,
새로운 언어 지평으로 도약하다

'상상이 현실이 되다'라는 주제 아래 우리는 생성형 인공지능이 어떻게 언어학습과 교육의 지형을 근본적으로 뒤바꾸고 있는지 살펴보았다. 생성형 인공지능은 문법이나 어휘 습득을 돕는 것에 머무르지 않고 학습자의 개별 취향이나 인지 스타일에 맞춰 접근을 달리하는 지능형 튜터로 진화하고 있다. 그 결과, 예전에는 학교에서 수년간 배우고도 활용이 어려웠던 외국어가 스마트폰 앱이나 웨어러블 번역 기기 등을 통해 훨씬 더 친근하고 실용적으로 거듭나는 중이다. 그러나 기술적 진보가 무한한 기회를 열어준다고 해서 우리의 언어 능력이 저절로 향상되는 것은 아니다.

생성형 인공지능이 제공하는 실시간 피드백과 개인 맞춤형 학습 콘텐츠는 강력한 보조 수단일 뿐, 그 언어를 정말 내 것으로 만들어내는 과정은 여전히 학습자 스스로의 노력과 탐구심에 달려 있다. 더욱이 문화적 맥락이나 미묘한 뉘앙스, 인간적인 상호작용에서 비롯되는 감정적, 사회적 측면은 생성형 인공지능이 완벽히 대체하기 힘든 영역이다. 여기서 우리가 확인한 것은 결국 기술의 힘이 우리에게 새로운 가능성을 열어줄 수는 있지만 그 기회를 제대로 살리는 것은 인간 고유의 창의성과 비판적 사고, 그리고 실제 경험이라는 사실이다.

이런 성찰을 통해 우리는 생성형 인공지능이 주는 가능성은 적극적으로 받아들여야 하지만 그 한계를 인지하고 보완하는 지혜 또한 필요하다는 것을 깨닫게 된다. 결국 교육자, 학습자, 정책 입안자 할 것 없이 모두가 함께 협력해 언어교육의 진화가 인간 소통 능력의 확장과 심화로 이어질 수 있도록 이끌어야 한다. 이는 소통하는 인간, 호모 커뮤니쿠스(Homo Communicus)의 고유한 유산을 계승하면서 생성형 인공지능이 불러올 미래의 잠재력을 한껏 살리는 길이기도 하다.

이 장의 시작과 마무리는 교육 여정 중 가장 중요한 전환점을 맞이한 순간을 담는다. 상상력과 혁신이 만나는 순간 개인별 맞춤 학습은 현실이 되고 언어교육의 미래를 이끌 기술 진보와 인간적인 가치가 함께 어우러질 수 있기 때문이다. 우리 앞에는 이미 지나온 언어의 역사만큼이나 다채롭고 탄탄한 미래가 펼쳐지고 있으며 그 미래는 과거 못지않게 역동적이고 풍부할 것이다. 우리는 이 길을 희망과 결의, 그리고 언어의 힘에 대한 확고한 믿음을 가지고 걸어가야 한다.

PART 2

언어는 인간이 삶을 영위하고 서로를 연결하는 데 가장 근본적인 매개체이자 우리가 세상을 인식하고 표현하는 핵심 도구다. 여기서는 이러한 언어의 본질을 구체적으로 들여다보고 어디서 비롯되었으며 어떻게 형성·발전해 왔는지 그리고 어떤 방식으로 인간의 사고와 문화, 사회를 이끌어왔는지를 폭넓게 살펴보고자 한다. 먼저, 제스처 이론이나 음악적 기원설 등 다양한 시각을 통해 언어가 단숨에 탄생한 것이 아니라 우리 조상들의 필요와 경험에 맞춰 서서히 진화했음을 확인한다. 아울러 음성, 몸짓, 상징 등이 얽혀 형성된 초기 소통 방식에서 시작해 점차 복잡한 문법 체계와 추상적 개념을 담아낼 수 있는 현대 언어로 확장된 과정을 추적함으로써 언어가 가진 혁신과 적응의 힘을 재발견한다.

또한, 우리는 보편 문법과 언어 보편성 같은 이론을 중심으로 인류가 한정된 규칙과 기호로부터 무수히 많은 발화를 생성해 낼 수 있는 비밀을 들여다본다. 음운, 형태, 통사, 의미로 이어지는 언어의 체계적 구조가 어떻게 인간의 두뇌와 상호작용하며 무한한 표현력을 발휘하는지 그리고 문화와 역사 속에서 어떻게 다양한 언어가 분화 및 발전해 왔는지 고찰한다. 더 나아가, 언어가 공동체를 묶어주고 문화적 정체성을 형성하며 세대 간 전통을 잇는 사회적 기능을 수행한다는 점을 짚어보면서 한 언어가 갖는 생활세계적 의미와 가치에 대해 생각해 본다. 이로써 언어를 단순한 소통 수단이 아니라 인류 문명 전반을 움직이는 생동감 있는 힘으로 바라보는 관점을 마련해 준다.

호모 커뮤니쿠스

AI 세상과 만나는

외국어 교육의 미래

언어란 무엇일까?

언어의 기원: 최초의 언어와 소통의 시작

언어는 인간의 가장 뚜렷하고 독특한 특징 중 하나로 상징과 소리로 이루어진 복합적 체계다. 이 체계를 통해 인류는 사상을 공유하고 문화를 형성하며 기술 혁신을 이끌어갈 수 있었다. 언어의 기원은 인류 진화를 연구하는 분야에서 가장 흥미롭고도 논쟁적인 주제 중 하나다. 여기에서는 언어의 기원에 관한 여러 이론을 살펴보고 언어가 인간의 인지 발달에 어떤 역할을 해왔는지 알아본다.

언어 기원 이론

언어가 어떻게 시작되었는지에 대해서는 여러 접근 방식이 있다. 연구자들은 초기 인류가 단순한 신호 체계에서 어떻게 정교한 의사소통 체계로 발전했는지를 설명하기 위해 다양한 이론을 제시한다. 그중 제스처 이론과 음악(운율) 이론이 대표적이다.

제스처 이론

제스처 이론은 인간 언어가 손짓과 몸짓을 통한 의사소통에서 비롯되었다고 주장한다. 초기 인류가 구체적인 발성을 하기 전, 손을 이용한 신호 체계를 발전시켰고 이것이 점차 언어로 진화했다는 것이다. 이 이론을 뒷받침하는 연구들은 인간이 여전히 몸짓을 사용해 의미를 전달하는 방식을 사용하고 있음을 강조하고 특히 비인간 영장류의 행동과 신경과학적 연구에서 많은 근거를 찾고 있다.

첫째, 영장류학 연구는 제스처 이론을 강력하게 뒷받침한다. 침팬지나 보노보 같은 영장류는 복잡한 몸짓을 통해 의사소통을 한다. 그들은 손짓을 이용해 먹이를 요구하거나 동료에게 경고 신호를 보내고 사회적 상호작용을 조정한다. 특히, 손짓은 소리보다 더 유연하게 사용될 수 있으며 맥락에 따라 의미가 변할 수 있다. 인간과 가장 가까운 영장류가 몸짓을 주된 의사소통 방식으로 활용한다는 점은 초기 인류도 손짓을 기반으로 한 언어적 소통을 했을 가능성을 시사한다.

둘째, 신경생물학적 연구는 언어와 몸짓이 같은 신경 기제를 공유할 수 있음을 보여준다. 연구에 따르면, 언어 처리를 담당하는 중요한 뇌 영역인 브로카 영역(Broca's area)은 몸짓과 말소리 생성에 모두 관여한다. 이는 몸짓이 언어의 전신(前身)이었고 점차 발성으로 대체되었을 가능성을 강하게 시사한다. 또한, 유아가 언어를 배우기 전에 손짓을 먼저 사용하는 점도 이를 뒷받침하는 증거로 제시된다.

셋째, 사회 및 환경적 요인도 제스처 이론이 설득력을 갖게 만드는 요소다. 초기 인류 집단은 공동 사냥과 도구 제작을 통해 협업하는 생활을 했다. 사냥이나 집단생활에서는 조용히 신호를 주고받을 필요가 있었고 소리를 내는 것보다 손짓을 사용하는 것이 더 유리했을 것이다. 그리고 먼 거리에 있는 사람에게 정보를 전달하기 위해 시각적 신호를 사용하는 것이 더 효과적이었을 수 있다. 이러한 이유로 몸짓이 원시적 언어로서 오랫동안 사용되었고 이후 발성 기관의 발달과 함께 음성 언어로 변화되었을 가능성이 크다.

그렇지만 손짓은 어두운 환경에서는 효과가 떨어지며 도구를 사용하거나 물리적 활동을 하는 동안에는 제약이 따를 수 있다. 이러한 단점은 음성 언어의 필요성을 설명하는 요소가 될 수 있으며 이는 제스처가 언어의 기원이지만 시간이 지나면서 보완적 요소로 남게 됐을 가능성을 시사한다. 제스처 이론은 언어가 처음부터 음성 중심이 아니었으며 손짓과 몸짓이 중요한 역할을 했다는 점을 강조한다. 이는 인간이 여전히 비언어적 제스처를 자주 사용하는 이유를 설명하며 현대 언어의 기원에 대한 중요한 시각을 제공한다.

음악(운율) 이론

음악(운율) 이론은 언어가 처음부터 음성 중심이었으며 특히 음악적 요소를 포함한 원시적 발성에서 시작되었다고 주장한다. 초기 인류가 소리를 통해 감정을 표현하고 리듬과 억양을 이용한 의사소통을 발전시키면서 이것이 점차 체계화되어 현대 언어로 진화했다는 것인데 그 근거는 다음과 같다.

첫째, 발성 및 감정 표현이 이 이론의 핵심 근거 중 하나다. 인간뿐만 아니라 동물들도 발성을 이용해 감정을 표현한다. 늑대의 울음소리, 새의 지저귐, 원숭이의 경고 신호 등은 모두 특정한 감정을 전달하는 기능을 한다. 초기 인류 역시 유사한 방식으로 높은 소리, 낮은 소리, 억양 변화 등을 이용해 감정을 표현했을 가능성이 높다. 위협적인 상황에서는 날카로운 소리로 경고하고 친밀한 관계에서는 부드럽고 조화로운 소리를 냈을 것이다. 시간이 지나면서 이러한 소리들이 점차 패턴화되고 의미 있는 의사소통 체계로 발전했을 수 있다.

둘째, 사회적 유대와 문화적 요소도 중요한 증거로 꼽힌다. 음악은 인간 사회에서 공동체를 형성하는 강력한 수단이었다. 많은 문화권에서 춤과 노래는 집단 활동의 중요한 부분으로 자리 잡고 있으며 이는 고대 인류 역시 리듬과 운율을 사용해 집단 결속력을 강화했을 가능성을 시사한다. 특히, 공동 사냥이나 노동을 할 때 일정한 리듬을 맞춰 움직이는 것이 효율적이었을 것이며 이러한 환경이 리드미컬한 발성의 발전을 촉진했을 수 있다.

셋째, 언어 구조의 기원을 설명하는 데 있어서도 음악 이론은 설득력을 갖는다. 일부 연구자들은 통사(syntax)와 의미론(semantics)이 음악적 구조에서 비롯되었을 가능성을 제시한다. 예를 들어, 음악에서는 특정한 멜로디 패턴이 반복되면서 청각적 기대를 형성하는데 언어에서도 문법적 구조가 반복되며 일관성을 형성한다. 또한, 음악에서 사용되는 높낮

제스처 이론(Dall E-3)

이와 리듬 변화가 초기 언어에서 단어의 의미를 차별화하는 기능을 했을 가능성이 있다. 말끝을 올리는 '어↑'와 말끝을 내리는 '어↓'가 전혀 다른 의미를 갖는 것처럼 초기 언어도 억양을 통해 의미를 구분했을 수 있다.

음악적 발성만으로는 구체적인 사물을 지칭하거나 복잡한 개념을 표현하는 데 한계가 있었을 것이다. 원시 음악적 소통 방식이 점차 언어적 규칙과 결합되면서 현재의 구체적이고 정교한 언어 체계로 발전했을 가능성이 크다. 결론적으로, 음악 이론은 언어가 감정적 발성과 사회적 리듬을 통해 진화했다는 점을 강조한다. 초기 인간의 소통이 노래와 유사한 형태로 시작되었고 이후 체계화된 문법과 어휘가 추가되면서 오늘날의 언어로 발전했을 가능성이 있다는 것이다.

제스처 이론과 음악 이론은 각각 다른 방식으로 언어의 기원을 설명

음악 이론(Dall E-3)

하긴 하지만 반드시 배타적인 개념은 아니다. 오히려, 많은 연구자는 초기 인류의 의사소통이 몸짓과 음성을 결합한 방식이었을 가능성이 크다고 본다. 손짓을 통해 구체적인 정보를 전달하면서도 리듬과 억양을 활용해 감정을 보완했을 수 있다는 것이다. 이러한 관점에서 보면, 언어의 기원은 단일한 요소에서 시작된 것이 아니라 점진적이고 복합적인 과정을 거쳐 발전했을 가능성이 높다.

인지 발달에서 언어가 하는 역할

언어는 인지 발달에 핵심적인 역할을 함으로써 개인의 지적 성장뿐만 아니라 집단적 문화 발전에도 영향을 미친다. 그래서 언어는 단순한 의사소통 수단을 넘어 인간의 사고와 학습, 그리고 세계와의 상호작용 방식을 형성하는 중요한 요소다. 인간은 언어를 통해 정보를 조직하고 기억을 확장하며 사회적 관계를 형성한다.

첫째, 언어는 사고를 촉진하는 도구다. 언어가 없다면 인간의 사고 과정은 지금처럼 정교하고 복잡한 형태를 갖추지 못했을 것이다. 러시아의 심리학자 비고츠키(Lev Vygotsky)는 사회문화 이론을 통해 언어가 사고를 조직하는 역할을 한다고 강조했다. 그는 언어가 단순한 정보 전달 도구가 아니라 개념을 내면화하고 논리적으로 사고하는 토대가 된다고 보았다. 어린아이는 타인의 말을 들으며 개념을 학습하고 점차 내부 언어(inner speech)인 혼잣말을 통해 자기 자신과 대화하며 문제를 해결하는 능력을 키운다. 언어는 단순한 말하기 능력을 넘어서 사고를 구조화하는 중요한 요소다.

둘째, 언어는 기억과 학습을 강화하는 역할을 한다. 인간의 기억 체계는 언어를 매개로 작동하며 언어를 통해 지식이 장기적으로 축적된다. 학습자가 새로운 개념을 익힐 때 이를 언어로 표현하고 설명할 수 있어야 완전히 이해했다고 볼 수 있다. 또한, 언어를 반복적으로 학습하는 과정에서 뇌의 신경 회로가 강화되며 복잡한 문제 해결 능력과 추상적 사고 능력이 함께 발달한다. 언어는 단순한 지식 전달을 넘어 기억력과 인지적 유연성을 높이는 필수적인 요소다.

셋째, 언어는 사회적 상호작용과 개인의 정체성을 형성하는 데 중요한 역할을 한다. 인간은 언어를 통해 공동체를 형성하고 문화를 공유하며 집단적 경험을 여러 세대에 걸쳐 전수한다. 언어는 단순한 정보 교환을 넘어서 감정을 표현하고 정체성을 확립하며 사회적 관계를 조정하는 수단이 된다. 특정 언어를 사용하는 사람들은 그 언어를 기반으로 하는 문화적 가치와 세계관을 공유하며 이는 사회적 소속감을 강화하는 역할을 한다. 언어의 출현은 인류 발전의 가장 중요한 전환점 가운데 하나였다. 언어를 통해 인간은 단순한 생존을 넘어 복잡한 개념을 논의하고 지식을 축적하며 문화를 발전시킬 수 있는 능력이 생겼다. 먼저, 언어는 지식과 기술의 전파를 가능하게 한다. 과거 구전 문화에서는 지식과 경험이 말로 전달되며 세대를 넘어 축적되었고 이후 문자 언어의 발달로 인해 지식 보존의 범위가 비약적으로 확대되었다. 이는 과학, 철학, 예술 등 다양한 분야에서 혁신을 촉진하는 데 중요한 역할을 했다. 예를 들어, 농업 기술이나 의학 지식이 언어를 통해 공유되고 발전하면서 인류 문명이 지속적으로 성장할 수 있었다. 또한, 언어는 창의성과 상상력을 자극한다. 인간은 언어를 사용하여 가상의 시나리오를 만들고 새로운 개념을 창조하며 기존의 생각을 확장할 수 있다. 이는 예술과 문학, 과학적 발견과 같은 창조적 활동의 핵심 요소다. 예를 들어, 신화와 문학은 언어를 통해 인간의 상상력을 극대화하고 새로운 문화적 의미를 만들어낸다. 과학적 가설을 세우고 검증하는 과정 역시 언어적 논리를 통해 이루어진다.

마지막으로, 언어는 사회적 협력과 문화의 적응력을 높인다. 인간 사회가 복잡해질수록 협력과 조정이 더욱 중요해지는데 언어는 이를 가능하게 하는 강력한 도구다. 집단 내에서 규칙을 정하고 법과 제도를 만들며 협력적 의사결정을 하는 과정에서 언어는 필수적인 역할을 한다. 국제적인 협력이나 외교 관계에서는 공통의 언어를 활용하여 갈등을 조정하고 해결할 수 있다. 언어는 문화가 변화하는 과정에서도 중요한 역할을 한다. 새로운 개념과 기술이 등장할 때 언어는 이를 수용하고 확산시키는 역할을 하며 이를 통해 각 문화권은 변화하는 환경에 적응하고 번영할 수 있다.

언어 기원 연구의 쟁점과 논란

언어의 기원은 인류학, 진화생물학, 인지과학 등 여러 학문이 탐구하는 주제이지만 여전히 명확한 결론에 도달하지 못한 미스터리로 남아 있다. 언어는 화석처럼 직접적으로 남아 있는 형태가 없어서 연구자들은 고고학적 증거, 유전학적 분석, 비교 언어학적 접근 등을 활용해 그 기원을 추적해야 한다. 하지만 이러한 연구들은 다양한 해석을 낳으며 학계에서는 여전히 치열한 논쟁이 벌어지고 있다. 대표적인 쟁점으로는 단일 기원 대 다중 기원, 점진적 진화 대 갑작스러운 등장, 생물학적 요인 대 문화적 요인 등이 있다.

언어가 한 곳에서 발생했는지 아니면 여러 지역에서 독립적으로 출현했는지는 여전히 논쟁의 대상이다. 일부 연구자들은 단일 기원설을 지지하며 언어가 특정한 초기 호모 사피엔스 집단에서 최초로 발달했고 이후 다른 인류 집단으로 확산했다고 주장한다. 이 가설은 인간의 유전적 동질성과 비교 언어학적 연구를 근거로 하며 현재 전 세계 언어들이 공통된 기원을 가질 가능성이 높다는 점을 강조한다.

반면, 다중 기원설을 지지하는 학자들은 여러 호미닌(Hominin) 종들이 각기 다른 원시 언어(proto-language)를 발전시켰을 가능성을 제기한다. 네안데르탈인과 같은 멸종한 인간 종들이 일정 수준의 언어적 소통 능력을 가졌을 것이며 이러한 다양한 언어 체계들이 상호 교류하면서 현대 인간 언어의 기원에 기여했을 수 있다는 것이다. 이 주장은 네안데르탈인의 폭스피투(FOXP2) 유전자 분석과 고고학적 발견을 근거로 한다. 그러나 아직은 다중 기원설을 뒷받침하는 확실한 증거가 부족한 상황이기 때문에 이 논쟁은 여전히 해결되지 않은 채로 남아 있다.

언어가 인간의 다른 인지 및 문화적 발달과 함께 점진적으로 진화했는지 아니면 어느 시점에서 급격한 변화를 통해 갑자기 등장했는지도 논란의 중심이다. 점진적 진화론을 지지하는 학자들은 언어가 여러 세대에 걸쳐 천천히 발전했다고 본다. 초기 인류는 단순한 몸짓 언어나 제한적인 발성을 사용하다가 점차 어휘와 문법이 복잡해지는 과정을 거쳤다는 주장이다. 이 관점은 인간의 신경 발달과 언어 관련 유전자 변화, 그리고 도구 사용과 같은 복합적인 문화적 요소들이 오랜 시간에 걸쳐 언어 능력을 키웠다고 설명한다.

반면, 갑작스러운 등장론을 지지하는 연구자들은 특정한 유전적 돌연변이 또는 신경학적 변화가 언어의 급격한 발전을 이끌었다고 본다. 폭스피투(FOXP2) 유전자의 특정 변이나 브로카 영역의 급격한 발달이 언어 능력의 임계점을 넘어서는 순간이 있었을 가능성이 있다. 이 가설에 따르면, 언어는 점진적으로 발전한 것이 아니라 특정 시점에서 급진적으로 혁신적 변화를 거쳐 고도로 정교한 의사소통 체계로 발전했을 것이다. 이 두 입장은 인간의 언어가 자연선택의 결과인지 아니면 특정한 돌연변이와 환경적 요인이 결합하여 급격히 나타났는지를 놓고 계속해서 논의되고 있다.

언어의 발달에서 유전자 진화와 문화적 혁신이 각각 얼마나 기여했는지도 중요한 쟁점이다. 생물학적 결정론을 지지하는 연구자들은 언어가 인간의 유전적 특성과 신경학적 발달의 산물이라고 본다. 이들은 인간의 언어 능력이 폭스피투(FOXP2) 같은 특정 유전자 변이로 가능해졌으며 이러한 변화가 인간의 뇌 구조와 인지 능력을 발전시켰다고 주장한다. 또한, 인간의 발성 기관과 뇌의 언어 관련 영역이 다른 동물과 비교했을 때 상당히 발달해 있다는 점을 강조하며 언어 능력은 타고난 생물학적 특징이라고 설명한다.

반면, 문화적 결정론을 주장하는 학자들은 언어가 유전자 변이보다는 환경적 요소와 사회적 필요로 발전했다고 본다. 인간은 협력적 사회구조를 갖추면서 정보 공유가 필수적이었고 점진적인 상호작용 속에서 언어가 자연스럽게 형성되었다는 것이다. 또한, 언어는 세대 간 학습을 통해 전달되며 시간이 지나면서 변화하고 발전해 왔다. 이러한 점에서 본능적이기보다는 문화적 진화의 산물로 볼 수 있다고 주장한다. 이 두 입장은 사실 상호 배타적인 것이 아니라 상호 보완적일 가능성이 높다. 즉, 인간의 유전자적 특성이 언어 발달을 위한 기반을 마련했지만, 실제 언어의 형태와 발전 과정은 문화적 요인에 의해 결정되었을 가능성이 크다.

언어 기원 연구가 어려운 가장 큰 이유는 직접적인 증거가 존재하지 않는다는 점이다. 언어는 화석으로 남지 않으며 초기 인류가 남긴 문헌도 존재하지 않는다. 그렇기 때문에 연구자들은 고고학적 유물, 유전학적 분석, 동물과의 비교 연구 등 간접적인 자료에 의존할 수밖에 없다. 하지만 이러한 간접 증거들은 연구자의 해석에 따라 완전히 상반된 결론을 도출할 수 있다.

예를 들어, 동굴벽화와 같은 고고학적 발견이 상징적 사고와 언어적 표현의 증거라고 해석될 수도 있지만 단순한 예술적 표현일 가능성도 있다. 또한, 유전학적 연구에서 주장하듯이 폭스피투(FOXP2) 유전자가 언어와 연관이 있다고 해도 그 유전자가 언어 능력을 결정하는 유일한 요소인지 아니면 더 넓은 인지적 기능과 관련된 것인지에 대한 논란도 존재한다. 이러한 한계 때문에 일부 학자들은 언어 기원을 연구하는 것이 본질적으로 진실을 확실히 밝힐 수 없는 문제일 수도 있다고 주장한다. 그러나 새로운 과학 기술이 나타나면서 고고학적 발견과 유전학적 분석이 더욱 정밀해지고 있으며 언어 기원에 대한 연구도 점차 발전하고 있다.

언어의 기원은 인간의 진화 과정을 이해하는 연구에서 가장 복잡하면서도 매력적인 퍼즐 중 하나다. 제스처 이론이나 음악 이론 등 다양한 학설을 살펴보면 현대 언어가 탄생하기까지는 여러 소통 방식이 서서히 결합되고 발달해 왔음을 알 수 있다. 또한, 고고학과 유전학 연구는 비록 간접적이긴 하지만 초기 인류의 인지 및 소통 능력이 어떻게 점진적으로 성장해 왔는지를 추측할 수 있는 중요한 단서를 제공한다.

하지만 언어의 기원에 대한 수많은 쟁점을 통해 우리는 아직 언어의 기원에 대해 완전히 알지 못함을 상기하게 된다. 새로운 증거나 기술이 등장할 때마다 언어 기원에 대한 우리의 이해도 변화할 것이며 이를 통해 인류의 가장 특징적인 능력 중 하나가 어떻게 생겨났는지를 더욱 깊이 파악하게 될 것이다.

언어의 속성: 체계성, 규칙성, 상징성

언어는 인간 종(種)의 가장 정교하고 특징적인 능력 중 하나로 추상적 사고와 문화 전승, 창의적 표현을 가능케 하는 복합적인 규칙 체계다. 여기서는 인간 언어를 구분 짓는 핵심 요소인 체계성, 규칙성, 상징성에 대해 살펴본다. 또한 언어 보편성과 노엄 촘스키(Noam Chomsky)의 '보편 문법(Universal Grammar) 이론'을 함께 검토하고, 이러한 언어의 특성이 생성형 인공지능 언어 모델 개발에 주는 함의를 살펴본다.

인간 언어의 근본적 특성

체계성(Systematicity)

언어는 단순한 소리의 조합이 아니라 특정한 체계(system) 안에서 작동하는 정교한 구조를 가졌다. 인간이 언어를 통해 사고를 표현하고 의미를 공유할 수 있는 것은 이러한 체계성 덕분이다. 언어의 구조는 다양한 층위에서 분석될 수 있으며 각각의 요소들은 유기적으로 연결되어 작동한다.

첫째, 음운론(Phonology)은 언어의 가장 기초적인 층위로 소리 체계가 특정한 규칙에 따라 배열되는 방식을 다룬다. 인간이 내는 소리는 무작위적으로 결합되지 않으며 각 언어는 나름의 음운 규칙을 가지고 있다. 예를 들어, 한국어에서는 'ㄹ'이 단어의 첫음절에 잘 오지 않는 반면, 영어에서는 'R'로 시작하는 단어가 많다. 이러한 차이는 언어마다 특정한 음운 규칙이 존재한다는 것을 보여준다.

둘째, 형태론(Morphology)은 단어가 구성되는 방식을 연구한다. 단어는 형태소(morpheme)라는 의미를 지닌 최소 단위로 나뉘며 여러 형태소가 결합하여 새로운 단어를 만들기도 한다. 예를 들어, '행복하다'에서 '행복'과 '-하다'는 각각 독립적인 의미를 가지며 이는 단어 형성의 체계성을 보여준다.

셋째, 통사론(Syntax)은 단어들이 문장에서 배열되는 규칙을 연구한다. 언어마다 문장 구조가 다르지만, 그 안에는 일정한 패턴이 존재한다. 예를 들어, 한국어는 주로 주어-목적어-동사(Subject-Object-Verb: SOV) 구조를 따르지만, 영어는 주어-동사-목적어(Subject-Verb-Object: SVO) 어순을 사용한다. 이러한 구조적 차이는 언어가 일정한 조직 원칙을 따름을 보여준다.

넷째, 의미론(Semantics)은 단어와 문장이 의미를 형성하는 방식을 다룬다. 단어 하나하나는 개별적인 의미를 가지지만 문장 속에서 서로 조합될 때 맥락에 따라 의미가 달라질 수 있다. "나는 배가 아프다"와 "나는 배를 탔다"에서 '배'는 다른 의미로 사용된다.

마지막으로, 화용론(Pragmatics)은 실제 대화 속에서 언어가 어떻게 사용되는지를 연구한다. 같은 문장이라도 말하는 상황과 맥락에 따라 해석이 달라질 수 있다. "이거 맛있어?"라는 질문에 "그냥 그래"라고 대답하는 것은 문자 그대로의 의미보다 맛이 별로라는 화자의 태도나 의도를 반영할 수 있다. 이렇듯 언어는 다양한 층위에서 규칙적으로 조직된 체계를 이루며 이러한 구조 덕분에 인간은 명확하고 정교한 의사소통을 한다.

규칙성(Regularity)

언어는 혼돈 속에서 무작위로 형성된 것이 아니라 일정한 규칙에 따라 작동하는 구조적 체계다. 이러한 규칙성이 존재하기 때문에 인간은 무한한 문장을 생성할 수 있으며 상대방의 말을 듣고 새로운 표현을 이해할 수 있다. 첫째, 문법(Grammar)이라는 규칙 체계가 존재한다. 문법은 형태론, 통사론, 의미론을 포괄하는 규칙들의 집합으로 단어가 어떻게 결합하여 의미 있는 문장을 형성하는지를 결정한다. 예를 들어, 영어에서는 'he goes', 'they go'와 같이 동사가 주어에 따라 변화하는 규칙이 있으며 한국어에서는 '간다'와 '갔다'와 같이 동사의 시제에 따라 형태가 변한다.

둘째, 생성력(Generativity)은 한정된 어휘와 문법 규칙으로도 무한히 새로운 문장을 만들어낼 수 있는 능력을 의미한다. 예를 들어, 우리는 단 한 번도 들어본 적 없는 문장이라도 문법적 규칙을 적용하여 그 의미를 유추할 수 있다. "외계인이 지구의 바다에서 축구를 한다"라는 문장을 처음 듣더라도 우리는 이를 이해할 수 있다. 이는 언어가 규칙성을 가지면서도 창조적인 구조를 가졌음을 보여준다.

셋째, 예측 가능성과 일관성이 존재한다. 언어의 규칙성이 유지되기 때문에 우리는 문장을 듣는 도중에도 다음에 올 단어를 예상할 수 있다. 예를 들어, '나는 학교에서'라고 말하면 뒤에 '공부했다'나 '친구를 만났다' 같은 표현이 올 가능성이 크다. 이러한 규칙성 덕분에 인간의 언어는 일관되면서도 효과적인 소통 도구가 된다. 언어가 규칙을 기반으로 작동한다는 점은 인간이 새로운 정보를 학습하고 언어를 사용하여 복잡한 개념을 표현할 수 있도록 만드는 중요한 요소다.

상징성(Symbolism)

인간 언어의 가장 근본적인 특징 중 하나는 상징성(Symbolism)이다. 언어는 단순히 감정이나 명령을 전달하는 신호 체계가 아니라 추상적인 개념과 보이지 않는 대상까지 표현할 수 있는 상징적 도구다.

첫째, 기호의 임의성(Arbitrariness)은 인간 언어의 핵심 요소다. 언어학자 소쉬르(Saussure)에 따르면, 언어는 특정 단어(기표, signifier)와 그 단어가 가리키는 개념(기의, signified) 사이에 필연적인 연관 관계가 없다. 예를 들어, '나무(tree)'라는 단어는 우리가 나무를 의미하도록 사회적으로 약속한 결과이지 본질적으로 나무의 속성과 연결된 것이 아니다. 같은 대상을 가리키는 단어는 언어마다 다르며 영어로는 'tree', 프랑스어로는 'arbre', 독일어로는 'Baum'이라 불린다.

둘째, 관습성(Conventionality)은 언어가 사회적으로 공유되는 기호 체계임을 의미한다. 특정한 단어가 특정한 의미를 지닌다는 약속이 형성되면 그것은 언어 공동체 내에서 유지되며 발전한다. 이 때문에 언어는 세대를 넘어 전수될 수 있으며 새로운 단어도 사회적 합의를 통해 추가될 수 있다.

셋째, 추상적 표현이 가능하다. 인간 언어의 상징성 덕분에 우리는 보이지 않는 개념, 감정, 철학적 사유까지 표현할 수 있다. 예를 들어, '자유', '사랑', '정의' 같은 단어들은 구체적인 사물이 아니라 추상적인 개념이지만 언어를 통해 이를 논의하고 표현할 수 있다. 또한, 문학과 예술, 과학적 개념도 언어를 통해 구조화되며 이를 통해 인류는 지식을

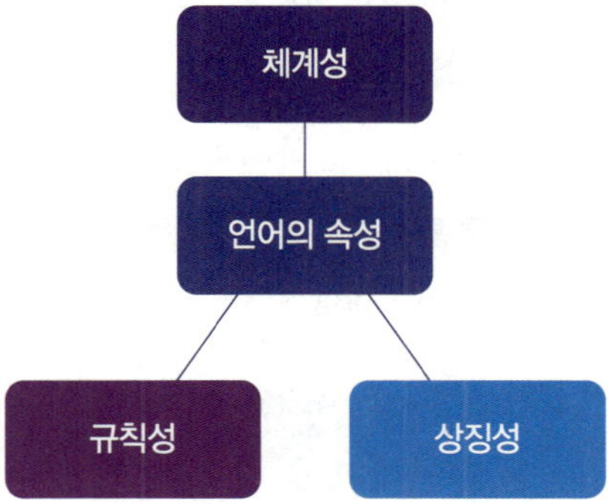

언어의 속성

공유하고 축적할 수 있다. 동물의 의사소통 체계는 대체로 특정한 자극과 즉각적으로 연결된 신호를 사용하지만 인간 언어는 전적으로 상징적 기호를 통해 의미를 창출한다는 점에서 근본적인 차이를 보인다.

언어 보편성과 언어 다양성

인간 언어는 폭넓은 다양성을 보이면서도 특정한 공통적 속성(언어 보편성)을 공유한다. 이와 같은 폭넓은 다양성 속 보편성은 오랫동안 언어학자들의 관심을 끌어왔다.

언어 보편성(Linguistic Universals)

언어 보편성(Language Universals)이란 모든 인간 언어에서 발견되는 공통적인 특성이나 원리를 의미한다. 즉, 세계의 모든 언어가 공유하는 일정한 구조적 특징이나 규칙이 존재하며 이는 인간의 인지적 특성과 언어 습득 능력과도 밀접하게 연결된다. 언어 보편성은 크게 절대적 보편성과 통계적 보편성으로 나뉜다. 절대적 보편성은 예외 없이 모든 언어가 공유하는 특징을 의미하며 통계적 보편성은 대부분의 언어에서 발견되지만 예외가 존재하는 패턴을 의미한다.

모든 언어는 음운 체계를 가졌으며 음운을 조합하여 단어를 만들고 단어를 문법 규칙에 따라 배열하여 문장을 형성하는 체계를 가진다. 예를 들어, 문장을 확장할 수 있는 재귀성(Recursion) 현상은 대부분의 언어에서 발견된다. 이는 문장 안에 절을 중첩할 수 있는 구조로 "나는 [그가 어제 책을 샀다]는 것을 들었다"처럼 복잡한 문장 구조를 생성할 수 있는 능력을 의미한다. 또한, 언어 보편성은 인간의 인지적 특성과 깊은 관련이 있다. 인류학자와 언어학자들은 이러한 공통적인 구조가 단순한 우연이 아니라 인간 두뇌의 정보 처리 방식이 언어 체계에도 반영된 결과라고 주장한다. 즉, 인간의 뇌는 언어를 조직하는 특정한 방식을 내재적으로 가지며 이러한 제약이 모든 언어에서 일정한 패턴을 형성하게 만든다는 것이다. 이런 이유로 언어학자 노엄 촘스키는 인간이 보편 문법을 타고난다고 주장했다.

한편, 보편성은 언어 습득 과정에서도 중요한 역할을 한다. 모든 인간은 태어나면서부터 특정 언어를 습득할 수 있는 능력이 있으며 어떤 언어 환경에서든 쉽게 배울 수 있다. 이는 언어들이 표면적으로 다를지라도 그 밑바탕에는 공통된 인지적 구조가 존재하기 때문이라고 해석된다. 즉, 한 언어를 습득한 사람이라면 새로운 언어를 배울 때도 공통된 원리를 활용하여 학습할 수 있는 것이다. 이러한 언어 보편성 연구는 단순히 언어의 공통된 특징을 나열하는 것에 그치지 않고 인간이 언어를 어떻게 처리하고 습득하는지에 대한 인지과학적 연구에도 중요한 단서를 제공한다.

언어 다양성(Language Diversity)

언어는 보편적인 원리를 공유하면서도 실제로 관찰되는 개별 언어들은 매우 다양한 형태와 구조를 가진다. 언어 다양성(Language Diversity)은 세계의 언어들이 서로 다른 발음, 문법, 의미 체계를 가졌음을 의미하며 이는 인류의 문화적, 역사적 차이를 반영하는 중요한 요소다. 특히, 음운적 변이는 언어마다 다른 발음 체계를 가졌음을 보여준다. 예를 들어, 일본어에는 'L'과 'R'의 구분이 없지만 영어에서는 두 소리가 명확히 구별된다. 또한, 일부 언어는 매우 독특한 발음 체계를 지니고 있는데 코이산어(Khoisan languages) 계열 언어에서는 흡착음을 사용하며 중국어와 태국어와 같은 언어에서는 성조가 문법적으로 중요한 역할을 한다.

한편, 언어마다 형태론적 복잡성에서도 큰 차이가 나타난다. 어떤 언어는 단어의 형태 변화가 거의 없는 고립어의 특징이 있는 반면, 어떤 언어는 접사나 굴절을 적극적으로 활용하는 첨가어 또는 굴절어의 성격을 가진다. 예를 들어, "我吃饭(나는 밥을 먹는다)"와 "我吃了饭(나는 밥을 먹었다)"와 같이 중국어는 단어의 형태 변화 없이 문맥에 따라 의미가 결정되는 고립어의 성격을 띤다. 반면에, 한국어(먹다, 먹었다, 먹고 싶다)나 핀란드어(talo: 집, talossa: 집 안에서, talostani: 내 집에서)는 접미사 등을 이용해 문법적 의미를 조정하는 첨가어의 특징을 가진다.

또한, 통사적 구조의 차이도 언어의 중요한 다양성 요소다. 세계 언어들은 문장 구조에서 다양한 어순을 보여준다. 영어와 한국어처럼 주어-동사-목적어(SVO) 또는 주어-목적어-동사(SOV) 구조를 가진 언어가 있는가 하면 아랍어나 필리핀어처럼 동사-주어-목적어(VSO) 구조를 가진 언어도 있다. 이처럼 문장 내 요소들의 배열 방식은 언어마다 다를 수 있으며 각각의 어순은 나름의 문법적 함의를 가진다.

마지막으로, 같은 개념을 표현할 때도 언어마다 관용적 표현이나 문화적 맥락이 다르게 반영될 수 있는 것처럼 의미론 및 화용론적 차이(Meaning & Pragmatics)도 언어에 있어 다양성을 뒷받침한다. 예를 들어, 영어에서 "How are you?"는 단순한 인사말로 쓰이지만, 한국어에서 "잘 지내?"는 실제로 상대방의 안부를 묻는 의미가 강하다. 또한, 어떤 문화에서는 직접적 표현을 선호하지만, 다른 문화에서는 간접적이고 완곡한 표현을 선호하는 차이도 있다. 이처럼 언어 다양성은 각 문화와 환경이 언어를 통해 반영된 결과라고 볼 수 있다. 다시 말해 서로 다른 역사적 경험과 사회적 구조 속에서 언어가 다양하게 발전해 왔다는 점에서 언어는 단순한 의사소통 수단을 넘어선 문화적 유산으로도 볼 수 있다.

촘스키의 보편 문법 이론

노엄 촘스키(Noam Chomsky)의 보편 문법(Universal Grammar) 이론은 언어학 분야에 큰 영향을 미쳤다. 촘스키는 인간이 언어를 학습하는 방식이 단순한 경험적 학습이 아니라 선천적으로 내재된 문법 구조에 의해 가능하다고 주장했다. 이는 당시 주를 이루던 행동주의적 언어 습득 이론을 뒤엎는 관점이었으며 현대 언어학뿐만 아니라 인지과학, 신경과학, 그리고 인공지능 연구에도 깊은 영향을 미쳤다.

촘스키의 보편 문법 이론은 인간이 태어날 때부터 언어를 학습할 수 있는 보편적인 규칙 체계를 내재적으로 가지고 있다는 개념을 기반으로 한다. 즉, 모든 인간은 언어 습득 장치(Language Acquisition Device: LAD)라는 뇌의 특정 메커니즘을 통해 언어를 배우게 된다. 이 가설은 어린아이가 매우 제한된 언어 입력만으로도 빠르게 언어를 습득할 수 있다는 점을 설명한다. 유아들은 특정 문법 규칙을 명시적으로 배우지 않더라도 자연스럽게 주어-동사-목적어(SVO) 또는 주어-목적어-동사(SOV)와 같은 문장 구조를 터득한다. 이는 인간이 단순히 환경적 요소에 의해 언어를 습득하는 것이 아니라 언어를 받아들이고 조직하는 선천적 능력이 있다는 점을 시사한다.

촘스키는 인간이 보편적인 문법 구조를 가지고 태어나지만 개별 언어의 차이는 매개변수(parameter)의 조정 과정에서 발생한다고 설명했다. 보편 문법은 인간이 이해할 수 있는 공통적인 언어의 틀을 제공하지만 특정 언어의 문법적 특징은 언어 습득 과정에서 설정된다. 예를 들어, 영어와 일본어는 기본적으로 문법 구조가 다르다. 영어는 주어-동사-목적어(SVO) 구조를 가지지만, 일본어는 주어-목적어-동사(SOV) 구조를 따른다. 아이가 특정 언어 환경에 노출되면 보편 문법의 공통된 원리 내에서 해당 언어의 문법적 매개변수가 설정되면서 특정한 문법 구조를 형성하게 된다. 이 개념은 언어 습득이 단순히 하나의 문법을 배우는 것이 아니라 인간이 본능적으로 문법의 틀을 이해하고 그 속에서 특정한 언어적 변수를 조정하는 과정임을 강조한다.

한편, 촘스키는 언어학습을 설명하는 중요한 논거로 입력 부족 문제(Poverty of the Stimulus)를 제시했다. 그는 아동이 실제 접하는 언어 입력이 제한적이고 불완전한데도 불구하고 복잡한 문법 규칙을 빠르게 습득한다는 점에 주목했다. 아이들은 부정문이나 의문문처럼 문장 구조가 변형되는 복잡한 문법 규칙을 별도의 교육 없이 자연스럽게 익힌다. 문법적으로 틀린 문장을 스스로 교정할 수도 있다. 이러한 현상은 언어 습득이 단순한 모방과 반복을 통해 이루어지는 것이 아니라 인간이 타고난 언어 능력을 기반으로 문법을 구성한다는 촘스키의 주장을 뒷받침하는 중요한 증거로 제시된다.

또한, 촘스키의 보편 문법 개념은 생성 문법(Generative Grammar) 이론과 깊이 연결된다. 생성 문법이란 한정된 규칙 세트로 무한히 많은 문장을 만들어낼 수 있는 언어의 속성을 설명하는 이론이다. 예를 들어, 우리는 한정된 어휘와 문법 규칙만으로도 무한한 문장을 생성할 수 있으며 새로운 문장을 이해하는 것도 가능하다. "나는 파란 하늘을 본다"라는 문장을 알고 있다면 "나는 붉은 노을을 본다"와 같은 새로운 문장을 쉽게 만들 수 있다. 이는 언어가 단순한 표현의 나열이 아니라 창조적이고 생산적인 시스템임을 보여준다. 이 개념은 인간이 단순히 기존에 들은 문장을 암기하는 것이 아니라 문법적 원리를 내면화한 후 이를 바탕으로 무한한 조합을 생성할 수 있도록 설계되어 있음을 시사한다.

촘스키의 보편 문법 이론은 현대 언어학의 핵심 개념 중 하나로 자리잡긴 했지만, 모든 학자가 이에 동의하는 것은 아니다. 특히, 일반 인지 능력 이론 연구자들은 언어 습득이 보편 문법과 같은 선천적 능력 때문이 아니라 인간의 일반적인 인지 능력(cognitive ability)과 환경적 학습 과정에서 형성된다고 주장한다. 즉, 인간은 특별한 언어 장치 없이도 패턴을 인식하고 기억하는 능력을 활용하여 언어를 익힐 수 있다는 것이다.

인공지능 언어 모델 개발에서의 함의

인공지능이 인간과 자연스럽게 소통하려면 인간 언어의 핵심 특성을 반영해야 한다. 언어는 단순한 신호 전달 체계가 아니라 체계적이고 규칙적이며 상징적인 요소들이 복합적으로 작용하는 시스템이다. 따라서 인공지능 언어 모델을 개발할 때도 이러한 요소들을 고려하는 것이 필수적이다. 인간 언어의 체계성을 모방하고 보편성과 다양성을 반영하며 상징적 이해를 강화하는 방향으로 모델이 발전해야 한다. 이를 통해 인공지능은 더 정교하고 의미 있는 언어 처리 능력을 갖출 수 있다.

인간 언어의 체계성 모방

언어는 단순한 단어 나열이 아니라 정교한 규칙과 체계를 기반으로 작동하는 구조적 시스템이다. 따라서 생성형 인공지능 언어 모델도 인간 언어의 이러한 체계적 속성을 반영해야 보다 자연스럽고 일관된 문장을 생성할 수 있다. 초기 인공지능 언어 모델들은 주로 규칙 기반(rule-based) 접근을 활용했다. 이러한 시스템은 언어 문법과 문장 구조를 명시적으로 정의한 뒤 정해진 규칙에 따라 문장을 분석하고 생성하는 방식이었다. 이 접근법은 예외적인 문장 구조나 새로운 표현을 처리하는 데 한계가 있었다. 예를 들어, 문법적으로는 맞지만 의미적으로 부자연스러운 문장을 생성하거나 유연성이 부족해 문맥에 맞는 표현을 즉각적으로 조정하기 어려운 문제가 있었다.

이러한 한계를 극복하기 위해 최근에는 통계 및 인공신경망 기반 딥러닝 접근법이 등장했다. 트랜스포머(Transformer) 아키텍처를 기반으로 하는 대규모 언어 모델들은 방대한 텍스트 데이터를 학습하여 언어 패턴을 통계적으로 분석하고 예측하는 방식을 활용한다. 이를 통해 특정 문맥에서 자연스럽게 이어지는 문장을 생성할 수 있으며 규칙 기반 모델보다 더 유연한 언어 처리가 가능해졌다.

그러나 단순히 방대한 데이터를 학습하는 것만으로는 언어의 논리적 구조와 문법적 일관성을 충분히 반영하기 어렵다. 따라서 최근에는 하이브리드 모델이 주목받고 있다. 이는 규칙 기반 접근과 통계적 접근을 결합하여 모델이 단순한 패턴 학습을 넘어 언어의 체계적인 구조를 이해하도록 하는 방법이다. 특히 문법 규칙과 문장 구성을 명시적으로 반영하면 모델이 더욱 신뢰할 수 있는 결과를 생성할 수 있다. 이러한 방식은 특정한 문법적 원칙을 따르는 공식 문서 생성이나 언어적 논리가 중요한 법률, 의료, 기술 문서 번역 등의 분야에서 더욱 효과적이다. 결국, 생성형 인공지능 언어 모델이 인간과 더 자연스럽게 소통하려면 단순한 확률적 예측을 넘어 언어가 작동하는 체계적인 원리를 반영해야 한다. 이를 통해 모델은 새로운 입력을 처리할 때도 문법 및 의미적 일관성을 유지하면서 신뢰성 있는 결과를 도출할 수 있다.

언어 보편성과 다양성 고려

생성형 인공지능 언어 모델이 실제로 다양한 환경에서 유용하게 활용되려면 언어의 보편적 특성을 반영하면서도 각 언어의 고유한 특성을 충분히 고려해야 한다. 인간 언어는 전 세계적으로 수천 개의 형태로 존재하며 언어마다 문법, 어휘, 발음, 문화적 맥락이 다르게 작용한다. 따라서 하나의 단일한 모델로 모든 언어를 처리하려면 언어의 보편성과 다양성을 균형 있게 반영해야 한다.

먼저 훈련 데이터의 다양성을 확보하는 것이 필수적이다. 현재 대다수의 생성형 인공지능 언어 모델은 영어를 중심으로 훈련되었으며 비영어권 언어 데이터는 상대적으로 부족한 편이다. 따라서 다국어 언어 모델(Multilingual Language Model)이 효과적으로 작동하려면 다양한 언어의 문법적 특성과 문장 구조를 학습해야 한다. 이를 위해 여러 언어에서 균형 잡힌 데이터를 학습시키는 접근이 필요하다.

또한 언어의 공통된 특성을 반영하는 것이 중요하다. 노엄 촘스키의 보편 문법(Universal Grammar) 개념은 생성형 인공지능 연구에서도 유용한 시사점을 제공한다. 예를 들어, 모든 언어가 주어-동사-목적어(SVO)나 주어-목적어-동사(SOV)와 같은 특정한 문장 구조를 가지며 의미 전달을 위한 일정한 규칙을 따른다는 점을 모델이 이해하도록 하면 새로운 언어를 학습하는 과정이 더 수월해질 수 있다. 이러한 접근은 다국어 모델이 특정 언어에 특화되지 않더라도 여러 언어에 공통적으로 적용할 수 있는 문법적 원리를 활용할 수 있도록 한다.

언어 간 전이 학습(Transfer Learning) 기법은 데이터가 부족한 언어에서도 효과적인 모델을 구축할 수 있도록 돕는다. 예를 들어, 한국어와 일본어는 문법적으로 유사한 점이 많기에 한국어에서 학습한 패턴을 일본어 모델에 적용할 수 있다. 이런 방식으로 데이터가 부족한 언어에도 더 정확한 번역과 자연어 처리가 가능해진다. 결국, 생성형 인공지능 언어 모델이 언어의 보편성과 다양성을 모두 고려해야만 더욱 확장성 있고 실용적인 시스템을 구축할 수 있다.

상징적 이해 강화

앞에서 설명했듯이, 언어는 단순한 단어 조합이 아니라 맥락에 따라 의미가 변화하는 상징적 체계다. 따라서 생성형 인공지능 모델이 더욱 정교해지려면 단순한 통계적 패턴 학습을 넘어 의미를 깊이 이해하는 능력을 갖추어야 하는데 이를 위해서는 먼저 의미 표현(Semantic Representation) 기술이 발전해야 한다. 현재의 생성형 인공지능 모델은 텍스트 데이터에서 패턴을 학습하는 방식이므로 단어 간 관계를 완전히 이해하지 못하는 경우가 많다. 예를 들어, "I went to the bank"라는 영어 문장에서는 'bank'가 금융 기관인 은행을 의미하는지, 강가를 의미하는지 맥락에 따라 다르게 해석해야 한다. 최근에는 이런 문제를 해결하기 위해 단어나 문장의 의미적 관계를 반영하는 의미론적 임베딩(semantic embedding) 기법이 점점 중요해지고 있다.

맥락과 중의성을 처리하는 능력도 강화되어야 한다. 인간은 문장을 해석할 때 맥락을 기반으로 단어의 의미를 조정한다. 하지만 기존 인공지능 모델들은 맥락을 고려하지 않고 단순히 등장 확률이 높은 단어를 선택하는 경우가 많다. 예를 들어, "나는 그를 보고 울었다"라는 문장은 맥락에 따라 감동, 슬픔, 분노 등 다양한 의미로 해석될 수 있다. 생성형 인공지능이 이러한 맥락적 의미 변화를 반영하도록 설계된다면 더 자연스럽고 인간적인 언어 모델이 될 수 있다.

마지막으로, 생성형 인공지능에게는 창의적으로 새로운 표현을 생성하면서도 문맥적 일관성을 유지하는 기술이 필요하다. 인간 언어는 끊임없이 새로운 단어와 표현을 만들어낸다. 생성형 인공지능 언어 모델이 이와 같은 창조적 언어 능력을 갖추려면 기존 데이터를 단순히 모방하는 것이 아니라 새로운 문장을 생성하면서도 기존 문법과 의미 규칙을 유지하는 시스템이 필요하다. 결국, 상징적 이해 능력을 갖춰야 인간과 더욱 정교하고 의미 있는 대화를 나눌 수 있다. 이를 위해서는 단순한 확률적 예측을 넘어 언어의 의미 및 맥락적 특성을 반영하는 방향으로 기술이 발전해야 한다.

인간 언어는 체계성, 규칙성, 상징성이라는 독특한 결합을 통해 추상적 사고와 복잡한 개념 전달, 풍부한 문화적 전통을 이어왔다. 이를 이해하기 위해서는 언어가 작동하는 근본 원리를 살펴보고 다양한 언어가 어떻게 언어 보편성 위에서 다양성을 이뤄왔는지 파악해야 한다. 더 나아가, 언어학 연구에서 얻은 통찰은 생성형 인공지능 분야에도 큰 영향을 미친다. 언어가 지닌 체계성, 규칙성, 상징성을 모델링하려는 노력은 생성형 인공지능이 인간과 유사한 수준의 언어 이해와 생성 능력을 발휘하도록 하는 핵심 열쇠다. 따라서 언어를 단순한 학문적 대상이 아니라 기술 발전과 인간 소통을 연결하는 다리로 여길 때 더 정교하고 유익한 언어 처리 시스템을 구현하는 길로 나아갈 수 있다.

언어의 사회적 기능: 의사소통, 문화 전달, 정체성 형성

언어는 단순히 문법 규칙과 어휘의 집합을 넘어, 인간 공동체의 사회적 토대를 만들어내고 반영하는 역동적인 도구다. 언어를 통해 우리는 서로 소통하고 문화를 전달하며 개인과 집단의 정체성을 형성한다. 여기에서는 언어가 가진 사회적 기능을 살펴보기 위해 의사소통 수단으로서의 언어, 문화 보존과 전승의 매개체로서의 언어, 정체성 형성에 미치는 언어의 영향을 중점적으로 다룬다. 또한, 사회언어학적 측면에서의 언어 사용을 살펴보고 다문화 사회에서의 언어교육에 어떤 함의를 주는지도 논의한다.

사회적 상호작용을 위한 도구로서의 언어

언어는 인간이 사회를 형성하고 유지하는 데 가장 중요한 도구다. 단순한 정보 전달 수단을 넘어 감정을 표현하고 관계를 조정하며 협력을 가능하게 한다. 우리는 언어를 통해 일상적인 대화를 나누고 사회적 유대를 강화하며 공적 영역에서 영향력을 행사한다. 집단 내에서 공동의 목표를 설정하고 갈등을 해결하는 과정에서도 언어는 필수적인 역할을 한다. 언어는 사회적 상호작용을 조정하는 핵심 도구이며 인간 사회의 근본적인 작동 원리라고 할 수 있다.

언어의 사용은 인간이 타인과 연결되고 관계를 형성하는 가장 중요한 방식이기도 하다. 우리는 언어를 사용해 생각과 감정을 표현하고 서로의 의견을 주고받으며 사회적 유대를 쌓는다. 이러한 언어의 기능은 개인 간 관계뿐만 아니라 공동체 전체의 결속력을 유지하는 데에도 결정적인 역할을 한다. 일상 대화는 사회적 상호작용의 가장 기본적인 형태이다. 가벼운 잡담에서부터 깊이 있는 토론까지 사람들은 언어를 통해 서로의 생각을 공유하고 관계를 발전시킨다. 특히, 일상적인 대화는 단순히 정보를 교환하는 것 이상으로 사회적 신호(social cue)를 전달하는 역할을 한다. 인사말 하나에도 상대방에 대한 친밀감, 예의, 관심 등의 감정이 담겨 있다. 가벼운 대화를 통해 사람들은 서로의 신뢰를 쌓고 소속감을 느끼게 된다.

가족, 친구, 연인과의 관계에서도 언어는 필수적이다. 인간관계는 서로의 감정을 공유하고 이해하는 과정에서 유지되며 이를 가능하게 하는 것이 바로 언어다. 갈등이 발생했을 때도 언어를 통해 자신의 감정을 표현하고 상대방 입장을 듣는 과정이 중요하다. 효과적인 의사소통이 이루어질수록 관계는 더욱 깊어지고 안정적으로 유지될 수 있다.

이와 더불어, 언어는 공적인 의사소통에서도 핵심적인 역할을 한다. 정치 연설, 법률적 논증, 비즈니스 협상과 같은 공식적인 상황에서는 설득력 있고 명확한 언어 사용이 필수적이다. 정치인은 유권자들에게 자신의 정책을 설명하고 지지를 얻기 위해 언어를 전략적으로 활용한다. 법률 전문가들은 논리를 구성하여 법정에서 주장을 펼치고 기업인들은 협상을 통해 계약을 성사시킨다. 이러한 모든 과정은 언어를 통해 이루어지며 효과적인 의사소통 능력이 곧 사회적 성공과 직결된다. 결국, 언어는 단순한 의사소통 수단이 아니라 인간이 관계를 형성하고 유지하는 데 필수적인 도구다. 우리는 언어를 통해 감정을 공유하고 신뢰를 쌓으며 사회적 네트워크를 구축한다.

언어는 단순히 개인 관계를 넘어서 집단 내에서 공동 목표를 설정하고 행동을 조율하는 핵심 도구이기도 하다. 개인 간의 대화뿐만 아니라 조직과 공동체가 원활하게 운영되기 위해서도 언어는 필수적이다. 우선, 집단 역학(group dynamics)에서 언어는 소속감을 강화하는 역할을 한다. 특정 집단 내에서만 사용하는 은어나 속어는 구성원 간의 유대감을 형성하며 집단 내에서 자신이 어디에 속하는지를 명확히 해준다. 예를 들어, 직장에서는 특정한 전문 용어나 사내 용어를 사용하고 친구 그룹에서는 유머 코드나 별명을 공유하며 소속감을 느낀다. 이러한 언어적 특징은 단순한 정보 전달을 넘어 사회적 정체성을 구축하는 데 중요한 역할을 한다.

또한, 언어는 조직적인 협력과 문제 해결을 가능하게 한다. 예를 들어, 기업에서는 회의나 보고서를 통해 팀원들이 의견을 조율하고 결정을 내린다. 정부나 국제기구에서도 언어를 통해 정책을 조정하고 국가 간 협상을 진행한다. 원활한 소통이 이루어질수록 조직과 사회는 더욱 효율적으로 운영될 수 있다.

언어는 갈등을 해결하고 타협점을 찾는 데도 필수적인 도구다. 인간 사회에서는 이해관계가 충돌하는 상황이 빈번히 발생하며 이를 조정하는 과정에서 효과적인 의사소통이 필요하다. 분쟁을 해결하기 위해서는 상대방의 입장을 듣고 자신의 의견을 논리적으로 표현하는 과정이 중요하며 이를 가능하게 하는 것이 바로 언어다.

예를 들어, 외교 협상에서는 양측이 각자의 입장을 설득력 있게 전달하고 합리적인 타협점을 찾아야 한다. 법정에서도 변호사와 판사는 언어를 통해 증거를 제시하고 논리를 구성하여 정의로운 결론을 도출한다. 언어는 단순한 대화 도구가 아니라 사회적 조정과 협력을 이끌어내는 필수적인 장치다. 이를 통해 인간은 더 조직적이고 체계적인 방식으로 공동체를 운영하고 복잡한 사회적 문제를 해결할 수 있다.

언어의 문화 보존 및 전승 기능

언어는 문화의 기억을 저장하고 전승하는 핵심적인 매개체다. 인간의 역사와 가치관, 세계관은 언어를 통해 기록되고 공유되며 다음 세대로 전달된다. 언어가 사라지면 단순히 한 가지 소통 방식이 사라지는 것이 아니라 그 언어가 품고 있던 문화적 정체성과 공동체의 집단 기억 또한 소멸할 위험에 처하게 된다. 따라서 언어는 문화를 보존하고 계승하는 강력한 도구로서 기능하며 이를 통해 인류는 과거의 지혜를 미래로 이어갈 수 있다.

언어는 역사적으로 구술(口述) 전통을 통해 문화적 기억을 보존하는 중요한 역할을 해왔다. 문자 체계가 등장하기 전부터 인간은 이야기를 말로 전하며 공동체의 가치와 지식을 공유했다. 원시적 사회와 토착 문화에서는 구전 이야기가 단순한 오락을 넘어 역사, 신화, 도덕적 교훈, 집단 정체성을 교육하는 수단으로 기능했다.

특히, 이야기 전승(Oral Storytelling)은 문화 보존의 핵심적인 방식이다. 신화와 전설, 민담은 단순한 허구적 이야기가 아니라 공동체의 삶과 철학을 반영하는 중요한 기록이다. 고대 아프리카의 그리오(Griot)라는 이야기꾼들은 세대에 걸쳐 구술로 역사를 전달했으며 호주 원주민의 드

림타임(Dreamtime) 신화는 노래와 이야기로 문화적 정체성을 유지한다. 이러한 구술 전통은 문서로 기록되지 않았더라도 수 세기에 걸쳐 변형되면서도 살아남아 공동체의 정신을 지탱하는 역할을 한다.

또한, 언어는 의식과 의례에서 공동체의 연속성을 강화하는 역할을 한다. 종교적인 주문이나 기도, 전통적인 축제에서의 낭송과 노래는 단순한 문장의 나열이 아니라 집단적인 기억과 신념을 이어가는 매개체다. 예를 들어, 힌두교의 베다(Veda) 경전은 구전으로 수천 년간 전해져 왔으며 한국의 굿과 같은 샤머니즘 의식에서도 언어적 표현은 신과 인간을 연결하는 중요한 도구로 작용한다. 이러한 언어적 전통은 단순한 기도나 축원의 기능을 넘어서 공동체 구성원들이 자신들의 정체성을 확인하고 문화적 연속성을 체험하는 장이 된다.

문자 체계의 발달은 구술 전통을 넘어 보다 안정적이고 영속적인 형태로 문화를 보존할 수 있도록 했다. 고대 문명에서부터 현대 사회에 이르기까지 문학과 역사 기록은 언어를 통해 축적되고 발전되어왔다. 먼저 문학은 한 사회의 가치관과 정체성을 반영하는 창구다. 문학 작품은 단순한 예술적 창작을 넘어 당시의 철학, 윤리, 세계관을 기록한다. 예를 들어, 그리스의 '일리아스'와 '오디세이'는 단순한 영웅 서사가 아니라 당시의 사회 구조와 전쟁의 의미, 인간의 운명에 대한 통찰을 담고 있다. 마찬가지로, 한국의 '춘향전'이나 '흥부전' 같은 고전 문학도 단순한 이야기가 아니라 조선 시대의 윤리관과 계층 구조를 반영하는 문화적 자료다. 문학은 고유한 언어적 표현을 통해 한 시대의 감성과 가치관을 후대에 전달하며 변화하는 시대 속에서도 문화적 정체성을 유지하는 역할을 한다.

역사 기록과 문서 자료는 문화적 유산을 체계적으로 보존하는 역할을 한다. 연대기, 법률 문서, 철학 서적, 과학 논문 등은 단순한 기록이 아니라 문명이 축적한 지식과 사회적 변화를 후대에 전달하는 핵심적인 도구다. 한자의 발전은 중국뿐만 아니라 한국, 일본, 베트남 등의 문화권에서 행정적 기록을 남길 수 있는 기반이 되었다. 유럽의 르네상스 시기에는 고대 그리스와 로마 문헌이 보존되고 재발견됨으로써 인문학과 과학이 발전하는 계기가 되었다. 문학과 문서는 단순한 기록이 아니라 문화의 진화 과정에서 중요한 토대를 제공한다. 후대 인류는 이러한 기록을 통해 과거를 이해하고 새로운 문화를 창조하며 기존의 가치관을 재해석할 수 있다.

언어는 정보를 전달하는 수단일 뿐만 아니라 한 공동체의 역사와 가치, 세계관을 함축하는 문화적 유산이기도 하다. 다중 언어 사회에서 언어는 문화 간 상호 이해를 연결하는 역할을 하기도 하지만 동시에 특정 공동체의 고유한 정체성을 유지하는 핵심 요소가 되기 때문에 많은 공동체에서 자신의 언어를 지키는 일을 곧 문화유산을 보존하는 핵심 과제로 인식한다. 스코틀랜드는 고대 켈트어에 뿌리를 둔 게일어(Gaelic)를 부활시키기 위한 교육 프로그램을 운영하고 있으며 하와이 원주민들은 하와이어(Hawaiian)를 되살리기 위한 언어교육을 강화하고 있다. 이는 단순한 언어학습을 넘어서 자신들의 문화적 뿌리를 잃지 않겠다는 의지를 반영하는 것이다.

언어는 사회적 규범과 가치 체계를 전달하는 역할도 한다. 존칭어, 유머, 속담, 격언 등은 단순한 표현이 아니라 해당 사회가 중요하게 여기는 가치관을 반영한다. 예를 들어, 한국어의 높임말 체계는 연령과 사회적 지위에 따른 예절을 중시하는 문화를 반영하며 일본어의 존경어(敬語) 체계도 비슷한 역할을 한다. 반대로, 영어권 문화에서는 상대적으로 평등한 언어 구조가 사회적 자유와 개인주의적 사고방식을 반영한다.

언어는 특정한 문화적 경험과 감성을 담아내는 독특한 방식을 제공한다. 어떤 개념들은 특정 언어에서만 존재하며 다른 언어로 번역하기 어려운 경우가 많다. 한국어의 '정(情)'이라는 개념은 단순한 '애정'이나 '친밀감' 이상의 감정을 내포하며, 독일어의 'Gemütlichkeit'는 단순한 '아늑함'이 아니라 따뜻한 분위기와 편안함을 포괄하는 의미이다. 이러한 언어적 독창성은 해당 공동체가 세계를 바라보는 방식과 밀접하게 연결된다.

정체성 형성과 언어

언어는 개인의 자아 인식과 사회적 위치, 집단의 연대감 형성에 깊이 관여하는 요소다. 개인은 언어를 통해 자신의 정체성을 구축하고 표현하며 집단은 공유된 언어를 바탕으로 결속력을 다지기도 한다. 언어는 사회적 구성을 반영하면서도 동시에 개인과 집단이 스스로를 정의하고 구별하는 중요한 역할을 한다.

개인 정체성과 자기표현

언어는 개인의 정체성을 형성하고 드러내는 핵심 수단이다. 우리가 선택하는 어휘, 말하는 억양, 사용하는 화법 등은 개인의 삶의 경험과 사회적 배경을 반영하며 때로는 개인이 스스로를 어떤 사람으로 인식하는지를 결정하기도 한다. 우선 자기표현(Self-Representation)의 측면에서 언어는 개인이 자신의 신념, 감정, 희망을 외부 세계와 공유하는 방식이다. 예를 들어, 우리가 일기나 자서전을 쓰는 행위는 단순한 기록을 넘어 자신의 삶을 정리하고 해석하며 하나의 일관된 자아를 형성하는 과정이다. 사람들이 블로그를 운영하거나 소셜 미디어에서 글을 남기는 것도 자신을 표현하는 방식의 연장선이다. 언어가 없다면, 우리는 자신을 타인에게 온전히 설명하기 어려울 것이다.

언어는 사회적 포지셔닝(Social Positioning)의 역할도 크다. 말투, 어휘 선택, 심지어 억양과 발음까지도 그 사람이 어떤 사회적, 직업적, 문화적 배경을 가졌는지를 나타내는 강력한 단서가 된다. 예를 들어, 특정한 전문 용어를 자주 사용하는 사람은 특정 직업군에 속한 것으로 인식되며 지역 방언이나 특정한 억양은 출신 지역을 암시할 수 있다. 이러한 언어적 특징은 타인과의 관계 형성에도 영향을 미친다. 특정한 억양이 우월하거나 열등하다는 사회적 편견이 존재하는 경우, 사람들은 언어 습관을 바꾸려고 노력하기도 한다.

마지막으로, 능동성(Agency)과 역량 강화(Empowerment)의 측면에서 볼 때 언어는 개인이 사회에 참여하고 자기 입장을 효과적으로 표명하는 도구다. 공적인 자리에서 자신의 의견을 명확히 표현할 수 있는 능력은 사회 및 정치적 발언권을 확보하는 데 필수적이다. 예를 들어, 정치적 연설, 법적 증언, 학문적 논문 등은 개인이 자신을 대변하는 가장 강력한 언어적 도구가 된다. 언어 능력은 개인의 사회적 이동성(social mobility)과도 연관된다. 여러 개의 언어를 유창하게 구사하는 사람은 더 많은 기회를 가질 가능성이 높으며 특정한 언어 능력이 부족한 사람은 경제적 또는 사회적 발전의 기회를 제한받을 수도 있다. 결국, 언어는 개인의 정체성을 구축하는 중요한 역할을 하며 단순한 의사소통을 넘어서 자아를 형성하고 사회에서 자신의 위치를 정립하는 수단으로 작용한다.

집단 정체성과 사회적 결속

언어는 집단 정체성을 강화하고 특정한 공동체의 연대감을 형성하는 중요한 요소이기도 하다. 같은 언어를 사용하는 사람들 사이에서는 자연스럽게 소속감이 형성되며 언어의 차이는 집단 간의 경계를 설정하는 역할을 하기도 한다.

특히 내집단과 외집단을 구분할 때 언어는 중요한 역할을 한다. 같은 언어나 방언을 공유하는 사람들은 서로 유대감을 느끼며 반대로 언어 차이가 있는 사람들에게는 거리감을 느낄 수도 있다. 예를 들어, 다문화 사회에서 이민자 집단이 모국어를 사용하면 그들만의 강한 공동체가 형성되지만 동시에 주류 사회와의 언어적 차이가 존재할 경우 배척당하는 요인이 되기도 한다. 언어 차이는 사회적 풍요로움을 제공하는 동시에 새로운 도전과 복잡성을 더하는 요소가 된다.

언어는 국가와 민족 정체성(National and Ethnic Identity)을 나타내는 상징적 역할을 하기도 한다. 특정한 언어가 국가의 공용어로 지정되면 이는 국가 정체성을 강화하는 역할을 하기도 하지만, 반대로 소수 언어 사용자를 문화적 정체성을 위협하는 요소로 여기게 할 수도 있다. 프랑스어와 영어가 공존하는 캐나다에서는 언어가 단순한 소통의 문제가 아니라 퀘벡(Québec)의 문화적 자율성과 정체성을 유지하는 핵심 요소로 작용하고 있다. 스페인의 카탈루냐 지역에서도 카탈루냐어를 사용하는 것이 단순한 언어 선택이 아니라 정치적 독립운동과 결부되며 중요한 의미를 지닌다. 이처럼, 언어는 집단의 정체성을 강화하기도 하고 정치적 갈등의 중심 요소가 될 수도 있다.

언어는 하위문화와 사회운동에 있어서도 정체성을 형성하는 역할을 한다. 젊은 층이 사용하는 새로운 은어나 인터넷 신조어는 단순한 유행이 아니라 새로운 세대의 정체성을 반영하는 표현 방식이 된다. 힙합 문화에서 특정한 단어와 표현이 사용되는 것은 단순한 유행이 아니라 하위문화의 독자적 정체성을 확립하는 과정이다. 사회운동에서도 고유한 언어적 스타일이 형성되는데 페미니즘, 환경운동, 인권운동 등의 영역에서는 특정한 용어와 슬로건을 통해 자신들의 가치와 목표를 언어적으로 표현하며 집단의 결속력을 강화한다.

다시 말해, 언어는 공동체의 정체성을 강화하고 특정한 가치와 이념을 공유하는 매개체가 된다. 같은 언어를 공유함으로써 집단 구성원들은 하나의 유대감을 형성하게 된다. 반대로 언어적 차이는 사회적 갈등을 발생시키는 원인이 되기도 한다.

언어 사용의 사회언어학적 측면

언어는 사회적 맥락 속에서 변하고 진화하는 역동적인 현상이다. 사회언어학(Sociolinguistics)은 언어가 실제 사용되는 환경에서 어떻게 변이되고 사회적 요인에 따라 어떤 영향을 받으며 때로는 권력과 이념의 작동 방식 속에서 어떻게 사용되는지를 연구하는 학문이다. 계층, 성별, 연령, 인종 등의 사회적 요소들은 사람들의 언어 사용 방식에 큰 영향을 미치며 이러한 차이는 단순한 말투나 단어 선택을 넘어 사회적 정체성과 권력관계를 반영하는 중요한 지표가 된다.

하나의 언어 안에서도 지역적, 사회적, 문화적 배경에 따라 다양한 변이가 존재한다. 이는 단순한 차이가 아니라 해당 사회의 역사적 흐름과 이주, 문화 교류의 결과로 나타난다. 먼저, 방언(Dialect)과 사회방언(Sociolect)은 특정한 지역이나 사회 계층에 따라 구별되는 언어 변이의 형태다. 예를 들어, 영국에서는 같은 영어라도 런던 토박이들의 코크니 영어(Cockney English)와 표준 발음(Received Pronunciation)인 옥스퍼드식 영어(Oxford English)가 다르게 사용된다. 이는 단순한 발음 차이가 아니라 사회적 계층과 문화적 정체성을 반영하는 요소가 된다. 한국에서도 경상도나 전라도 사투리처럼 지역 방언이 존재하며 이는 단순한 말투 차이가 아니라 지역 정체성과 소속감을 형성하는 중요한 언어적 자산이다.

코드 스위칭(Code-Switching)은 다언어 사회에서 사람들이 맥락에 따라 언어를 전환하는 현상이다. 예를 들어, 미국의 히스패닉 커뮤니티에서는 영어와 스페인어를 섞어 사용하는 스팽글리시(Spanglish)가 일반적이다. 이는 단순한 언어 선택이 아니라 소속감을 나타내거나 특정한 사회적 의미를 전달하는 기능을 한다. 한국에서도 젊은 층이 영어와 한국어를 섞어 말하는 것은 글로벌 문화에 익숙한 정체성을 반영하는 방식이 될 수 있다.

더 나아가, 언어는 정적인 것이 아니라 끊임없이 변화하는 존재다. 신조어가 생겨나고 기존 단어의 의미가 변하는 것은 기술 발전, 세계화, 문화적 변화의 영향을 받는다. 예를 들어, '셀카(selfie)' 같은 단어는 소셜네트워크(SNS) 문화 속에서 새롭게 등장했고 '구독하다(subscribe)' 같은 단어는 전통적으로 신문이나 잡지에 한정된 의미였지만 이제는 유튜브와 같은 디지털 콘텐츠 플랫폼에서도 널리 쓰인다. 이러한 언어 변화는 사회 변화의 반영이자 새로운 시대의 가치와 생활 방식을 담아내는 과정이다.

언어는 단순한 표현 수단을 넘어 사회적 권력과 이념이 작동하는 장(場)이기도 하다. 특정한 언어적 표현이 우세해지면 그 사회에서 어떤 가치가 더 중요한지 드러나고 동시에 소수 언어 사용자는 차별이나 배제를 경험할 수도 있다. 우선, 표준어(Standard Language)와 비표준어(Non-Standard Language)의 구분은 언어 차별의 대표적인 사례다. 표준어는 흔히 사회적으로 '바른 언어'로 간주되며 교육과 공공 기관에서 권장된다.

반면, 특정한 방언이나 지역어를 사용하는 사람들은 표준어를 사용하지 않는다는 이유만으로 사회적 불이익을 받을 수도 있다. 예를 들어, 한국에서도 특정한 사투리를 사용하면 세련되지 못하다는 편견이 존재하며 이는 교육과 취업에서 불이익을 초래할 수도 있다. 마찬가지로, 미국에서는 흑인 영어(African American Vernacular English: AAVE)가 비표준적인 것으로 간주되며 사회적 차별의 근거가 되기도 한다.

언어적 헤게모니(Hegemony)는 특정 언어가 글로벌 경제, 정치, 문화에서 우위를 점하면서 나타나는 현상이다. 현재 영어는 국제 사회에서 가장 영향력 있는 언어로 자리 잡고 있으며 이는 단순한 편리함을 넘어 문화적, 경제적 권력이 집중된 결과다. 이에 따라, 많은 국가에서는 영어 교육이 필수가 되었으며 영어를 능숙하게 구사하지 못하면 국제적 경쟁에서 불리한 위치에 놓이게 된다. 하지만 이러한 흐름 속에서 소수 언어들은 위축되거나 소멸할 위기에 처하기도 한다. 아메리카 원주민 언어, 아이슬란드어, 일부 아프리카 토착 언어들은 영어, 스페인어, 프랑스어와 같은 강세 언어에 밀려 사용 인구가 점점 줄어들고 있다.

이에 대한 반작용으로, 소외된 언어나 방언을 복원하고 활성화하려는 운동도 활발하다. 예를 들어, 웨일스어(Welsh)는 한때 사용 인구가 급감했으나 정부와 교육기관의 적극적인 지원을 받아 부활하고 있다. 아일랜드어(Irish)와 하와이어(Hawaiian)도 비슷한 사례로 언어 보존이 단순한 교육적 목표가 아니라 문화 정체성을 지키기 위한 저항의 형태로 나타나고 있다. 이는 단순히 언어를 보존하는 것이 아니라 소수 집단이 자신의 정체성을 유지하고 권력 구조에 도전하는 중요한 사회적 행위로 볼 수 있다.

다문화 사회 언어교육에 대한 시사점

과거의 언어교육이 특정한 표준어 습득을 목표로 삼았다면 다문화 사회에서는 다양한 언어와 문화를 존중하고 학습자가 상호 문화적 감각을 기를 수 있도록 하는 방향으로 변화해야 한다. 언어교육은 단순한 의사소통 기술을 넘어 정체성 형성, 문화적 이해, 사회 통합을 위한 핵심적인 도구가 되어야 한다. 이를 위해서는 다중 언어교육, 언어적 불평등 해소, 사회 통합을 촉진하는 언어교육 모델을 고민해야 한다.

다문화 사회에서의 언어교육은 언어적 다양성을 존중하고 학생들이 다중 언어 환경에 적응할 수 있도록 돕는 방향으로 나아가야 한다. 과거에는 하나의 공용어 교육이 중심이었지만 현대 사회에서는 다양한 언어를 포용하는 접근이 필요하다. 이중 언어(Bilingual) 및 몰입형 교육(Immersion Programs)은 다중 언어교육의 핵심 모델로 자리 잡고 있다. 이는 학생들이 두 개 이상의 언어를 자연스럽게 습득하도록 하여 인지적 유연성(cognitive flexibility)을 높이고 문화 간 소통 능력을 강화하는 효과를 가져온다. 연구에 따르면, 이중 언어를 사용하는 사람들은 문제 해결 능력과 창의적 사고력이 높아지는 경향이 있으며 국제화된 직업 환경에서도 경쟁력을 가질 수 있다.

또한, 포용적 교육과정 설계(Inclusive Curriculum Design)가 필요하다. 언어교육은 단순히 문법과 단어를 암기하는 것이 아니라 해당 언어가 사용되는 문화적 맥락과 역사적 배경을 함께 이해하는 과정이어야 한다.

예를 들어, 한국에서 영어 교육을 할 때 미국과 영국 문화만 가르치는 것이 아니라 영어가 사용되는 다양한 국가의 문화적 차이를 함께 배우는 것이 중요하다. 이를 통해 학생들은 더 폭넓은 문화적 감각을 키우고 언어를 통해 타문화를 이해하는 능력을 기를 수 있다.

다문화 사회에서의 언어교육은 사회적 불평등과도 직결되는 중요한 문제다. 영어, 프랑스어, 표준 중국어 등 특정 언어가 지배적인 환경에서는 이 언어를 원어민 수준으로 사용하지 못하는 사람들이 교육과 취업에서 차별을 받을 가능성이 크다. 따라서, 언어적 불평등을 해소하고 모든 학생이 공정한 교육 기회를 누릴 수 있도록 하는 다음과 같은 정책들을 고민해야 한다.

첫째, 평등한 언어 자원 제공(Equitable Access to Language Resources)이 필요하다. 공립학교에서는 소수 언어를 사용하는 학생들에게 추가적인 언어 지원 프로그램을 제공해야 하며 교재와 교육 자료도 다양한 언어로 번역되어야 한다. 다중 언어를 사용하는 학생들이 자신의 언어적 또는 문화적 자산을 발전시킬 수 있도록 모국어 유지와 제2외국어 학습을 균형 있게 지원하는 프로그램이 마련되어야 한다.

둘째, 교사 연수와 감수성 향상(Teacher Training & Cultural Sensitivity)이다. 교사들은 언어교육 전문가뿐만 아니라 다문화적 감각을 갖추고 학생들의 다양한 언어적 배경을 이해할 수 있는 교육자여야 한다. 이를 위해, 교사 연수 과정에서 방언, 코드 스위칭, 문화적 언어 차이 등 사회언어학적 요소를 포함하고 수업에서는 학생들이 자신의 언어를 자유롭게 사용할 수 있는 환경을 조성해야 한다.

셋째, 기술과 혁신을 활용한 언어교육(Language Learning Through Technology & Innovation)이 필요하다. 생성형 인공지능 기반 번역 및 언어학습 도구로 학생 개개인의 학습 속도와 필요에 맞춘 맞춤형 교육을 할 수 있다. 생성형 인공지능 챗봇과 대화하며 실시간 피드백을 받을 수 있는 프로그램, 증강현실(AR)·가상현실(VR) 기반 언어학습 환경 등이 등장하고 있다. 이러한 기술이 효과적으로 활용되려면, 문화적 예민함이 반드시 고려되어야 한다. 특정 문화나 언어를 지나치게 강조하는 방식이 아니라 다양한 언어가 동등하게 존중받는 방식으로 기술이 설계되어야 한다. 언어교육은 다문화 사회에서 서로 다른 문화권을 연결하는 가교(bridge) 역할을 한다. 효과적인 언어교육은 서로 다른 언어와 문화를 가진 사람들이 소통하고 이해하는 토대를 마련하며 편견과 갈등을 줄이는 데 기여할 수 있다. 이를 위해, 우선 다언어교육을 통해 다양한 문화권에 대한 이해와 존중을 촉진해야 한다. 다문화 사회에서 교육기관은 단순히 언어를 가르치는 것이 아니라 다양한 문화적 배경을 가진 학생들이 서로 존중하고 협력할 수 있도록 유도하는 역할을 해야 한다. 이러한 접근은 사회 통합을 강화하는 중요한 과정이 된다.

넷째, 소수 언어 사용자의 목소리를 지원(Supporting Minority Languages & Voices)해야 한다. 언어는 곧 문화적 정체성의 핵심 요소이며 특정 언어가 사라지는 것은 해당 공동체의 문화적 정체성이 위협받는 것을 의미한다. 따라서, 정부와 교육기관은 소수 언어나 토착 언어를 보호하고 활성화하는 정책을 적극적으로 추진해야 한다. 뉴질랜드는 마오리어(Māori)를 보호하기 위해 공교육에서 마오리어 교육을 강화하고 있으며 캐나다는 프랑스어권 지역에서의 이중 언어교육을 지원하고 있다. 이러한 정책은 언어적 다양성을 인정하는 동시에 사회적 통합을 강화하는 역할을 한다.

마지막으로, 글로벌 시민성을 키우는 언어교육이 필요하다. 오늘날의 학생들은 자국 내에서만 경쟁하는 것이 아니라 글로벌 환경에서 협력하고 교류해야 하는 시대에 살고 있다. 따라서, 단순한 문법과 어휘 습득을 넘어 다양한 문화적 배경을 가진 사람들과 소통하고 협력할 수 있는 능력을 키워줄 수 있어야 한다. 국제 교류 프로그램, 다문화 협력 프로젝트, 온라인 글로벌 학습 커뮤니티 등의 활용이 필요하다.

앞에서 말했듯이, 언어의 사회적 기능은 단순히 정보 교환에 그치지 않는다. 언어는 사회적 상호작용의 필수 수단이자 문화적 기억을 보관하고 전승하는 창고이며 개인과 집단의 정체성을 구성하는 핵심 요소다. 체계성, 규칙성, 상징성이라는 언어의 특성이 우리가 서로 소통하고 문화를 유지하며 복잡한 사회적 관계를 형성하는 방식에 깊이 관여한다. 사회언어학적 관점에서 보았을 때 언어는 지역이나 사회 계층, 성별, 나이 등 다양한 요인과 맞물려 역동적으로 변화한다. 동시에 권력 구조와 이념도 언어를 통해 구현되고 강화되며 다문화 사회에서는 이러한 복잡성이 언어교육에 큰 영향을 미친다. 언어교육은 언어 능력 향상을 넘어 문화적 이해와 상호 존중을 실현하는 장(場)으로 확장되어야 한다. 언어 다양성의 가치를 인정하고 다중 언어교육과 소수자 언어 권리를 보장함으로써 우리는 사회적 통합과 세계 시민 의식을 함양하는 길로 나아갈 수 있다. 궁극적으로 언어의 사회적 기능을 이해한다는 것은 언어가 우리의 일상, 기억, 정체성을 어떻게 빚어가는지를 통찰하는 일이기도 하다. 더욱 긴밀해지는 세계 속에서 이러한 통찰은 포용적이고 공감 능력이 높은 사회를 형성하기 위한 필수 조건으로 남을 것이다.

글로벌 소통을 위한 다중언어 사회에서의 외국어

오늘날 세계화가 가속화되면서 언어와 문화의 경계를 넘어 소통하는 능력이 그 어느 때보다 중요해졌다. 여러 언어를 구사하는 다언어 능력(Multilingual Proficiency)은 서로 다른 공동체를 연결하고 국제적 협력을 촉진하는 핵심 자산으로 부상하고 있다. 여기서는 상호 연결된 세계 속에서 다언어 능력이 갖는 중요성, 성공적인 다언어 사회의 사례, 다언어 능력 장려가 가져오는 이점과 과제에 대해 살펴본다.

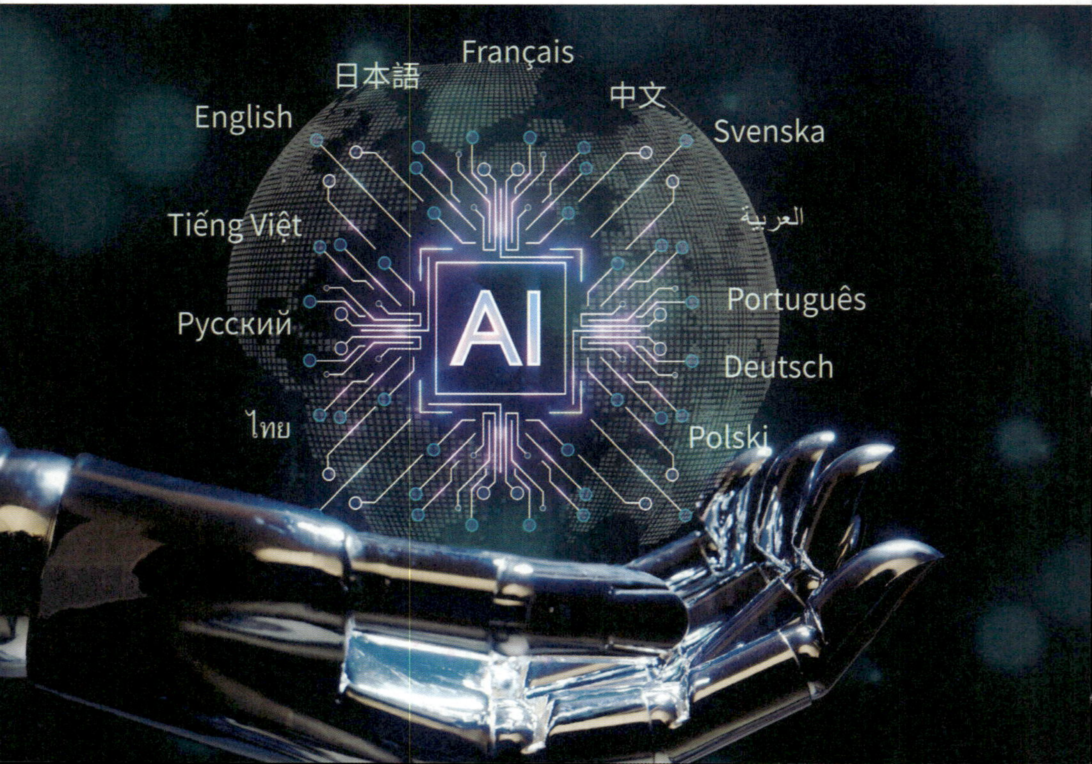

세계화 시대의 다언어 능력

세계화가 빠르게 진행되면서 경제, 외교, 학술, 문화 등 다양한 분야에서 다국적 협업이 필수가 되었으며 이에 따라 다언어 능력(Multilingual Proficiency)은 개인과 국가의 핵심 경쟁력으로 자리 잡고 있다. 과거에는 영어 같은 특정 언어가 글로벌 공용어로 기능했지만, 오늘날에는 여러 언어를 유창하게 구사하는 능력이 더욱 중요해지고 있으며 이는 단순한 의사소통을 넘어 인지적이고 사회적인 장점과 경제적 경쟁력을 강화하는 요소로 작용한다.

다양한 언어적 배경을 지닌 사람들과의 원활한 소통은 비즈니스, 외교, 학술 및 문화 교류 등 여러 분야에서 오해를 줄이고 상호작용을 개선하는 역할을 한다. 국제 무역 및 비즈니스 분야에서는 다언어 능력이 곧 경쟁력이다. 글로벌 기업들은 각국의 시장에 맞춰 마케팅 전략을 조정해야 하며 이는 단순한 번역을 넘어 해당 언어와 문화적 맥락을 이해하는 능력을 요구한다. 미국과 유럽의 다국적 기업들은 현지 언어를 구사하는 직원들을 활용해 시장에 적응하고 소비자와 원활한 관계를 형성하고 있다. 단일 언어에 의존하는 기업들은 현지 시장에서 적응하는 데 어려움을 겪을 가능성이 크다.

외교관, 국제기구 종사자, 국제 협상 전문가들은 상대방의 언어로 직접 소통할 때 더욱 빠르게 신뢰를 구축할 수 있으며 언어적 장벽을 제거하는 것은 협력과 분쟁 조정에도 효과적이다. 유럽연합(EU) 같은 국제기구에서는 다국어 능력을 갖춘 인재가 높은 가치를 지니며 언어적 유연성이 정치·외교에서 중요한 역할을 한다.

학술 및 문화 교류에서도 연구자들이 영어 논문만이 아니라 다양한 언어로 된 자료에 접근할 수 있다면 연구의 깊이가 더욱 풍부해질 수 있다. 원어로 된 자료를 직접 해석할 수 있는 능력이 연구 성과를 크게 좌우한다. 더 나아가, 예술과 문화 분야 등에서도 서로 다른 언어와 문화가 만나면 창의적 영감과 혁신이 탄생한다.

다언어 능력은 개인의 인지 및 사회적 발달에도 긍정적인 영향을 미친다. 여러 연구에 따르면, 다언어를 구사하는 사람들은 단일 언어 화자보다 문제 해결 능력이 뛰어나고 기억력과 멀티태스킹 능력이 우수하며 더욱 유연한 사고를 할 가능성이 크다. 인지적 측면에서, 두 개 이상의 언어를 사용하는 사람들은 서로 다른 언어 체계를 오가며 사고해야 하므로 전반적인 인지 기능이 향상된다는 연구 결과가 있다. 이는 인지적 유연성(Cognitive Flexibility)을 높이고 새로운 문제를 해결하는 창의적 접근 방식을 키우는 데 도움이 된다. 다언어 구사자는 언어 간 전환을 통해 주의력 조절과 정보 처리 속도가 향상되며 이는 노화로 인한 인지 저하를 늦추는 데에도 긍정적인 영향을 미친다.

사회적 측면에서도, 다언어 화자는 다양한 문화적 경험을 이해하고 공감하는 능력이 뛰어나다. 한 언어만 구사하는 사람보다 다양한 관점을 수용할 가능성이 높으며, 이는 다문화 사회에서 중요한 자질로 평가된다. 이민자와의 소통, 문화적 차이를 고려한 비즈니스 전략 수립, 글로벌 협력 프로젝트 수행 등에서 다언어 능력을 갖춘 사람들은 더욱 효과적으로 일할 수 있다.

거시 경제적 관점에서도 다언어교육을 장려하는 국가는 국제 시장에서 경쟁력을 갖춘다. 단순히 모국어 중심의 교육이 아니라 여러 언어를 자유롭게 사용할 수 있는 노동력을 양성하는 것이 국가 경제 성장과 직결된다. 다언어 노동력이 중요한 이유는 다음과 같다.

첫째, 다언어를 구사할 수 있는 인재가 많을수록 해당 국가는 국제 무역과 협력에서 유리한 위치를 차지할 수 있다. 독일과 프랑스는 다국적 기업의 본사가 많은 국가로 자국어뿐만 아니라 영어, 스페인어, 중국어 등 다양한 언어 능력을 갖춘 인재를 적극 활용하고 있다.

둘째, 글로벌 기업들은 현지 언어와 문화를 이해하는 인재를 필요로 하며 다언어 능력은 채용 시장에서 중요한 경쟁력이 된다. 일본과 한국에서는 중국 시장과의 교류를 위해 중국어에 능통한 직원을 선호하는 경향이 있다. 다언어 능력을 갖춘 사람들은 다양한 문화적 시각을 접하며 새로운 아이디어를 창출할 가능성이 높다. 이는 스타트업, 연구개발(R&D), 창의적 산업에서 중요한 요소다. 국가 차원에서 보면, 언어교육에 투자하는 국가들은 장기적으로 생산성을 향상시키고 국제적인 영향력을 확대할 수 있다. 특히, 영어뿐만 아니라 중국어, 스페인어, 아랍어, 프랑스어 등 주요 언어를 학습하는 정책을 지원하는 것은 국가의 경제 성장과 외교적 영향력 확대에 기여할 수 있다.

성공적인 다언어 사회

세계 곳곳에는 다언어 정책을 효율적으로 도입해 사회 통합과 경제적 번영을 이루어낸 사례들이 존재한다.

스위스: 언어적 다양성의 모범

스위스는 독일어, 프랑스어, 이탈리아어, 로만슈어(Romansh) 등 4개 언어를 공용어로 인정하며 다언어 사회를 성공적으로 운영하는 대표적인 국가다. 스위스의 언어 정책은 연방주의와 분권화된 정치 체제 덕분에 지역별 특성을 존중하면서도 국가적 통합을 유지하는 데 기여하고 있다. 우선, 스위스의 연방 체제는 각 칸톤(주)에게 언어 정책에 대한 상당한 자율권을 부여한다. 각 지역은 자율적으로 공용어를 결정하고 있으며 이는 주민들이 사용하는 언어에 맞춰 공공서비스가 제공되도록 한다. 이러한 분권화된 정책은 언어 간 갈등을 최소화하고 지역별 정체성을 보호하면서도 국가적 차원의 통합을 이루는 효과를 낳았다.

또한, 스위스의 교육 제도는 조기 다언어교육을 강조한다. 학생들은 기본적으로 자신의 모국어 외에도 최소 2개 이상의 국가 공용어를 배우며 이는 자연스럽게 다문화적 감수성을 키우고 사회 통합을 촉진하는 역할을 한다. 스위스 국민은 여러 언어에 능통한 경우가 많으며 이는 비즈니스 및 국제 교류에서 경쟁력을 높이는 요소가 된다.

경제적으로도, 스위스의 다언어 인력은 국제적인 경쟁력을 갖춘 핵심 자산이다. 다국적 기업이 스위스를 선호하는 이유 중 하나는 언어 장벽이 낮고 여러 언어를 구사할 수 있는 인재 풀이 풍부하기 때문이다. 이러한 환경 덕분에 스위스는 국제 금융 및 무역의 중심지로 자리 잡았으며 다언어 능력을 갖춘 인재들이 글로벌 시장에서도 활약하고 있다. 이처럼, 스위스는 다언어 사회가 갈등 요소가 아니라 국가 경쟁력과 사회 통합을 강화하는 중요한 요소가 될 수 있음을 보여주는 대표적 사례다.

캐나다: 공식적 이중언어주의와 다문화주의의 균형

캐나다는 연방 차원에서 영어와 프랑스어를 동등하게 인정하는 공식 이중언어주의(Official Bilingualism) 정책을 시행하는 국가다. 이 정책은 단순한 언어 규정이 아니라 사회적 포용성과 문화적 정체성을 보존하면서도 국가 단합을 유지하는 전략적 요소로 기능하고 있다. 캐나다 정부는 공공 기관 및 연방 서비스에서 영어와 프랑스어를 모두 사용할 수 있도록 보장하며 이를 통해 두 언어 사용자가 동등한 대우를 받을 수 있도록 한다. 특히, 퀘벡(Quebec) 주는 프랑스어를 중심으로 한 정체성을 강하게 유지하면서도 캐나다 연방 내에서 다언어 사회로서의 균형을 모색하고 있다. 이러한 접근 방식은 다문화적 통합을 이루면서도 개별 문화권의 자율성을 보장하는 모범 사례로 평가된다.

또한, 캐나다는 이민자 공동체의 언어적 다양성을 존중하며 다문화주의(Multiculturalism) 정책을 적극적으로 추진하고 있다. 영어와 프랑스어 외에도 다양한 이민자 언어가 사용되고 있으며 캐나다 정부는 원주민 언어와 소수 언어 공동체를 지원하는 정책을 시행해 왔다. 이러한 노력 덕분에 캐나다 사회는 다문화 모자이크(Multicultural Mosaic)로 불릴 정도로 다양한 언어와 문화가 공존하는 환경을 조성했다.

경제적으로도, 캐나다의 이중언어 정책은 국가 경쟁력을 높이고 국제 비즈니스 환경을 조성하는 데 기여했다. 영어와 프랑스어를 자유롭게 구사할 수 있는 인재들은 북미뿐만 아니라 유럽, 아프리카 등의 프랑스어권 시장에서도 경쟁력을 갖출 수 있다. 다양한 언어와 문화를 포용하는 정책 덕분에 캐나다는 국제 무역과 외교에서 유리한 입지를 구축할 수 있었다. 결과적으로, 캐나다의 성공적인 이중언어 및 다문화 정책은 사회적 포용성을 강화하고 경제적 기회를 확대하는 데 중요한 역할을 했다.

싱가포르: 언어와 문화가 결합한 다민족 허브

싱가포르는 다민족, 다문화 사회로서 언어적 다양성을 국가 발전과 사회 통합의 자산으로 활용한 대표적인 사례다. 영어, 중국어(만다린), 말레이어, 타밀어를 공식 언어로 지정하며 다문화 사회 속에서 효율적인 언어 정책을 운영하고 있다. 싱가포르의 가장 큰 특징은 다언어교육 정책이다. 학교에서는 영어를 기본적인 교육 언어로 사용하면서도 각 학생이 자신의 모어(母語)를 필수적으로 배우도록 한다. 이를 통해, 글로벌 환경에서 경쟁력을 갖추는 동시에 각 민족 공동체의 문화적 정체성을 유지할 수 있도록 한다. 영어는 국제 비즈니스와 경제 활동에서 중요한 역할을 하며 동시에 중국어, 말레이어, 타밀어 등의 사용을 장려해 문화적 뿌리를 보존하고 있다.

정부 정책 역시 다언어 사회를 성공적으로 운영하는 데 중요한 역할을 했다. 싱가포르 정부는 다양한 인종과 종교 집단 간의 조화를 강조하며 언어 정책을 통해 상호 존중과 이해를 촉진하는 데 힘써왔다. 예를 들어, 공공장소에서 여러 언어로 표기된 표지판을 제공하고 공식 문서에서도 다언어 사용을 적극 장려하고 있다. 이러한 정책은 언어적 소외 문제를 방지하고 사회적 포용성을 높이는 효과를 가져왔다.

경제적 측면에서도, 싱가포르의 다언어 정책은 글로벌 금융 및 비즈니스 중심지로 성장하는 데 중요한 역할을 했다. 다언어 구사 능력을 갖춘 노동력은 국제 기업들이 싱가포르를 아시아 비즈니스 허브로 활용하는 데 큰 장점이 되었다. 싱가포르 국민들은 영어를 기본으로 하면서도 중국어와 동남아시아 언어에 대한 높은 이해도를 갖추고 있어 다국적 기업과 원활하게 협력할 수 있는 환경을 제공한다. 이처럼, 싱가포르는 언어 정책을 국가 경쟁력 강화와 사회 통합의 핵심 도구로 활용하면서 다민족 국가로서의 정체성을 성공적으로 유지하고 있다.

다언어 능력 장려의 과제와 이점

단순히 여러 언어를 말할 수 있다는 능력을 넘어 다언어 환경에서 성장하고 생활하는 것은 개인과 사회, 국가에 폭넓은 혜택을 제공한다. 인지적 장점에서부터 경제적 이익, 문화적 교류 촉진까지 다언어 능력은 글로벌 사회에서 필수적인 역량으로 자리 잡고 있다.

다언어 능력은 인지적 유연성을 강화한다. 연구에 따르면, 두 개 이상의 언어를 사용하는 사람들은 문제 해결 능력, 기억력, 멀티태스킹 능력이 뛰어나며 신경학적으로도 더 강한 인지 조절 능력을 보인다. 이는 집행기능(Executive Control)이라 불리는 정신적 조절 시스템과 관련이 깊으며 언어를 전환하고 맥락에 맞춰 적절한 표현을 선택하는 과정에서 자연스럽게 단련된다. 또한, 다언어 사용자는 인지적 유연성이 뛰어나 빠르게 새로운 정보를 습득하고 변화하는 환경에 적응하는 능력이 높다.

사회적으로도 다언어 능력은 문화 간 소통을 원활하게 만들어 포용적 사회 형성에 기여한다. 언어는 단순한 의사소통 도구가 아니라 각 문화의 가치관과 정체성을 반영하는 매개체이기 때문에 여러 언어를 이해한다는 것은 곧 다양한 세계관과 사고방식을 수용할 수 있는 능력을 의미한다. 다언어 환경에서 자란 사람들은 타 문화에 대한 편견이 적고 상호 문화적 대화 능력이 뛰어나며 다양한 정체성을 존중하는 태도를 가지게 된다. 이는 다문화 사회에서 사회적 통합과 공동체 의식을 강화하는 중요한 요소로 작용한다.

경제적 측면에서도, 다언어 능력은 글로벌 시장에서 큰 경쟁력을 제공한다. 국제 기업들은 여러 언어를 자유롭게 구사할 수 있는 인재를 적극 채용하며 이는 해외 시장 개척과 고객 대응, 다국적 팀 운영에서 중요한 역할을 한다. 국제 무역과 외교, 관광산업 등에서는 다언어 구사력이 기업 성장과 국가 경제 발전에 필수적인 요소로 평가된다. 다국적 비즈니스 환경에서는 언어를 자유롭게 구사할 수 있는 직원이 시장 확장과 협상에서 중요한 역할을 하며 이는 곧 국가 경쟁력 강화로 이어진다.

개인적으로도, 다언어 능력은 글로벌 네트워크를 구축하는 데 중요한 역할을 한다. 여러 언어를 구사하는 사람들은 다양한 국제적 기회를 활용할 수 있으며 전 세계적인 협력 프로젝트나 국제 학술 및 문화 교류에서 강점을 발휘한다. 다국적 기업뿐만 아니라, 학계, 예술계, 기술 산업에서도 다언어 능력을 갖춘 인재들이 더 많은 기회를 얻고 있으며 새로운 시장에서 활약할 가능성이 높다. 다언어 능력은 단순한 언어적 기술을 넘어 인지적, 사회적, 경제적 측면에서 개인과 공동체, 국가에 이익을 가져다주는 중요한 요소다. 이러한 능력을 효과적으로 장려하고 유지하기 위해서는 여러 가지 과제가 함께 고려되어야 한다. 다언어 능력을 장려하는 것은 분명한 이점이 있지만 이를 실현하는 과정에서는 다양한 사회적, 정책적 도전 과제도 존재하기 때문이다. 단순히 다국어 교육을 확대하는 것만으로는 충분하지 않으며 언어 자원의 공평한 분배, 문화적 다양성 존중, 세계 공용어와 지역 언어 간 균형 유지 등이 함께 고려되어야 한다.

다언어 능력을 장려하는 데 있어서 가장 큰 도전 과제 중 하나는 자원 배분의 문제다. 효과적인 다언어교육 프로그램을 운영하려면 충분한 교사 연수, 교육과정 개발, 학습 자료 제작이 필요하며 이는 막대한 비용과 인력을 요구한다. 교육 재원이 한정된 국가에서는 다언어교육이 일부 계층에게만 제공되는 특권이 될 위험이 있다. 모든 학생이 동등한 다언어학습 기회를 가질 수 있도록 공교육에서 이를 체계적으로 지원하는 정책이 필수적이다.

언어 위계와 차별의 문제도 다언어 사회에서 해결해야 할 중요한 과제다. 일부 언어나 방언이 경제적 또는 정치적 이유로 더 높은 지위를 가지게 되면 상대적으로 덜 사용되는 언어 사용자들이 소외되거나 특정 언어가 사라질 위험이 커진다. 영어가 국제 공용어로 강력한 영향력을 가지면서 많은 국가에서 지역 언어나 원주민 언어가 쇠퇴하고 있으며 이는 문화적 다양성을 훼손하는 결과로 이어지고 있다. 다언어 정책은 특정 언어를 지나치게 우대하는 것이 아니라 다양한 언어가 공존할 수 있도록 균형 잡힌 접근 방식을 취해야 한다.

이와 연관된 또 다른 과제는 세계 공용어와 지역 언어 간 균형 유지다. 글로벌 경제에서 경쟁력을 갖추기 위해서는 영어와 같은 국제 언어를 습득하는 것이 필수적이지만 동시에 지역 사회의 문화와 정체성을 유지하기 위해서는 모국어 및 지역 언어교육도 함께 진행해야 한다. 현실적으로 많은 국가에서 영어 교육이 확대되면서 전통적인 언어와 문화가 점차 약화되는 현상이 발생하고 있다. 이 문제를 해결하려면 공용어 교육과 지역 언어 보존 정책을 함께 운용하는 균형 잡힌 전략이 필요하다.

정책 실행 과정에서의 복잡성도 고려해야 한다. 다언어 정책을 수립하고 시행하는 과정에서는 사회적 불평등을 해소하고 지역별, 문화적 차이를 반영하는 세심한 접근이 요구된다. 국가마다 언어 환경과 필요가 다르므로 일률적인 정책이 아니라 유연하게 변화하는 사회적 요구에 맞춰 다언어교육과 정책을 조정할 수 있는 체계가 필요하다.

다언어교육이 주는 시사점

다언어교육은 사회 통합, 경제적 경쟁력, 문화적 이해를 촉진하는 핵심 요소로 자리 잡고 있다. 다언어를 육성하는 교육 시스템은 개인의 인지적 성장뿐만 아니라 지역 공동체 및 국가 차원의 지속 가능한 발전에도 기여할 수 있다. 이를 효과적으로 실현하기 위해서는 교육과정 설계, 정책 지원, 사회적 통합 등 여러 측면에서의 전략적 접근이 필요하다.

교육과정 설계 및 교수법

현대 교육에서 다언어교육을 단순히 제2외국어 교육이 아닌 문화적 정체성과 사고 확장을 포함한 통합적 과정으로 바라보는 경향이 강해지고 있다. 과거에는 영어와 같은 세계 공용어 학습이 우선시되었지만, 최근에는 지역 언어 보존과 문화적 배경에 대한 이해를 포함한 교육 방식이 더욱 강조되고 있다.

특히, 이중언어 및 몰입형 프로그램(Bilingual & Immersion Programs)은 학생들이 두 개 이상의 언어를 원활하게 구사하도록 돕는 효과적인 방법이다. 단순히 단어와 문장을 익히는 것을 넘어 두 언어를 자유롭게 전환하며 학습하는 환경을 조성하는 것이 핵심이다. 이를 통해 학생들은 자연스럽게 두 개 이상의 언어에 익숙해지고 언어 간의 사고방식과 문화를 깊이 이해할 수 있다. 이러한 교육 프로그램이 성공적으로 운영되기 위해서는 교사의 역량이 필수적이다. 다언어 교실을 효과적으로 운영하려면 교사는 단순한 언어 교수법을 넘어 문화적 민감성을 고려한 교수 전략을 습득해야 한다. 이를 위해, 교사 연수 프로그램을 체계적으로 운영하고 다문화 교육 경험이 풍부한 교사들이 다양한 언어교육 환경에서 전문성을 발휘할 수 있도록 지원해야 한다. 결국, 다언어교육이 성공하려면 단순한 언어학습이 아닌 사회 및 문화적 이해를 포함하는 통합적 접근이 필요하며 이를 지원하는 전문 교사의 역량 강화가 필수적이다.

정책 및 자원 분배

다언어교육을 효과적으로 실행하려면 정부 차원의 정책적 지원과 안정적인 자원 배분이 필수적이다. 중앙 및 지방 정부는 단기적인 언어교육 프로그램이 아닌 유치원부터 대학까지 이어지는 장기적 언어교육 체계를 구축하는 데 집중해야 한다. 특히, 정부 주도 이니셔티브(Government-led Initiatives)는 다언어교육이 특정 지역이나 계층에 국한되지 않고 모든 학생이 균등한 기회를 가질 수 있도록 해야 한다. 공교육 체제 내에서 다언어학습을 필수 과정으로 설정하고 소외된 지역이나 경제적 지원이 부족한 공동체에서도 언어교육을 받을 수 있도록 보장하는 것이 중요하다.

또한, 기술 혁신을 활용한 다언어교육 도구 도입도 필수적이다. 최근 생성형 인공지능 기반 언어학습 도구와 디지털 자료가 보편화되면서 학습자별 맞춤형 교육이 가능해지고 있다. 이러한 기술을 적극 활용하면 기존 교육 시스템이 갖고 있던 지리적, 재정적 한계를 뛰어넘어 보다 접근성 높은 다언어교육이 가능해진다. 예를 들어, 원격 교육을 통해 외딴 지역의 학생들도 고급 수준의 다언어학습을 받을 수 있으며 음성 인식 및 실시간 번역 기능을 활용하면 보다 효과적인 언어 몰입 환경을 조성할 수 있다. 이처럼, 다언어교육을 효과적으로 장려하기 위해서는 국가 차원의 지속적인 정책적 지원과 함께 최신 기술을 적극적으로 활용하는 전략이 필요하다.

사회와 문화 통합

다언어교육은 단순한 언어 능력 향상을 넘어 사회적 포용성과 문화적 이해를 높이는 중요한 역할을 한다. 언어는 단순한 의사소통 도구가 아니라 각 공동체의 정체성과 가치를 반영하는 요소이기 때문에 다양한 언어를 학습하는 과정은 자연스럽게 상호 문화적 감수성을 높이고 사회적 통합을 촉진하는 결과를 가져온다. 특히, 다언어교육 환경에서는 학생들이 다양한 언어와 문화를 경험하면서 상호 존중과 이해를 배우게 된다. 이는 사회적 갈등을 줄이고 다문화 공동체 내에서 협력과 조화를 이끄는 중요한 요소가 된다. 예를 들어, 서로 다른 언어를 사용하는 학생들이 공통의 교육 환경에서 함께 배우면서 자연스럽게 문화적 다양성을 수용하고 다문화 사회에서의 소통 능력을 함양할 수 있다.

소외된 공동체의 역량을 강화하는 데도 다언어교육이 중요한 역할을 한다. 특정 지역 언어나 소수 민족 언어를 교육과정에서 포함시키면 이들 공동체가 스스로의 문화를 지키고 발전시키는 동력을 확보할 수 있다. 많은 국가에서 소수 언어가 점차 사라지고 있는 현실을 고려할 때 다언어교육을 통해 이러한 언어적 다양성을 보호하는 것이 매우 중요한 과제다. 나아가, 다언어교육은 글로벌 시민성을 함양하는 데도 중요한 역할을 한다. 현대 사회는 국경을 넘는 협력이 필수적인 시대이며 다양한 문화와 언어를 이해하고 소통하는 능력은 국제적 문제 해결과 협력의 핵심 역량이 된다. 다언어를 구사할 수 있는 학생들은 국제 무대에서 더욱 유연하고 개방적인 태도를 가질 가능성이 높으며 세계적인 도전 과제에 효과적으로 대응할 수 있는 능력을 갖출 수 있다. 결국,

다언어교육은 단순한 언어학습을 넘어 다양한 문화가 공존하는 사회에서의 포용성과 협력을 강화하는 중요한 역할을 하며 글로벌 사회에서의 경쟁력과 적응력을 높이는 필수적인 요소인 것이다.

서로 다른 언어를 자유롭게 넘나들 수 있는 능력은 오늘날처럼 긴밀하게 연결된 세계에서 필수적인 글로벌 의사소통의 토대를 이룬다. 다언어 역량은 개인의 인지 능력을 높이고 공동체 간 화합과 경제 경쟁력을 견인한다. 스위스, 캐나다, 싱가포르 사례가 보여주듯, 성공적인 다언어 사회는 언어 다양성을 존중하면서도 영어를 포함한 세계 공용어의 이점을 적극 활용하는 정책을 통해 가능해진다.

물론 다언어 능력을 장려하는 과정에는 예산 및 교사 교육, 언어 간 권력관계 등 복합적인 난관이 따른다. 그러나 이러한 문제를 해결하기 위한 전략적 사고와 지속적 노력이 뒷받침된다면 다언어교육은 문화적 정체성과 글로벌 역량을 모두 살리는 길을 열어준다. 궁극적으로, 다언어교육은 단순히 언어 장벽을 허무는 것을 넘어 인류가 지닌 문화적 다양성을 기리고 소통을 확장해 나가는 방식이기도 하다. 다언어교육에 투자하고 포용적인 언어 정책을 마련함으로써, 개인은 역량을 발휘하고 공동체는 유대감을 키우며 한층 더 긴밀하고 조화로운 세계를 만들어갈 수 있다.

언어교육의 역사

언어교육은 수천 년에 걸쳐 변화해 왔다. 이는 문화적 가치관, 기술 발전, 교육학 이론의 변화를 반영하며 사회가 언어적 지식을 보존, 전달, 혁신해 온 과정을 보여준다. 여기에서는 고대 언어교육 방법에서부터 기술이 접목된 현대적 교육 접근법까지 살펴보면서 언어교육이 어떻게 발전해 왔는지 파악해 본다. 또 언어교육사에 큰 영향을 미친 주요 사상가와 이론을 짚어보고, 기술이 이 분야에 미친 영향, 오늘날의 언어교육에 여전히 살아 있는 역사적 교훈에 대해 알아본다.

고대의 언어교육 방식

구전(口傳) 전통과 암기 중심 학습

고대 문명에서 언어교육은 문자 체계가 정착되기 전까지 구전(口傳) 방식에 의존하며 발전했다. 언어교육의 핵심 목표는 효율적인 의사소통과 문화적 유산의 전승이었으며 이를 위해 암기와 반복 학습이 필수적인 요소로 자리 잡았다. 고대 메소포타미아, 이집트, 그리스, 로마 등 다양한 문명에서는 서사시, 찬가, 종교의식, 법률 문구 등을 암송하는 교육 방식이 널리 사용되었으며 이러한 과정은 단순한 언어 습득을 넘어 문화적 정체성을 형성하는 데 중요한 역할을 했다.

구전 중심 교육 방식은 교사나 연장자가 특정 텍스트나 구절을 낭송하면 학생이 이를 그대로 암기하고 따라 하는 방식으로 진행되었다. 이러한 교육 방식은 반복 학습을 통해 자연스럽게 어휘와 문법 구조를 익히도록 돕는 효과가 있었다. 오늘날의 암기식 학습과 유사하지만, 단순히 의미를 기억하는 것이 아니라 리듬과 운율을 활용하여 언어적 패턴을 체득하는 과정이 강조되었다. 고대 그리스에서는 호메로스의 '일리아스'와 '오디세이' 같은 서사시가 교육의 핵심 자료였으며 학생들은 이를 낭송하며 문법과 수사학을 익혔다.

공식적인 학교 시스템이 존재하기 이전부터 도제식 모델(Apprenticeship Model)을 통해 자연스럽게 언어교육이 이루어졌다. 어린 학습자들은 성인들과 함께 일상생활을 경험하며 실제 상황에서 언어를 사용하는 방식으로 어휘와 문장을 익혔다. 이는 현대의 몰입형 언어학습(Immersion Learning)과 유사한 형태로 단순히 문장을 외우는 것이 아니라 실생활 속에서 언어를 배우고 사용하도록 유도하는 방식이었다. 이러한 방식은 문자 해독 능력이 보편화되지 않았던 시대에 더욱 중요한 역할을 했다. 대부분의 사회에서 읽기와 쓰기는 일부 엘리트 계층에게만 허용되었으며 일반 대중은 말로써 정보를 주고받아야 했다. 따라서, 기억력을 극대화하는 교육 방식이 필수적이었다.

암기력은 단순한 언어 능력을 넘어 역사적 지식, 종교적 신념, 법률적 규범 등을 후대에 전하는 주요한 수단이었다. 즉, 초기 언어교육은 단순히 의사소통 능력을 기르는 것뿐만 아니라 사회적, 문화적 유산을 보존하고 전달하는 역할을 수행했다. 이후 문자 체계가 등장하면서 서면 기록을 통한 교육 방식으로 확장되었지만, 구전 교육의 영향은 이후에도 수 세기 동안 지속되었다.

문자 체계의 발달과 정규 교육

문자 체계가 발명되면서 언어교육 방식은 더 체계적인 형태로 발전하기 시작했다. 메소포타미아의 쐐기문자(Cuneiform), 이집트의 상형문자(Hieroglyphs), 그리스와 로마의 알파벳 문자 등은 기록의 필요성을 증대시키며 읽기와 쓰기 교육을 중요한 학습 과정으로 자리 잡게 했다. 이러한 변화는 단순한 언어교육을 넘어 서기관 양성, 행정 관리, 종교적 기록, 문학 창작 등 다양한 지식 체계를 형성하는 기초를 마련했다.

고대 문명에서는 특히 서기관(Scribes) 양성을 위한 정규 교육기관까지 등장했다. 고대 이집트와 메소포타미아에서는 서기관이 국가 행정과 종교적 문서를 기록하는 핵심 역할을 담당했으며 이에 따라 특정 계층을 대상으로 한 정규 교육이 실시되었다. 이러한 교육과정은 매우 엄격했으며 학생들은 문학 작품을 필사하면서 어휘와 문법을 익히고 서사시나 철학적 텍스트를 암기하며 언어적 표현 능력을 발전시켰다.

이 시기부터 문법 교육이 점차 체계적으로 발전하기 시작했다. 대표적으로, 고대 그리스의 디오니시우스 트락스(Dionysius Thrax)는 문법 연구를 체계화하며 문장 구조, 품사 분류, 수사학적 기법 등에 대한 분석적 접근법을 정립했다. 이러한 학문적 발전은 이후 로마 제국과 중세 유럽의 언어교육 방식에도 영향을 미치며 전통적인 문법 교육의 기초를 형성하게 된다.

문자 교육의 발전은 단순히 언어학습의 도구를 넘어 사회적 계층화와도 깊은 연관을 가지게 되었다. 많은 고대 문명에서 읽고 쓰는 능력은 엘리트 계층의 특권이었으며 공식적인 교육을 받은 사람들만이 정치, 종교, 행정 등 주요 분야에서 활동할 수 있었다. 고대 중국에서는 한자의 습득이 관료 시험과 연계되었으며 이를 통해 학식이 있는 자들만이 고위 관직에 오를 수 있는 구조가 형성되었다. 이와 같은 배경에서, 고대의 정규 교육은 단순한 문해력(Literacy) 향상을 넘어 사회적 지위를 결정하는 중요한 요소로 기능했다. 이는 현대 교육 시스템이 보편화되기 전까지 오랜 기간 유지되었으며 문자를 다루는 능력이 곧 권력과 위신을 의미하는 시대를 만들어냈다.

문자 체계의 발전과 함께 언어교육은 구술 중심의 단순 암기 방식에서 더 체계적이고 분석적인 학습 형태로 발전하게 되었다. 그러나 초기의 구전 교육 방식 역시 완전히 사라진 것은 아니었다. 많은 문명에서 구전과 문서 기반 교육이 병행되었으며 언어교육이 단순한 지식 습득을 넘어 문화적, 사회적 전승 역할을 했다는 점은 오늘날에도 중요한 시사점을 제공한다.

언어교육 접근법의 발전

중세와 르네상스 시대

중세 유럽에서 언어교육은 라틴어 중심의 학문 및 종교적 전통 속에서 발전했다. 로마 제국이 붕괴한 후에도 라틴어는 교회, 행정, 학문 분야에서 공용어 역할을 하며 교육 시스템의 중심이 되었다. 이 시기 교육은 수도원과 대성당 학교에서 이루어졌으며 문법, 문학, 수사학 삼학(Trivium)을 핵심으로 하는 교육과정이 운영되었다. 이 과정은 고대 로마의 교육 방식을 계승한 것이지만 보다 형식적이고 엄격한 문법 중심 접근법이 강조되었다.

라틴어 교육은 문법 규칙과 문학 작품 해석을 중심으로 진행되었으며 학생들은 암기와 필사를 통해 문법적 정확성을 익히고 기독교 신학과 연계된 학습을 수행했다. 구어보다는 문어 중심으로 교육이 이루어졌기 때문에 실제 대화보다는 문법적 분석과 번역 능력이 강조되는 경향이 있었다.

르네상스 시대에 들어서면서 고대 그리스와 로마 문헌에 대한 관심이 되살아나며 인문주의(Humanism)적 교육 방식이 부상했다. 인문주의자들은 언어교육이 단순한 문법 학습을 넘어 사고력과 도덕적 완성을 위한 도구로 작용해야 한다고 보았다. 에라스뮈스(Erasmus), 페트라르카(Petrarch), 몽테뉴(Montaigne) 등 르네상스 학자들은 언어학습을 보다 실용적이고 폭넓은 사고를 위한 수단으로 접근하려 했다.

또한, 이 시기 모국어 교육이 점차 중요성을 얻기 시작했다. 르네상스 이전까지 학문과 공식 기록은 라틴어로 이루어졌지만 문학과 철학이 자국어로 기록되면서 국어 교육의 필요성이 증가했던 것이다. 단테(Dante)의 『신곡』이나 세르반테스(Cervantes)의 『돈키호테』 같은 작품이 각국의 문학과 언어교육 발전에 기여하면서 프랑스어, 이탈리아어, 스페인어 등의 교육이 본격화되었다. 르네상스 시대의 언어교육은 결국 중세의 라틴어 중심 교육에서 벗어나 보다 실용적이고 인간 중심적인 접근법으로 변화했다. 하지만 여전히 교육기관에서는 문법과 문학 중심의 전통적인 교육 방식이 강하게 남아 있었으며 말하기 교육보다는 문어 중심 학습이 주류를 이루었다.

계몽주의와 근대 언어교육

계몽주의 시대는 합리적 사고와 과학적 방법론을 강조하며 언어교육 또한 보다 체계적인 접근법을 확립하는 계기가 되었다. 특히, 문법 번역식 교수법(Grammar Translation Method)이 18~19세기 동안 언어교육의 주요 방식으로 자리 잡았다. 이 교수법은 라틴어와 그리스어를 학습하는 전통적인 방법에서 유래했으며 이후 프랑스어나 독일어 등 현대 언어 교육에도 적용되었다. 교육 방식은 문법 규칙을 명시적으로 설명하고 어휘를 암기하며 문학 텍스트를 번역하는 데 초점을 맞추었다. 이런 교육 방식의 문법 번역식 교수법은 정확한 문장 구조 이해에는 효과적이었으나 실용적인 말하기 능력을 기르는 데는 한계를 지녔다.

이에 대한 반작용으로 19세기 후반에는 직접 교수법과 자연주의 교수법이 등장했다. 문법 번역식 교수법이 문어 중심 교육이라면 직접 교수법은 학습 언어를 사용해 실생활에서 자연스럽게 익히는 접근법을 강조했다. 직접 교수법에서는 교실에서 모국어 사용을 최소화하고 학습 언어만을 사용하여 학습자가 자연스럽게 언어를 익히도록 했으며 문법 설명보다는 대화, 실물 자료 활용, 시청각 자료를 통해 직관적으로 의미를 이해하는 방식을 도입했다. 또한, 외국어를 모국어처럼 습득할 수 있도록 연령별 학습 방식을 조정하고 듣기와 말하기 능력을 중시했다.

이후 20세기 초, 행동주의 심리학이 언어교육에 영향을 미치면서 행동주의와 구조주의 접근법이 등장했다. 이는 언어 습득을 '자극-반응-강화'의 과정으로 보고 반복 연습과 패턴 훈련을 강조하는 방식이었다. 대표적으로 오디오-링구얼 교수법(Audio-Lingual Method)이 이 이론을 기반으로 발전했으며 학습자들은 원어민 발음을 듣고 따라 하면서 자연스럽게 언어 패턴을 습득하도록 훈련받았다.

이처럼 계몽주의와 근대에 이르러 언어교육은 더 체계적이고 분석적인 접근법을 통해 발전했다. 문법 번역식 교수법은 이론적 문법 지식 습득에는 효과적이었으나 실용적 언어 능력 배양에는 한계가 있었다. 직접 교수법과 자연주의 접근법은 문법 설명을 최소화하고 학습 언어 사용 환경을 조성하여 학습자의 언어 사용 능력을 극대화하는 방향으로 발전했다. 행동주의 이론이 적용된 교수법은 언어를 습관 형성의 과정으로 보고 반복과 패턴 훈련을 강조하는 방식으로 이루어졌다.

언어교육에 영향을 준 인물과 이론

각 시대의 교육 철학과 언어 이론을 반영하며 변화해 온 언어교육은 학자들의 연구를 통해 지속적으로 개혁되고 재구성되었다. 특히, 디오니시우스 트락스, 에라스뮈스, 빌헬름 폰 훔볼트, 노엄 촘스키와 같은 인물들은 언어교육의 기초를 닦고 혁신적인 패러다임을 제시하며 후대 교육 방법론에 지대한 영향을 미쳤다.

교육·학문에 큰 족적을 남긴 인물들

디오니시우스 트락스 Dionysius Thrax

디오니시우스 트락스는 고대 그리스 최초의 문법가로 평가받으며 문법을 체계적으로 연구하고 교육의 틀을 마련한 인물이다.

그의 대표 저작인 『문법의 기술』은 이후 서양 문법학의 기초를 형성하는 데 중요한 역할을 했다. 그는 언어를 소리, 단어, 문장의 체계적 관계로 분석하고 품사 개념을 정립함으로써 언어교육의 초석을 놓았다. 이는 이후 라틴어·그리스어 교육뿐만 아니라, 근대 언어교육에서도 문법 중심 교수법의 기반이 되었다.

에라스뮈스 Desiderius Erasmus

르네상스 시대의 대표적인 인문주의자인 에라스뮈스는 언어와 문학이 인간의 도덕 및 지적 성장을 이끄는 중요한 도구임을 강조했다. 그는 다양한 언어 연구를 수행하며 라틴어와 그리스어의 고전 언어교육을 체계화하고, 언어학습에서 단순한 암기나 규칙 습득이 아니라 논리적 사고와 표현력을 길러야 한다고 주장했다. 에라스뮈스의 사상은 이후 근대 외국어 교육에서 문학을 활용한 학습 방법과 언어의 철학적 측면을 강조하는 접근법으로 이어졌다.

빌헬름 폰 훔볼트 Wilhelm von Humboldt

훔볼트는 언어가 사고를 형성하는 창조적이고 역동적인 힘이라고 보았다. 그는 언어 상대성(linguistic relativity)을 강조하며 언어가 단순한 의사소통 수단이 아니라 사고방식과 문화적 인식을 규정하는 요소라고 주장했다. 그의 이론은 언어교육에서 문화적 맥락과 사고 구조를 함께 가르쳐야 한다는 현대 언어교육의 개념으로 이어졌다. 특히, 언어가 개념 형성에 미치는 영향을 연구하면서 언어교육에서 다양한 문화적 접근을 중시하는 기초를 마련했다.

노엄 촘스키 Noam Chomsky

촘스키는 20세기 후반 언어학의 패러다임을 근본적으로 바꾼 인물로 그의 보편 문법(Universal Grammar) 이론은 언어학습이 선천적인 능력임을 강조했다. 그는 인간이 언어를 단순한 외부 자극과 학습으로 습득하는 것이 아니라 내재된 문법 구조를 바탕으로 자연스럽게 습득한다고 보았다. 이러한 이론은 언어교육에서 기계적 반복 훈련보다 학습자의 인지적 과정과 언어 환경을 고려한 교수법이 중요하다는 방향을 제시했다. 그의 연구는 이후 인지적 접근법, 구성주의 교수법, 과업 중심 언어 교수법 등에 영향을 미쳤다.

언어 교수 이론의 흐름

구조주의·행동주의: 20세기 초반까지 언어교육은 구조주의(structuralism)와 행동주의(behaviorism)에 기반한 접근법이 주류를 이루었다. 이 이론들은 언어 학습을 자극과 반응의 반복적인 과정으로 보았으며 이에 따라 정확한 발음과 문법을 학습하는 반복 훈련이 강조되었다. 대표적인 교수법으로 오디오-링구얼 교수법(Audio-Lingual Method: ALM)이 있으며 이는 대화문 암기, 반복 연습, 패턴 훈련을 통해 언어 습관을 형성하는 방식으로 진행되었다. 하지만 이러한 방법은 실제 의사소통 능력을 기르는 데 한계를 보였다.

의사소통 중심 교수법(Communicative Language Teaching, CLT): 행동주의 접근법의 한계를 보완하기 위해 1970년대 이후 의사소통 중심 교수법(CLT)이 등장했다. 의사소통 중심 교수법(CLT)은 문법적 정확성보다 실제 사용 상황에서의 의미 교환과 상호작용을 강조하며 학습자가 실제 언어 환경에서 자연스럽게 대화할 수 있도록 유도하는 방식이었다. 이 방법은 특히 듣기와 말하기 능력을 중시하며 실용적인 언어 사용 기회를 제공하는 과업(task) 기반 학습이 포함되었다.

과업 중심 언어 교수법(Task-Based Language Teaching, TBLT): 의사소통 중심 교수법(CLT)이 발전하면서 보다 실용적인 접근 방식으로 과업 중심 언어 교수법(TBLT)이 등장했다. 이 교수법은 학습자가 의미 있는 과업을 수행하는 과정에서 언어를 습득하도록 유도하는 방식이다. 예를 들어, 여행 계획 세우기, 물건 구매하기, 문제 해결하기 등 실제 생활에서 필요한 과업을 수행하면서 자연스럽게 언어를 익힌다.

인지·구성주의(Constructivist) 접근: 현대 언어교육은 인지심리학과 구성주의 이론에 기반하여 학습자가 의미를 수동적으로 받아들이는 것이 아니라 능동적으로 구성하고 내면화해야 한다는 접근을 강조한다. 이는 학습자의 경험과 사고 과정을 중요하게 여기며 실제 맥락에서 언어를 사용하며 학습하는 것이 효과적임을 강조한다.

기술 발전이 언어교육사에 준 영향

기술은 언어교육의 발전에 지속적으로 영향을 주었다. 인쇄술의 발명은 교육의 대중화를 이끌었고 디지털 혁명과 인공지능(AI)의 등장으로 학습환경은 더욱 개인화되고 접근성이 좋아졌다. 이러한 기술적 발전은 언어교육을 단순한 교실 기반 학습에서 시간과 공간의 제약이 없는 학습 모델로 변화시키는 데 기여했다.

인쇄술 도입과 대중 교육

15세기 구텐베르크의 인쇄술 발명은 인류 역사에서 가장 중요한 혁신 중 하나로 언어교육에도 지대한 영향을 미쳤다. 이전까지 책은 필사본으로 제작되어 소수의 엘리트층만이 구할 수 있었으나 대량 인쇄가 가능해지면서 문법서, 사전, 교재가 보급되었고 언어교육의 기회가 확대되었다. 인쇄물을 통해 특정 언어의 철자법과 문법이 일정한 규범을 갖추게 되었다. 이는 국가 단위의 문학 및 교육 체계를 정립하는 데 중요한 역할을 했으며 현대 표준어의 기초를 마련하는 데 기여했다. 특히 인쇄물의 보급으로 인해 학교와 교육기관에서는 더 정교한 커리큘럼을 설계할 수 있었다. 교재가 통일되면서 교육 방식도 일관성을 갖추게 되었고 언어학습이 더 구조적이고 조직적으로 이루어졌다. 과거에는 일부 계층만이 언어를 체계적으로 배울 수 있었지만 인쇄 기술 덕분에 책이 대량으로 생산되면서 보다 많은 사람들이 문법과 문학을 접할 기회를 얻게 되었다. 이는 교육의 민주화를 앞당기는 계기가 되었다.

디지털 혁명과 언어교육의 변화

20세기 후반부터 시작된 디지털 혁명은 언어교육의 방법과 접근 방식을 근본적으로 변화시켰다. 특히 컴퓨터와 인터넷의 발전은 학습자에게 개인 맞춤형 교육, 즉각적인 피드백, 다양한 멀티미디어 자료 활용 등 새로운 학습 기회를 제공했다. 1980년대 이후 컴퓨터를 활용한 대화형 언어 연습, 발음 교정 소프트웨어, 문법 학습 프로그램 등이 등장하면서 학습자들은 피드백을 즉시 받을 수 있었으며 멀티미디어를 활용한 시청각 자료를 통해 보다 생생한 학습이 가능해졌다. 컴퓨터 보조 언어학습(Computer-Assisted Language Learning: CALL) 시스템은 현재 인공지능과 결합되면서 더욱 정교한 맞춤형 학습을 제공하는 방향으로 발전하고 있다.

또한, 인터넷의 등장으로 전 세계 어디서나 무료로 언어를 배울 수 있는 환경이 마련되었다. 무크(Massive Open Online Courses: MOOC)와 같은 온라인 강좌는 언어학습 기회를 전 세계적으로 확대하는 데 기여했다. 듀오링고, 바벨, 로제타 스톤과 같은 학습 플랫폼이 등장하면서 학습자는 자신의 수준과 목표에 맞춰 개별적으로 학습할 수 있게 되었다. 온라인 언어 교환 프로그램(Tandem, iTalki)을 통해 원어민과 직접 소통하며 실용적인 언어 능력을 기를 기회도 증가했다.

인공지능 기술이 발전하면서 언어교육은 더욱 개인화되고 효율적인 방식으로 변화하고 있다. 학습자의 진행 상황을 실시간으로 분석하여 맞춤형 피드백을 제공하거나 생성형 인공지능 챗봇이 실제 회화 연습을 할 수 있는 환경을 조성해 학습자가 원어민과 유사한 대화를 경험하도록 돕는다. 인공지능 기반 음성 분석 기술을 통해 학습자의 발음을 교정해주며 더 정확한 언어 구사를 지원하고 학습자의 강점과 약점을 분석하여 맞춤형 콘텐츠를 제공함으로써 학습 효율을 극대화한다.

이천년대부터는 스마트폰과 태블릿PC의 보급으로 언제 어디서나 언어를 배울 수 있는 환경이 조성되었다. 모바일 앱은 게이미피케이션(Gamification) 기법을 도입해 학습 동기를 높이고 재미있게 언어를 익히도록 유도하고 번역 앱이나 인공지능 기반 실시간 통역 기술 등도 발전하면서 학습자들은 더 이상 전통적인 방법에만 의존할 필요 없이 보다 다양한 방식으로 언어를 접할 수 있게 되었다.

공교육에서의 외국어 교육

공교육 내 외국어 교육은 세계적 흐름, 정책 변화, 교육학적 통찰에 따라 끊임없이 변화, 발전해 온 복합적 영역이다. 상호 연결성이 점점 높아지는 오늘날 언어와 문화의 경계를 넘어 소통할 수 있는 역량은 개인의 학문과 직업적 성취는 물론 세계 시민 의식과 문화적 이해를 증진하는 데 필수적이다. 여기에서는 현대 공교육에서 이루어지는 외국어 교육 모델과 국가별 언어교육 정책의 비교, 효과적인 언어교육 프로그램 실행상의 도전 과제, 그리고 표준화된 시험의 역할과 최신 교육 방안을 살펴본다.

학교 현장에서의 외국어 교육 모델

외국어 교육은 시대와 교육 목표에 따라 다양한 모델로 발전해 왔다. 초기에는 문법과 번역 중심의 전통적 교실 수업이 주를 이루었지만 최근에는 의사소통 능력을 중시하는 접근법과 몰입형 교육 프로그램이 확산되고 있다. 각 교육 모델은 학습자의 필요와 교육 환경에 따라 다른 장점을 제공하며 학교 현장에서는 이를 조합해 최적의 학습 경험을 설계하는 것이 중요하다.

전통적 교실 수업

공교육에서 외국어 교육은 대체로 전통적인 교실 수업 형태로 시작되었다. 이 모델에서는 언어를 독립된 교과로 가르치며 문법 학습과 번역 연습을 중심으로 구성된다. 이러한 방식에서는 학생들이 주어진 문법 규칙을 익히고 단어를 암기하며 텍스트를 번역하는 연습을 반복하게 된다. 주된 목표는 독해와 작문 능력을 향상하는 것이며 듣기와 말하기보다는 문법적 정확성을 강조하는 경향이 있다.

수업은 일반적으로 교사 주도형 방식으로 진행되며 교사는 강의와 교재 중심으로 학생들에게 언어 지식을 전달한다. 문법과 어휘 학습을 우선적으로 익힌 후 점진적으로 독해와 작문으로 확장하는 구조를 따르기 때문에 학습 체계가 명확하다는 장점이 있다. 그러나 이러한 접근법은 학생들에게 실생활에서 언어를 사용할 기회를 충분히 제공하지 못할 수 있으며 실제 회화 능력을 기르는 데 한계가 있을 수 있다. 교과서 중심의 학습과 인공적인 대화 연습이 많아 학생들이 실제 의사소통 상황에서 유창하게 말하기 어려운 경우가 발생할 수도 있다.

의사소통 중심 및 과업 중심 접근

전통적인 문법 및 번역 중심 교육의 한계를 극복하기 위해 의사소통 중심 교수법과 과업 중심 교수법이 등장했다. 이러한 접근법은 학습자가 실제 맥락에서 언어를 사용할 수 있도록 유도하며 실용적인 의사소통 능력을 키우는 데 초점을 맞춘다. 의사소통 중심 교수법은 학생들이 단순히 문법을 암기하는 것이 아니라 실제 대화 속에서 언어를 자연스럽게 활용하도록 한다. 수업은 역할극, 인터뷰, 토론 등 다양한 활동을 통해 학습자들이 실전에서 유용한 표현을 연습하도록 구성된다. 또한 과업 중심 교수법은 언어를 추상적인 개념으로 배우는 것이 아니라 실생활에서 필요한 과업을 수행하며 학습하도록 돕는다. 여행 일정 계획 세우기, 음식 주문하기, 인터뷰 진행하기 등의 과업을 수행하면서 학습자는 자연스럽게 언어를 습득하게 된다.

이러한 교수법은 학생들이 언어를 더 적극적으로 사용할 수 있도록 장려하며 협동 학습을 통해 상호작용을 촉진한다. 교사는 단순한 지식 전달자가 아니라 학습을 촉진하는 조력자 역할을 하며 학생들은 더 능동적인 학습자로 참여하게 된다. 또한 디지털 학습 도구를 활용해 온라인 회화 교환, 가상 시뮬레이션, 인공지능 기반 언어 연습을 병행할 수도 있다. 그러나 문법적 정확성을 충분히 학습할 기회가 부족할 경우 학생들이 문장 구조를 명확하게 이해하지 못할 위험이 존재한다. 따라서 의사소통 능력과 문법적 정확성 간의 균형을 유지하는 것이 중요한 과제가 된다.

몰입(Immersion) 및 이중 언어 프로그램

더 효과적인 언어 습득을 위해 일부 교육기관에서는 몰입형 프로그램이나 이중 언어 프로그램을 운영하고 있다. 이 방식에서는 학습자에게 학습 언어에 최대한 노출되는 환경을 제공하여 자연스럽게 언어를 습득하도록 유도한다.

몰입 교육은 단순히 외국어 과목을 배우는 것이 아니라 수학, 과학, 사회 등의 교과목을 학습 언어로 배우면서 언어를 자연스럽게 익히는 방식이다. 이를 내용 중심 교수법(Content-Based Instruction)이라고 하며 학생들은 특정 언어를 배우는 것이 아니라 해당 언어를 통해 지식을 습득하는 환경에 놓이게 된다. 이러한 방식은 학생들이 학습 과정에서 학습 언어를 능동적으로 사용하도록 유도하며 언어 실력을 향상시키는 데 효과적이다.

이중 언어 프로그램은 특정 시간 동안은 모국어로 수업을 진행하고 나머지 시간은 학습 언어로 진행하는 방식이다. 예를 들어, 오전에는 영어로 수업을 듣고 오후에는 스페인어로 진행하는 방식이다. 이를 통해 학생들은 두 개의 언어를 균형 있게 습득할 수 있으며 이중 언어 능력과 문화적 이해를 동시에 높일 수 있다. 또한 이중 언어교육을 통해 학생들은 다문화적인 사고방식을 익히며 다른 문화권에 대한 이해도를 높일 수 있다. 몰입 교육과 이중 언어 프로그램은 자연스러운 환경에서 언어를 습득할 수 있도록 한다는 점에서 매우 효과적이지만 운영 비용이 높고 교사와 학습 자료의 부족 등의 현실적인 어려움이 존재할 수 있다. 또한 학생들이 처음에는 언어적 어려움을 겪을 가능성이 크며 이를 극복하기 위한 추가적인 지원이 필요할 수도 있다.

국가별 언어교육 정책의 비교

각국의 언어교육 정책은 역사적 배경, 경제적 요구, 문화적 가치에 따라 다르게 형성된다. 유럽, 아시아, 북미에서는 각각의 사회적 환경과 교육 철학에 맞춰 외국어 교육을 설계하고 있으며 이를 비교해 보면 국가별 교육 시스템이 강조하는 핵심 요소를 이해할 수 있다.

유럽 모델: 다언어교육의 정착

유럽 국가들은 오래전부터 다언어 능력을 중요한 자산으로 여겨왔으며 대부분의 나라에서 외국어 학습을 필수 교육과정으로 포함하고 있다. 대부분의 유럽 국가에서는 초등학교부터 최소 한 개 이상의 외국어를 배우는 것이 의무화되어 있다. 독일, 프랑스, 스웨덴 등은 학생들이 조기에 외국어에 노출될 수 있도록 정책적으로 지원하며 일부 국가는 두 개 이상의 외국어를 필수 과목으로 지정하기도 한다. 이는 유럽이 다국적 교류가 활발한 환경이라는 점과 유럽연합(EU)의 통합 정책과도 연관이 있다.

또한, 유럽에서는 유럽 공통 참조 기준(Common European Framework of Reference for Languages: CEFR)을 활용해 언어 능력을 측정한다. 이는 단순한 문법 및 어휘 학습을 넘어 실생활에서 활용할 수 있는 의사소통 능력을 강조하는 데 중점을 둔다. 따라서 외국어 교육에서도 실질적인 대화 능력을 기르기 위한 역할극, 프로젝트 기반 학습, 다문화적 접근이 적극적으로 이루어진다.

한편, 벨기에나 스위스 같은 다언어 국가에서는 지역별 언어 특성을 존중하는 교육이 이루어진다. 벨기에는 프랑스어, 네덜란드어, 독일어를 공용어로 사용하며 스위스는 독일어, 프랑스어, 이탈리아어, 로만슈어를 함께 교육한다. 이러한 정책은 단순한 외국어 학습을 넘어 지역 정체성을 존중하면서도 국제적으로 소통할 수 있는 능력을 갖추도록 돕는 역할을 한다.

아시아 모델: 영어 중심과 지역 언어 균형의 과제

아시아의 언어교육 정책은 전통적 교육 방식과 글로벌 경쟁력 강화라는 두 가지 요소의 영향을 받으며 발전해 왔다. 한국, 중국, 일본을 비롯한 동아시아 국가들은 영어 교육 우선 정책을 추진해 왔다. 경제 발전과 글로벌 시장에서의 경쟁력을 확보하기 위해 영어 능력이 중요한 요소로 여겨지면서 조기 영어 교육이 확대되었다. 한국과 일본에서는 초등학교부터 영어 교육을 필수화했으며 중국 또한 글로벌 비즈니스와 학술 교류를 위해 영어 학습을 적극 장려하고 있다. 다만, 이들 국가에서는 여전히 문법, 독해, 시험 대비 중심의 교육이 강세를 보이며 실질적인 의사소통 능력 함양이 부족하다는 비판이 지속적으로 제기되고 있다. 최근에는 이러한 문제를 해결하기 위해 대화 중심 교육, 실용적 학습환경 조성 등의 변화를 모색하고 있다.

반면, 동남아시아 국가들은 다양한 언어적 배경을 고려한 균형 있는 언어교육 정책을 추진한다. 인도네시아와 인도와 같은 다언어 국가에서는 영어뿐만 아니라 지역어와 공용어 간의 균형을 유지하기 위한 노력을 계속하고 있다. 예를 들어, 인도에서는 힌디어와 영어가 공용어로 사용되지만 지역별로 다양한 언어가 존재하기 때문에 각 지역에서 모국어와 영어 교육을 병행하는 방식이 활용된다. 종합적으로 보면, 아시아의 언어교육 정책은 글로벌 경쟁력을 위한 외국어 학습과 문화적 정체성을 유지하기 위한 지역 언어교육 간의 균형을 맞추는 것이 중요한 과제로 남아 있다.

북미 모델: 선택적 외국어 교육과 이중 언어 정책의 발전

북미에서는 외국어 교육이 국가 및 지역별로 큰 차이를 보이며 최근에는 다문화적 환경을 반영한 다양한 접근법이 도입되고 있다. 미국의 공교육에서는 외국어 학습이 필수 과목이 아닌 경우가 많아서 학생들이 외국어 교육을 받을 기회가 제한될 수도 있다. 많은 학교에서 외국어를 선택 과목으로 운영하기 때문에 실제로 외국어를 배우지 않고 졸업하는 학생도 적지 않다.

다만 캐나다는 영어와 프랑스어를 공용어로 지정한 국가이므로 퀘벡과 같은 특정 지역에서는 이중 언어교육이 강력하게 추진된다. 캐나다 정부는 학생들이 두 개의 공용어에 능숙해질 수 있도록 지원하며 이를 통해 국가적 통합과 문화적 이해를 촉진하고 있다.

북미에서는 다양한 교육 방식이 활용되는데 전통적인 문법 및 번역 중심 교육과 더불어 의사소통 중심 교수법과 몰입형 프로그램 등도 널리 시행된다. 특히 다문화 인구가 많은 지역에서는 모국어 교육과 외국어 교육을 병행하는 프로그램이 늘어나고 있으며 이는 이민자 공동체의 문화 정체성을 유지하면서도 영어 또는 프랑스어 실력을 갖추도록 하는 역할을 한다.

미국에서는 표준화 시험이 교육과정에서 중요한 요소로 작용하는 만큼 외국어 교육도 시험 대비 중심으로 흐를 가능성이 있다. AP(Advanced Placement) 외국어 시험 등의 영향으로 인해 학생들이 문법과 어휘를 암기하는 데 집중할 수 있으며 이로 인해 의사소통 능력이 상대적으로 소홀해질 수 있다는 우려도 제기된다. 최근에는 글로벌 경제와 문화적 다양성을 반영해 외국어 교육의 중요성이 강조되고 있으며 이중 언어교육과 몰입형 프로그램이 더욱 활성화되고 있다. 특히 히스패닉 인구가 증가하면서 스페인어 교육이 강화되고 있으며 한국어나 중국어 등의 아시아권 언어교육도 점차 확대되는 추세다.

효과적인 언어 프로그램 실행을 가로막는 도전 과제

외국어 교육의 필요성이 점점 더 강조되고 있지만, 현실적으로 이를 효과적으로 운영하는 데에는 자원 부족, 교육과정과 평가의 제약, 사회 및 문화적 요인 등 다양한 장애물이 존재한다.

효과적인 언어 프로그램을 운영하려면 충분한 인적 및 물적 자원이 필요하지만, 현실적으로 많은 학교가 이에 대한 지원을 제대로 받지 못하고 있다. 무엇보다도 전문성을 갖춘 교사의 부족이 가장 큰 문제다. 특히 의사소통 중심 교수법(Communicative Language Teaching: CLT)이나 몰입형 교육에 능숙한 교사는 많지 않으며 기존 교사들이 이러한 교수법을 익힐 수 있는 연수 기회도 제한적이다. 교대나 사범대 과정에서도 여전히 전통적인 문법 및 번역 중심 교육이 강세를 이루는 경우가 많아 실제로 학생들의 말하기, 듣기 능력을 향상시킬 수 있는 교사를 양성하는 데 한계가 있다.

예산 부족도 또 하나의 문제다. 최신 외국어 교재나 멀티미디어 학습 자료, 생성형 인공지능 기반 언어학습 도구를 활용하려면 상당한 비용이 들지만 많은 학교는 이러한 자원을 확보하는 데 어려움을 겪는다. 특히 공립학교에서는 외국어 교육을 핵심 과목으로 간주하지 않는 경우가 많아 예산 배정에서 우선순위가 밀리는 일이 흔하다. 또한, 학급 규모가 크거나 학생들의 언어 수준이 다양하면 개별 맞춤형 교육이 어려워진다. 한 반에 20~30명이 넘는 학생이 있다면 개별 학습자에 맞춘 피드백이나 교정이 사실상 불가능하다. 다양한 언어적 배경을 가진 학생들이 모여 있는 환경에서는 각자의 필요를 충족하는 수업을 설계하는 것도 쉽지 않다.

언어교육이 성공적으로 이루어지려면 교육과정이 유연하고 학생의 실제 능력을 평가할 수 있어야 하지만 현실에서는 경직된 교육과정과 시험 중심 평가가 걸림돌이 되고 있다. 많은 국가에서 언어교육은 중앙정부나 주(州) 정부 차원의 표준 교육과정에 따라 진행되는데 이 과정이 지나치게 세부적으로 규정되면 현장 교사가 학생들의 필요와 수준에 맞춰 수업을 조정하기 어려워진다. 특정 학년에 특정 문법 항목을 반드시 가르쳐야 한다는 식의 엄격한 지침이 있으면 실제 학생들이 흥미를 느끼거나 필요로 하는 실용적인 언어 사용과는 동떨어진 수업이 될 수 있다.

또한, 표준화 시험의 압박도 언어교육을 왜곡하는 주요 원인 중 하나다. 학생들의 언어 능력을 객관적으로 평가하려는 목적에서 시행되는 표준화 시험이 지나치게 강조되면 교사와 학생 모두 시험 대비식 학습에 집중하게 된다. 이는 문법과 어휘 암기, 독해 문제 풀이 위주의 수업을 양산할 뿐, 실제로 학생들이 외국어로 말하고 듣는 능력을 기르는 데에는 큰 도움이 되지 않는다. 이러한 평가 중심 문화는 교사들이 창의적인 교수법을 활용하거나 학생들이 적극적으로 언어를 활용하도록 장려하는 데 장애물이 될 수 있다. 결과적으로, 언어교육이 시험을 위한 학습으로 변질되는 문제가 발생하며 학생들의 실질적인 언어 사용 능력과 학습 동기를 저하시키는 결과를 초래할 수 있다.

언어교육 프로그램이 성공적으로 운영되려면 학습자와 사회가 해당 언어교육의 가치를 인정하고 적극적으로 참여해야 하지만 사회 및 문화적 요인으로 인해 학습 동기가 낮아지거나 교육과정이 복잡해지는 경우가 많다. 학습자들의 언어에 대한 태도가 효과적인 언어교육 프로그램 실행을 위한 중요한 변수인 것이다. 특정 언어가 실용성이 낮다고 인식되거나 문화적 편견이 존재하는 경우 학생들이 해당 언어를 배우려는 동기가 약해질 수 있다. 예를 들어, 영어는 전 세계적으로 유용한 언어로 인식되며 학습 동기가 높지만 일부 지역에서는 특정 외국어에 대한 관심이 부족하여 교육 효과가 떨어질 수 있다.

다문화나 다언어적 환경이 언어교육을 복잡하게 만드는 경우도 있다. 한 교실에 다양한 언어적 배경을 가진 학생들이 모여 있으면 각 학생의 수준과 학습 목표가 달라질 수 있다. 예를 들어, 영어가 공용어인 나라에서 영어를 외국어로 배우는 학생과 모국어로 사용하는 학생이 같은 교실에 있을 경우, 적절한 수업 난이도를 조정하는 일이 쉽지 않다. 이민자 비율이 높은 국가에서는 학생들의 모국어와 학교에서 배우는 언어 사이의 균형을 맞추는 것도 큰 과제가 된다. 예를 들어, 일부 학생들은 학교에서 배우는 언어를 가정에서 사용하지 않기 때문에 학습 효과가 제한될 수 있으며 반대로 어떤 학생들은 모국어 교육을 받을 기회가 부족해 언어적, 문화적 정체성 형성에 어려움을 겪을 수도 있다. 이러한 사회 및 문화적 요인들은 언어교육이 단순히 교실 내에서의 문제가 아니며 국가 및 정책적 차원에서 해결해야 하는 과제임을 보여준다.

언어교육에서 표준화 시험의 역할

언어교육에서 표준화 시험은 학생의 학습 성취도를 객관적으로 평가하고 교육의 질을 향상시키는 도구로 활용된다. 하지만 이러한 시험이 지나치게 강조될 경우, 언어학습의 본래 목표인 실제적 의사소통 능력 함양을 저해할 수도 있다. 따라서, 표준화 시험이 지닌 긍정적인 역할과 한계를 균형 있게 살펴보는 것이 중요하다.

표준화 시험은 학생들이 일정한 기준에 맞춰 언어 능력을 측정받을 수 있도록 돕는다. 대표적으로 유럽 공통 참조 기준(Common European Framework of Reference for Languages: CEFR) 같은 체계가 존재하며 TOEFL, IELTS, DELF 등의 국제 공인 시험들도 언어 능력 수준을 객관적으로 평가하는 지표로 사용된다. 이러한 표준화된 기준이 있으면 학생과 교사는 학습 목표를 더 명확하게 설정할 수 있다.

표준화 시험은 학교나 교육기관이 일정 수준의 교육 성과를 달성하고 있는지를 평가하는 도구로도 기능한다. 교육 정책을 수립하는 입장에서 이러한 시험 결과를 분석하면 특정 지역이나 학교의 언어교육 수준을 비교하고 개선 방향을 논의할 수 있다. 이는 교육의 질을 유지하고 향상시키는 데 중요한 역할을 한다. 한편, 몇몇 학생들에게는 표준화 시험이 학습의 동기가 되기도 한다. 일정한 목표를 설정하고 시험을 통과하는 것이 성취감으로 이어질 수 있기 때문이다. 특히 국제적으로 인정받는 시험에서 높은 점수를 받으면 해외 유학, 취업, 이민 등 다양한 기회를 얻을 수 있기 때문에 학습 동기를 강화하는 요인이 될 수 있다. 그러나 표준화 시험이 지나치게 강조될 경우 언어학습의 방식과 목표가 왜곡될 가능성이 크다. 우선, 많은 표준화 시험이 문법과 어휘 정확도 중심으로 구성되어 있어 실질적인 소통 능력이나 창의적 언어 사용이 충분히 반영되지 않는다는 문제가 있다. 실제 대화에서는 즉흥적이고 유동적인 표현이 중요하지만 시험에서는 정해진 문법 규칙과 정답을 요구하는 경우가 많다. 이로 인해 학생들은 실용적 언어 사용보다는 시험 점수를 올리는 데 집중하게 된다.

시험 환경이 실제 언어 사용 환경과 다르다는 점도 중요한 한계점이다. 예를 들어, 말하기 평가가 녹음된 질문에 대한 답변을 하는 방식이라면 이는 실제 사람과 대화하는 것과는 전혀 다른 경험이다. 듣기 평가 역시 인위적으로 조정된 발음과 속도로 제공되기 때문에 시험에서 좋은 성적을 받아도 실제 상황에서 원어민의 자연스러운 말하기 속도를 따라가기 어려울 수 있다.

표준화 시험이 학습 과정에서 차지하는 비중이 커질수록 학생들은 본질적인 언어학습보다는 시험 대비에 집중하는 경향을 보이며 고득점을 목표로 한 암기식 학습이 강화될 위험이 크다. 예를 들어, 어휘와 문법 문제에서 좋은 점수를 받기 위해 단순한 암기식 학습이 이루어지면 정작 실전에서 자연스럽게 문장을 조합하거나 상대방과 원활하게 소통하는 능력이 저하될 수 있다. 또한, 시험에 대한 심리적 압박도 문제다. 많은 학생들이 학업 성취도, 대학 입학, 취업 등의 이유로 특정 언어 시험에서 높은 점수를 받아야 한다는 부담을 느낀다. 시험 결과가 중요한 기준이 될수록 학생들은 스트레스를 받고 언어학습 자체를 즐기기 어려워진다. 결과적으로 언어학습이 흥미로운 과정이 아니라 점수를 얻기 위한 의무적인 활동이 되어버릴 가능성이 높아진다.

표준화 시험이 언어교육에서 중요한 역할을 하지만, 언어학습의 본래 목표인 실용적 의사소통 능력을 키우기 위해서는 평가 방식이 보다 균형 잡혀야 한다. 이를 위해서는 단순히 문법이나 어휘를 평가하는 것이 아니라 실질적인 언어 사용 능력을 측정할 수 있는 방식을 도입해야 한다. 예를 들어, 대화형 말하기 평가를 강화하거나 특정 주제에 대해 글을 쓰고 발표하도록 하는 과제가 포함될 수 있다.

시험 결과뿐 아니라 학습 과정도 평가 요소로 고려하는 것이 중요하다. 학생들이 얼마나 적극적으로 언어를 사용하고 실생활에서 적용할 수 있는 능력을 키워나가는지 평가하는 방안이 필요하다. 결국, 표준화 시험이 완전히 불필요한 것은 아니지만 시험 점수만을 중심으로 한 교육이 이루어진다면 학생들의 실제 언어 능력 향상에는 한계가 있을 수밖에 없다. 따라서 표준화 시험을 보완할 수 있는 다양한 평가 방식과 학습 접근법이 함께 고려되어야 한다.

공교육 현장의 혁신적인 언어교육 시도

전통적인 언어교육 방식이 효과적인 학습결과를 보장하지 못하는 경우가 많아지면서 교육자와 정책 입안자들은 더 혁신적인 접근법을 도입하려 하고 있다. 단순한 문법 학습과 암기에 의존하는 방식에서 벗어나 실제 의사소통 능력을 기르고 학습자의 참여도를 높이는 방법이 모색되고 있다. 특히 프로젝트 기반 학습, 디지털 기술의 통합, 협력 중심 학습, 교사 연수 강화 등의 다양한 실천이 이루어지고 있다.

혁신적인 언어교육에서는 학생들에게 교과서 속 문장을 외우는 것이 아니라 실제로 언어를 사용해 의미 있는 작업을 수행하도록 유도한다. 예를 들어, 학생들이 팟캐스트를 제작하거나 비디오 다큐멘터리를 만들면서 학습 언어를 활용하게 하면 자연스럽게 말하고 듣고 읽고 쓰는 능력을 통합적으로 연습할 수 있다.

또한, 학교에서 문화 축제를 기획하고 홍보하는 활동을 통해 해당 언어권의 역사와 전통을 직접 탐구하며 학습이 더 실질적인 경험으로 연결될 수 있다. 이러한 프로젝트 기반 학습은 단순히 언어를 배우는 것이 아니라 언어를 도구로 활용해 사고력을 키우는 방식으로 발전한다. 언어교육을 역사, 과학, 예술 등 타 과목과 연계하면 학습자는 언어를 단순한 교과목이 아니라 실생활에서 쓰이는 수단으로 인식할 수 있다. 예를 들어, 역사 수업에서 외국어로 특정 시대에 대한 연구 보고서를 작성하거나 과학 수업에서 외국어로 실험 결과를 발표하는 방식이 가능하다.

디지털 기술이 언어교육의 방식과 범위를 획기적으로 확장시키면서 기존의 교과서 중심 학습을 넘어 디지털 플랫폼과 모바일 앱을 활용한 학습이 증가하고 있다. 듀오링고(Duolingo) 같은 앱은 학습자의 수준에 맞춘 개별화 학습을 제공하며 언어 교환 플랫폼을 활용하면 원어민과 실시간으로 대화하는 기회를 가질 수도 있다.

게다가 가상현실(VR)과 증강현실(AR)은 더욱 몰입도 높은 학습 경험을 가능하게 한다. 학생들은 VR 환경에서 외국의 거리를 걸으며 가상의 상점에서 물건을 사고 레스토랑에서 주문을 하는 경험을 할 수 있다. 이는 실제 상황에서 사용할 법한 표현과 맥락을 익히는 데 큰 도움이 된다. 또한, 인공지능 기반 적응형 학습 시스템은 학습자의 실력을 실시간으로 분석하고 맞춤형 피드백을 제공하는 역할을 한다. 학생이 특정 문법이나 발음에서 반복적으로 실수를 하면 인공지능이 자동으로 보충 학습 자료를 제공하고 교사는 이를 활용해 학생이 어떤 부분에서 어려움을 겪는지 정밀하게 파악할 수 있다.

외국어 학습의 궁극적인 목표는 실제로 해당 언어를 자유롭게 사용하는 것이다. 이를 위해, 또래 상호작용과 그룹 작업이 중요한 역할을 한다. 학생들은 그룹 토론, 짝 활동, 상호 피드백을 통해 자연스럽게 언어를 교환하며 학습 과정에서 서로 도움을 주고받는다. 학생들이 서로의 글을 검토하고 수정해 주는 과정에서 문법과 표현에 대한 이해가 더욱 깊어진다. 국제적인 교류 프로그램도 언어학습에 큰 동기를 부여한다. 학생들이 외국의 자매학교 학생들과 화상 회의를 하거나 교환 학생 프로그램을 통해 실제 해당 언어권 문화를 경험할 기회를 얻는다면 언어학습의 필요성과 재미를 직접 체감할 수 있다.

무엇보다도, 혁신적인 언어교육이 효과적으로 이루어지기 위해서는 교사들이 최신 교수법과 기술을 익히고 이를 실제 수업에 적용할 수 있는 역량을 갖추는 것이 필수적이다. 교사들을 대상으로 지속적인 연수 프로그램을 제공해야 한다. 의사소통 중심 교수법, 디지털 도구 활용법, 평가 방식 개선 등에 대한 실질적인 훈련이 이루어져야 한다. 그뿐만 아니라, 교사 스스로가 반성적 실천(reflective practice)을 통해 수업을 개선하는 것이 중요하다. 학생들의 학습 반응을 분석하고 수업에서 효과적이었던 요소와 부족했던 부분을 평가하여 점진적으로 수업 방식을 발전시켜 나가는 과정이 필요하다.

공교육에서 언어교육의 혁신을 이루려면 단순한 이론적 변화뿐만 아니라 실제 현장에서 학생들이 언어를 사용하며 배울 수 있는 환경을 조성해야 한다. 프로젝트 기반 학습, 디지털 기술 활용, 협력 중심 실천, 교사의 지속적 연수는 이러한 변화를 가능하게 하는 핵심 요소들이다. 언어는 단순한 지식이 아니라 실제로 경험하고 체득해야 하는 능력이기 때문에 혁신적인 접근법을 통해 학습자들이 더 자연스럽게 언어를 익히고 활용할 수 있도록 해야 한다.

수년간 배워도 말 한마디 잘 못하는, 외국어 교육의 현주소

수년, 때로는 수십 년을 외국어 공부에 투자하고도 유창하게 말하지 못하는 학습자들이 세계 곳곳에서 여전히 많다. 여기에서는 현재 외국어 교육의 현실을 알기 위해 유럽, 아시아, 북미 등 지역별 학습자의 외국어 능력 분석 현황을 살펴보고, 말하기 능력이 저조한 데 기여하는 요인을 확인하며, 교실 학습과 실제 활용 간의 괴리를 짚어본다. 또한 말하기 능력 향상에 성공한 사례와 모범적 교육 방안을 소개하고 학습자의 말하기 역량을 높이기 위한 잠재적 해법을 제안한다.

세계 외국어 능력 현황 분석

국제 조사와 평가를 통해 살펴본 세계 외국어 능력 수준은 지역별이나 국가별로 상당한 차이를 보인다. 유럽연합(EU), 경제협력개발기구(OECD), 각국 교육기관이 실시한 연구에 따르면, 전반적으로 독해와 작문 능력은 비교적 우수한 반면 말하기 능력은 부족한 경향이 나타난다. 특히 문법과 어휘 중심 교육을 받은 국가에서는 시험 성적은 우수하지만 실용적 회화 능력이 떨어지는 문제가 공통적으로 지적된다.

유럽의 외국어 능력 현황

유럽연합(EU)에서는 유럽 공통 참조 기준(Common European Framework of Reference for Languages: CEFR)을 활용해 학생들의 외국어 능력을 평가한다. 대부분의 유럽 국가에서는 초등학교부터 최소 한 개 이상의 외국어를 필수로 배우기 때문에 외국어 교육 접근성이 높은 편이다. 독해와 작문 같은 문어 능력은 양호한 수준을 보이며 특히 네덜란드, 스웨덴, 덴마크 등에서는 영어를 능숙하게 구사하는 인구가 많다. 그러나, 즉흥적인 말하기나 실제 회화 능력에서는 상대적으로 어려움을 겪는다. 이는 언어 학습이 교실 내 문법 학습과 작문 중심으로 이루어지기 때문이다. 프랑스나 이탈리아 등 일부 국가에서는 이러한 이유로 실용적 회화 교육을 강화해야 한다는 의견이 제기되고 있다.

아시아 태평양 지역의 외국어 교육과 문제점

한국, 중국, 일본 등 아시아 국가들은 글로벌 경쟁력을 갖추기 위해 영어 교육에 많은 자원을 투자하고 있다. 그러나 외국어 능력 평가 결과를 보면 문법과 어휘 중심의 교육 방식으로 말하기 능력 향상에는 한계를 보이고 있다는 점이 반복적으로 지적된다. 이들 국가에서는 영어 시험이 대학 입시와 취업에 중요한 요소로 작용하기 때문에 학생들은 주로 읽기, 듣기, 문법 학습에 집중하는 경향이 있다. 그 결과 토익(TOEIC)이나 토플(TOEFL) 등의 시험 점수는 높아도 실제 대화에서는 자신감 있고 자연스럽게 말하지 못하는 경우가 많다.

한국과 일본에서는 최근 회화 중심 교육과 의사소통 능력 향상을 위한 정책이 강화되고 있지만 여전히 시험 성적에 대한 부담이 커서 실질적인 말하기 교육은 부족한 실정이다. 한편, 싱가포르와 홍콩 같은 지역은 이중언어 환경이 정착되어 있어 영어뿐만 아니라 중국어 등 다른 언어도 능숙하게 구사하는 인구가 많다. 이처럼 다중언어 사회에서는 자연스럽게 말하기 능력이 길러지지만 단일언어 환경에서는 회화 교육이 별도로 강화될 필요가 있다.

북미 지역의 외국어 교육과 지역적 차이

미국에서는 외국어 교육이 선택 과목으로 운영되는 편이어서 학생들이 필수적으로 외국어를 배워야 할 필요성이 낮다. 중고등학교에서 외국어를 배우더라도 학습 기간이 짧거나 실질적 사용 기회가 부족해 졸업할 때까지 충분한 말하기 능력을 기르지 못하는 경우가 많다. 반면, 이민자 비율이 높은 지역에서는 스페인어 등 제2언어 사용이 활발하며 일부 지역에서는 이중언어 교육이 효과적으로 정착되기도 했다.

캐나다의 경우 영어와 프랑스어를 함께 사용하는 이중언어 정책이 강력하게 시행되면서 이중언어 교육이 비교적 효과적으로 이루어지고 있다. 특히 퀘벡 지역에서는 프랑스어 교육이 필수이며 공교육에서도 프랑스어와 영어를 모두 사용할 수 있도록 지원하고 있다. 그러나 지역 간 편차가 존재하며 영어권 지역에서는 프랑스어 학습이 필수적이지 않아 실질적인 이중언어 능력을 갖춘 인구 비율이 균일하지 않다.

언어 능력 영역별 편차와 주요 문제점

세계적으로 외국어 능력을 평가할 때 일반적으로 읽기(Reading), 쓰기(Writing), 듣기(Listening), 말하기(Speaking) 등 네 가지 영역을 측정한다. 그러나 많은 국가에서 읽기나 듣기 같은 수용 능력은 상대적으로 우수한 반면, 말하기나 쓰기 같은 산출 능력은 저조한 편이다. 이러한 편차가 발생하는 이유는 다음과 같다.

첫째, 시험 중심 교육의 영향 때문이다. 많은 국가에서 외국어 능력을 평가하는 시험이 문법, 어휘, 독해 위주로 구성되어 있기 때문에 학생들은 자연스럽게 이러한 영역에 집중하게 된다. 말하기 평가가 포함되더라도 비중이 낮거나 형식적이어서 실제 대화 능력을 기르기에는 부족한 경우가 많다.

둘째, 실제 언어를 사용할 기회가 부족한 것도 영향을 미친다. 외국어 학습자들은 교실에서 배운 내용을 실생활에서 사용할 기회가 적다. 유럽이나 캐나다처럼 다언어 환경이 형성된 지역에서는 외국어 사용 기회가 많지만, 단일언어 사회에서는 학습한 언어를 자연스럽게 사용할 공간이 제한적이다.

셋째, 즉흥 표현 능력의 부족을 들 수 있다. 문법과 어휘를 암기하는 것은 가능하지만 실제 대화에서는 상황에 따라 즉각적으로 표현을 해야 한다. 이러한 즉흥적인 말하기 능력은 교실에서 단순한 반복 학습만으로는 쉽게 향상되지 않기 때문에, 학생들은 실전에서 외국어 사용에 대한 부담을 크게 느낀다.

말하기 능력이 저조한 원인

외국어 학습에서 말하기 능력은 가장 향상시키기 어려운 영역 중 하나다. 많은 학습자가 문법과 독해에는 익숙하지만, 실제 대화 상황에서는 원활하게 말하지 못한다. 이러한 문제는 교육 방식, 심리적 요인, 환경적 제약 등 다양한 원인이 복합적으로 작용한 결과다.

전통적 교육 방식의 한계

많은 외국어 교육 환경이 여전히 전통적인 교수법을 유지하고 있으며 이로 인해 말하기 능력 향상이 제한되는 경우가 생긴다. 대표적인 문제 중 하나는 문법이나 번역 중심 교수법이 주를 이루는 점이다. 이러한 교수법에서는 주로 문법 규칙을 설명하고 문장을 해석하는 연습에 집중하기 때문에 학생들이 실제 대화에서 즉각적으로 반응하고 자연스럽게 말할 기회를 거의 얻지 못한다. 때로는 의사소통 중심 교수법(Communicative Language Teaching, CLT)을 도입한 경우에도 형식적 대화 연습에 그치는 경우가 많다. 교사가 학생들에게 대화 연습을 시킨다고 하더라도 교실 환경이 한 학급당 학생 수가 많은 구조이거나 교사 주도형 방식이라면 개별 학습자가 충분한 발화 기회를 얻기 어렵다.

정확성에 대한 지나친 집착도 학습자들의 말하기 능력을 저하시킨다. 교사가 문법적 오류를 강조하면 학습자들은 실수를 두려워하게 된다. 이로 인해 학생들은 말하기를 시도하기보다 침묵을 선택하는 경향을 보인다. 언어 습득 과정에서 오류는 자연스러운 현상이지만 이를 지나치게 교정하려 하면 학습자가 자유롭게 말할 기회를 스스로 제한하게 된다.

심리 및 정서적 요인

말하기 능력이 저조한 또 하나의 원인은 학습자의 심리적 요인이다. 특히, 언어 불안(Language Anxiety)은 많은 학습자가 경험하는 문제다. 외국어로 말해야 하는 상황에서 창피를 당할까 봐 두려워하거나 발음을 틀리는 것에 대한 걱정이 커서 위축되는 경우가 많다. 이러한 불안감은 특히 시험이나 발표 같은 공식적인 상황에서 더 두드러지며 학습자의 자신감을 크게 떨어뜨릴 수 있다.

이와 관련하여 자신감 결여도 중요한 문제다. 말하기 성공 경험이 부족한 학습자들은 스스로 '나는 말하기가 약하다'는 생각을 갖게 되고 이러한 인식이 반복되면 실제 말하기 능력 향상을 더욱 어렵게 만든다. 반대로, 지속적으로 작은 성공 경험을 쌓으면 학습자는 점점 더 자신감을 얻고 적극적으로 말하기에 도전할 수 있다.

문화적 요인도 영향을 미친다. 일부 문화권에서는 교사에게 질문을 많이 하거나 수업 중에 적극적으로 발화하는 것이 자연스럽지 않다고 여겨진다. 이런 환경에서 성장한 학습자들은 교실에서 말할 기회를 제공받아도 소극적으로 임하게 되고 능동적인 대화 연습이 부족해진다.

구조 및 환경적 제약

교육 환경 자체도 말하기 능력 향상에 걸림돌이 되는 경우가 많다. 과밀 학급의 대표적인 문제로 한 반에 학생 수가 너무 많으면 개별 학습자가 말할 수 있는 시간이 극히 제한된다. 교사가 학생 한 명 한 명에게 말할 기회를 충분히 제공하는 것이 현실적으로 어려워지며 결국 수업의 초점이 말하기보다는 문법 강의나 작문 연습으로 흐르게 된다.

원어민과의 접촉 부족도 중요한 요인이다. 학습 언어가 실제 사용되지 않는 지역에서는 원어민과 직접 소통할 기회가 제한적이며 학습자들은 책이나 녹음 자료를 통해서만 언어를 접하게 된다. 이런 경우 실생활에서 즉흥적으로 대화를 나누는 능력을 기르기 어렵고 연습 기회 부족으로 말하기 실력이 정체되기 쉽다.

교육과정 및 평가 시스템의 문제도 무시할 수 없다. 많은 국가나 기관에서 시행하는 언어 시험이 여전히 독해, 문법, 작문 위주로 구성되어 있으며 말하기는 부가적인 요소로 취급된다. 따라서 학생들은 시험에서 높은 점수를 받기 위해 문법과 어휘 학습에 집중하고 말하기 연습은 후순위로 밀려나게 된다. 이러한 시험 위주의 평가 방식은 결국 말하기 교육의 비중을 낮추는 결과를 초래한다.

교실 학습과 현실 사용 사이의 괴리

외국어 교육에서 가장 큰 문제 가운데 하나는 교실에서 배우는 내용과 실제 언어 사용 방식 사이의 괴리다. 많은 학습자가 교실에서 높은 성적을 받아도 현실에서는 원활하게 의사소통하지 못하는 이유는 전통적인 교육 방식이 실제 대화 상황을 충분히 반영하지 못하기 때문이다. 따라서, 교실 환경과 현실 속 언어 사용 방식의 차이를 분석하면 보다 효과적인 학습 방안을 모색할 수 있다.

교실 환경과 실제 의사소통의 차이

전통적인 외국어 수업 방식은 주로 문법과 어휘 학습, 그리고 정해진 대본을 활용한 연습에 집중하는 경향이 있다. 이러한 방식은 기본적인 언어 구조를 익히는 데는 효과적일 수 있지만 실제 대화에서 필요한 즉흥적 사고력과 유연성을 키우기에는 부족한 점이 많다. 우선, 인공적인 대화 방식이 문제다. 교실에서 사용되는 대화문은 미리 정해진 문장으로 구성되며 예측이 가능한 방식으로 진행되기 때문에 학습자가 실제 대화에서 마주할 수 있는 돌발적인 질문이나 예상치 못한 반응을 경험할 기회가 적다. 이로 인해 학생들은 준비되지 않은 상황에서 말하기를 어려워하는 경향이 강해진다.

또한, 맥락이 부족한 학습환경도 현실 언어 사용과의 간극을 만든다. 교과서 중심의 수업에서는 문법 규칙과 어휘를 개별적으로 학습하는 경우가 많아서 특정 문법을 언제 어떻게 사용할지를 이해하기 어렵다. 일상적인 대화에서는 사회적 맥락, 문화적 배경, 감정 표현 등이 함께 작용하지만, 전통적인 교실 환경에서는 이러한 요소를 충분히 반영하지 못한다. 이와 더불어, 수동적인 학습 방식도 교실 환경과 실제 의사소통 간의 차이를 야기하는 주요 원인 중 하나다. 많은 외국어 수업이 교사의 설명을 듣고 필기하는 방식으로 진행되며 학생들은 듣고 따라 하는 것에 익숙해진다. 하지만 실제 대화에서는 스스로 문장을 조합하고 표현해야 하는 능력이 필수적이며 이를 충분히 연습하지 못하면 현실에서 말하기가 더욱 어려워진다.

실제 상황에서 요구되는 말하기 능력

무엇보다도 현실 속 대화에서는 단순히 문장을 암기하는 것이 아니라, 상황에 따라 유연하게 반응하는 능력이 필수적이다. 예를 들어, 일상적인 대화에서는 상대방이 갑자기 화제를 전환하거나 예상치 못한 질문을 던질 수 있으며 이에 맞춰 순발력 있게 반응해야 한다. 하지만 교실 수업에서는 이러한 즉흥적인 연습 기회가 많지 않기 때문에 학습자들은 실제 상황에서 당황하거나 머뭇거리게 된다.

또한, 비언어적 요소와 문화적 맥락이 중요하다. 현실 대화에서는 단순히 단어를 나열하는 것이 아니라 억양, 표정, 몸짓과 같은 비언어적 요소가 의사소통에 중요한 역할을 한다. 하지만 교실에서는 보통 텍스트 기반 학습이 이루어지므로 이러한 요소를 체계적으로 배우기 어렵다. 예를 들어, 같은 표현이라도 억양에 따라 의미가 달라질 수 있으며 특정 문화권에서는 직설적인 표현이 무례하게 받아들여질 수도 있다. 하지만 이러한 세부적인 요소는 대부분의 교육과정에서 충분히 다루어지지 않는다.

오류 관리 능력의 부족도 현실 대화에서 어려움을 가중한다. 실전 대화에서는 실수하더라도 의사소통을 이어가는 것이 중요하지만 교실에서는 문법적 정확성을 지나치게 강조하는 경향이 있다. 학생들은 문법적으로 완벽한 문장을 말하려다 보니 대화 속에서 망설이거나 말을 중단하는 일이 잦아진다. 반면, 실제로 원어민은 문법적 오류가 있더라도 맥락을 고려해 대화를 이어가는 경우가 많다. 따라서 언어학습자는 실수하더라도 대화를 지속하는 능력을 키우는 것이 중요하다.

괴리를 해소하기 위한 방향성

이러한 교실 학습과 현실 사용 간의 괴리를 줄이기 위해서는 보다 실용적인 교수법이 필요하다. 우선 실제적인 대화 상황을 반영한 학습환경을 조성해야 한다. 예측할 수 없는 상황에서 즉흥적으로 대화하는 연습을 강화하면 학습자가 실제 의사소통 상황에서도 자신감을 가질 수 있다.

비언어적 요소와 문화적 차이를 반영한 교육도 필요하다. 단순한 문법과 어휘 암기가 아니라 억양, 제스처, 사회적 맥락까지 고려한 교육이 이루어져야 한다. 무엇보다 실수를 허용하는 학습 분위기가 중요하다. 교실에서 문법적 오류를 지나치게 강조하면 학습자가 말하기를 두려워하게 된다. 따라서 실제 대화에서는 완벽한 문장이 아니라 자연스러운 의사소통을 목표로 하는 접근법이 필요하다. 언어교육이 단순한 문법 학습을 넘어 실제 삶과 연결될 때 학습자들은 보다 유창하고 자신감 있는 말하기 능력을 갖출 수 있을 것이다.

성공 사례와 모범적 교육 사례

언어를 배우는 가장 효과적인 방법 가운데 하나는 몰입 환경을 조성하는 것이다. 전면 몰입 프로그램은 학생들이 학습 언어만 사용할 수 있는 환경에서 생활하도록 유도하여 자연스럽게 말하기 연습을 할 기회를 제공한다. 예를 들어, 스페인, 프랑스, 일본 등에서는 유학형 언어 학교를 운영하며 학생들이 원어민과 지속적으로 상호작용하는 환경을 조성하고 있다. 이처럼 몰입식 학습을 경험한 학생들은 실전 회화 능력을 빠르게 향상시킨다는 연구 결과가 많다.

해외 연수 프로그램 역시 효과적인 방법이다. 단기 혹은 장기 해외 체류를 통해 학습자들은 원어민과 직접 대화하며 언어뿐만 아니라 문화적 배경까지 함께 배우게 된다. 이러한 경험은 학습자들이 자연스럽게 현지식 표현을 익히고 실생활 속에서 유창성을 높이는 데 도움을 준다.

의사소통 중심 교수법(Communicative Language Teaching, CLT)은 학습자가 실제 언어를 사용하는 방식에 초점을 맞춘다. 이를 위해 과업 중심 학습(Task-Based Learning)을 도입하면 학생들이 특정 프로젝트나 과제를 수행하는 과정에서 자연스럽게 대화하고 의사소통을 연습할 수 있다. 예를 들어, 여행 계획을 세우거나 가상의 인터뷰를 진행하는 식으로 수업을 구성하면 학습자들은 실질적인 말하기 능력을 기르게 된다.

인터랙티브 기술을 활용하는 방법도 효과적이다. 화상회의 플랫폼을 이용해 원어민과 실시간으로 대화하거나 인공지능 기반 회화 앱을 통해 말하기 연습을 하면 즉각적인 피드백을 받을 수 있다. 언어 교환 플랫폼을 활용해 실제 원어민과 교류하는 방식도 학습자들에게 실용적인 언어 사용 기회를 제공한다.

최근에는 플립드 러닝(Flipped Classroom) 모델을 활용하는 사례도 늘어나고 있다. 전통적인 강의식 교육이 아닌 학생들이 이론적인 내용을 집에서 먼저 학습한 후 교실에서는 대화나 토론, 실습에 집중하는 방식이다. 이를 통해 교실 내에서 학생당 말하기 시간이 늘어나고 교사의 즉각적인 피드백이 가능해져 효과적인 학습이 이루어진다.

성공적인 언어교육 프로그램은 프로젝트 기반 학습과 교과 융합을 적극 활용한다. 단순한 문법이나 어휘 학습이 아니라 뉴스 리포트 제작이나 인터뷰 프로젝트, 또는 토론 등 실제 프로젝트를 수행하면서 자연스럽게 학습 언어를 사용하도록 유도한다. 이렇게 하면 학생들은 언어를 실용적인 도구로 인식하고 적극적으로 활용하게 된다.

구어 능력을 중심으로 설계된 교육과정도 성과를 보인다. 말하기 실력을 향상시키려면 초기 단계부터 학생들이 적극적으로 발화할 수 있도록 교육과정 자체를 구성하는 것이 중요하다. 수업 시작 전 '5분 스피치'를 도입하거나 교실 내 모든 활동을 학습 언어로 진행하는 등의 방식이 있다.

실제 자료와 맥락화 학습을 적용하면 학습자의 몰입도를 높일 수 있다. 뉴스 기사, 팟캐스트, 영화, 유튜브 콘텐츠 등 실생활에서 사용되는 자료를 활용하면 학습자들은 자연스럽게 실용적인 표현과 억양을 익히게 된다. 이러한 자료를 기반으로 토론이나 역할극을 진행하면 언어 사용 능력이 더 현실적으로 다듬어진다.

말하기 능력 향상을 위한 잠재적 해결책

전 세계적으로 언어교육에서 말하기 능력이 저조하다는 분석이 지속적으로 이루어지고 있으며 이에 대한 해결책도 함께 연구되고 있다. 말하기 능력을 강화하기 위해서는 교실 환경의 개선, 기술 활용, 교육과정 및 정책 개혁, 교사 연수 등 다양한 접근이 필요하다.

말하기 능력을 키우기 위해서는 교실에서 학생들이 발화할 수 있는 시간을 충분히 확보하는 것이 중요하다. 단순한 문법 설명이나 독해 활동에 시간을 할애하기보다는 대화 중심 활동을 적극적으로 도입하여 학생들이 자연스럽게 말하는 기회를 가질 수 있도록 해야 한다. 특히, 소규모 수업이나 그룹 활동을 통해 상호작용을 유도하고 구조화된 회화 시간을 마련해 지속적으로 연습할 수 있도록 하는 것이 효과적이다. 읽기나 듣기와 같은 수용 영역과 말하기나 쓰기와 같은 생산 영역을 균형 있게 발전시키는 전략도 필요하다. 수업에서 토론, 역할극, 즉흥 발표 같은 활동을 포함하면 학습자들이 자연스럽게 문장을 구성하고 말하기에 대한 자신감을 키울 수 있다. 실제 대화 상황에서는 실수하는 것이 당연해서 오류를 극복하는 전략을 가르치는 것도 중요하다. 말하다가 틀렸을 때도 대체 표현을 사용하거나 상대방에게 다시 질문하는 등의 기술을 익히면 학습자가 심리적인 부담 없이 말하기를 지속할 수 있다.

디지털 시대에는 기술을 적극 활용하는 것이 언어교육 효과를 극대화할 방법 가운데 하나다. 대화형 언어학습 앱이나 온라인 회화 플랫폼을 사용하면 학습자들은 교실 밖에서도 지속적으로 연습할 수 있으며 생성형 인공지능 기반 피드백을 통해 자신의 발음이나 문장 구조를 개선할 수 있다. 그뿐만 아니라, 가상 교류 프로그램을 통해 원어민과 직접 소통하는 경험을 제공하는 것도 말하기 능력 향상에 큰 도움이 된다. 화상 채팅을 활용한 언어 교환 프로그램이나 온라인 펜팔 활동은 실제 대화 경험을 쌓을 기회를 제공하며 문화적 이해도 함께 증진할 수 있다. 이와 함께, 다양한 멀티미디어 자료를 활용하는 것도 학습자들의 언어 감각을 넓히는 데 효과적이다. 다양한 악센트와 말투를 다룬 영상, 팟캐스트, 시뮬레이션 자료 등을 통해 학습자들은 여러 상황에서 쓰이는 언어를 접하며 실전 감각을 키울 수 있다.

학교 교육과정이 지나치게 문법과 독해 중심으로 설계된 경우, 말하기 능력 향상을 방해할 수 있다. 따라서 교과서와 교육과정을 말하기 중심으로 재편하는 것이 필요하다. 문법과 어휘 학습도 중요하지만, 궁극적으로는 실질적인 의사소통 능력을 키울 수 있도록 대화와 발표 중심의 수업이 이루어져야 한다. 시험 제도 또한 말하기 능력을 반영할 수 있도록 개편되어야 한다. 현재 많은 시험이 문법과 독해 위주로 이루어져 있지만 말하기 평가의 비중을 높이고 역할극, 면접, 발표 등 다양한 평가 방식을 도입하면 학생들이 말하기 훈련에 대한 동기를 가질 수 있다. 몰입 경험을 장려하는 정책적 지원도 필요하다. 정부나 학교 차원에서 해외 연수, 언어 캠프, 몰입 프로그램을 지원하면 학생들은 더 자연스럽게 학습 언어를 접할 수 있다. 단기간이라도 실제 언어 환경을 경험하는 것은 말하기 능력 향상에 매우 효과적인 방법 가운데 하나다.

무엇보다도, 교사의 역량이 곧 학생들의 학습 효과로 이어지기 때문에 교사들의 지속적인 전문성 개발이 필수적이다. 최신 교수법, 디지털 기술 활용법, 학생 참여 전략 등에 대한 교육을 정기적으로 제공하여 교사들이 더 효과적인 교수법을 활용할 수 있도록 해야 한다. 이를 위해 워크숍, 세미나, 교사 네트워크 등을 활성화할 필요가 있다. 특히, 다양한 전문가들과의 협업 모델을 구축하는 것도 효과적이다. 예를 들어, 언어 교사들이 IT 전문가나 문화 교류 전문가 등과 협력하여 새로운 교수 기법이나 디지털 도구를 교실에 도입하면 보다 실질적인 말하기 교육이 가능해진다.

사실 현대 외국어 교육은 역설적 상황에 놓여 있다. 학생들이 오랜 기간 학습을 해도 말하기 역량이 상당히 낮은 현실이 국제 평가에서 드러나고 있다. 이는 전통 교육 방식, 학습자의 심리적 장벽, 교육 환경의 제약, 교실 내 활동과 실제 의사소통 요구 간 괴리에서 비롯된다. 하지만 성공 사례는 분명 존재한다. 몰입 프로그램, 의사소통이나 과업 중심 교수법, 기술 혁신, 창의적 교육과정이 말하기 능력을 실질적으로 끌어올릴 수 있음을 보여준다. 또 국가 차원의 교육 개혁이나 교사 전문성 강화, 말하기 중심 평가 도입, 가상 몰입 경험 확대 등이 문제 해결에 유효한 수단임이 밝혀지고 있다.

이제 말하기 능력 향상은 단순히 시험 점수를 높이는 데 그치지 않고 글로벌 시대에 실용적이고 의미 있는 의사소통을 가능케 한다는 점에서 더욱 강조되어야 한다. 교사와 정책 입안자, 학습자, 지역사회가 협력해 학습환경을 개선해 나간다면 학습자들은 단순 암기나 이론을 넘어 자신감 있고 원활한 소통으로 나아갈 수 있을 것이다. 그 결과, 미래 세대가 글로벌 사회에서 문화를 이해하고 협력하며 활약할 기반이 마련될 것이다.

언어의 의미를 다시 묻다

우리는 언어가 단순한 의사소통 도구가 아니라 인간의 사고와 사회, 기술과 얽힌 복합적 현상임을 다시금 확인했다. 언어는 정적인 체계가 아니라 끊임없이 변화하고 진화하는 유기적 시스템이며 그 과정에서 인간의 창의성과 적응력이 핵심적인 역할을 해왔다. 초기 인류가 제스처와 음악적 표현을 활용해 원초적 소통을 시작한 이후, 수천 년에 걸쳐 정교한 문법과 풍부한 어휘가 발달해 온 것은 단순한 진화가 아니라 인간이 만들어낸 가장 정교한 사고 체계 중 하나다.

이렇듯 언어는 단순한 기호 체계가 아니라 개인과 공동체의 정체성을 구성하고 문화적 가치를 보존하는 역할을 수행한다. 또한 인간이 사고하고 세계를 해석하는 방식을 규정하는 틀로 작용한다. 언어가 가진 체계성과 상징성은 한정된 규칙으로부터 무한한 의미를 생성할 수 있도록 하며 이를 통해 우리는 복잡한 개념과 감정을 정교하게 표현할 수 있다. 언어가 단순한 소리나 문자 조합이 아니라 의미를 조직하는 거대한 구조물이라는 사실은 우리가 그 기능을 탐구할수록 더욱 분명해진다.

언어는 또한 공동체와 문화를 형성하고 유지하는 핵심적인 사회적 도구이기도 하다. 사람들은 언어를 통해 경험을 공유하고 사회적 관계를 맺으며 집단 정체성을 구축해 왔다. 다양한 문화권에서 사용되는 언어들은 단순히 다른 말이 아니라 각기 다른 역사적 경험과 가치 체계를 반영하는 표현 방식이다. 언어 다양성의 보존은 단순한 학문적 과제가 아니라 인간 문명의 중요한 문화유산을 지키는 일이다.

오늘날 언어 환경은 급격한 변화를 맞이하고 있다. 특히 디지털 기술과 생성형 인공지능의 발전은 언어교육과 소통 방식을 혁신적으로 변화시키고 있다. 생성형 인공지능 기반 번역 기술, 음성 인식, 자동화된 언어학습 시스템 등은 언어 장벽을 허물며 글로벌 소통의 가능성을 확장하고 있다. 동시에, 이러한 변화가 인간 고유의 언어 감각과 문화적 맥락을 얼마나 반영할 수 있을지에 대한 논의도 필요하다. 기술의 발전이 언어 사용을 단순화하거나 획일화할 위험이 있는 만큼 공감과 창의성, 문화적 감각과 같은 인간적 요소들을 어떻게 유지할 것인지 고민해야 한다.

여기서 논의된 다양한 개념들은 언어의 본질과 그것이 작동하는 방식, 사회 및 기술적 맥락에서의 재해석을 연결하는 중요한 실마리를 제공한다. 언어가 개인의 사고뿐 아니라 집단의 정체성, 그리고 글로벌 소통을 가능하게 하는 도구라는 점을 이해하는 것은 앞으로의 논의에서도 중요하다. 다음 장에서는 이러한 언어의 특성을 토대로 생성형 인공지능 시대에 외국어 교육이 어떻게 변화하고 있는지, 새로운 학습 방법론이 어떻게 개발되고 적용되는지를 살펴보게 될 것이다. 또한 디지털 시대에 언어가 어떤 방향으로 진화할지, 우리가 이러한 변화를 어떻게 수용하고 활용할 수 있을지를 고민할 것이다.

언어는 단순한 지식이 아니라 인간 사회와 사고를 연결하는 가장 근본적인 틀이다. 기술이 발전하고 시대가 변화해도 언어는 여전히 우리 사고와 문화의 중심에서 작용할 것이다. 따라서 우리는 단순히 언어를 배우는 것에서 나아가 그것이 가지는 의미와 역할을 깊이 탐구하며 미래의 소통 방식에 대해 고민해야 한다. 언어가 가진 무한한 가능성을 다시금 되새기고 새로운 시대에 걸맞은 언어의 역할을 모색하는 다음 논의로 나아가고자 한다.

PART 3

과거의 교육은 흔히 반복 암기와 수동적 이해에 치우쳐 있었다. 그러나 오늘날에는 개인화된 학습 경로, 실시간 피드백, 몰입형 시나리오 등이 부상하면서 언어를 배우는 목적과 과정 자체가 새롭게 정의되고 있다. 특히 문법과 어휘만을 익히는 데서 나아가 실제 대화 상황에서의 발화 능력, 문화적 맥락 이해, 창의적 문제 해결 능력 등 종합적 역량을 강조하는 흐름이 뚜렷해지고 있다.

이러한 변화의 중심에는 적응형 알고리즘과 대화형 인공지능 등 최신 기술이 있다. 하지만 이 기술들이 인간 교사나 전통 교실의 역할을 완전히 대체하는 것은 아니다. 오히려 교사는 자동화된 교정과 맞춤형 훈련을 보완하며 비판적 사고와 공감 능력 같은 인간적 가치를 북돋는 멘토로 거듭나고 있다.

한편, 지나친 기술 의존으로 발생할 수 있는 윤리 및 실천 문제 또한 대두되고 있다. 개인정보 보호, 알고리즘 편향, 온라인 환경에서의 정서적 지지 등은 교육자와 정책 입안자, 학습자들이 함께 숙고해야 할 과제다. 따라서 여기에서는 이러한 측면들을 종합적으로 살펴보고 생성형 인공지능 시대의 외국어 교육이 어떻게 발전해 가고 있는지, 그 과정에서 인간 교사가 담당해야 할 새로운 역할이 무엇인지 심도 있게 다룬다.

호모 커뮤니쿠스

AI 세상과 만나는

외국어 교육의 미래

생성형 인공지능이 가져올 외국어 교육의 변화

문법 교정, 발음 교정, 대화형 외국어 튜터

생성형 인공지능 기반 도구들이 등장해 전통적인 언어교육 방식을 재편하고 있다. 이들은 즉각적이고 개인화된 피드백을 제공하고 인터랙티브하고 몰입도 높은 학습 경험을 만들어낸다. 여기에서는 인공지능 기반의 문법 및 발음 교정 도구를 개괄적으로 살펴보고 전통적인 방식과 인공지능 활용 방식이 어떻게 다른지 비교한다. 또한 듀오링고(Duolingo)와 엘사(ELSA) 같은 인기 있는 인공지능 언어 튜터 사례를 통해 이들 시스템이 언어 능력 향상에 얼마나 효과적인지를 평가하고 인공

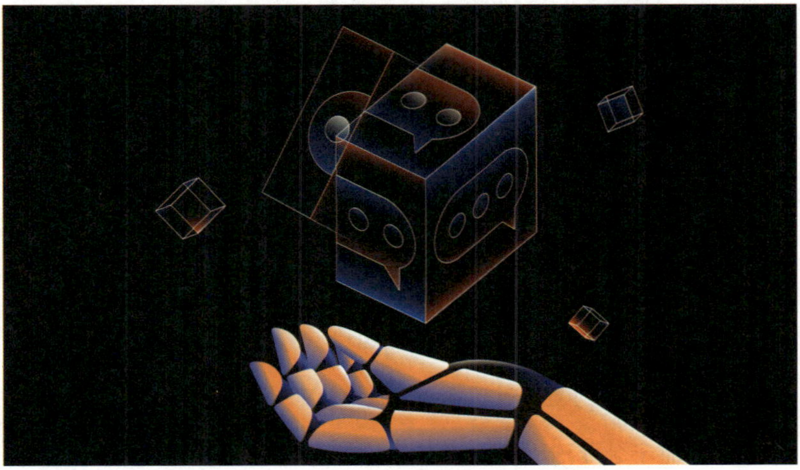

지능 교정 시스템이 직면한 도전과 한계를 논의한다.

인공지능 기반 문법 및 발음 교정 도구

기존의 전통적인 언어학습 방식과 비교했을 때 생성형 인공지능 도구는 학습자가 스스로 연습하면서도 피드백을 실시간으로 받을 수 있도록 돕는다. 이러한 기술은 문법 오류 교정, 발음 개선, 자연스러운 회화 연습 등을 지원하며 언어학습의 효율성을 극대화하고 있다.

문법 교정 도구

전통적인 규칙 기반 문법 교정 시스템과 달리, 최신 기술을 활용한 문법 교정 도구는 더 자연스럽고 문맥에 맞는 수정을 제공할 수 있다. 이를 위한 첫 번째 단계에는 실시간 피드백 기능이 핵심 요소로 자리잡고 있다. 사용자가 문장을 입력하면 인공지능이 즉각적으로 오류를 감지하고 교정을 제안하는 방식이다. 이를 통해 학습자는 반복적으로 같은 실수를 하지 않도록 훈련할 수 있으며 올바른 언어 사용을 습관화할 수 있다.

또한, 맥락 분석 기능이 강화되면서 기존의 단순한 문법 오류 탐지를 넘어 문장 전체의 의미를 파악하고 자연스러운 표현을 추천하는 기능이 추가되었다. 동음이의어 구분, 관용 표현 인식, 문맥에 따른 어휘 선택까지 고려할 수 있어 더 정교한 문법 교정이 가능하다. 이와 함께, 개인화된 피드백 시스템도 중요한 특징이다. 학습자의 언어 숙련도를 분석해 초급 과정은 기초적인 오류 수정을 받도록 하고 고급 과정은 보다 정교한 문체 수정과 자연스러운 표현을 익히도록 조정할 수 있다.

발음 교정 도구

발음 교정 도구는 학습자의 발음을 원어민의 발음과 비교하여 차이를 분석하고 실시간으로 피드백을 제공한다. 이를 위해, 우선 음향 분석 기능을 통해 학습자의 발음을 정밀하게 평가한다. 다음으로 억양, 강세, 리듬과 같은 요소를 세밀하게 분석하여 특정 음소에서의 차이를 감지하고 개선할 부분을 알려준다. 이를 통해 학습자는 단순히 따라 읽는 것에서 벗어나 자신의 발음을 객관적으로 평가할 수 있다.

일부 도구는 시각적 피드백 기능을 제공하여 학습자가 발음 개선을 더 쉽게 이해할 수 있도록 돕는다. 예를 들어, 음성 파형이나 스펙트럼 분석을 그래픽으로 제공해 특정 발음이 원어민 발음과 어떻게 다른지를 직관적으로 확인할 수 있도록 한다. 이와 함께, 반복 연습 기능도 발음 교정에 있어 중요한 요소로 작용한다. 발음 교정 도구는 학습자가 특정 발음을 반복적으로 연습할 수 있도록 하고 점진적으로 난이도를 조정하여 더욱 자연스러운 발음을 구사할 수 있도록 돕는다. 예를 들어, 생성형 인공지능 기반 튜터를 통해 학습 초기에는 단어 단위에서 시작해서 점차 문장 단위로 확장하는 방식으로 훈련할 수도 있다.

대화형 인공지능 튜터

대화형 인공지능 튜터는 단순한 문법 교정이나 발음 개선을 넘어 학습자가 실제로 언어를 사용하며 자연스럽게 대화를 연습할 수 있도록 설계된 시스템이다. 기존의 언어학습 방식이 일방적인 입력과 피드백 중심이었다면 대화형 인공지능 튜터는 상호작용을 통해 학습자가 적극적으로 말하고 응답할 수 있도록 유도한다. 자연어 처리(NLP) 기술을 활용하여 인공지능이 사용자의 입력(input)을 이해하고 맥락에 맞는 응답을 생성하는 과정을 통해 학습자는 실제 대화처럼 상호작용할 수 있으며 보다 자연스러운 회화 능력을 키울 수 있다.

또한, 대화형 인공지능 튜터에는 오류 탐지 및 실시간 교정 기능이 적용되어 있다. 학습자가 말하는 동안 문법적 오류나 발음 오류를 감지하고 대화 흐름을 방해하지 않는 방식으로 교정 피드백을 제공한다. 예를 들어, 대화가 끝난 후 피드백을 요약해서 제공하거나 실시간으로 올바른 표현을 제안하는 방식이 활용될 수 있다. 이와 함께, 적응형 학습 경로를 설정하여 학습자의 실력을 분석하고 개별 맞춤형 학습을 제공하는 것도 가능하다. 예를 들어, 학습자가 자주 실수하는 문법이나 발음 패턴을 파악한 후 해당 부분을 집중적으로 연습할 수 있도록 도와준다.

마지막으로, 학습 동기와 몰입도를 높이는 요소가 포함되어 있다. 대화형 인공지능 튜터는 게임 요소를 접목하여 사용자의 학습 진척도를 표시하고 도전 과제를 제공하는 등 동기부여 전략을 활용한다. 이를 통해 학습자는 단순 반복이 아닌 더 재미있고 흥미로운 방식으로 언어학습을 지속할 수 있다.

전통적인 교정과 인공지능 기반 교정 방식의 비교

전통적인 문법 및 발음 교정 방식은 교사 주도의 피드백과 교재 중심의 학습으로 이루어져왔다. 이러한 방식은 오랫동안 외국어 교육의 표준이었지만 시간과 자원의 제약으로 인해 개별 학습자의 요구를 충분히 충족시키지 못하는 경우가 많았다.

전통적인 방식에서는 교사가 핵심적인 역할을 담당하기 때문에 학생들이 작성한 글이나 말하기 연습을 평가하고 오류를 찾아 교정하는 것은 대체로 교사의 몫이다. 그러나 대규모 학급에서는 개별 학생에게 세세한 피드백을 제공하는 것이 어렵고 학생마다 다른 학습 속도를 고려하는 것도 한계가 있다.

지연된 피드백은 전통적 방식의 또 다른 한계로 지적된다. 시험이나 과제를 제출한 후 며칠이 지나서야 피드백을 받게 되는 경우가 많으며 이는 즉각적인 수정과 반복 학습을 방해한다. 학습자가 오류를 인지하고 수정하기까지 시간이 걸려 언어 습득 과정에서 학습 효과가 떨어질 수 있다.

게다가 전통적인 교정 방식은 획일적인 접근을 취하는 경우가 많다. 교재와 교육과정은 일반적으로 평균적인 학습자를 염두에 두고 설계되므로 개인별 수준 차이를 반영하기 어렵다. 이는 언어 실력이 높은 상급 학습자에게는 단조로움을, 초급 학습자에게는 과도한 부담을 줄 수 있다.

제한된 상호작용 역시 전통적인 방식의 문제점이다. 문법 규칙을 암기하고 정해진 문장을 연습하는 방식은 학습자가 실생활에서 자연스럽게 말하고 의사소통할 수 있도록 돕기 어렵다. 즉흥적으로 표현하는 능력이 부족해질 수 있으며 말하기 실력이 제대로 발달하지 못하는 경우도 많다. 이처럼 전통적인 교정 방식은 교사의 전문성과 학습자의 노력에 의존하지만 개별화된 학습 경험을 제공하기 어렵고 피드백 속도와 학습자의 실전 활용 능력 향상에는 한계가 있다.

반면, 인공지능 기반 교정 방식은 전통적인 교육 방식의 한계를 보완하며 개인 맞춤형 학습을 가능하게 한다. 최신 인공지능 기술은 실시간 피드백을 제공하고 학습자의 수준과 필요에 따라 유동적으로 조정되며 학습자의 부담을 줄이면서도 몰입도를 높인다. 즉각적이고 개인화된 피드백이 인공지능 교정 방식의 가장 큰 장점이다. 인공지능 도구는 학습자가 문장을 입력하거나 발음을 연습하는 순간 바로 오류를 분석하고 교정할 수 있다. 이는 기존 방식에서 흔히 발생했던 피드백 지연 문제를 해결하며 학습자가 오류를 즉각 수정하고 반복 연습할 수 있도록 돕는다.

또한, 맥락을 반영한 교정이 가능하다. 전통적인 문법 교정 방식은 개별 문법 규칙을 중심으로 오류를 수정하지만 최신 생성형 인공지능 시스템은 문맥을 고려해 보다 자연스러운 수정안을 제시한다. 예를 들어, 동음이의어나 관용 표현, 상황에 따른 어휘 선택 등 미묘한 차이를 반영해 학습자의 표현을 더 자연스럽게 만들어준다.

적응형 학습(Adaptive Learning)도 인공지능 기반 교정 방식의 핵심 요소다. 인공지능은 학습자의 수준을 분석하고 개별 학습자의 필요에 맞춰 난이도를 조정하며 학습 경로를 설정한다. 실력이 높은 학습자에게는 더 복잡한 문장이나 고급 표현을 추천하고 초급 학습자에게는 더 기초적인 문장을 중심으로 학습할 수 있도록 조정한다.

인터랙티브 학습환경도 인공지능 기반 교정 방식이 제공하는 중요한 장점 중 하나다. 대화형 인공지능 튜터는 학습자와 직접 대화하면서 실전 연습을 할 수 있도록 지원하며 음성 인식 기술을 활용해 발음이나 억양의 미세한 차이까지 교정할 수 있다. 이러한 환경은 학습자가 부담 없이 자연스럽게 연습할 수 있도록 도와주며 특히 말하기에 대한 자신감을 키우는 데 효과적이다.

확장성과 접근성 측면에서도 인공지능 교정 방식은 강점을 갖는다. 전통적인 교정 방식에서는 학습자가 교사의 일정에 맞춰 수업을 들어야 하지만 인공지능 교정 도구는 시간과 장소의 제약을 받지 않고 1년

365일, 하루 24시간 동안 언제 어디서든지 접근할 수 있어 언어학습의 효율성을 높일 수 있다.

이처럼 인공지능 기반 교정 방식은 전통적인 방식이 가진 한계를 뛰어넘으며 실시간 피드백, 맥락 기반 교정, 개인 맞춤형 학습 경로, 인터랙티브 대화 시스템 등의 요소를 통해 학습자가 더 적극적으로 언어를 습득하고 활용할 수 있도록 돕는다. 앞으로의 언어교육은 인공지능 기술을 적극 활용하는 방향으로 더욱 발전할 것이며 이를 통해 학습자들은 더 효율적이고 실용적인 언어교육 경험을 누릴 수 있을 것이다.

전통적인 교정 방식과 인공지능 기반 교정 방식 비교

비교 항목	전통적인 교정 방식	인공지능 기반 교정 방식
피드백 속도	지연된 피드백(시험, 과제 제출 후 교정)	실시간 피드백 제공
교정 제공자	교사 중심	인공지능 시스템(자동 교정)
개인화 여부	획일적 접근(전체 학생에게 동일한 학습 내용 제공)	적응형 학습(개별 학습자 수준에 맞춤 피드백)
맥락 이해	문법 규칙에 초점, 문맥 고려 부족	문맥 분석 가능, 자연스러운 수정 제안
발음 교정	교사가 직접 지도, 교재 녹음 자료 활용	음성 인식 기술 활용, 원어민 발음 비교 및 시각적 피드백 제공
학습 방식	암기·연습 문제 중심, 수동적 학습	인터랙티브 학습(대화형 AI 활용), 능동적 학습
상호작용 기회	제한된 실습(교실 내 연습 기회 부족)	인공지능 기반 대화 시스템을 활용한 말하기 연습 가능
접근성	교사 또는 교재가 필요하여 시간·장소 제한	24시간 어디서나 사용 가능, 학습환경 유연성 증가
학습 효과	반복 연습을 통해 문법적 정확성 향상 가능	실용적인 언어 사용과 즉흥적 표현 능력 강화
단점	교사의 부담이 크고, 개별 맞춤 학습이 어려움	완벽한 문맥 이해의 한계, 감성적 요소 부족

인공지능 언어 튜터 사례

듀오링고(Duolingo)와 엘사(ELSA Speak) 같은 인공지능 기반 언어 튜터 플랫폼은 학습자들에게 더 개인화된 학습 경험을 제공하며, 실시간 피드백을 통해 효과적인 언어 습득을 지원한다. 이들 플랫폼은 각각의 강점을 바탕으로 학습자들에게 다양한 방식의 교육을 제공하고 있으며 인공지능을 활용한 학습의 가능성을 보여주는 대표적인 사례다.

듀오링고(Duolingo)

듀오링고는 세계적으로 가장 인기 있는 무료 언어학습 애플리케이션 중 하나로 학습자들이 부담 없이 지속적으로 학습할 수 있도록 다양한 게임 요소를 결합한 것이 특징이다. 이 플랫폼은 읽기, 쓰기, 듣기, 말하기까지 종합적인 언어 기능을 다루며 인공지능을 활용해 맞춤형 학습을 제공한다. 듀오링고의 가장 큰 특징 중 하나는 게임화된 학습 방식이다. 학습자가 학습 과정에서 지루함을 느끼지 않도록 포인트 시

스템, 레벨업, 연속 학습 기록 등의 게임 요소를 도입해 동기를 부여한다. 목표 달성에 따른 보상을 제공하며 학습자의 지속적인 참여를 유도하는 설계 방식이 강점이다.

또한, 듀오링고는 즉각적인 교정과 적응형 학습 시스템을 통해 학습자가 자신의 실력을 실시간으로 점검할 수 있도록 한다. 사용자가 문제를 풀거나 발음을 연습할 때 오류가 발생하면 인공지능이 이를 분석하여 즉시 피드백을 제공한다. 그뿐만 아니라, 학습자의 성과와 이해도를 분석하여 문제의 난이도를 자동으로 조정하는 기능도 갖추고 있어 개인 맞춤형 학습이 가능하다.

듀오링고는 또한 커뮤니티 기능을 활용한 학습자 간 상호작용을 지원한다. 랭킹 시스템과 학습자 클럽을 통해 사용자들이 서로 경쟁하고 교류할 수 있도록 하여 학습 지속성을 높이고 공동 학습 문화를 조성한다. 이러한 요소들은 학습자들이 혼자 공부하는 것이 아니라 함께 학습하며 동기를 유지할 수 있도록 돕는다. 다만 듀오링고는 심화된 문법 학습이나 실제 대화 연습이 부족하다는 점에서 한계를 보인다. 문장을 직역하는 방식으로 학습이 진행되기 때문에 실전에서 자연스럽게 회화를 구사하는 데에는 다소 부족한 면이 있다.

엘사(ELSA Speak)

엘사(ELSA Speak)는 영어 발음 및 말하기 능력 향상에 초점을 맞춘 인공지능 기반 학습 플랫폼으로 특히 음성 인식 기술을 활용한 실시간 발음 분석 기능이 강점이다. 학습자가 자신의 발음을 교정하고 원어민과 비슷한 억양을 익힐 수 있도록 돕는 데 최적화된 프로그램이다.

이를 위해 엘사는 고급 음향 분석 기술을 활용해 발음 평가를 제공하고 학습자의 발음을 세밀하게 분석하여 억양, 강세, 리듬 등 다양한 발음 요소를 평가하며 이를 원어민 발음과 비교하여 부족한 부분을 찾아낸다. 이러한 분석을 통해 학습자는 자신의 발음이 어디에서 어색한지 직관적으로 이해할 수 있다.

또한, 엘사는 시각 및 청각적 피드백을 제공하여 학습 효과를 극대화한다. 단순히 발음이 틀렸다고 알려주는 것이 아니라 발음 기호표, 음향 스펙트럼, 원어민 음성 샘플 등을 활용해 학습자가 오류를 명확히 인식할 수 있도록 돕는다. 이와 같은 세밀한 피드백 시스템은 학습자가 정확한 발음을 익히는 데 효과적이다.

개인화된 학습 경로는 엘사의 핵심 강점 중 하나다. 사용자의 발음 데이터를 지속적으로 분석하여 학습자가 자주 틀리는 부분을 추적하고 필요한 연습을 반복하도록 맞춤형 학습 경로를 제공한다. 이를 통해 학습자는 자신의 취약점을 집중적으로 개선할 수 있으며 보다 체계적인 발음 훈련이 가능해진다.

엘사는 특히 영어 발음에 특화된 프로그램이기 때문에 문법 학습이나 작문 같은 다른 언어 기능을 다루지 않는다는 한계가 있다. 하지만 실용적인 말하기 능력을 강화하는 데 있어서 강력한 도구로 평가받고 있으며 영어를 제2언어로 배우는 학습자들에게 효과적인 발음 훈련 솔루션을 제공한다.

그 밖의 주목할 만한 인공지능 언어 튜터

듀오링고와 엘사 외에도 인공지능을 활용한 언어학습 플랫폼이 점점 증가하고 있으며 다양한 학습 스타일과 목표에 맞춘 프로그램들이 등장하고 있다. 로제타 스톤(Rosetta Stone)은 몰입형 언어학습 방식을 강조하는 플랫폼으로 번역 없이 학습 언어만 사용하여 학습하도록 설계되었다. 인공지능 기반 음성 인식 기술을 활용해 학습자의 발음을 실시간으로 교정하며 원어민 수준의 억양을 익힐 수 있도록 돕는다.

바벨(Babbel)은 문법과 회화를 균형 있게 다루는 맞춤형 학습 프로그램을 제공한다. 인공지능이 학습자의 실력을 분석하고 적절한 학습 콘텐츠를 추천하며 실제 생활에서 바로 사용할 수 있는 표현들을 익힐 수 있도록 설계되었다. 이러한 다양한 플랫폼들은 각기 다른 학습 목표와 스타일에 맞춘 기능을 제공하며 학습자들이 자신의 필요에 맞는 도구를 선택할 수 있도록 한다.

인공지능 튜터가 언어 능력 향상에 미치는 효과

인공지능 기반 튜터는 전통적인 교육 방식을 보완하며 학습자의 언어 능력을 효과적으로 향상시키는 역할을 한다. 연구 결과와 사용자 경험을 살펴보면 인공지능 튜터를 활용한 학습자는 문법, 발음, 듣기, 말하기 등 다양한 영역에서 긍정적인 변화를 경험하고 있다. 특히, 맞춤형 피드백과 반복 학습 기능이 학습자의 성취도를 높이는 핵심 요소로 작용한다.

인공지능 기반 교정 도구를 꾸준히 사용한 학습자들은 문법과 발음의 정확도가 점진적으로 개선되는 경향을 보인다. 실시간 피드백을 제공하는 시스템 덕분에 학습자가 실수를 빠르게 인지하고 수정할 수 있기 때문이다. 이는 올바른 언어 습관을 자리 잡게 하며 같은 실수를 반복하지 않도록 돕는다. 인공지능 튜터는 학습자의 문법적 오류나 발음 문제를 단순히 지적하는 것에 그치지 않고 왜 해당 표현이 틀렸는지를 설명하며 올바른 사용법을 제시한다. 이를 통해 학습자는 단순 암기가 아닌 개념적 이해를 기반으로 언어를 습득할 수 있다.

인터랙티브한 학습 방식과 게이미피케이션 요소가 포함된 인공지능 튜터는 학습자의 흥미와 동기를 지속적으로 유지하는 데에도 도움을 준다. 듀오링고(Duolingo)와 같은 플랫폼은 학습자에게 포인트, 배지, 레벨업 시스템을 제공해 성취감을 느끼게 하며 학습을 게임처럼 즐길 수 있도록 설계되어 있다. 또한, 개인화된 학습 경로가 제공되기 때문에 학습자는 자신의 속도에 맞춰 진도를 조절하며 부담 없이 학습할 수 있다. 전통적인 교실 환경에서는 모든 학생이 동일한 진도로 학습해야 하지만 인공지능 기반 튜터를 활용하면 학습자가 자신의 학습 스타일에 맞춰 최적의 환경에서 학습할 수 있다.

인공지능 튜터는 학습자의 수준과 학습 패턴을 분석해 최적의 난이도로 학습을 제공한다. 이러한 적응형 학습(Adaptive Learning) 시스템 덕분에 학습자는 자신의 수준에 맞춰 점진적으로 난이도를 높여가며 빠르게 숙달도를 향상시킬 수 있다. 초급 수준의 학습자는 기본적인 문장 구조를 익히는 데 집중하고 고급 수준의 학습자는 더 복잡한 문법과 어휘를 학습할 수 있도록 커리큘럼이 조정된다. 이렇게 맞춤형 학습 경로를 제공함으로써 불필요한 반복 학습을 줄이고 효율적으로 언어 실력을 향상시킬 수 있다.

특히 대화형 인공지능 튜터는 학습자들이 비교적 부담 없는 환경에서 말하기 연습을 할 수 있도록 돕는다. 전통적인 언어학습에서는 학습자가 원어민과 직접 대화할 기회가 부족하거나 실수를 두려워해 발화를 주저하는 경우가 많다. 하지만 인공지능 기반 튜터는 학습자가 실수해도 부담 없이 연습할 수 있는 환경을 제공하며 반복적인 연습을 통해 자연스럽게 말하기 능력을 향상시킬 수 있도록 한다.

엘사(ELSA Speak)와 같은 인공지능 기반 발음 교정 도구는 학습자의 발음을 분석하고 원어민과 비교하여 부족한 부분을 정확히 알려준다. 학습자는 즉각적인 피드백을 통해 자신의 발음이 어떻게 개선되어야 하는지 파악하고 반복 연습을 통해 자연스러운 억양과 발음 습관을 형성할 수 있다. 이러한 연습 과정을 거치면 학습자는 실제 원어민과의 대화에서도 더 큰 자신감을 얻게 되고 적극적으로 의사소통에 참여할 수 있는 능력을 기르게 된다.

인공지능 튜터는 기존의 교실 수업과 결합했을 때 시너지 효과가 더욱 극대화된다. 전통적인 교육 방식에서는 한정된 시간 내에 모든 학생에게 개별적인 피드백을 제공하는 것이 어렵지만 인공지능 기반 학습 도구를 활용하면 각 학생이 자신의 필요에 맞는 맞춤형 학습을 진행할 수 있다. 특히, 인공지능 튜터는 교실 수업을 보완하는 역할을 하면서 학습자의 개별 취약점을 보완하는 데 효과적이다. 예를 들어, 교실에서 배운 내용을 인공지능 플랫폼을 통해 복습하고 추가 연습할 수 있도록 하면 학습자는 부족한 부분을 집중적으로 보완할 수 있다.

인공지능 튜터는 교사의 역할을 보조하는 도구로 활용될 수도 있다. 인공지능 시스템은 학생들의 학습 상태와 오류 데이터를 기록하고 분석할 수 있어 교사는 이를 토대로 학습자의 약점을 파악하고 더 세밀한 피드백을 제공할 수 있다. 이처럼 교사와 인공지능이 협력하는 방식은 더 효율적인 학습환경을 조성하는 데 큰 도움이 된다.

인공지능 기반 교정 시스템이 직면한 도전과 한계

인공지능 기반 언어 교정 시스템은 즉각적인 피드백과 맞춤형 학습 경험을 제공하며 기존 언어교육 방식의 한계를 극복하는 데 중요한 역할을 하고 있다. 그러나 이러한 기술이 완벽한 해결책이 되려면 아직 해결해야 할 여러 도전과 제약이 존재한다. 기술 문제부터 교육적 한계, 접근성 문제까지 인공지능 교정 시스템이 직면한 도전 과제를 살펴보면 앞으로의 개선 방향을 더 분명히 알 수 있다.

기술적·알고리즘적 과제

인공지능 교정 시스템은 높은 정확도를 갖추고 있지만 여전히 자연어의 미묘한 뉘앙스와 문맥을 완전히 이해하는 데 한계가 있다. 먼저, 정확성과 뉘앙스 해석의 어려움이 있다. 인공지능 모델은 주어진 문장의 문법적 오류를 찾아 수정하는 데 강하지만 풍자나 은유, 지역적 표현과 같은 언어의 섬세한 요소까지 완벽히 파악하지 못하는 경우가 많다. 예를 들어, 구어체에서 허용되는 표현을 문어체 기준으로 잘못 수정하는 경우가 있다.

음성 인식 기술의 한계도 문제로 지적된다. 인공지능이 발음을 분석하고 교정하는 과정에서 학습자의 억양, 속도, 주변 소음 등에 따라 정확도가 떨어질 수 있다. 특히, 다양한 억양을 반영하는 데이터가 부족한 경우 특정 사용자에게 최적화된 피드백을 제공하기 어려울 수 있다.

더불어, 적응형 알고리즘의 한계도 고려해야 한다. 인공지능 시스템은 학습자의 실력을 분석해 난이도를 조정하는 기능을 갖추고 있지만 학습자의 급격한 발전이나 개별적인 언어 습득 패턴을 완벽하게 반영하는 데에는 아직 미흡한 점이 있다. 예컨대, 문법은 뛰어나지만 말하기가 서툰 학습자와 그 반대의 경우를 인공지능이 정교하게 구분하고 조정하는 데 한계가 있을 수 있다.

교육적·실용적 한계

인공지능 교정 시스템이 학습자를 도울 수 있는 강력한 도구임은 분명하지만 그 의존도가 지나치면 교육적 문제를 야기할 수도 있다. 우선 기술 의존의 위험이 있다. 인공지능 교정 기능이 너무 편리할 경우 학습자들은 오류를 직접 수정하려 하기보다는 기계적 교정에 의존하게 될 가능성이 크다. 이는 학습자가 시행착오를 통해 자연스럽게 언어를 습득하는 과정을 방해할 수 있다.

또한, 감정적 지지 부족이 중요한 문제로 떠오른다. 인공지능은 논리적이고 정확한 피드백을 제공할 수 있지만 인간 교사가 제공하는 공감적인 이해나 동기부여, 격려를 대체하기는 어렵다. 학습자들은 단순한 오류 수정뿐 아니라 학습 과정에서의 좌절과 두려움을 극복할 수 있도록 정서적 지원이 필요하다. 그러나 현재의 인공지능 시스템은 이러한 정서적 지원 기능이 부족하다.

이에 더해, 교육 현장에의 통합 문제도 고려해야 한다. 인공지능 교정 시스템을 정규 교육과정에 포함시키려면 교사들이 새로운 기술을 익히고 학교 시스템이 이를 수용할 수 있도록 변화해야 한다. 하지만 기존의 전통적인 교수법과의 충돌로 인해 이러한 변화를 받아들이기 어려운 교육기관도 많다.

마지막으로, 개인정보 보호 및 데이터 보안 문제가 있다. 인공지능 교정 시스템은 학습자의 음성, 글쓰기 습관, 언어 패턴 등의 데이터를 지속적으로 수집해 분석한다. 이러한 개인 데이터가 안전하게 관리되고 윤리적으로 사용되는지를 보장하는 것이 중요하다.

경제적·접근성 문제

인공지능 기반 교정 시스템의 보급이 확대되려면 비용과 접근성 문제도 해결해야 한다. 우선, 도입 비용이 높은 것이 문제다. 고급 인공지능 시스템을 개발하고 유지하는 데 상당한 비용이 들기 때문에 경제적 여건이 좋지 않은 학교나 기관에서는 이를 활용하기 어렵다. 특히, 공교육 환경에서는 예산이 한정적이기 때문에 최신 기술을 도입하는 데 어려움을 겪을 수 있다.

디지털 격차도 해결해야 할 과제다. 인공지능 기반 학습 도구는 인터넷 연결과 최신 디지털 기기를 필요로 하는 경우가 많다. 그러나 디지털 인프라가 부족한 지역에서는 이러한 도구를 효과적으로 활용하기 어렵다. 따라서, 기술의 발전이 오히려 교육의 불평등을 심화시키지 않도록 포용적인 접근 방식이 필요하다.

인공지능 기반 문법 교정, 발음 교정, 대화형 튜터가 등장한 것은 외국어 교육 발전 과정에서 매우 중요한 전환점이라 할 수 있다. 즉각적이고 개인화된 맥락 중심 피드백을 제공함으로써 기존 교육 방식의 여러 한계를 보완하고 있다. 듀오링고와 엘사 사례에서 보듯 이러한 인공지능 튜터는 문법 정확도를 높이고 말하기 자신감을 길러주어 언어 습득을 한층 효율적으로 만들어준다.

물론 아직 음성 인식 및 문맥 이해의 기술적 한계, 교육 및 경제적 문제, 개인정보 보호 이슈 등 해결해야 할 과제도 남아 있다. 그러므로 인공지능 도구를 언어교육에 효과적으로 통합하기 위해서는 계속되는 연구와 면밀한 제도적, 교육적 대비가 필수적이다. 특히, 인간 교사의 대체가 아닌 보완 수단으로 인공지능을 활용하는 혼합형 학습 모델이 가장 유망한 해법으로 떠오르고 있다.

미래 언어교육의 목표는 인공지능이 지닌 혁신적 역량과 인간 교사의 대체 불가능한 가치를 조화롭게 결합해 학습자가 다년간 공부하는 데 그치지 않고 실제 상황에서 자유롭고 자신감 있게 의사소통하고 상호작용할 수 있도록 돕는 것이다. 이처럼 생성형 인공지능의 잠재력을 제대로 발휘하면서도 그 한계를 인식하고 보완한다면 점점 더 다언어화되고 상호 연결된 세계에서 학습자들이 진정으로 성장하고 활약하는 길을 열 수 있을 것이다.

실시간 언어분석 및 피드백 시스템: 학습 속도와 정확도 향상

인공지능(AI)이 언어교육에 접목되면서 실시간 언어분석과 피드백을 지원하는 혁신적 도구들이 등장했다. 이러한 기술은 학습자가 언어를 구사하자마자 바로 교정 정보를 받을 수 있도록 하여 더 빠르고 정확한 언어 습득 과정을 돕는다. 여기에서는 실시간 언어분석 기술을 살펴보고 즉각적인 피드백 메커니즘을 가능하게 하는 인공지능 알고리즘을 탐구한다. 또한 실시간 피드백이 언어학습자에게 주는 이점을 논의하고 교실 및 독학 환경에서 이를 적용하는 방안을 소개한다. 끝으로, 연속적인 언어 모니터링과 관련해 윤리적 측면을 어떻게 다루어야 하는지도 살펴본다.

실시간 언어분석 기술 소개

실시간 언어분석 기술은 학습자가 언어를 생성하는 즉시 이를 분석하고 피드백을 제공하는 혁신적인 방식이다. 과거에는 학습자가 수업이 끝난 후 교사의 피드백을 기다려야 했지만 오늘날에는 생성형 인공지능과 머신러닝 기술의 발전으로 즉각적인 언어 교정이 가능해졌다. 이를 통해 학습자는 실시간으로 자신의 언어 오류를 수정하고 더욱 효과적인 학습 경험을 누릴 수 있다.

기술적 기반

실시간 언어분석 기술은 자연어 처리(NLP), 음성 인식, 머신러닝, 클라우드 컴퓨팅 등 다양한 첨단 기술을 결합해 작동한다. 먼저, 자연어 처리(NLP) 기술은 컴퓨터가 인간의 언어를 이해하고 분석하는 데 핵심적인 역할을 한다. 자연어 처리(NLP) 알고리즘은 학습자의 문장을 해석하고 문법 및 의미적 오류를 감지하며 이를 기반으로 적절한 교정을 제안한다. 문법뿐만 아니라 어휘 선택과 문맥까지 고려할 수 있어 더 정교한 피드백을 제공한다.

음성 인식 기술 또한 실시간 언어분석에서 중요한 요소다. 발음, 억양, 강세 등을 분석하는 음성 인식 시스템은 잡음이 많은 환경에서도 높은 정확도를 유지할 수 있도록 설계된다. 최신 음성 인식 모델은 딥러닝 구조를 활용하여 학습자의 발음을 원어민 발음과 비교하고 개선이 필요한 부분을 즉각적으로 알려준다.

이러한 분석을 가능하게 하는 것은 머신러닝과 딥러닝 알고리즘이다. 머신러닝 기반 시스템은 방대한 언어 데이터를 학습하여 학습자의 오류 패턴을 예측하고 개인 맞춤형 피드백을 제공할 수 있다. 시간이 지남에 따라 학습자의 실력을 분석하고 점진적으로 난이도를 조정해 최적의 학습 경로를 설계하는 것이 가능하다.

마지막으로, 클라우드 컴퓨팅(Cloud Computing)과 엣지 프로세싱(Edge Processing) 기술이 실시간 피드백의 속도를 높이는 데 기여한다. 대부분의 실시간 분석 시스템은 대량의 연산을 클라우드에서 수행하지만 일부는 기기 자체에서 데이터를 처리하는 엣지 프로세싱을 활용해 지연시간을 줄인다. 이를 통해 학습자는 즉각적인 피드백을 받아 자연스럽게 학습을 이어갈 수 있다.

실시간 분석의 진화

전통적인 언어학습 환경에서는 교사가 직접 학습자의 언어 오류를 교정해 주고 학습자는 주로 시험이나 과제 피드백을 통해 교정을 받았다. 하지만 이 방식은 즉각적인 피드백이 어렵고 학습자가 자신의 오류를 실시간으로 인식하고 수정하기 어렵다는 단점이 있었다. 반면, 실시간 언어분석 기술은 학습자가 말하거나 글을 쓰는 순간부터 즉각적인 분석과 피드백을 제공한다.

초기 컴퓨터 보조 언어학습(Computer Assisted Language Learning: CALL) 시스템은 하드웨어 성능과 알고리즘의 한계로 인해 기능이 제한적이었지만, 최근에는 문맥을 고려한 정교한 분석이 가능해졌다. 이제 학습자는 실시간으로 문법, 어휘, 발음 오류를 바로잡을 수 있으며 인공지능 기반 시스템이 학습 패턴을 분석하여 점진적으로 난이도를 조정하는 맞춤형 학습이 가능해졌다. 이처럼 실시간 언어분석 기술은 단순한 언어 교정 도구를 넘어, 학습자가 더 유창하고 정확한 언어 능력을 갖출 수 있도록 돕는 중요한 역할을 하고 있다.

즉각적인 언어 생성 피드백을 위한 인공지능 알고리즘

실시간 언어분석 시스템이 효과적으로 작동하려면 학습자가 언어를 생성하는 즉시 이를 평가하고 피드백을 제공하는 고도화된 인공지능 알고리즘이 필요하다. 이러한 알고리즘은 문법과 의미 오류를 감지하고 적절한 교정을 제안하며 학습자의 실력 향상에 맞춰 피드백 방식을 점진적으로 조정한다. 따라서, 실시간 언어분석 시스템은 언어의 문법적 요소뿐만 아니라 맥락과 발음까지 종합적으로 분석해 맞춤형 학습을 지원하는 것이 핵심이다.

오류 감지 알고리즘

인공지능 알고리즘은 다양한 기법을 활용해 학습자의 언어 오류를 식별하고 분석한다. 먼저 통사 및 문법 분석을 통해 문장 구조를 살피고 어순, 시제, 주어-동사 일치 등의 오류를 찾아낸다. 이를 위해 의존 구문 분석(Dependency Parsing)을 활용하여 단어 간의 위계적 관계를 파악하고 더 정교한 문법 교정을 제안한다.

문법적으로 맞더라도 의미상 부적절한 표현이 있을 수 있다. 이런 경우, 의미 분석(Semantic Analysis) 기술은 워드 임베딩(Word Embedding)과 같은 최신 자연어 처리 모델을 활용해 문맥 내에서 단어 의미를 해석하고 어색하거나 부적절한 표현을 수정할 수 있도록 돕는다. 또한, 음성학

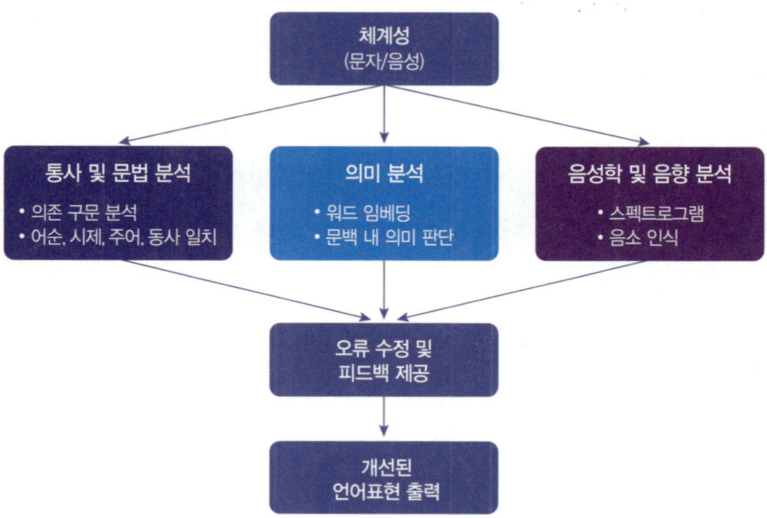

오류 감지 알고리즘

및 음향 분석 알고리즘은 학습자의 발음을 원어민 표준과 비교하여 피드백을 제공한다. 소리나 파동을 시각화하여 파악하기 위한 도구인 스펙트로그램(Spectrogram)과 음소(Phoneme) 인식 기술을 활용해 억양, 강세, 리듬 등을 세밀하게 분석하고 특정 발음의 미세한 차이를 교정할 수 있도록 한다.

피드백 생성 및 최적화

인공지능 시스템이 감지한 학습자의 언어 오류를 단순히 정정만 하는 것이 아니라 학습자가 자연스럽게 이해하고 개선할 수 있도록 맥락을 고려한 피드백을 생성하는 것이 중요하다. 따라서, 맥락 인식 교정 기법을 통해 학습자가 말하고자 하는 의도를 유지하면서도 자연스러운 표현으로 바꿀 수 있도록 조정한다. 이는 지나친 교정으로 인해 학습자가 표현 의도를 잃어버리지 않도록 하는 데 중요한 역할을 한다.

또한, 적응형 학습 모델이 적용되어 학습자의 실력과 학습 패턴을 분석하고 피드백 방식과 난이도를 조절한다. 초급 수준의 학습자에게는 더 상세한 설명과 교정을 제공하지만 상급 수준의 학습자에게는 교정 빈도를 줄이면서 자율적인 학습을 유도하는 방식이다. 다중모드 피드백 시스템도 효과적인 학습을 지원하는 중요한 요소다. 단순한 텍스트 교정뿐만 아니라 발음 그래프나 음성 파형과 같은 시각적 자료와 원어민 예시 음성을 함께 제공함으로써 학습자가 오류를 직관적으로 이해하고 연습할 수 있도록 돕는다.

대화 맥락과의 결합

인공지능 기반 언어 교정 시스템은 실제 대화 속에서 동적인 피드백을 제공하는 방향으로 발전하고 있다. 이를 위해 대화 관리(Dialogue Management) 프레임워크를 적용하여 학습자의 발화를 일관성 있게 분석하고 실시간으로 교정할 부분을 선택적으로 피드백한다.

지나치게 빈번한 교정이 오히려 학습자의 유창성을 방해할 수 있기 때문에 대화 흐름을 유지하면서도 핵심적인 오류만을 정제해 제공하는 것이 중요하다. 이러한 접근 방식 덕분에 학습자는 원어민과 대화하는 것처럼 자연스럽게 언어를 연습하면서도 필요할 때마다 적절한 교정을 받을 수 있다. 이는 실제 의사소통 능력을 향상하는 데 특히 효과적이며 학습자가 더 적극적으로 언어를 사용하도록 유도하는 데 기여한다.

실시간 피드백이 언어 습득에 주는 이점

즉각적인 피드백은 언어학습의 효과를 극대화하는 핵심 요소다. 학습자가 실수를 한 직후 즉시 교정을 받으면 올바른 표현과 오류를 연결하여 더 빠르고 정확하게 습득할 수 있다. 이는 단순한 문법적 정확성을 넘어 실용적인 의사소통 능력까지 향상시키며 학습자의 참여도를 높이고 자신감을 키우는 데에도 기여한다. 실시간 피드백이 언어 습득 과정에서 갖는 주요 이점들을 살펴보면 다음과 같다.

올바른 언어 패턴 강화

실시간 피드백의 가장 큰 장점 중 하나는 학습자가 올바른 언어 패턴을 신속하게 습득할 수 있도록 돕는다는 점이다. 우선, 적시 교정이 가능하다. 학습자가 실수를 저지르는 순간 바로 피드백을 받으면 그 오류와 올바른 표현을 즉각 연결할 수 있다. 이 과정에서 언어 습득이 더욱 효과적으로 이루어지며 반복적인 오류를 줄이는 데도 도움이 된다.

또한, 오류 예방 효과가 크다. 실시간 교정은 잘못된 언어 습관이 자리 잡기 전에 즉각 수정할 기회를 제공한다. 많은 학습자가 특정 문법이나 발음 오류를 오랜 기간 방치한 후 이를 고치려 할 때 큰 어려움을 겪는데 실시간 피드백은 이런 문제를 미연에 방지하는 역할을 한다.

마지막으로, 형식과 기능을 통합하는 학습이 가능하다. 전통적인 언어학습에서는 문법과 실용적 사용이 별개로 교육되는 경우가 많다. 하지만 즉각적인 피드백을 통해 학습자는 문법적 정확성이 실제 의사소통에서 어떤 영향을 미치는지를 바로 경험할 수 있다. 이를 통해 단순한 암기가 아니라 효과적인 소통을 위한 학습이 이루어진다.

학습자 참여도 향상

즉각적인 피드백이 제공될 때 학습자는 수동적인 학습자가 아닌 능동적인 참여자로 변모하게 된다. 먼저 인터랙티브한 학습 경험을 제공하고, 기존의 언어학습 방식이 문법과 단어 암기에 치중되었다면 실시간 피드백을 활용한 학습은 즉각적인 상호작용을 유도한다. 이를 통해 학습자는 단순히 정보를 입력받는 것이 아니라 지속적으로 말하고 피드백을 받으며 능동적으로 학습하게 된다.

자신감 향상 효과도 크다. 많은 학습자가 말하기를 두려워하는 이유는 실수에 대한 부담 때문이다. 하지만 실시간 피드백 시스템은 실수에 대한 두려움을 줄이고 오히려 학습자가 적극적으로 시도할 수 있는 환경을 조성한다. 즉각적인 피드백을 받으며 반복 연습을 하면 말하기에 대한 자신감이 자연스럽게 향상된다.

무엇보다도 개인 맞춤형 학습 경로를 설계할 수 있다. 인공지능 기반 실시간 피드백 시스템은 학습자의 강점과 약점을 지속적으로 분석하며 이에 맞춰 피드백 강도와 유형을 조정할 수 있다. 이러한 개인 맞춤형 접근법은 학습자의 취약점을 효과적으로 보완하고, 강점을 더욱 강화하는 데 기여한다.

학습 속도와 정확성 향상

즉각적인 피드백은 학습자가 더 빠르고 정확하게 언어를 습득할 수 있도록 돕는다. 가장 중요한 부분은 효율적인 기술 습득이 가능하다는 점이다. 실수를 한 후 오랜 시간이 지나서야 교정을 받으면 학습자는 자신이 왜 틀렸는지조차 기억하지 못할 가능성이 크다. 하지만 실시간 피드백을 통해 오류-수정 간격을 짧게 하면 학습자는 올바른 표현을 빠르게 내재화할 수 있다.

실시간 데이터 분석도 가능하다. 학습자의 실력 향상 과정을 지속적으로 모니터링하면 학습 패턴과 성취도를 더 정교하게 파악할 수 있다. 이를 통해 교사는 학습자의 성취 수준에 맞춰 난이도를 조정할 수 있으며 자동화된 시스템이라면 알고리즘이 이를 반영해 맞춤형 학습을 제공할 수 있다.

마지막으로, 다중모드 학습이 통합될 수 있다. 문자 기반 피드백뿐만 아니라 발음 분석 그래프와 같은 시각적 피드백과 음성 교정 같은 청각적 피드백, 실제 대화에 적용한 상호작용적 피드백이 결합되면 학습자는 다양한 감각을 활용해 언어를 익힐 수 있다. 이는 단순 암기식 학습보다 훨씬 더 효과적이며 실제적인 언어 사용 능력을 기르는 데 유리하다.

교실 및 독학 환경에서의 실시간 분석 통합

실시간 언어분석 기술은 정규 교육 환경과 독학 환경 모두에서 효과적으로 활용될 수 있다. 교실에서는 교사의 역할을 보완하고 학습자의 개인 맞춤형 학습을 지원하는 도구로 사용되며, 독학 환경에서는 접근성을 극대화하여 학습자가 스스로 점검하고 개선할 수 있도록 돕는다.

교실 환경에서의 실시간 분석 통합

현대 교실에서는 인공지능 기반 실시간 피드백 시스템을 활용해 전통적인 교육 방식을 보완하는 혼합형(Blended) 학습환경이 확산되고 있다. 이런 혼합형 학습환경이 구축되면 실시간 분석 도구를 이용한 개별 맞춤형 연습이 가능해져 교사가 일일이 모든 학생에게 피드백을 제공하기 어려운 상황에서도 학습자가 필요한 교정을 즉각적으로 받을 수 있게 된다. 특히, 음성 인식 및 문법 분석 기술이 결합된 도구는 발음, 문법, 문맥 이해 등 다각적인 영역에서 피드백을 제공할 수 있어 학습의 질을 높인다.

또한, 교사의 역할을 확장할 수 있다. 교사는 실시간 분석 도구를 활용해 평가에 소요되는 시간을 줄이고 학생별 학습 데이터를 실시간으로 확인할 수 있다. 이를 통해 학습자의 강점과 약점을 더 정밀하게 분석하고 더 깊이 있는 지도와 멘토 역할에 집중할 수 있다.

실시간 분석 도구는 협동 학습에서도 실용적이다. 학생들이 그룹 활동을 수행할 때 실시간 피드백 도구를 함께 활용하면 대화나 역할극을 진행하면서도 즉각적인 언어 교정을 받을 수 있다. 이 과정에서 학습자는 동료와 상호작용하면서 자연스럽게 언어를 익히고 오류를 인식하고 교정하는 능력을 기르게 된다.

그러나 실시간 분석 도구의 실질적인 도입에는 어려움이 따른다. 기존 커리큘럼과의 연계성이 부족하거나 디지털 기기나 인터넷 환경과 같은 인프라가 충분하지 않으면 이러한 시스템을 온전히 활용하기 어렵다. 또한, 교사들이 새로운 기술을 효과적으로 활용하려면 별도의 연수와 훈련이 필요하며 이는 추가적인 비용과 시간이 요구된다.

독학 환경에서의 실시간 분석 통합

독학 환경에서는 실시간 분석 기술이 학습자의 자기 주도 학습을 강화하는 강력한 도구로 활용될 수 있다. 실시간 분석 도구의 가장 큰 장점은 유연성과 접근성이 뛰어나다는 점이다. 독학 학습자는 특정 시간과 장소에 구애받지 않고 언제든지 학습 도구를 활용할 수 있다. 게다가, 인공지능 기반 피드백 시스템을 이용하면 즉각적인 오류 교정과 맞춤형 학습 경로 제공이 가능해 개별 학습 속도에 맞춰 최적의 학습 경험을 얻을 수 있다.

또한, 실시간 분석 도구를 활용하면 자기 점검 및 진도 관리가 용이하다. 실시간 분석 시스템은 학습자가 스스로 약점을 진단하고 개선할 수 있도록 상세한 분석 데이터와 성과 보고서를 제공하기 때문에 학습자는 단순히 피드백을 받는 데 그치지 않고 자신의 학습 패턴을 분석하며 장기적인 학습 전략을 세울 수 있다.

실시간 분석 결과는 다른 학습 자료와의 결합도 가능하다. 인공지능 기반 실시간 분석 도구는 독립적으로 사용할 수도 있지만 교재, 온라인 강의, 언어 교환 프로그램 등과 결합하면 더욱 효과적인 학습이 가능하다. 예를 들어, 온라인 강의를 들으면서 실시간 문법 분석 기능을 활용하거나 원어민과의 대화에서 발음 피드백을 즉각적으로 받을 수 있다면 보다 입체적인 학습이 이루어질 수 있다.

독학 환경에서는 지속적인 동기 유지가 관건이다. 정규 수업에서는 교사와 동료 학습자가 제공하는 구조와 동기가 있지만 독학 학습자는 이러한 외부 자극 없이 스스로 학습 습관을 유지해야 한다. 실시간 분석 시스템이 장기적으로 활용되기 위해서는 학습을 지속할 수 있도록 몰입 요소와 보상 체계를 갖추는 것이 중요하다. 레벨 상승이나 보상 포인트 제공과 같은 게이미피케이션 요소나 개별 목표 설정 기능이 효과적으로 적용될 경우 독학 학습자의 지속적인 참여를 유도할 수 있다.

이렇듯 교실과 독학 환경 모두에서 실시간 분석 시스템은 학습 효과를 높이는 강력한 도구로 자리 잡고 있다. 교실에서는 교사의 역할을 보완하고 협동 학습을 촉진하는 방식으로, 독학 환경에서는 자기 주도적 학습을 지원하는 맞춤형 도구로 활용될 수 있다. 다만, 실시간 분석 시스템의 효과적인 통합을 위해서는 기술적 인프라 구축, 교육자의 적응 및 연수, 학습자의 동기 유지를 위한 설계 등이 필요하다. 앞으로 실시간 분석 기술이 더욱 발전하고 다양한 교육 환경에 맞게 최적화된다면 언어학습 방식은 더 유연하고 개인화된 방향으로 나아갈 것이다.

연속적 언어 모니터링과 관련된 윤리적 고려 사항

실시간 언어분석과 피드백 시스템이 학습자에게 많은 이점을 제공하는 것은 분명하다. 하지만 이 기술이 널리 확산되면서 개인정보 보호, 알고리즘 편향, 학습자의 자율성 등 다양한 윤리적 문제도 함께 부각되고 있다. 이런 기술이 더 효과적이고 공정하게 사용되기 위해서는 이러한 윤리적 이슈를 면밀히 검토하고 적절한 해결책을 마련하는 것이 필수적이다.

데이터 프라이버시와 보안

연속적 언어 모니터링 시스템은 학습자의 말하기, 쓰기 등의 언어 데이터를 실시간으로 수집하고 분석한다. 그러나 이러한 과정에서 민감한 개인정보가 노출될 가능성이 있기 때문에 가장 먼저 개인정보 보호가 핵심적인 문제로 떠오른다. 학습자의 음성 녹음, 채팅 기록, 언어 습관이 지속적으로 기록될 경우 그 데이터가 교육 목적 외의 다른 용도로 활용될 위험이 있다. 따라서 데이터를 익명화하여 저장하고 접근 권한을 제한하는 등 강력한 보안 조치가 필요하다.

데이터 수집 과정에서 명확한 동의 절차도 필수적이다. 학습자가 어떤 데이터를 제공하고 그 데이터가 어떻게 활용되며 누구와 공유되는지를 명확히 알 수 있도록 투명한 설명이 제공되어야 한다. 사용자의 동의 없이 데이터를 수집하거나 이를 제3자와 공유하는 것은 윤리적으로 문제가 될 수 있으며 이는 시스템 신뢰도에도 부정적인 영향을 미친다.

사이버보안 문제도 중요한 고려 사항이다. 해킹 등의 보안 위협으로 인해 학습자의 개인정보가 유출될 위험이 존재하므로 강력한 암호화 기술을 적용하고 정기적인 보안 점검을 수행해야 한다.

알고리즘 편향과 공정성

다음으로 해결해야 할 과제는 알고리즘 편향 문제다. 인공지능 기반 언어분석 시스템은 훈련 데이터에 따라 특정 패턴을 학습하게 된다. 하지만 이 과정에서 특정 억양, 방언, 문법 형태를 과도하게 표준화하거나 일부 사용자에게 불리하게 적용할 위험이 있다. 예를 들어, 시스템이 특정 지역의 영어 발음을 더 정확하게 인식하고 다른 억양을 부정확하게 교정하는 경우 특정 학습자 그룹이 불이익을 받을 수 있다. 이를 해결하기 위해서는 다양한 언어 데이터베이스를 학습에 포함시키고 주기적으로 알고리즘의 결과를 검토해 편향 여부를 점검해야 한다.

형평성 있는 접근 기회도 중요한 문제다. 최신 인공지능 기반 학습 도구들은 경제적 여건이나 디지털 인프라에 따라 접근 가능성이 달라질 수 있다. 기술 발전이 특정 계층 학습자에게만 혜택을 주는 것이 아니라 다양한 환경에서 공평하게 활용될 수 있도록 지원 정책과 교육 기회를 마련해야 한다.

아울러, 학습자의 자율성도 고려해야 한다. 실시간 피드백 시스템이 지나치게 자동화된 교정을 제공하면 학습자가 스스로 오류를 수정하는 능력을 기르기 어려울 수 있다. 따라서 인공지능이 단순히 정답을 제공하는 것이 아니라 학습자가 스스로 문제를 해결할 수 있도록 유도하는 방향으로 설계되어야 한다.

투명성과 책임성

인공지능 교정 시스템이 교육에 도입되는 만큼 시스템이 어떻게 작동하는지를 신뢰할 수 있도록 투명성을 확보하는 것이 중요하다. 학습자가 오류 교정을 받을 때 단순히 '이 문장은 틀렸다'라고 지적하는 것이 아니라 왜 틀렸는지, 어떤 문법 규칙에 근거한 교정인지에 대한 설명을 제공해야 한다. 이를 통해 학습자는 피드백을 단순히 수동적으로 받아들이는 것이 아니라 자신의 실수를 분석하고 개선할 수 있다.

또한, 인공지능 교정 시스템에 대한 지속적인 평가와 개선이 계속 되어야 한다. 인공지능 기반 교육 시스템이 장기적으로 효과적이고 윤리적으로 운영되려면 교육자, 개발자, 정책 입안자가 긴밀하게 협력하여 시스템의 영향을 지속적으로 평가해야 한다. 시스템이 의도하지 않은 방식으로 학습자에게 부정적인 영향을 미치지는 않는지 정기적으로 검토하고 필요할 경우 알고리즘과 운영 방식을 조정해야 한다.

실시간 언어분석과 피드백 시스템은 외국어 교육에 큰 전환점을 가져다 주었다. 인공지능 기술을 활용해 즉각적이고 개인화된 교정을 제공함으로써 학습 속도와 정확성을 높이는 새로운 가능성을 열어주고 있다. 고급 문법 및 발음 교정부터 대화형 튜터까지 이러한 도구들은 언어교육의 지평을 넓히며 학습자가 더 높은 수준의 숙달도에 빠르게 도달하도록 돕고 있다.

즉각적 피드백의 장점은 분명하다. 학습자는 올바른 언어 사용 패턴을 빠르게 몸에 익히고 참여도가 높아지며 의사소통에 대한 자신감도 함께 키울 수 있다. 교실과 독학 환경 모두에서 실시간 분석 기술은 규모를 확장하기 쉽고 적응력이 뛰어난 학습 기회를 제공해 이론과 실제의 간극을 줄여 준다.

반면, 이러한 기술이 광범위하게 도입됨에 따라 학습자 개인정보 보호와 알고리즘 편향, 형평성 같은 윤리적 도전도 함께 부상하고 있다. 투명성, 책임감, 학습자 주도의 학습을 위해서는 교육자, 개발자, 정책 입안자 등 각 이해관계자들이 지속적으로 노력하고 조율해야 한다.

인공지능 기반 언어 도구가 발전함에 따라 실시간 피드백 시스템은 언어학습의 미래에서 점점 더 중요한 역할을 맡게 될 것이다. 이 시스템들이 더욱 정교해지고 보편화될수록 전 세계 학습자들은 빠르고 정확하며 효과적인 언어 습득을 경험할 수 있게 될 것이다.

가상현실(VR)과 생성형 인공지능의 융합: 상황극 기반 언어학습

교육 기술의 발전 가운데서도 가상현실(Virtual Reality: VR)과 생성형 인공지능을 결합해 몰입형 시나리오 기반 학습환경을 조성하는 방법이 특히 주목받고 있다. 실제와 유사하지만 실제가 아닌 인공 환경으로 실감 나는 체험을 제공하는 가상현실(VR) 플랫폼에 학습 상황에 맞춰 창의적으로 반응하는 생성형 인공지능이 더해지면 교실 수업과 실제 소통 환경의 간극을 좁혀주는 풍부한 맥락이 형성된다. 여기에서는 가상현실(VR) 기술이 언어교육에서 어떻게 발전해 왔는지, 생성형 인공지능이 역동적인 가상현실(VR) 언어학습 시나리오를 만드는 데 어떤 역할을 하는지 검토한다. 또한 이러한 몰입형 학습환경의 장점을 소개하고 성공적인 가상현실(VR) 기반 인공지능 언어학습 플랫폼 사례를 살펴본 뒤 교육 현장에서 이런 시스템을 도입할 때 맞닥뜨리는 도전에 대해 논의한다.

언어교육에서의 가상현실(VR) 기술

가상현실(VR) 기술은 언어교육의 패러다임을 변화시키는 혁신적인 도구로 주목받고 있다. 기존의 전통적인 학습 방식이 문법과 어휘 학습에 집중하는 경향이 있었다면 가상현실(VR)은 실제 환경과 유사한 몰입형 학습 경험을 제공함으로써 학습자가 더 자연스럽게 언어를 습득할 수 있도록 돕는다. 현실과 유사한 가상 공간에서 학습 언어를 직접 사용하게 함으로써 단순한 암기나 연습이 아니라 실제 소통 능력을 길러주는 데 효과적이다.

무엇보다 가상현실(VR) 기반 언어학습의 가장 큰 특징은 학습자가 적극적으로 참여할 수 있는 환경을 조성한다는 점이다. 학습자는 단순히 교재를 읽거나 문제를 푸는 것이 아니라 가상 공간에서 직접 대화하고 실생활에서 마주칠 수 있는 다양한 상황을 경험할 수 있다. 예를 들어, 레스토랑에서 주문을 하거나 공항에서 길을 묻는 등 현실적인 시나리오가 제공된다. 이러한 맥락 중심의 학습은 언어를 단순한 규칙과 단어의 조합이 아니라 실제 상황 속에서 활용할 수 있는 살아 있는 도구로 인식하게 만든다.

특히, 인공지능과 결합된 가상현실(VR) 학습 프로그램은 학습자의 수준을 지속적으로 모니터링하며 개인화된 학습 경로를 제공한다. 이는 개별 학습자가 자신의 강점과 약점을 보다 명확히 파악하고 보다 효과적으로 학습을 진행할 수 있도록 돕는다.

가상현실(VR) 기술이 제공하는 또 다른 중요한 요소는 문화적 몰입이다. 언어는 단순히 문법과 어휘를 익히는 것이 아니라 해당 언어가 사용되는 문화적 배경을 이해하는 것이 중요하다. 가상현실(VR)은 학습자가 실제 학습 언어를 사용하는 지역을 방문한 것처럼 현지 환경을 체험할 수 있도록 한다. 예를 들어, 프랑스어 학습자는 가상현실(VR)을 통해 파리의 거리에서 현지인과 상호작용하며 언어를 배우고 일본어 학습자는 일본 전통 가옥이나 상점에서 대화하는 경험을 할 수 있다. 이러한 문화적 요소는 학습자의 흥미를 높이고 보다 자연스럽게 언어 습득을 도울 뿐만 아니라 실제 해외 경험과 유사한 학습 효과를 제공한다.

가상현실(VR) 언어학습의 또 다른 강점은 불안감 해소에 있다. 많은 학습자가 새로운 언어를 배울 때 말하기에 대한 두려움을 느낀다. 원어민과 직접 대화해야 하는 상황에서는 실수할까 봐 주저하거나 긴장하는 경우가 많다. 하지만 가상현실(VR) 환경에서는 실제 사람과 대화하는 것처럼 연습할 수 있으면서도 실수를 하더라도 부담 없이 수정할 수 있는 나만의 학습 공간이 제공된다. 학습자가 반복적으로 연습할 수 있는 기회를 제공하기 때문에 점진적으로 자신감을 키우고 실전에서도 더 자연스럽게 대화할 수 있도록 도와준다.

또한, 가상현실(VR) 기술의 발전과 함께 다양한 학습 플랫폼이 개발되고 있다. 일부는 원어민과 가상 대화를 나눌 수 있도록 설계되었으며, 다른 경우는 인공지능 기반 캐릭터와의 상호작용을 통해 특정 문장 구조나 표현을 연습할 수 있도록 돕는다. 또한, 학습자가 가상 세계에서 퀘스트를 수행하거나 특정 목표를 달성해야 하는 게임형 학습 방식도 더 인기를 얻고 있다. 이러한 요소들은 학습자가 언어학습을 보다 재미있고 지속적으로 이어갈 수 있도록 동기를 부여하는 역할을 한다.

가상현실(VR)을 활용한 언어학습이 모든 학습자에게 적합한 것은 아니다. 아직까지는 하드웨어 장비가 필요하며 일부 시스템은 비용이 높아 접근성이 제한될 수도 있다. 또한, 가상현실(VR) 환경에서는 문자 기반 학습이나 전통적인 문법 연습이 상대적으로 부족할 수 있어 기존 학습 방식과 균형을 맞추는 것이 중요하다. 이러한 한계를 보완하기 위한 기술적 발전이 지속적으로 이루어지고 있으며 향후 더 많은 교육기관과 학습자가 가상현실(VR)을 활용할 가능성이 높다.

가상현실(VR) 기술은 실생활과 유사한 환경에서의 연습 기회를 제공하고 실시간 피드백을 통해 학습 효과를 높이며 문화적 요소를 반영한 학습 경험을 제공하는 등 다양한 장점을 갖추고 있다. 가상현실(VR) 기술을 기존의 전통적인 학습 방식과 결합하여 활용할 경우 더 균형 잡힌 언어교육이 가능해질 것이다. 앞으로 가상현실(VR) 기술이 더욱 발전하면서 언어학습 방식도 더욱 진화해 나갈 것이며 학습자들은 점점 더 자연스럽고 실용적인 방식으로 새로운 언어를 익힐 수 있을 것이다.

역동적인 가상현실(VR) 언어 시나리오를 만드는 생성형 인공지능의 역할

역동적인 가상현실(VR) 언어 시나리오를 구축하는 데 있어 생성형 인공지능은 핵심적인 역할을 한다. 기존의 언어학습 방식은 미리 정해진 대화 스크립트를 기반으로 진행되었기 때문에 학습자가 주어진 문장을 반복 연습하는 데 그치는 경우가 많았다. 하지만 생성형 인공지능을 활용하면 학습자의 반응과 언어 수준에 따라 유동적으로 변화하는 대화가 가능해진다. 이를 통해 학습자는 더 자연스럽고 현실적인 언어 환경에서 연습할 수 있으며 실제 의사소통 상황에 더 능동적으로 대처할 수 있는 능력을 키울 수 있다.

생성형 인공지능은 학습자가 문자나 음성으로 입력(Input)한 정보를 분석하고 실시간으로 적절한 문장과 대화를 생성함으로써 가상현실(VR) 환경 내에서 더 몰입감 있는 상호작용을 가능하게 한다. 예를 들어, 가상의 레스토랑에서 음식을 주문하는 연습을 하는 학습자가 메뉴를 잘못 발음하거나 주문을 혼동할 경우 가상 점원이 이를 이해하고 적절한 피드백을 제공하거나 추가적인 질문을 던지는 방식으로 대화를 이어갈 수 있다. 기존의 정적인 스크립트와 달리 생성형 인공지능은 학습자의 반응에 따라 즉각적으로 새로운 상황을 만들어내며 이로 인해 실제 대화처럼 유동적인 학습 경험이 가능해진다.

또한, 생성형 인공지능은 학습자의 성취도와 언어 능력을 분석하여 시나리오의 난이도를 조정할 수 있다. 만약 학습자가 특정 문법 구조를 지속적으로 틀릴 경우 가상현실(VR) 내의 가상 캐릭터가 해당 표현을 반복적으로 사용할 수 있도록 유도하거나 더 쉬운 문장으로 안내하는 등 학습자의 수준에 맞춘 조정이 가능하다. 반대로, 학습자의 실력이 향상되면 보다 복잡한 문장을 포함한 대화가 진행되도록 설정할 수도 있다. 이러한 적응형 피드백 시스템은 학습자의 부담을 줄이고 보다 자연스럽게 언어 실력이 향상될 수 있도록 돕는다.

음성 합성 기술의 발전 또한 생성형 인공지능이 가상현실(VR) 언어학습 환경에서 중요한 역할을 하는 이유 중 하나다. 과거에는 기계적이고 부자연스러운 음성이 학습을 방해하는 요소가 되기도 했지만 최신 인공지능 음성 합성 기술은 원어민과 유사한 억양과 발음을 구현할 수 있게 되었다. 이로 인해 학습자는 더 사실적인 대화 환경에서 언어를 습득할 수 있으며 발음의 미묘한 차이를 더 정확하게 구별할 수 있다.

또한 학습자가 말을 할 때 실시간으로 발음을 분석하고 교정해 주는 기능도 제공할 수 있어 더 효과적인 발음 연습이 가능해진다. 더 나아가, 생성형 인공지능은 단순한 언어 교정 기능을 넘어 문화적 맥락까지 반영할 수 있다. 예를 들어, 한국어를 배우는 외국인 학습자가 인사를 할 때 존댓말과 반말을 혼용할 경우 가상 캐릭터가 이를 인지하고 올바른 표현을 제안하는 방식으로 피드백을 제공할 수 있다. 또한 특정 문화권에서 흔히 사용되는 관용 표현이나 제스처까지 가상현실(VR) 환경 내에서 학습할 수 있도록 구성할 수 있어 단순한 언어학습을 넘어 실제 문화적 소통 능력을 키우는 데 기여할 수 있다.

이렇듯 가상현실(VR)과 생성형 인공지능이 결합된 학습환경은 더 동적인 언어학습 경험을 제공하며 학습자가 능동적으로 참여하고 실수를 통해 자연스럽게 배우는 기회를 극대화한다. 정해진 스크립트에서 벗어나 실시간으로 변화하는 시나리오를 통해 학습자는 실제 대화처럼 다양한 변수와 돌발 상황에 적응하는 훈련을 할 수 있으며 이를 통해 언어 능력을 더 효과적으로 습득할 수 있다. 앞으로 생성형 인공지능이 더욱 발전하고 가상현실(VR) 기술과의 결합이 더욱 정교해진다면 언어학습의 패러다임은 단순한 반복 연습에서 벗어나 실생활과 유사한 환경에서 자연스럽게 언어를 익히는 방향으로 나아갈 것이다.

성공적인 가상현실(VR)-생성형 인공지능 언어학습 플랫폼 사례

몬들리VR(MondlyVR)

몬들리VR은 가상현실과 생성형 인공지능을 결합하여 몰입형 언어학습을 제공하는 대표적인 플랫폼 중 하나다. 이 시스템은 학습자가 일상회화부터 여행, 비즈니스 미팅까지 다양한 상황을 경험하도록 구성되어 있으며 실제 대화 환경을 시뮬레이션함으로써 실용적인 언어 사용 능력을 향상시키는 데 초점을 맞추고 있다. 특히, 생성형 인공지능을 활용한 인터랙티브 대화 기능이 강점으로 작용한다. 학습자는 가상의 캐릭터와 실시간으로 대화를 나누며 문법이나 발음 오류에 대한 즉각적인 피드백을 받을 수 있다.

몬들리VR(MondlyVR)

이를 통해, 단순한 반복 학습이 아니라 실제 사람과 대화하는 듯한 경험을 제공받는다. 또한, 지역별 억양, 관용구, 사회적 예절 등이 반영된 시나리오를 제공하여 학습자가 단순한 언어 지식을 넘어 문화적 감각까지 익힐 수 있도록 돕는다. 게이미피케이션 요소 또한 중요한 특징이다. 점수 시스템과 진행 상황 추적 기능을 통해 학습자가 목표를 설정하고 꾸준히 동기를 유지할 수 있도록 설계되어 있으며 이는 장기적인 학습 지속성을 높이는 요인으로 작용한다.

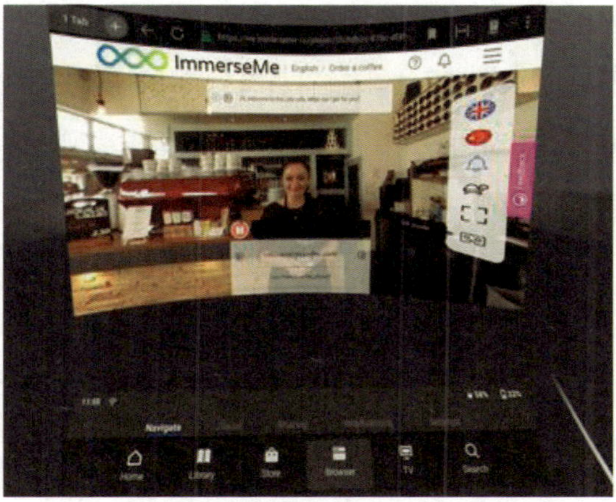

이머스미(ImmerseMe) 언어학습 VR화면

이머스미(ImmerseMe)

이머스미(ImmerseMe)는 시나리오 기반 학습을 강조하는 가상현실(VR) 언어학습 플랫폼으로 학습자가 실제 생활에서 마주할 수 있는 다양한 상황을 가상환경에서 연습할 수 있도록 구성되어 있다. 예를 들어, 카페에서 주문하기, 호텔 체크인하기, 대중교통 이용하기 같은 일상적인 활동이 시뮬레이션되며 이를 통해 학습자는 학습한 표현을 실전에 적용해 볼 수 있다.

이 플랫폼은 생성형 인공지능을 활용하여 학습자의 성과와 선호도를 분석하고 이에 따라 맞춤형 피드백과 연습 기회를 제공한다. 사용자가 특정 표현을 반복적으로 실수하면 관련된 연습을 추가하거나 난이도를 조절하여 보다 자연스럽게 언어를 익히도록 돕는다. 또한, 이머스미는 정밀한 피드백 시스템을 갖추고 있어 학습자의 발음, 문법, 유창성 등을 분석하고 구체적인 개선 방향을 제시한다. 데이터 기반 학습 방식을 적극적으로 활용하기 때문에 학습자가 자신의 약점을 더욱 체계적으로 보완할 수 있다. 무엇보다도 직관적인 인터페이스 또한 강점으로 작용하며 다양한 연령대와 기술 수준의 학습자가 쉽게 접근할 수 있도록 설계되어 있다.

그 밖의 사례

가상현실(VR)과 생성형 인공지능을 조합한 언어학습 플랫폼은 지속적으로 발전하고 있으며 다양한 솔루션이 시장에 등장하고 있다. 그중에서 '버추얼스피치(VirtualSpeech)'는 특히 비즈니스 커뮤니케이션과 발표 능력 향상을 목적으로 하는 가상현실(VR) 학습환경을 제공한다. 이 시스템은 가상 회의실, 인터뷰 현장, 대중 연설 상황 등을 재현하여 학습자가 실제와 같은 환경에서 연습할 수 있도록 돕는다. 한편, '플루언트월즈(FluentWorlds)'는 더 일반적인 영어 학습에 초점을 맞추고 있으며 현실적인 3D 환경 속에서 원어민과의 대화를 모방한 연습을 진행할 수 있도록 설계되어 있다.

이들 플랫폼의 공통점은 몰입형 학습 경험을 제공하며 생성형 인공지능을 활용해 실시간 피드백과 맞춤형 학습 경로를 제안한다는 점이다. 결과적으로, 학습자는 단순한 암기가 아니라 실제 소통 능력을 향상시키는 방향으로 학습을 진행할 수 있으며 이는 전통적인 언어학습 방식과 차별화되는 중요한 요소다.

가상현실(VR)-생성형 인공지능 시스템을 교육 현장 도입 시 직면할 과제

가상현실(VR)과 생성형 인공지능을 활용한 언어교육은 혁신적인 학습환경을 제공할 가능성이 크지만, 이를 실제 교육 현장에 효과적으로 도입하기 위해서는 먼저 여러 과제를 해결해야 한다. 그중 가장 큰 도전 과제는 기술 및 인프라 문제다. 고품질의 가상현실(VR) 하드웨어와 소프트웨어는 높은 비용이 요구되며 예산이 제한된 공교육기관에서는 이를 도입하는 것이 쉽지 않다. 특히 농어촌 지역이나 개발도상국에서는 가상현실(VR) 기술을 활용하기 위한 기본적인 인터넷 인프라조차 부족할 수 있다.

또한, 생성형 인공지능 기반 가상현실(VR) 언어교육 시스템을 기존 교육과정과 통합하는 작업도 만만치 않다. 교실 내에서 가상현실(VR) 기기를 활용하려면 단순히 기기를 도입하는 것을 넘어 교사들이 이를 효과적으로 활용할 수 있도록 충분한 연수와 기술적 지원이 제공되어야 한다. 게다가 가상현실(VR) 소프트웨어의 안정성도 중요한 문제다. 신기술이기 때문에 사용 중 버그나 지연 현상이 발생할 수 있으며 이는 학습 흐름을 끊고 사용자 경험을 저하시킬 위험이 있다.

교육 및 실용적 측면에서도 해결해야 할 과제들이 많다. 먼저 교사들이 가상현실(VR)과 생성형 인공지능을 활용한 언어학습 방식을 충분히 이해하고 효과적으로 지도할 수 있도록 하는 연수 프로그램이 필요하다. 단순히 가상현실(VR) 기기의 사용법만 익히는 것이 아니라 교사가 이를 교육적으로 어떻게 활용할 것인지에 대한 깊이 있는 학습이 요구된다. 또한 가상현실(VR) 기반 시나리오 학습이 기존의 교육과정과 자연스럽게 연결될 수 있도록 교수 설계가 정교하게 이루어져야 한다.

이에 더해, 평가 방식 역시 전통적인 시험 방식과는 다른 형태로 구성될 필요가 있으며, 가상현실(VR) 학습의 효과를 어떻게 객관적으로 측정할 것인지에 대한 논의도 필요하다. 무엇보다도, 학생들의 적응도는 생성형 인공지능 기반 가상현실(VR) 언어교육 시스템을 기존 교육과정과 통합하는 데 중요한 요소다. 일부 학생들은 VR 헤드셋 착용으로 인해 멀미를 경험할 수 있으며 가상환경 조작에 익숙하지 않아 학습 효과가 제한될 수도 있다. 따라서 단계별 적응 과정과 적절한 지원이 함께 제공되어야 한다.

마지막으로, 윤리 및 사회적 고려도 간과할 수 없는 부분이다. 생성형 인공지능 기반 가상현실(VR) 언어교육 시스템은 학습자의 음성 데이터, 언어 사용 패턴, 심지어 생체 반응까지 수집할 가능성이 있다. 따라서 학습자의 개인정보를 보호하고 데이터가 안전하게 관리되도록 하는 체계적인 보안 시스템이 필요하다. 또한, 학습자 간 기술 격차 문제도 중요한 이슈다. 첨단 기술이 교육 현장에 도입될수록 경제적 여건에 따라 접근성이 달라질 위험이 있다. 모든 학생이 평등하게 혜택을 받을 수 있도록 재정적 지원과 보급 정책이 마련되어야 한다. 아울러, 가상현실(VR) 기술이 인간적 상호작용을 대체하는 것이 아니라 보완하는 역할을 해야 한다는 점도 중요하다. 언어학습에서는 원어민과의 실제 교류, 교사와의 피드백, 친구들과의 상호작용이 필수적이다. 기술이 인간적인 요소를 약화하지 않으면서도 학습 경험을 확장하고 보완하는 방향으로 발전해야 한다.

가상현실(VR)과 생성형 인공지능을 시나리오 기반 언어학습에 적용하는 것은 언어교육 방법론에 획기적인 전환을 가져오고 있다. 실제와 유사한 맥락적 환경에서 즉각적인 피드백과 적응형 학습 경로를 제공함으로써 학습자가 더 빠른 속도로 언어 능력과 문화적 이해도를 높일 수 있기 때문이다. 이런 면에서, 몬들리VR(MondlyVR)이나 이머스미(ImmerseMe) 등의 성공 사례는 몰입형 학습환경과 개인 맞춤형 학습 경험을 통해 학습자들이 언어 실력과 문화적 감수성을 함께 키울 수 있음을 보여 준다. 그러나 생성형 인공지능 기반 가상현실(VR) 언어교육 시스템을 기존 교육과정과 통합하기 위해서는 기술과 인프라, 교사 연수, 평가 기준, 윤리적 문제 등 해결해야 할 과제도 만만치 않다. 따라서, 학교와 정책 입안자, 기술 개발자들이 협력해서 비용이나 인프라 문제를 해결하고 교사 역량을 강화하는 동시에 개인정보 보호와 형평성을 보장해야 이런 혁신이 효과적으로 자리 잡을 수 있을 것이다.

가상현실(VR)과 생성형 인공지능의 발전 추세를 볼 때 언어교육의 미래는 더욱 몰입적이고 폭넓은 학습자를 포용하는 방향으로 나아갈 가능성이 높다. 따라서, 기술적, 교육적, 윤리적 문제를 균형 있게 관리해야만, 한층 유창하고 문화적으로 세련된 소통 능력을 갖춘 세대를 양성하는 새로운 교육 패러다임을 열 수 있을 것이다.

감정 및 비언어적 표현 인식까지 가능한 상호작용 인공지능

오늘날 서로 다른 문화가 공존하고 긴밀하게 연결된 세계에서 효과적인 의사소통은 단순히 말로만 이루어지지 않는다. 표정, 제스처, 자세, 말투 등 비언어적 신호는 의미, 감정, 의도를 전달하는 데 매우 중요한 역할을 한다. 인공지능(AI)의 발전 덕분에 이러한 비언어적 신호를 인식하고 해석할 수 있는 인터랙티브 시스템이 빠른 속도로 발전하고 있다. 여기에서는 감정 인식 기술의 발전 양상을 살펴보고 언어학습에서 비언어적 소통이 왜 중요한지를 알아보고자 한다. 이어서 문화적으로 특정된 제스처를 가르치고 인식하는 인공지능 시스템을 살펴보고 감정 인식 인공지능 사용과 관련된 윤리적 고려 사항을 다룬다. 마지막으로, 감정 인식이 가능한 인공지능이 문화 간 의사소통 교육에 어떻게 활용될 수 있는지 그 잠재적 응용 분야를 제시한다.

감정 인식 기술의 발전

감정 인식 기술은 지난 10년 동안 빠른 속도로 발전하며 다양한 분야에서 활용되고 있다. 초기에는 단순한 알고리즘을 기반으로 얼굴표정을 분석하는 수준에 머물렀으나 머신러닝과 딥러닝 기술이 접목되면서 감정 분석의 정확성과 정교함이 크게 향상되었다. 최근에는 합성곱 신경망(Convolutional Neural Networks: CNN)과 순환 신경망(Recurrent Neural Networks: RNN) 같은 고도화된 신경망 모델이 등장해 얼굴표정뿐만 아니라 음성 억양이나 신체 언어 등 다양한 요소를 결합하여 보다 종합적인 감정 인식이 가능해졌다. 특히 방대한 표정 데이터와 음성 데이터를 학습한 시스템은 미묘한 감정 변화를 포착할 수 있으며 언어적 표현뿐만 아니라 비언어적 신호까지 분석해 더욱 자연스러운 감정 이해를 돕는다.

최근 감정 인식 기술의 발전에서 주목할 부분은 다중모드 분석(multimodal analysis)이다. 기존의 감정 분석 기술이 주로 얼굴표정이나 음성을 단독으로 분석하는 방식이었다면 최신 다중모드 분석 기술은 여러 가지 신호를 결합하여 감정 상태를 더 정밀하게 예측한다. 예를 들어, 얼굴표정을 분석하면서 동시에 음성 톤, 제스처, 심박수 같은 생체 신호를 함께 고려함으로써 감정의 복합적인 측면을 포착할 수 있다.

이러한 기술의 발전 덕분에 감정 인식 시스템은 이제 단순한 감정 구분을 넘어 사람들이 실제로 느끼는 감정을 실시간으로 분석하고 이를 바탕으로 적절한 반응을 생성할 수 있게 되었다. 또한, 컴퓨팅 성능의 향상과 알고리즘 최적화 덕분에 감정 인식 기술이 실시간으로 작동할 수 있는 수준까지 도달했다. 이는 인터랙티브한 언어학습이나 감정 기반 사용자 경험 설계와 같은 분야에서 중요한 역할을 할 수 있음을 시사한다.

현재 다양한 기업과 연구 기관에서 감정 인식 기술을 개발하고 있으며 어펙티바(Affectiva)나 마이크로소프트 애저(Microsoft Azure)의 페이스API(Face API), 아마존 레코그니션(Amazon Rekognition) 등과 같은 대표적인 얼굴 분석 소프트웨어들은 표정 데이터를 실시간으로 해석하여 행복, 놀

[위] Affectiva, [좌] Face API, [우] Amazon Rekognition

람, 슬픔, 분노 같은 감정을 구분한다.

음성 기반 감정 분석 기술도 크게 발전하고 있으며 비욘드 버벌(Beyond Verbal)이나 IBM 왓슨(Watson) 같은 시스템은 음성의 피치, 볼륨, 속도를 분석해 화자의 감정 톤을 추론한다. 최근에는 얼굴표정, 음성, 제스처 데이터를 통합 분석하는 시스템이 등장하고 있으며 이러한 다중모드 분석 기술은 인간-컴퓨터 상호작용(Human-Computer Interaction: HCI) 연구나 인공지능 비서 개발에 적극적으로 활용되고 있다.

언어학습 분야에서도 감정 인식 기술이 도입되면서 새로운 가능성이 열리고 있다. 생성형 인공지능 기반 학습 시스템이 학습자의 감정 상태를 실시간으로 분석하여 적절한 피드백을 제공할 수 있기 때문이다. 예를 들어, 학습자가 어려움을 느끼거나 좌절감을 보이면 시스템이 자동으로 학습 속도를 조절하거나 격려 메시지를 제공할 수 있다. 반대로 학습자가 자신감을 보이면 난이도를 점진적으로 높이는 방식으로 맞춤형 학습 경로를 제공할 수도 있다. 이러한 감정 기반 적응형 학습은 학습자의 몰입도를 높이고 스트레스나 불안을 최소화하면서 최적의 학습환경을 조성하는 데 기여할 것으로 기대된다.

감정 인식 기술은 단순한 감정 분석을 넘어 인간과 기계 간의 상호작용을 더욱 자연스럽고 직관적으로 만들고 있다. 앞으로 감정 분석 기술은 더욱 정교해지고 언어학습뿐만 아니라 다양한 교육, 의료, 서비스 산업에 광범위하게 적용될 가능성이 높다. 하지만 동시에 감정 데이터를 다루는 윤리적 문제와 개인정보 보호 이슈도 고려해야 하며 기술이 인간의 감정을 올바르게 해석하고 적절하게 반응하도록 지속적인 연구와 검토가 이루어져야 한다.

언어학습에서 비언어적 소통의 중요성

비언어적 소통은 언어학습에서 종종 간과되지만 사실 원활한 의사소통을 위해 중요한 역할을 수행한다. 인간의 상호작용에서 언어적 표현만으로는 전달할 수 없는 감정과 의미가 존재하기 때문에 이는 표정, 제스처, 억양 같은 비언어적 신호를 통해 보완된다. 연구에 따르면, 대화에서 전달되는 정보의 상당 부분이 이러한 비언어적 요소를 통해 이루어진다고 한다. 하지만 전통적인 언어교육에서는 주로 문법, 어휘, 문장 구조 같은 언어적 요소에 집중하기 때문에 학습자가 실제 대화에서 겪는 비언어적 신호 해석의 어려움에 충분히 대비하지 못하는 경우가 많았다. 따라서 효과적인 언어학습을 위해서는 비언어적 소통 능력을 체계적으로 익히고 활용하는 것이 요구된다.

비언어적 신호 중에서도 특히 표정은 대화의 감정적 맥락을 이해하는 데 중요한 역할을 한다. 사람의 얼굴표정은 말보다 빠르고 직관적으로 감정을 전달하며 이는 문화권을 초월하는 경우도 많다. 예를 들어, 기쁨, 놀람, 분노 같은 기본적인 감정 표현은 전 세계적으로 유사하게 나타난다. 하지만 미묘한 감정의 차이나 사회적 의미는 문화마다 다를 수 있어 이를 올바르게 해석하는 능력이 필요하다.

제스처 역시 언어적 표현을 강조하거나 보완하는 중요한 수단이다. 손짓이나 몸짓은 단순한 동작처럼 보이지만 특정 문화에서는 중요한 의미를 갖는다. 예를 들어, 손을 흔드는 방식이 어떤 문화에서는 친근함을 나타내지만 다른 문화에서는 무례한 행동으로 해석될 수도 있다. 미국이나 서구권에서는 상대방을 향해 손바닥을 흔드는 것이 친근하게 인사하는 방식이지만 그리스에서는 손바닥을 활짝 펴고 앞을 향해 흔드는 것은 모우차(Moutza)라고 불리는 모욕적인 제스처로 여겨질 수 있으며, 이란이나 이라크 같은 중동지역에서는 '꺼져라'라는 의미로 받아들여질 수 있기 때문에 주의해야 한다. 일본에서는 손을 얼굴 앞에서 좌우로 흔들면 '아니요'라는 의미로 인식되기 때문에 서구권 출신이 일본에서 친근한 의미로 손을 흔든 것이 일본사람에게는 거절의 의미로 느껴질 수도 있다. 따라서 학습자는 자신이 배우는 언어와 함께 해당 문화권의 제스처와 신체 언어도 익혀야 한다.

준언어적 요소도 중요한 비언어적 소통 방식 중 하나다. 목소리의 톤, 피치, 억양, 말하는 속도로 같은 문장을 말하더라도 전혀 다른 의미를 전달할 수 있다. 억양이 올라가면 질문이나 놀라움을 나타낼 수 있고 낮은 톤과 느린 속도는 신중함이나 권위를 표현할 수 있다. 같은 문장이라도 억양과 강세를 다르게 사용하면 감정과 의도가 달라질 수 있으므로 단순한 발음 연습을 넘어서 이런 요소들을 체득하는 것이 중요하다. 특히 외국어를 배우는 학습자가 자연스러운 억양을 익히지 않으면 의사소통 과정에서 뜻하지 않은 오해를 불러일으킬 수도 있다.

비언어적 소통 능력을 강화하는 것은 단순히 언어 능력을 높이는 것이 아니라 문화적 이해력을 함께 키우는 과정이기도 하다. 언어는 그 자체로 문화적 산물이며 비언어적 신호 또한 각 사회의 규범과 가치관을 반영한다. 예를 들어, 서양에서는 눈을 맞추는 것이 신뢰와 관심의 표시지만 일부 아시아 문화권에서는 상대방을 존중하는 의미에서 눈을 피하는 것이 더 자연스러울 수 있다. 따라서 효과적인 언어학습은 단순한 단어와 문장 구조를 익히는 것을 넘어서 해당 언어가 사용되는 사회적 맥락을 이해하고 적절한 소통 방식을 익히는 것이 포함되어야 한다.

비언어적 소통 능력을 효과적으로 학습하기 위해서는 실습과 체험이 필수적이다. 역할극이나 시뮬레이션 같은 교실 활동을 통해 학생들은 다양한 상황에서 비언어적 신호를 해석하고 활용하는 연습을 할 수 있다. 예를 들어, 커피숍에서 음료를 주문하는 상황을 연출할 때 단순히 주문하는 문장을 외우는 것이 아니라 손짓, 눈맞춤, 억양 같은 요소까지 포함해 연습하면 실제 환경에서 더 자연스럽게 의사소통할 수 있다. 또한, 생성형 인공지능 기반 언어학습 시스템이 점점 발전하면서 음성 분석뿐만 아니라 제스처나 표정에 대한 피드백까지 제공하는 방식으로 확장될 가능성이 있다. 학습자가 말하는 동안 카메라나 센서를 활용해 억양, 표정, 몸짓을 분석하고 더 자연스러운 표현을 유도하는 방식이 적용될 수 있다.

또한, 원어민 영상이나 다큐멘터리, 가상현실(VR) 시뮬레이션 등을 활용하면 학습자는 자연스럽게 다양한 비언어적 표현을 접하고 체득할 수 있다. 특히 가상현실(VR) 환경에서는 실제 같은 상황을 경험하면서 문화적 맥락까지 포함된 비언어적 요소들을 직접 체험할 수 있기 때문에 더욱 효과적이다. 예를 들어, 외국에서 길을 묻는 가상현실(VR) 시뮬레이션을 진행하면 말뿐만 아니라 상대방의 몸짓, 손짓, 표정을 관찰하면서 대화를 진행할 수 있어 실제 경험과 유사한 학습 효과를 얻을 수 있다.

결론적으로, 비언어적 소통은 언어학습의 필수 요소이며 단순한 문법과 어휘 학습을 넘어 실질적인 의사소통 능력을 키우는 데 핵심적인 역할을 한다. 표정, 제스처, 억양 같은 요소들은 말의 의미를 더욱 풍부하게 만들고 문화적 이해도를 높이는 데에도 기여한다. 따라서 효과적인 언어교육을 위해 이러한 요소들을 체계적으로 학습할 수 있도록 다양한 경험과 기술적 도구를 활용한 학습환경을 조성해야 한다.

문화적으로 특정된 제스처를 가르치고 인식하는 인공지능 시스템

문화적으로 차이를 보이는 제스처를 가르치고 인식하는 인공지능 시스템은 단순한 언어교육을 넘어 실질적인 의사소통 능력을 높이는 데 중요한 역할을 한다. 언어학습에서 표정과 같은 기본적인 감정 표현은 비교적 보편적으로 이해되지만 손짓이나 신체 동작은 문화에 따라 의미가 다르게 해석될 수 있기 때문이다. 예를 들어, 서양에서는 엄지를 치켜드는 동작이 긍정적인 의미를 가지지만 러시아나 이란, 그리스나

서아프리카 등 일부 국가에서는 무례하거나 공격적인 의미로 받아들여질 수 있다. 따라서 언어를 학습하는 사람이라면 외국어뿐만 아니라 그에 수반되는 문화적 표현까지 익혀야 원활한 소통이 가능하게 된다. 인공지능 기술이 발전하면서 이러한 문화적 차이를 인식하고 교육하는 시스템이 등장하고 있으며 이는 학습자가 특정 언어권에서 더 자연스럽고 효과적으로 의사소통할 수 있도록 돕는다.

인공지능 기반 언어교육 시스템의 핵심 기술 중 하나는 제스처 인식 기술이다. 컴퓨터 비전과 모션 트래킹 알고리즘을 이용해 학습자의 손동작과 신체 움직임을 분석하고 이를 특정 문화권에서 사용되는 제스처와 비교하는 방식으로 작동한다. 사용자가 가상현실(VR) 환경에서 특정 제스처를 수행하면 인공지능이 이를 감지해 해당 제스처가 올바르게 사용되었는지 즉각적인 피드백을 제공할 수 있다. 또한, 학습자의 움직임이 정확하지 않거나 부적절한 동작을 포함하고 있을 경우 이를 수정할 수 있도록 가이드라인을 제시하는 방식으로 학습 효과를 극대화한다.

이러한 학습을 위해, 인공지능 시스템은 방대한 문화 데이터베이스를 활용한다. 특정 국가나 지역에서 사용되는 다양한 비언어적 표현을 모아 학습함으로써 인공지능 모델이 맥락에 따라 제스처의 의미를 구분할 수 있다. 고개를 끄덕이는 동작이 대부분의 국가에서 긍정을 의미하지만 불가리아나 알바니아 등 일부 문화권에서는 반대의 의미를 가질 수 있다. 따라서 인공지능 시스템은 사용자의 학습 목표와 문화적 배경을 고려해 맥락에 맞는 피드백을 제공할 수 있어야 한다. 이를 위해 최신 인공지능 모델들은 영상, 음성, 문자뿐만 아니라 비언어적 표현을 포함한 다중모드 데이터를 학습해 더욱 정교한 분석을 가능하게 한다.

한편, 실시간 피드백 기능도 인공지능 기반 언어교육 시스템의 중요한 요소 중 하나다. 학습자가 특정 문화에서 부적절한 제스처를 사용했을 경우 인공지능이 이를 즉각 감지해 적절한 교정을 제공한다. 예를 들어, 비즈니스 미팅 시 불필요한 손동작을 많이 사용하는 학습자에게 인공지능이 더 정중하고 절제된 제스처를 권장하는 방식이다. 이는 단순히 언어만을 배우는 것이 아니라 실제 환경에서 효과적인 커뮤니케이션을 수행할 수 있도록 돕는 역할을 한다. 또한, 학습자가 다양한 시나리오에서 반복적으로 연습할 수 있도록 돕기 때문에 점진적으로 자연스러운 비언어적 표현을 익힐 수 있게 된다.

이러한 기술은 단순한 제스처 교육을 넘어 언어학습을 보다 현실적이고 실용적인 방식으로 바꾸는 데 기여할 수 있다. 기존의 언어학습 방식은 주로 문법과 어휘 학습에 초점을 맞추지만 비언어적 요소를 포함하는 학습 방식은 학습자가 실제 환경에서 더욱 자연스럽게 언어를 사용할 수 있도록 도와준다. 예를 들어, 가상현실(VR) 기반의 학습환경에서 학습자는 실제 카페에서 주문하거나 지하철역에서 길을 묻는 상황을 시뮬레이션하면서 문화적으로 적절한 제스처를 연습할 수 있다. 이러한 맥락적 학습 방식은 단순히 교재를 통해 이론적으로 배우는 것보다 훨씬 효과적으로 실전 감각을 익히게 한다.

생성형 인공지능을 활용하면 학습자의 수준과 필요에 따라 시나리오를 유동적으로 조정할 수도 있다. 예를 들어, 학습자가 일본에서의 비즈니스 미팅 문화에 대해 배우고자 한다면 인공지능이 자동으로 해당 문화권에서 사용되는 적절한 몸짓과 손짓을 포함한 대화 환경을 조성할 수 있다. 이를 통해 학습자는 단순한 문장 구사가 아니라 실제 커뮤니케이션에서 요구되는 모든 요소를 통합적으로 학습할 수 있다.

이러한 기술은 교실 환경에서도 유용하게 활용될 수 있다. 인공지능 기반 제스처 학습 시스템을 교실 수업에 도입하면 학생들이 직접 신체 움직임을 연습하고 피드백을 받을 수 있는 기회가 늘어난다. 또한, 협력 학습환경을 조성해 학생들이 서로의 표현을 분석하고 피드백을 주고받을 수도 있다. 이를 통해 언어뿐만 아니라 문화적 감각까지 함께 익힐 수 있는 환경이 조성될 수 있다. 궁극적으로, 이러한 시스템은 글로벌 커뮤니케이션 역량을 키우는 데 중요한 역할을 하며 학습자가 새로운 언어를 배울 때 더 효과적으로 활용할 수 있도록 돕는다.

감정 인지 인공지능의 윤리적 고려 사항

감정 인지 인공지능의 활용이 확대되면서 이를 윤리적으로 운영하기 위한 고려 사항이 점점 더 중요해지고 있다. 감정 인식 기술은 사용자의 얼굴표정, 음성, 생체 반응 등을 분석하여 감정 상태를 추론하는 기능을 갖추고 있으며 언어학습을 포함한 다양한 교육 환경에서 맞춤형 피드백을 제공하는 데 유용하게 활용될 수 있다. 그러나 이러한 기술이 인간의 감정과 소통 방식을 다루는 만큼 개인정보 보호, 알고리즘의 공정성, 피드백의 적절성 등 여러 윤리적 문제를 동반할 수 있다.

우선 프라이버시와 데이터 보안 문제는 감정 인지 인공지능이 직면한 가장 중요한 윤리적 이슈 중 하나다. 감정 분석을 위해 얼굴표정, 음성톤, 신체 움직임뿐만 아니라 심박수나 뇌파와 같은 생체 데이터까지 활용될 수 있기 때문에 이 데이터가 어떻게 수집되고 저장되며 활용되는지에 대한 철저한 관리가 필요하다. 학습자가 감정 인식 시스템을 사용할 경우 수집되는 정보의 종류와 활용 목적을 명확히 설명하고 이에 대한 동의를 구하는 절차가 필수적이다. 데이터의 익명화를 통해 개인을 식별할 수 없도록 처리하고 불필요한 정보는 최소한으로 보관하는 등의 데이터 보호 조치도 함께 고려해야 한다.

알고리즘의 편향성과 공정성 문제도 간과할 수 없다. 감정 인식 시스템은 머신러닝을 기반으로 하기 때문에 학습된 데이터의 편향에 따라 특정 문화권이나 인종의 표정을 더 정확하게 인식하고 다른 문화권의 표현은 부정확하게 해석하는 문제가 발생할 수 있다. 예를 들어, 서구권에서 주로 학습된 모델은 아시아권의 표정 변화를 제대로 인식하지 못하거나 문화적 차이로 인해 오해의 소지가 있는 결과를 도출할 수도 있다. 따라서 감정 인지 인공지능이 공정하게 작동하기 위해서는 다양한 문화적 배경을 반영한 데이터를 충분히 확보하고 지속적으로 검증하는 과정이 필요하다. 그뿐만 아니라, 학습자가 감정을 표현하는 방식이 성별이나 개인적 성향에 따라 다를 수 있다는 점도 고려해야 한다. 예를 들어, 어떤 사람은 말할 때 손을 많이 사용하는 반면, 다른 사람은 표정만으로 감정을 표현할 수 있다. 감정 분석 인공지능이 이러한 개별 차이를 무시하고 일괄적으로 판단할 경우 특정 학습자에게 불리하게 작용할 수 있다.

감정 인식 시스템이 학습자에게 제공하는 피드백의 적절성도 중요한 윤리적 문제다. 인공지능이 감정 상태를 분석해 학습환경을 조정하는 것은 매우 효과적일 수 있지만 그 과정에서 학습자가 본인의 자연스러운 감정 표현을 억누르고 기계가 '정답'이라고 판단하는 방식만을 따르려는 경향이 생길 수도 있다. 감정 인식 시스템이 지나치게 기계적인 기준으로 피드백을 제공하면 학습자는 자신의 원래 감정 표현 방식을 수정해야 한다는 압박을 느낄 수 있다. 따라서 교육 환경에서는 인공지능 피드백을 절대적인 기준으로 삼기보다는 학습자의 개성과 감정 표현 방식을 존중하는 방향으로 설계해야 한다.

투명성과 책임의 문제도 감정 인지 인공지능의 윤리적 운영에서 중요한 요소다. 학습자가 인공지능의 피드백을 신뢰하려면 왜 특정한 교정이 제안되었는지 이해할 수 있어야 한다. 즉, 인공지능이 어떤 기준으로 감정을 판단하고 왜 특정한 반응을 추천하는지 명확하게 설명할 수 있어야 한다. 만약 학습자가 자신의 감정을 잘못 해석 당했다고 느낀다면 피드백이 오히려 역효과를 낼 수 있다. 이를 방지하기 위해서는 감정 분석 모델이 결정한 근거를 사용자에게 제공하고 필요할 경우 학습자가 직접 피드백을 수정하거나 재평가할 수 있는 기능도 고려해야 한다.

감정 인지 인공지능을 지속적으로 모니터링하고 개선하는 체계가 마련되어야 한다. 기술이 발전할수록 새로운 윤리적 문제가 발생할 가능성이 있으며 예상하지 못했던 부작용이 나타날 수도 있다. 따라서 정기적인 검토와 사용자 피드백을 반영해 알고리즘을 개선하고 불공정한 결과를 줄이기 위한 조치를 지속적으로 시행해야 한다. 또한, 교육자, 연구자, 기술 개발자 간의 협업을 통해 감정 인식 기술이 윤리적으로 올바르게 운영되도록 점검하는 체계가 필요하다.

감정 인지 인공지능은 학습자의 정서 상태를 고려한 맞춤형 교육을 가능하게 하고 언어학습을 더욱 효과적으로 만드는 강력한 도구다. 하지만 이러한 기술이 학습자의 프라이버시를 침해하거나 특정 문화나 개인에게 불이익을 주는 방식으로 작동해서는 안 된다. 윤리적 고려가 충분히 반영된 감정 인식 시스템만이 기술의 발전과 인간 중심의 교육 철학을 조화롭게 결합할 수 있다.

문화 간 의사소통 훈련에서의 잠재적 활용

문화 간 의사소통 훈련에서 감정 인식과 비언어적 표현 분석 기술의 활용은 점점 더 중요해지고 있다. 언어 자체가 의미 전달의 주요 수단이긴 하지만 효과적인 커뮤니케이션을 위해서는 표정, 제스처, 억양 등 다양한 비언어적 요소도 함께 고려해야 한다. 특히 국제적인 환경에서는 서로 다른 문화적 배경을 이해하고 존중하는 것이 필수적이며 이에 따라 인공지능 기반 감정 인식 기술이 문화 간 의사소통 훈련에 유용한 도구로 자리 잡고 있다.

무엇보다도, 국제 비즈니스 환경에서는 문화적 차이를 고려한 커뮤니케이션이 필수적이다. 글로벌 기업에서는 다양한 국가의 파트너, 고객, 동료들과 원활하게 소통해야 하는데 단순히 언어 능력만 뛰어나서는 효과적인 협상이 어렵다. 인공지능 기반 훈련 모듈을 활용하면 가상 회의, 협상, 네트워킹 상황을 시뮬레이션해 비언어적 표현까지 연습할 수 있다. 예를 들어, 특정 문화에서는 직접적인 눈맞춤이 신뢰를 의미하지만 다른 문화에서는 지나친 눈맞춤이 불편함을 줄 수 있다. 인공지능 시스템은 이러한 문화적 차이를 분석하고 피드백을 제공해 학습자가 문화적으로 적절한 비언어적 스킬을 습득하도록 돕는다. 또한 호텔, 관광, 항공 등 글로벌 고객을 응대해야 하는 직업군에서는 손짓, 표정, 말투 등이 고객 경험에 직접적인 영향을 미친다. 감정 인식 인공지능을 통해 서비스 종사자들은 다양한 문화권 고객과의 상호작용을 연습하고 보다 자연스럽고 효과적인 소통 방식을 익힐 수 있다.

한편, 외교 및 국제 관계에서도 감정 인식 기술은 매우 유용한 역할을 할 수 있다. 외교관이나 국제 협상가는 상대방의 미묘한 비언어적 신호를 파악해야 한다. 단순한 언어적 발화뿐만 아니라 표정 변화, 몸짓, 억양 등을 종합적으로 분석해야 정확한 의도를 파악할 수 있기 때문이다. 인공지능을 활용한 가상훈련을 통해 실제 협상과 유사한 상황에서 반응을 연습할 수 있으며 상대 문화권의 비언어적 표현을 미리 학습함으로써 오해를 줄이고 협상의 효과를 높일 수 있다. 갈등 해결 과정에서도 감정 인식 기술은 유용할 수 있다. 국제 분쟁이나 문화적 오해로 인해 대화가 단절될 위험이 있는 경우, 감정 분석 시스템이 대화의 감정적 흐름을 추적하고 갈등을 완화하는 방향으로 피드백을 제공할 수 있다. 예를 들어, 회의 중 상대방이 불편한 표정을 지었을 때 이를 감지하고 보다 유연한 접근이 필요하다는 신호를 협상자에게 제공할 수 있다.

교육과 개인 역량 개발 분야에서도 감정 인식 기술은 큰 가능성을 지닌다. 언어학습 과정에서 인공지능이 음성뿐만 아니라 표정, 몸짓, 억양까지 분석해 피드백을 제공하게 되면 학습자는 더 자연스러운 언어 사용을 익힐 수 있다. 기존의 언어학습은 주로 문법과 단어 중심으로 이루어졌지만 실제 소통에서는 말하는 방식과 태도도 중요한 요소다. 감정 인식 기술이 적용된 학습 프로그램은 학습자가 특정한 감정 상태에서 어떻게 말해야 하는지를 훈련할 수 있도록 도와준다. 예를 들어, 공손하게 거절하는 방법이나 화가 난 상태에서 감정을 조절하며 말하는 방법 등을 가상 시나리오를 통해서 연습할 수 있다.

이에 더해, 문화 간 역량을 기르는 워크숍에서도 감정 인식 기술은 중요한 도구가 될 수 있다. 대학이나 기업 교육과정에서 인공지능 기반 시뮬레이션을 활용하면 학습자가 다양한 문화적 배경에서의 비언어적 표현을 체험하고 교정받을 수 있다. 특정 국가에서는 환영의 의미로 악수를 하지만 다른 문화에서는 가벼운 목례가 더 적절할 수 있다. 이러한 차이를 인공지능이 실시간으로 분석해 피드백을 제공하면 학습자는 더 깊이 있는 문화적 감각을 익힐 수 있다.

마지막으로, 감정 인식 기술은 개인의 성장에도 기여할 수 있다. 자기표현 능력을 향상하고 싶은 학습자는 감정 분석 인공지능을 활용해 자신의 표정, 억양, 몸짓 등을 점검하고 이를 개선할 수 있다. 예를 들어, 면접 준비를 하는 사람이 자신의 목소리 톤이나 제스처가 어떻게 보이는지를 분석하고 필요한 경우 조정하는 연습을 할 수 있다. 또한, 사회적 소통이 어려운 학습자에게는 자신의 감정 표현 방식이 타인에게 어떻게 전달되는지를 피드백 해주는 기능이 큰 도움이 될 수 있다.

이처럼 감정 인식과 비언어적 표현 분석 기술은 문화 간 의사소통 훈련에서 다양한 방식으로 활용될 수 있다. 국제 비즈니스, 외교, 고객 서비스, 교육, 개인 성장 등 여러 분야에서 이 기술을 활용하면 보다 효과적인 의사소통이 가능해지고, 상호 문화적 이해를 높이는 데도 기여할 수 있다. 기술이 인간 소통의 본질을 보완하고 확장하는 방향으로 발전해 간다면 언어뿐만 아니라 문화적 맥락까지 고려한 더 정교한 소통이 가능해질 것이다.

외국어 교육의 개인화: 맞춤형 커리큘럼과 진도 관리

기술 중심의 학습환경이 확산되면서 학습자의 고유한 필요와 선호, 학습 진도에 맞춰 수업 방식을 유연하게 바꿔주는 개인화된 교육 방식이 점차 정착되고 있다. 이번에는 인공지능이 개인화된 외국어 교육에 미치는 혁신적 영향에 대해 살펴보고자 한다. 구체적으로, 인공지능 기반 학습자 프로파일링과 적응형 학습 경로가 어떻게 맞춤형 커리큘럼을 형성하는지, 개별 학습 요구에 부합하는 개인화된 콘텐츠 생성의 역할은 무엇인지, 그리고 인공지능을 활용한 학습 진도 추적과 성과 분석을 통해 어떻게 장기적으로 교육을 개선할 수 있는지를 다룬다. 또한, 표준화된 학습 목표와 개인화를 조화롭게 결합하는 과정에서 부딪치는 문제들도 함께 살펴본다.

인공지능 기반 학습자 프로파일링과 적응형 학습 경로

학습자 프로파일링 개념

인공지능 기반 학습자 프로파일링은 개별 학습자의 능력, 학습 패턴, 강점과 약점, 정서적 요인을 분석하여 맞춤형 학습 경험을 제공하는 기술이다. 따라서, 단순한 성적 평가를 넘어, 학습자가 어떤 부분에서 어려움을 느끼고 어떤 학습 방식에서 효과를 보는지를 체계적으로 파악하는 것이 핵심이다. 이를 위해 인공지능 시스템은 학습자의 언어적 배경, 학습 속도, 선호하는 학습 방식, 집중도, 실수 패턴 등을 지속적으로 추적한다. 예를 들어, 특정 문법 규칙을 자주 틀리는 학습자나 말하기에서 주저하는 경향이 있는 학습자의 경우, 해당 취약점을 보완할 수 있도록 인공지능이 자동으로 학습 경로를 조정한다.

학습자 프로파일링 과정은 다양한 학습 데이터 수집을 통해 이루어진다. 퀴즈 점수, 발음 교정 데이터, 작문 패턴, 실시간 대화 연습 등의 정보를 종합 분석하며 심지어 감정 분석 기술을 활용해 학습자의 동기부여 수준이나 불안감을 감지하기도 한다. 데이터 수집 이후에는 머신러닝 알고리즘이 수집된 데이터를 바탕으로 학습자의 학습 패턴을 인식하고 반복적인 실수를 찾아낸다. 예를 들어, 과거형 동사를 지속적으로 틀린다면 해당 부분을 집중적으로 연습하도록 추천할 수 있다. 이러한 프로파일링은 고정적인 것이 아니라 학습자의 성취도 변화에 따라 지속적으로 업데이트된다. 학습자가 새로운 개념을 마스터하면 더 어려운 과제를 제공하거나 특정 부분에서 여전히 어려움을 겪고 있다면 추가 보강 학습을 제공하는 식으로 역동적으로 조정된다. 이를 통해 학습자는 자신의 수준과 필요에 맞는 최적의 학습 경험을 얻을 수 있으며 이는 장기적으로 더 효과적인 학습 성과를 이끌어낸다.

적응형 학습 경로

적응형 학습 경로는 학습자 프로파일링 데이터를 바탕으로 개인에게 최적화된 학습 흐름을 자동으로 조정하는 방식이다. 모든 학습자가 동일한 학습 경로를 밟는 것이 아니라 개인의 현재 수준과 학습 속도에

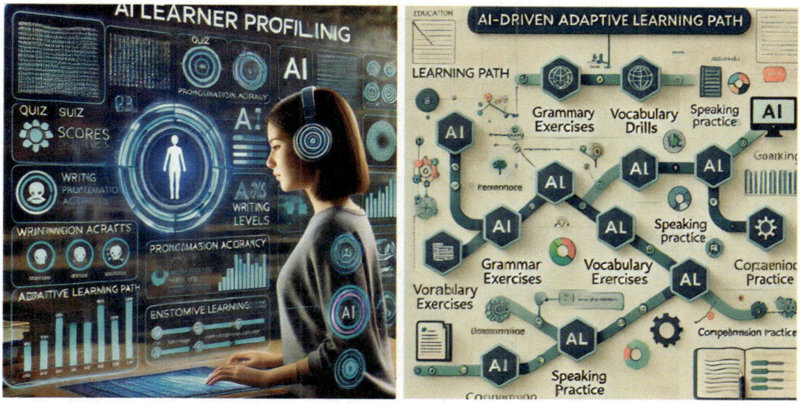

[좌] 프로파일링, [우] 인공지능 기반 적응형 학습 경로(Dall-E3)

맞게 맞춤형 학습 경험을 제공받는 것이 핵심이다. 예를 들어, 한 학습자가 기본적인 문법 개념은 빠르게 익히지만 말하기 연습에서는 어려움을 겪는다면 인공지능 시스템은 문법 연습을 줄이고 대신 발음 및 즉흥 말하기 연습을 늘리는 방식으로 학습 경로를 조정할 수 있다. 반대로, 문장 구조 이해에는 강하지만 특정 어휘 사용이 부족한 학습자라면 어휘 확장 프로그램을 중심으로 학습 내용을 변경할 수 있다.

이러한 학습 경로는 정해진 커리큘럼을 따르는 것이 아니라 실시간 학습 데이터에 따라 끊임없이 조정된다. 만약 학습자가 특정 과제에서 어려움을 겪는다면 난이도를 조절하거나 추가 설명을 제공하며, 반대로 학습자가 예상보다 빠르게 개념을 익힌다면 더 도전적인 과제로 넘어갈 수 있도록 유연하게 구성된다. 적응형 학습 시스템은 학습자의 목표 달성을 돕기 위해 장기 목표를 단기 목표로 세분화한다. 예를 들어, '한 달 안에 기본적인 여행 회화를 마스터하겠다'는 목표가 설정되면, 이를 주별 목표로 나누어 점진적으로 학습을 진행하도록 한다. 이런 방식을 통해 학습자는 작은 목표를 꾸준히 달성하면서 성취감을 느끼고 학습 동기를 유지할 수 있다. 또한, 이러한 방식은 학습자가 너무 쉬운 내용을 반복하는 비효율성을 제거하고 어려운 내용에 좌절하는 상황을 최소화한다. 따라서 개인별 최적의 난이도를 유지할 수 있으며 이는 학습자의 흥미와 지속적인 참여를 유도하는 데 중요한 역할을 한다.

인공지능 기반 개인화의 이점

학습자 프로파일링과 적응형 학습 경로의 결합은 기존의 일률적인 교육 방식과 비교해 많은 장점을 제공한다. 가장 큰 장점은 학습자의 몰입도를 높이고 학습 지속성을 유지할 수 있다는 점이다. 개인 맞춤형 학습은 학습자의 흥미와 필요에 맞추어 진행되기 때문에 지루함을 줄이고 학습 동기를 유지하는 데 큰 도움이 된다.

효율적인 학습도 가능해진다. 전통적인 학습 방식에서는 모든 학습자가 동일한 단계를 거쳐야 하기 때문에 이미 숙달한 내용을 다시 공부해야 하는 비효율이 발생하기 쉽다. 하지만 인공지능 기반 학습 시스템에서는 학습자의 강점을 활용하고 부족한 부분을 보완하는 방식으로 학습을 진행하므로 학습 시간이 더 효과적으로 사용된다. 예를 들어, 듣기 실력이 뛰어난 학습자에게는 듣기 연습 시간을 줄이고 말하기 연습에 집중할 수 있도록 조정된다.

적절한 도전 과제를 제공함으로써 학습자의 좌절감을 줄이는 것도 중요한 이점이다. 난도가 너무 높은 학습을 제공하면 학습자가 금세 포기할 수 있고 반대로 너무 쉬운 내용을 반복하면 흥미를 잃기 쉽다. 하지만 인공지능은 학습자의 실력에 맞춰 적절한 난이도를 자동으로 조정하기 때문에 학습자는 자신의 수준에 맞는 도전을 지속할 수 있다.

마지막으로, 장기적인 학습 성과를 향상하는 데 효과적이다. 실시간 데이터 분석을 통해 학습자의 패턴을 지속적으로 업데이트하며 이를 바탕으로 최적의 학습 계획을 조정하기 때문에 보다 체계적이고 일관된 학습이 가능하다. 이처럼 인공지능 기반 학습자 프로파일링과 적응형 학습 경로는 학습자의 개별적인 요구를 반영해 최적화된 교육을 제공함으로써 외국어 학습의 효율성과 효과를 극대화하는 데 중요한 역할을 한다. 앞으로 이러한 기술이 더욱 정교해지면서 학습자들은 더욱 개인화된 경험을 통해 자연스럽고 빠르게 언어를 습득할 수 있을 것이다.

개인 맞춤형 콘텐츠 생성

콘텐츠 개인화의 역할

언어학습에서 개인 맞춤형 콘텐츠는 학습자의 관심사, 학습 목표, 문화적 배경, 언어 능력에 따라 최적화된 학습 자료를 제공하는 핵심 요소다. 기존의 교육 콘텐츠는 정해진 커리큘럼과 표준화된 자료를 제공하는 경우가 많았지만, 생성형 인공지능 기술을 활용하면 학습자 개개인의 필요에 맞춰 맞춤형 콘텐츠를 생성할 수 있다. 이는 단순히 난이도를 조정하는 것에 그치지 않고 학습자가 실제로 관심이 있는 주제를 중심으로 학습을 설계하여 몰입도를 높이는 방식이다.

특히, 자연어 생성(Natural Language Generation: NLG) 기술이 이러한 맞춤형 콘텐츠 생성의 핵심 역할을 한다. 생성형 인공지능은 학습자의 수준과 학습 패턴을 분석한 후 적절한 난이도의 문장이나 단어를 포함한 텍스트를 자동으로 생성할 수 있다. 이를 통해 학습자는 자신이 배운 문법이나 어휘를 활용할 수 있는 대화형 시나리오를 경험하며 더욱 실질적인 연습 기회를 얻을 수 있다.

또한, 개인 맞춤형 콘텐츠를 활용하면 주제별 맞춤화가 가능해진다. 여행을 준비하는 학습자라면 공항, 호텔, 레스토랑에서 사용할 표현을 우선적으로 배울 수 있도록 커리큘럼이 구성되고 비즈니스 회화를 필요로 하는 학습자라면 협상, 이메일 작성, 프레젠테이션과 관련된 연습을 제공받을 수 있다. 이런 방식은 학습자가 더 실용적인 상황을 연습하도록 도와주며 단순한 암기식 교육이 아닌 맥락 중심의 학습을 가능하게 한다.

문화적 적합성 또한 개인 맞춤형 콘텐츠의 장점 중 하나다. 언어는 단순한 문법과 단어의 조합이 아니라 특정한 문화적 배경과 맥락에서 의미를 갖는다. 생성형 인공지능은 학습자의 학습 언어권 문화에서 흔히 사용되는 표현이나 관용구, 적절한 사회적 예절을 학습 자료에 포함시킬 수 있다. 이를 통해 학습자는 더 자연스럽고 효과적인 커뮤니케이션을 익힐 수 있으며 언어뿐만 아니라 문화적 이해력까지 함께 향상시킬 수 있다.

개인 맞춤형 콘텐츠 적용 사례

개인 맞춤형 콘텐츠 생성 기술은 이미 여러 언어학습 플랫폼에서 적용되고 있다. 특히, 학습자의 실시간 성취 데이터를 분석하고 이를 바탕으로 동적인 학습 자료를 제공하는 방식이 활발히 활용되고 있다. 예를 들어, 동적 연습 문제는 학습자가 자주 실수하는 패턴을 분석하여 그 부분을 보완하는 방식으로 작동한다. 특정 문법 요소를 반복해서 틀리는 학습자에게는 관련된 문제를 더 많이 제공하거나 문장 속에서 해당 문법이 어떻게 사용되는지를 보여 주는 예문을 추가하여 이해를 돕는다.

적응형 스토리텔링도 또 하나의 사례다. 학습자의 응답이나 선택에 따라 스토리가 변화하는 인터랙티브 방식의 학습은 단순한 읽기 연습을 넘어 문맥 속에서 언어를 자연스럽게 체득하는 환경을 제공한다. 예를 들어, 학습자가 선택한 대화 방식에 따라 대화의 전개가 달라지도록 설계된 시뮬레이션을 통해 실제 의사소통 환경에서 유연하게 대처하는 능력을 키울 수 있다.

가상 대화 시뮬레이션은 더욱 실감 나는 연습을 가능하게 한다. 생성형 인공지능 기반 챗봇은 학습자의 수준에 맞춰 대화 난이도를 조절하고 학습자의 반응에 따라 실시간 피드백을 제공한다. 이를 통해 학습자는 원어민과 대화하는 것과 유사한 환경에서 발음, 문법, 어휘 사용 등을 연습할 수 있다. 특히, 특정 상황을 기반으로 한 대화 연습이 가능하기 때문에, 직장 내 회의나 쇼핑할 때의 대화를 가상으로 체험하며 실전 감각을 기를 수 있다.

이처럼 개인 맞춤형 콘텐츠는 단순히 기존 자료를 제공하는 것이 아니라 학습자의 반응과 필요에 따라 즉각적으로 변화하는 동적 학습환경을 조성한다. 이는 학습자의 참여도를 높이고 언어학습을 더욱 효과적으로 만드는 중요한 역할을 한다.

개인화된 콘텐츠의 장점

개인 맞춤형 콘텐츠 생성의 가장 큰 장점은 맥락 중심 학습이 가능하다는 점이다. 학습자가 실제로 필요로 하는 상황을 중심으로 학습이 이루어지기 때문에 배운 내용을 즉시 실생활에서 적용할 수 있다. 전통적인 교과서 기반 학습에서는 일반적인 문장과 단어를 익히는 것이 주를 이루지만 맞춤형 콘텐츠를 활용하면 학습자의 목적과 관심사에 맞는 실용적인 언어 표현을 집중적으로 학습할 수 있다.

개인 맞춤형 콘텐츠는 학습자의 동기부여를 강화하는 효과를 가진다. 자신이 흥미를 느끼는 주제를 다룰 때 학습자는 더 능동적으로 학습에 참여하게 되며 학습의 지속성이 높아진다. 스포츠를 좋아하는 학습자는 스포츠 뉴스나 경기 해설을 기반으로 한 콘텐츠를 활용할 수 있고 음악을 좋아하는 학습자는 가사의 의미를 분석하는 연습을 하며 언어를 익힐 수 있다. 이러한 방식은 학습자가 언어를 자신의 관심사와 연결 짓도록 유도하며 자연스럽게 학습에 몰입할 수 있도록 돕는다.

맞춤형 콘텐츠의 또 다른 중요한 장점은 학습자의 취약점을 집중적으로 보완할 수 있다는 점이다. 기존의 표준화된 학습 자료는 모든 학습자에게 동일한 내용을 제공하기 때문에 개별적인 약점을 보완하는 데 한계가 있다. 하지만 인공지능 기반 맞춤형 학습 시스템은 학습자의 오류 패턴을 분석하여 부족한 부분을 보완할 수 있도록 콘텐츠를 조정한다. 이를 통해 학습자는 더 균형 잡힌 언어 능력을 키울 수 있다.

결과적으로, 개인 맞춤형 콘텐츠 생성은 학습자의 개별적인 특성을 고려하여 최적의 학습환경을 제공함으로써 학습 효율을 극대화하고 자연스럽게 언어를 습득할 수 있도록 돕는다. 앞으로 인공지능 기술이 더욱 발전함에 따라, 학습자가 자신의 필요에 맞게 콘텐츠를 더욱 정교하게 맞춤화할 가능성이 확대될 것이다.

인공지능 기반 학습 진도 추적과 성과 분석

실시간 데이터 분석

인공지능 기반 학습 시스템은 학습자의 진도를 실시간으로 추적하고 분석함으로써 더 정밀한 학습 피드백을 제공할 수 있다. 이는 단순히 문제 정답률을 평가하는 것을 넘어 학습자의 수행 데이터를 지속적으로 모니터링하고 패턴을 분석하여 맞춤형 지원을 제공하는 방식이다. 이를 위해, 학습자의 문장 작성, 발음 연습, 대화 시뮬레이션 등 다양한 학습 활동에서 수집된 데이터는 누적되어 장기적인 학습 경향을 파악하는 데 활용된다. 예를 들어, 학습자가 특정 문법 구조를 반복적으로 틀린다면 인공지능은 이를 자동으로 감지하고 보완 학습을 제안할 수 있다.

이러한 데이터 분석은 학습 성과를 더 세밀하게 측정할 수 있도록 돕는다. 단순히 정답 개수를 계산하는 것이 아니라 문법 정확도, 어휘 사용 빈도, 발음 유창성 등 학습자의 언어 능력을 다각도로 평가한다. 이를 통해 학습자는 자신의 강점과 취약점을 더욱 구체적으로 인식하고 어떤 부분을 집중적으로 보완해야 하는지를 명확히 알 수 있다. 이와 함께 시각적 피드백 기능이 결합되면, 학습자는 자신의 학업 성과 변화 과정을 한눈에 확인할 수 있게 된다. 예를 들어, 인공지능 시스템은 학습자의 발음 정확도를 히트맵 형태로 보여주거나 어휘 습득 추이를 그래프로 시각화하여 점진적인 발전을 명확하게 드러낸다. 이런 방식은 학습자가 자신의 성장을 직접 확인하는 기회를 제공함으로써 자기 주도적 학습을 촉진하는 데도 중요한 역할을 한다.

성과 분석을 활용한 적응형 지도

인공지능 기반 학습분석 시스템은 단순히 학습자의 현재 성과를 평가하는 데 그치지 않고 이를 바탕으로 맞춤형 학습 경로를 조정하는 데 활용될 수 있다. 즉, 학습자의 특정한 학습 패턴과 취약점을 분석한 후 이에 맞는 맞춤형 콘텐츠와 학습 방법을 제시하는 것이다. 이를 가능하게 하는 핵심 요소는 데이터 기반 조정이다. 인공지능은 학습자의 실수 패턴을 감지하고 특정 문법 항목이나 발음이 부족하다고 판단되면 그 부분을 강화할 수 있는 추가 연습을 제안한다.

또한, 학습 난이도를 자동으로 조절해 지나치게 쉬운 학습으로 인한 지루함이나 지나치게 어려운 학습으로 인한 좌절감을 줄인다. 학습자의 성과 분석은 단기 및 장기 목표 설정에도 기여한다. 인공지능 시스템은 학습자가 도달해야 할 수준을 분석하고 이를 세부적인 학습 목표로 나누어 제공함으로써 학습자가 체계적으로 실력을 쌓아갈 수 있도록 돕는다. 예를 들어, 한 달 내에 특정 문법 구조를 마스터해야 한다는 장기 목표가 설정되면 그 목표를 달성하기 위한 단계별 연습 과제가 자동으로 조정된다.

이러한 데이터 분석 기능은 교사와 학습자 간의 상호작용을 강화하는 데도 유용하다. 혼합형 학습환경에서는 교사가 인공지능이 제공하는 분석 데이터를 활용하여 학습자의 진행 상황을 면밀하게 파악하고 수업을 조정하거나 개별 피드백을 제공할 수 있다. 이를 통해 교사는 단순한 강의 전달자가 아니라 학습 코치로서 더 적극적인 지원을 할 수 있게 된다.

인공지능 기반 진도 추적의 이점

인공지능을 활용한 학습 진도 추적 시스템은 학습 과정의 투명성을 크게 향상시킨다. 기존의 시험이나 과제 점수만으로는 학습자의 실질적인 향상도를 평가하는 데 한계가 있었지만, 인공지능 기반 분석 시스템은 세부적인 데이터와 실시간 피드백을 제공하여 학습 과정의 모든 단계를 가시적으로 드러낸다. 이러한 투명성은 학습자의 동기부여에도 긍정적인 영향을 미친다. 학습자는 자신의 실력 향상이 시각적으로 표현되면서 성취감을 느끼고 지속적인 학습 의지를 갖게 된다. 특히, 인공지능 시스템이 제공하는 작은 목표 달성 피드백은 학습자가 꾸준히 공부할 수 있도록 돕는 요소로 작용한다.

개별 맞춤형 지원이 가능하다는 점도 중요한 이점이다. 학습자의 강점과 약점이 정밀하게 분석되기 때문에 불필요한 반복 학습을 줄이고 필요한 부분을 더 집중적으로 연습할 수 있다. 기존의 획일적인 학습 방식에서 벗어나 학습자마다 최적화된 커리큘럼을 제공함으로써 학습 효율성이 극대화된다. 결과적으로, 인공지능 기반 학습 진도 추적 시스템은 단순히 성과를 기록하는 것이 아니라 데이터를 실시간으로 분석하고 적응형 학습을 지원함으로써 보다 개인화된 학습 경험을 제공하는 데 핵심적인 역할을 한다. 이를 통해 학습자는 더욱 체계적이고 효과적인 방식으로 언어 능력을 향상시킬 수 있으며 교사는 학습자의 필요에 맞춘 피드백을 제공하여 보다 정밀하게 지도할 수 있게 된다.

개인화와 표준화된 학습 목표 간 균형 잡기의 과제

개인화된 학습과 표준화된 학습 목표 사이에서 균형을 맞추는 것은 외국어 교육에서 중요한 과제다. 학습자의 개별적 필요를 충족시키면서도 국가 교육과정이나 표준 시험과 같은 공식적 기준을 따라야 하는 현실적 요구가 존재하기 때문이다. 개인화된 교육은 학습자의 강점과 취약점을 고려하여 최적의 학습 경로를 제공하지만, 지나치게 맞춤형 학습에 초점을 맞출 경우 표준화된 평가에서 요구하는 공통의 역량을 기르지 못할 위험이 있다. 따라서, 효과적인 언어교육을 위해서는 개인화와 표준화 사이에서 적절한 균형을 유지할 수 있는 전략이 필요하다.

표준화된 교육과정은 모든 학습자가 일정 수준 이상의 문법, 어휘, 듣기, 말하기, 읽기, 쓰기 능력을 갖추도록 하는 역할을 한다. 이는 국가시험이나 국제 언어 인증 시험과 같은 평가에서 공통적인 기준을 유지하는 데 필수적이다. 그러나 개인화된 학습이 강조될 경우, 학습자마다 학습 내용과 진도에 차이가 발생할 수 있으며 이로 인해 특정 시험 요구사항을 충족하는 데 어려움을 겪을 가능성이 있다. 또한, 교육 정책을 실행하는 기관은 개인별 학습 속도와 스타일에 맞춰 유연성을 제공하는 동시에 전체 학습자가 최소한의 기준을 충족하도록 보장해야 하는 어려움을 안고 있다.

따라서, 이러한 문제를 해결하기 위해 다양한 접근이 시도되고 있다. 대표적인 방법 가운데 하나는 개인화 학습과 전통적 교실 수업을 결합하는 혼합 모델이다. 인공지능 기반 개인 학습 시스템을 활용하면 학습자의 개별적인 취약점을 분석하고 맞춤형 콘텐츠를 제공할 수 있다. 동시에, 교실 수업에서는 표준화된 교육과정을 통해 모든 학습자가 공통된 학습 목표를 달성하도록 돕는다. 이러한 방식은 개별 학습에서 부족한 부분을 보완하면서도 전체적인 학습 성취도를 유지하는 데 효과적이다.

모듈형 커리큘럼을 도입하는 것도 하나의 해결책이 될 수 있다. 학습 내용을 작게 나누어 각 모듈별로 필수적인 언어 능력을 확보하도록 설계하는 방식이다. 예를 들어, 문법, 발음, 회화, 작문 등을 개별 모듈로 운영하면서도 학습자가 각자의 학습 경로에 따라 유연하게 순서를 조정할 수 있도록 한다. 이 접근 방식은 표준화된 교육 목표를 유지하면서도 학습자의 개인적 필요에 맞춘 학습을 가능하게 한다.

한편, 평가 방식 또한 개인화된 학습과 표준화된 목표 사이의 균형을 맞추는 데 중요한 역할을 한다. 전통적인 평가 방식은 모든 학습자에게 동일한 문제를 제공하지만 적응형 평가 시스템을 활용하면 학습자의 수준에 따라 난이도를 조절할 수 있다. 인공지능이 실시간으로 학습자의 답변을 분석하고 개인의 수준에 맞춰 다음 문제를 조정하는 방식이다. 이를 통해 학습자는 자신의 현재 능력에 맞는 문제를 해결하면서도 시험이 요구하는 표준 기준을 충족할 수 있도록 유도된다.

이렇게 개인화된 학습과 표준화된 목표의 조화는 단순한 선택의 문제가 아니라, 교육의 효과성과 형평성을 동시에 고려해야 하는 과제다. 개별 학습자의 필요를 충족하면서도 사회적으로 요구되는 최소 역량을 확보할 수 있는 균형점을 찾는 것이 중요하다. 이를 위해 혼합 학습 모델, 모듈형 커리큘럼, 적응형 평가 시스템과 같은 전략을 적절히 활용하면 학습자가 자신의 학습 스타일에 맞춰 최적의 학습 경험을 누리면서도 객관적인 학습 목표를 달성할 수 있을 것이다.

외국어 교육을 위한 인공지능 기반 메타버스 플랫폼: 언어 장벽의 소멸과 외국어 교육의 불평등 해소

디지털 기술이 빠르게 진화함에 따라 교육 분야에는 새로운 지평인 '메타버스(Metaverse)'가 열리고 있다. 몰입 및 상호작용형 가상환경을 특징으로 하는 메타버스는 가상현실(VR), 증강현실(AR), 인공지능(AI) 등 첨단 기술을 결합해 기존의 물리적이고 문화적인 한계를 초월하는 학습 경험을 가능케 한다. 특히 인공지능 기반 메타버스 플랫폼을 통해 현실감 있는 언어 몰입 환경을 조성함으로써 외국어 교육을 혁신할 잠재력이 높게 평가받고 있다. 여기에서는 교육 분야에서 메타버스 기술이 어떻게 등장, 발전하고 있는지 살펴보고 인공지능과 메타버스가 결합된 환경이 언어 몰입 학습을 어떻게 변화시킬 수 있는지, 이를 통해 어떻게 세계적 교육 불평등을 해소할 수 있는지를 논의한다. 또한 이러한 기술 도입과 관련한 접근성과 기술 수용상의 도전 과제를 짚어보고 메타버스 기반 언어교육의 미래와 언어 장벽 해소에 대한 의미를 고찰한다.

교육에서의 메타버스 기술 소개

메타버스의 정의

메타버스(Metaverse)는 가상과 현실이 융합된 디지털 공간으로 사용자가 아바타를 통해 상호작용하며 활동할 수 있는 확장된 세계를 의미한다. 단순한 가상현실(VR) 기술을 넘어 증강현실(AR), 인공지능(AI), 클라우드 컴퓨팅 등의 다양한 기술이 결합되어 몰입형 경험을 제공한다.

메타버스는 엔터테인먼트, 비즈니스, 소셜네트워크뿐만 아니라 교육 분야에서도 혁신적인 가능성을 제시하고 있다. 특히, 온라인 학습환경이 빠르게 발전하는 가운데 메타버스는 단순한 정보 전달 방식을 넘어 학습자가 직접 체험하고 탐색하며 학습할 수 있는 인터랙티브한 공간을 제공한다.

전통적인 온라인 강의와 달리, 메타버스 기반 학습은 학습자가 능동적으로 참여할 수 있는 몰입형 환경을 구현해 학습 효과를 극대화하는 데 기여한다. 예를 들어, 역사 교육에서는 학생들이 가상 공간에서 과거의 특정 시대를 경험하고 과학 교육에서는 실험을 가상으로 재현해 볼 수 있다. 이러한 특성 덕분에 메타버스는 단순한 보조 학습 도구가 아닌, 학습 경험의 패러다임을 변화시키는 중요한 기술로 자리 잡고 있다.

메타버스 기술의 구성 요소

메타버스 환경을 구축하는 데에는 여러 첨단 기술이 유기적으로 결합된다. 먼저, 가상현실(VR)과 증강현실(AR)은 메타버스의 핵심적인 요소다. 가상현실(VR)은 사용자가 완전히 디지털 환경에 몰입할 수 있도록 하는 기술이며, 증강현실(AR)은 현실 세계 위에 디지털 정보를 덧씌우는 방식으로 학습을 보조한다. 예를 들어, 의학 교육에서는 가상현실(VR)을 활용해 가상 해부 실습을 진행할 수 있고 증강현실(AR)을 통해 실시간으로 신체 구조를 분석하는 보조 자료를 제공할 수도 있다.

또한, 인공지능(AI) 역시 메타버스에서 중요한 역할을 한다. 인공지능

(AI)은 자연어 처리(NLP)를 통해 가상 교사나 학습 도우미 역할을 수행하고 학습자의 성취도를 분석해 맞춤형 피드백을 제공한다. 예를 들어, 외국어 학습에서는 인공지능(AI)이 학습자의 발음을 분석하고 교정할 수 있도록 돕는다. 한편, 클라우드 컴퓨팅과 엣지 프로세싱 기술은 방대한 데이터를 실시간으로 처리하여 원활한 학습환경을 유지하는 역할을 한다. 이러한 기술의 결합을 통해 메타버스는 단순한 가상 학습 공간을 넘어 실시간 상호작용과 개인 맞춤형 학습을 제공하는 혁신적인 교육 플랫폼으로 발전하고 있다.

교육 분야의 메타버스 적용 현황

현재 일부 학교, 대학교, 기업 연수 프로그램, 그리고 에듀테크 기업들이 메타버스를 활용한 교육 모델을 적용해 테스트하고 있다. 메타버스를 통한 가상 교실은 지리적 한계를 넘어 전 세계 학습자들이 동일한 공간에서 협력하고 토론할 기회를 제공한다. 예를 들어, 학생들은 가상현실(VR)을 통해 가상 실험실에서 화학실험을 수행하거나 역사적 유적지를 탐험하며 몰입형 학습을 경험할 수 있다. 또한, 기업 교육에서는 실제 직무 환경과 유사한 가상 시뮬레이션을 제공하여 실전 훈련과 유사한 경험을 제공하는 데 활용되고 있다.

특히 외국어 학습 분야에서 메타버스는 실제 언어 사용 환경을 재현하는 데 강력한 도구가 될 수 있다. 예를 들어, 학습자가 프랑스어를 배우고 있다면 가상의 파리 거리를 돌아다니며 상점에서 주문하거나 관광지를 방문하는 상황을 체험할 수 있다. 이는 단순한 문법 암기나 독해 연습보다 훨씬 효과적인 학습 경험을 제공하며 언어뿐만 아니라 문화적 요소까지 자연스럽게 습득할 수 있도록 돕는다. 이러한 가능성 덕분에 메타버스 기반 학습은 점차 교육 분야에서 중요한 역할을 차지할 것으로 예상된다.

인공지능 기반 메타버스의 언어 몰입 잠재력

몰입형 학습환경 조성

인공지능이 적용된 메타버스는 학습자에게 단순한 문법과 어휘 학습을 넘어 실제 상황과 유사한 가상환경을 제공함으로써 몰입형 언어 학습을 실현할 수 있다. 학습자는 메타버스 속에서 다양한 일상생활 시나리오를 경험하며 실용적인 회화 능력을 자연스럽게 익힐 수 있다. 예를 들어, 가상 시장에서 물건을 사고파는 상황을 연습하거나 공항에서 출입국 절차를 진행하는 장면을 체험하는 식으로 학습이 이루어진다. 이러한 환경은 단순한 문자 기반 학습과 달리 언어가 사용되는 맥락을 풍부하게 제공해 학습자가 더 효과적으로 표현을 익히고 사용할 수 있도록 돕는다.

또한, 메타버스 속의 인공지능 아바타(Non-Player Character: NPC)는 원어민과 유사한 방식으로 반응하며 대화를 이어가도록 설계될 수 있다. 이는 학습자가 부담을 덜 느끼면서 실제 회화 상황을 연습할 수 있도록 해 준다. 전통적인 언어학습에서 원어민과의 대화는 심리적인 장벽이 될 수도 있지만 가상환경에서는 반복적인 연습이 가능하고 실수에 대한 부담도 적어 보다 능동적인 학습이 이루어진다. 여기에 시각, 청각, 촉각을 아우르는 다중 감각(Multisensory) 학습 요소가 더해지면 학습자가 공부한 내용을 기억하는 비율과 몰입도를 더욱 높일 수 있다. 특히, 메타버스 속에서는 특정 지역의 발음 차이를 체험하거나 장소에 따른 언어적 차이를 직접 경험하는 등 현실과 가까운 학습 경험이 제공될 수 있다. 이러한 몰입형 환경은 기존의 언어학습 방식이 가졌던 인위적인 한계를 극복하고 학습자가 실제 언어 사용 환경에서 더욱 유창하게 소통할 수 있도록 돕는다.

인공지능을 통한 개인화와 적응형 학습

메타버스 속의 인공지능은 학습자의 성취도를 실시간으로 모니터링하고 분석하여 맞춤형 학습 경로를 제공하는 역할을 한다. 기존의 정형화된 교육 방식과 달리 학습자가 특정 문법 구조나 어휘에서 어려움을 겪을 경우, 인공지능은 그 부분을 보완할 수 있도록 관련된 연습 과제를 즉각적으로 제시할 수 있다. 예를 들어, 조건절을 혼동하는 학습자에게는 조건절 활용이 중요한 시나리오를 반복적으로 경험하도록 하거나 특정 발음이 어렵다면 그 소리를 강조하는 단어들이 포함된 대화를 제공할 수 있다.

또한, 실시간 피드백 기능을 통해 학습자는 발음, 문법, 표현의 적절성 등을 즉시 확인하고 수정할 수 있다. 전통적인 언어학습에서는 교사가 일일이 개별 피드백을 제공하는 것이 어려운 반면, 인공지능 기반 메타버스 환경에서는 학습자가 말하는 즉시 피드백을 받을 수 있어 더 능동적이고 빠른 학습이 가능하다. 예를 들어, 학습자가 실수한 표현을 사용하면 인공지능이 이를 자연스러운 표현으로 바꾸어 제시하고 학습자가 올바르게 수정할 때까지 반복 연습을 유도할 수 있다.

이와 더불어, 개인 맞춤형 학습 경로 역시 인공지능의 중요한 기능 중 하나다. 학습자의 관심사, 과거 학습 이력, 목표 등을 반영하여 가장 효과적인 학습 시나리오를 제공함으로써 학습자가 지루함 없이 지속적으로 학습을 이어갈 수 있도록 돕는다. 이를 통해, 같은 언어를 배우더라도 각 학습자의 필요와 수준에 맞춘 맞춤형 학습 경험이 가능해진다.

문화적 역량 강화

언어학습에서 문화적 이해는 단순한 보조 요소가 아니라 필수적인 부분이다. 언어는 특정 문화 속에서 발전한 것이므로 이를 정확하게 익히려면 언어가 사용되는 문화적 맥락까지 이해해야 한다. 메타버스 기반 언어학습 환경은 이러한 문화를 직접 체험할 수 있는 가상 공간을 제공함으로써 학습자가 더욱 자연스럽게 문화적 요소를 습득하도록 도와준다. 예를 들어, 학습자가 가상의 일본 전통 다도(茶道) 의식에 참여하거나 프랑스 레스토랑에서 정중하게 주문하는 방식을 배우는 등 다양한 문화적 경험을 통해 해당 언어권의 적절한 표현과 행동을 익힐 수 있다. 이는 단순히 교재에서 관용구를 외우는 것보다 훨씬 효과적인 학습 방식이다. 또한, 가상 공간에서 특정 국가의 공공장소나 시장, 길거리 등을 돌아다니면서 현지에서 사용되는 언어적 표현과 행동 양식을 관찰하고 따라 해볼 수도 있다.

한편, 메타버스 환경에서는 다양한 문화적 배경을 지닌 인공지능 아바타와 상호작용함으로써 학습자가 한 언어권에 국한되지 않고 여러 문화권의 의사소통 방식을 익힐 수도 있다. 예를 들어, 같은 영어라도 미국, 영국, 호주에서의 사용 방식이 다를 수 있으며 인공지능이 이를 반영하여 학습자에게 각 지역에서 사용하는 표현과 억양의 차이를 체험하도록 도와줄 수 있다. 이를 통해 학습자는 특정 문화권의 언어적 뉘앙스를 보다 깊이 이해하고 다양한 환경에서 유연하게 의사소통할 수 있는 역량을 키울 수 있다.

웅진씽크빅 메타버스 플랫폼 링고시티

마지막으로, 메타버스 환경은 학습자가 문법이나 단어 암기 중심의 학습을 벗어나 실전과 유사한 맥락에서 자연스럽게 언어를 사용할 수 있도록 한다. 단순한 학습이 아닌 실생활과 밀접한 경험을 바탕으로 언어를 익힘으로써 더 유창하고 실용적인 언어 능력을 개발할 수 있다. 이와 같은 문화적 몰입은 기존의 언어학습 방식이 제공하지 못했던 현실적인 경험을 보완하며 학습자가 더욱 효과적으로 학습 언어를 습득할 수 있도록 돕는다.

메타버스 플랫폼을 통한 교육 불평등 해소 방안

양질의 언어교육 기회 확대

메타버스 플랫폼은 지리 및 경제적 한계를 극복하고 누구나 양질의 언어교육을 받을 수 있는 환경을 제공한다. 기존의 교육 시스템에서는 원어민 강사와 직접 소통할 기회가 제한적이거나 선진 학습 자원을 접하기 어려운 지역이 많았다. 그러나 메타버스를 활용하면 학습자가 어디에 있든 가상환경에서 원어민 아바타와 실시간 대화를 나누고 몰입형 시뮬레이션을 통해 실제 같은 언어 경험을 할 수 있다. 이를 통해 교육 인프라가 부족한 지역에서도 높은 수준의 언어교육을 받을 기회가 확대된다.

또한, 메타버스는 규모의 경제를 실현할 수 있는 강점을 지닌다. 한 번 개발된 교육 콘텐츠는 수천 명, 혹은 수백만 명의 학습자가 저렴한 비용으로 반복적으로 사용할 수 있으며 기술적 유지, 보수만으로 지속적인 교육이 가능하다. 이는 특히 경제적 부담으로 인해 외국어 교육을 제대로 받지 못하는 저소득층 학습자들에게 실질적인 혜택을 제공할 수 있는 방식이다.

한편, 포용적인 학습환경을 조성할 수 있다는 점도 메타버스 플랫폼의 중요한 장점이다. 기존의 교재 기반 학습이나 강의식 수업 방식은 일부 학습자에게는 효과적이지 않을 수 있는 반면, 메타버스는 시각과 청각, 촉각을 활용한 다중 감각적 학습 방식을 제공하기 때문에 학습자의 개인적 특성에 맞는 맞춤형 교육이 가능해진다. 예를 들어, 청각 장애가 있는 학습자는 시각적 피드백과 문자 기반 상호작용을 활용할 수 있고 난독증을 가진 학습자는 음성 기반의 학습을 통해 언어를 습득할 수 있다. 이렇게 메타버스는 신체나 인지적 차이를 초월하는 학습환경을 제공하여 전통적인 교육 방식에서 소외되었던 학습자들에게도 새로운 기회를 열어준다.

문화 및 언어 장벽 해소

메타버스는 국경과 문화를 초월한 교육 환경을 제공하여 교육 불평등뿐만 아니라 문화적 격차를 줄이는 데에도 기여할 수 있다. 기존의 언어교육은 특정 지역이나 국가의 문화적 맥락을 중심으로 이루어지는 경우가 많아 학습자가 자연스럽게 다양한 문화적 배경을 접할 기회가 적었다. 그러나 메타버스에서는 전 세계의 학습자가 하나의 가상 공간에서 만나 협업하며 언어를 배울 수 있다. 가상 교실에서 서로의 언어와 문화를 공유하고 특정 주제를 두고 토론하거나 공동 프로젝트를 진행하는 등의 활동이 가능하다. 이를 통해 학습자는 단순히 언어를 배우는 것을 넘어 다양한 문화적 관점을 경험하고 글로벌 의사소통 역량을 키울 수 있다.

메타버스 환경에 인공지능 기반의 실시간 번역 및 통역 기술이 결합되면 언어 장벽은 더욱 낮아진다. 학습자가 서로 다른 언어를 사용하더라도 인공지능이 실시간으로 번역된 문자나 음성을 제공해 원활한 의사소통을 지원할 수 있다. 이러한 기술이 발전하면 비슷한 언어를 사용하는 학습자들뿐만 아니라 완전히 다른 언어권 출신의 학습자들도 협업하고 소통할 기회가 늘어난다. 결국, 이는 문화적 고립을 줄이고 다양한 언어와 문화를 자연스럽게 받아들이는 글로벌 시민 교육으로 이어질 수 있다.

메타버스는 소수 언어와 문화 보존에도 중요한 역할을 할 수 있다. 현재 많은 언어가 사용 인구 감소로 인해 사라질 위기에 처해 있다. 기존의 교육 시장에서는 경제성이 낮다는 이유로 소수 언어교육이 점차 축소되고 있지만 메타버스를 활용하면 비교적 낮은 비용으로 다양한 언어교육 콘텐츠를 제작하고 공유할 수 있다. 예를 들어, 특정 지역의 토착 언어나 사멸 위기에 처한 언어를 학습할 수 있는 가상 공간이 마련된다면 언어와 함께 그 언어가 담고 있는 문화적 가치도 함께 보존될 수 있다. 또한, 소수 언어를 사용하는 커뮤니티가 메타버스를 통해 직접 콘텐츠를 만들고 교육 자료를 공유할 수 있다면 교육 기회가 더 균등하게 확산될 수 있다.

이처럼 메타버스는 교육 기회의 평등성을 높이고 국경과 문화의 장벽을 허무는 중요한 기술로 자리 잡을 가능성이 크다. 따라서, 이를 효과적으로 활용한다면 전 세계 학습자들이 출신 지역이나 경제적 상황에 구애받지 않고 보다 자유롭게 언어를 배우고 문화를 경험할 수 있는 환경을 만들 수 있을 것이다.

접근성과 기술 수용을 둘러싼 도전 과제

기술적 장벽

메타버스를 기반으로 한 교육을 현실화하기 위해서는 상당한 기술 및 인프라적 요구가 따른다. 가장 큰 장애물 가운데 하나는 고비용 투자 문제이다. 몰입감 있는 가상환경을 구현하려면 고품질 VR 헤드셋, 강력한 컴퓨팅 성능을 갖춘 기기, 정교한 소프트웨어 개발이 필수적이다. 하지만 이러한 장비는 가격이 높아 일부 국가나 지역에서는 도입 자체가 어려운 실정이다. 특히 교육 예산이 한정적인 공립학교나 저소득층 학습자들은 이러한 고비용 기술을 활용하는 데 큰 장벽을 마주할 수밖에 없다.

또한, 원활한 메타버스 학습을 위해서는 고속 인터넷 연결이 필수적이지만 세계적으로 여전히 인터넷 인프라가 충분하지 않은 지역이 많다. 메타버스 환경이 원활히 작동하려면 낮은 지연 속도(latency)와 안정적인 네트워크 환경이 필요하지만 인터넷 보급이 열악한 개발도상국이나 농촌 지역에서는 실용성이 떨어질 수 있다.

기술 지원 인력 또한 중요한 요소다. 메타버스 플랫폼을 운영하고 유지, 보수하려면 교사와 학습자뿐만 아니라 이를 뒷받침할 IT 전문가와 기술 지원팀이 필요하지만, 현재 교육기관에서 이를 감당할 수 있는 인력이 충분하지 않다는 점이 도전 과제로 남아 있다. 사용자 경험(User Experience: UX)과 활용도 역시 기술적 장벽 중 하나다. 메타버스 플랫폼이 직관적이고 접근성이 높아야 학습자들이 쉽게 탐색하고 효과적으로 학습할 수 있다. 하지만 조작이 복잡하거나 불편하다면 학습자의 참여도가 낮아지고 기술 수용이 어려워질 가능성이 크다. 특히 디지털 기기에 익숙하지 않은 사용자나 장애를 가진 학습자들의 접근성을 고려해야 한다.

교육 및 제도적 도전

메타버스를 교육 현장에 성공적으로 도입하기 위해서는 기술적 문제뿐만 아니라 교육 및 제도적 차원에서 해결해야 할 과제도 많다. 우선, 교사들이 이러한 기술을 효과적으로 활용할 수 있도록 체계적인 연수가 필요하다. 단순히 기술 사용법을 익히는 것을 넘어 가상환경을 수업에 효과적으로 적용하는 교수법을 연구하고 실습할 기회가 주어져야 한다.

또한, 메타버스를 활용한 교육이 단순히 기술적인 흥미 요소를 추가하는 것이 아니라 실제 학습 효과를 높이는 방식으로 설계되어야 한다. 이를 위해서는 학교 및 교육기관 차원에서 교사들에게 충분한 지원과 자율성을 보장해야 한다. 특히, 기존 커리큘럼과의 연계성 문제도 해결해야 할 과제다. 메타버스 기반 학습이 표준화된 교육과정이나 시험 제도와 어떻게 조화를 이룰 것인지에 대한 고민이 필요하다. 예를 들어, 현재 대부분의 교육 시스템은 교과서와 필기시험을 기반으로 평가가 이루어지지만 메타버스 환경에서는 학습자가 체험을 통해 지식을 습득하고 실전 중심의 활동을 수행하게 된다. 따라서 메타버스 학습이 전통적인 교수법을 완전히 대체하기보다는 상호 보완적으로 운영되도록 설계해야 한다.

변화에 대한 저항도 큰 도전 과제다. 새로운 기술이 도입되면 학교, 학생, 학부모 등 여러 이해관계자가 낯선 환경에 대한 불안을 느낄 수 있다. 교사들은 기존 교육 방식에서 벗어나야 한다는 부담을 느낄 수 있고 학부모들은 가상환경에서의 학습 효과를 신뢰하지 않을 수도 있다. 학생들 또한 가상학습 방식에 익숙하지 않거나 몰입도가 떨어질 경우 학습 성과가 오히려 저하될 가능성이 있다. 이러한 문제를 해결하기 위해서는 기술 도입 과정에서 교육 공동체들의 충분한 논의와 합의가 필요하다.

윤리 및 사회적 고려

메타버스 기반 교육이 확산될수록 디지털 격차 문제는 더욱 심각한 사회적 과제가 될 수 있다. 모든 학습자가 동등한 교육 기회를 얻어야 하지만, 첨단 기술이 적용될수록 경제 및 사회적 여건에 따라 접근성이 달라질 수 있다. 이미 정보화 사회에서 디지털 격차로 인한 교육 불평등이 존재하는데 메타버스 교육이 특정 계층만의 특권이 되어서는 안 된다. 이를 방지하려면 정부와 공공기관에서 기술 지원과 교육 보조금을 제공하는 등 디지털 교육 기회의 형평성을 보장하는 정책적 노력이 필요하다.

또한, 개인정보 보호와 보안 문제도 간과할 수 없다. 메타버스 환경에서는 학습자의 행동이나 대화가 실시간으로 수집 및 분석될 가능성이 크다. 이러한 데이터가 어떻게 관리되고 어떤 용도로 활용되는지에 대한 명확한 기준이 마련되지 않으면 사용자 프라이버시가 심각하게 침해될 수 있다. 특히 미성년 학습자의 정보 보호는 더욱 엄격하게 다루어야 하며 데이터 보안이 철저히 유지될 수 있도록 기술 및 법적 장치를 마련해야 한다.

한편, 문화적 민감성도 중요한 요소다. 메타버스에서 제공되는 교육 콘텐츠가 특정 문화나 가치관을 일방적으로 반영하는 방식으로 설계될 경우 특정 문화권의 학습자들이 배제되거나 고정관념이 강화될 수 있다. 가령, 한 국가의 문화적 배경이 중심이 되어 콘텐츠가 구성되면 다른 문화권의 학습자들에게는 낯설거나 편향적인 경험이 될 수 있다. 따라서 교육 콘텐츠를 개발할 때는 다양한 문화적 배경을 고려하고 국제적인 협력을 통해 보다 포괄적인 학습환경을 조성하는 것이 필요하다.

결국, 메타버스 기반 교육이 성공적으로 정착하기 위해서는 기술적, 교육적, 윤리적 차원의 과제들을 종합적으로 해결해야 한다. 접근성과 기술 수용을 높이기 위해서는 지속적인 연구와 정책적 지원이 필요하며 교육 현장의 요구와 사회적 가치가 균형을 이루도록 신중하게 접근해야 한다.

메타버스 기반 언어교육의 미래 전망

기술이 빠르게 발전하면서 메타버스 기반 언어교육도 지속적으로 진화할 것으로 예상된다. 우선, 하드웨어 측면에서 가상현실(VR)이나 증강현실(AR) 디바이스는 점점 더 가벼워지고 가격도 낮아질 것으로 전망된다. 현재의 VR 기기는 고가이고 장시간 착용하기에 불편함이 따르지만 향후 개선된 디바이스는 더 많은 학습자가 부담 없이 활용할 수 있도록 접근성을 높일 것이다. 이는 공교육뿐만 아니라 기업 연수나 개인 학습 등 다양한 교육 환경에서 메타버스 기술이 본격적으로 도입되는 계기가 될 수 있다.

또한, 기술적인 진보는 하드웨어뿐만 아니라 인공지능 시스템의 고도화를 통해서도 이뤄질 것이다. 자연어 처리(NLP) 기술이 더욱 정교해지면서 메타버스 환경 내에서 가상 원어민과의 실시간 대화가 보다 자연스러워질 것이다. 또한, 감정 인식 기술이 발전하면 학습자의 반응을 분석해 적절한 피드백을 제공하고 학습자가 긴장하거나 이해하지 못하는 순간을 감지해 보다 효과적인 학습 경험을 설계할 수 있다. 인공지능을 통한 맞춤형 피드백 시스템도 더욱 정교해져 단순한 문법 교정에서 벗어나 맥락에 맞는 표현 조정과 문화적 차이를 고려한 피드백까지 제공할 수 있을 것이다.

메타버스 플랫폼 간 상호운용성과 표준화도 중요한 변화가 될 것이다. 현재 메타버스 환경은 서로 다른 플랫폼과 디바이스 간 호환성이 제한적이지만 향후 통일된 표준이 마련되면 교육기관과 학습자들이 더욱 자유롭게 다양한 시스템을 활용할 수 있을 것이다. 예를 들어, 한 플랫폼에서 학습한 내용을 다른 플랫폼에서도 연동하여 이어갈 수 있다면 학습의 연속성과 효율성이 크게 향상될 것이다. 또한, 다양한 교육용 메타버스 환경이 하나의 글로벌 네트워크로 연결된다면 세계 각국의 학습자들이 같은 공간에서 협력하고 의사소통하는 기회가 더욱 확대될 것이다.

무엇보다도, 메타버스 기반 언어교육의 활용 범위도 점점 더 확장될 것으로 예상된다. 전통적인 교실 수업을 보완하는 것에서 나아가 글로벌 협업 프로젝트를 통해 다른 문화권의 학습자들이 공동 과제를 수행하며 자연스럽게 언어를 익히는 기회가 많아질 것이다. 이를 통해, 단순한 언어 습득을 넘어 다문화 이해와 협업 능력까지 향상되는 효과를 기대할 수 있다.

평생 학습의 개념이 확산되면서 학생뿐만 아니라 직장인과 성인을 위한 직무 교육에도 메타버스가 적극 활용될 것이다. 실제 업무 환경과 유사한 시나리오를 구축하여 반복 훈련을 제공하면 의료, 법률, 관광, 고객 서비스 등 다양한 산업에서 실전 언어 능력을 키울 수 있는 맞춤형 학습이 가능해진다.

메타버스 언어교육의 효과를 극대화하기 위해서는 연구와 혁신이 지속적으로 이루어져야 한다. 메타버스를 통한 학습 경험에서 수집된 데이터를 분석하면 개별 학습자의 최적 학습 경로를 도출할 수 있으며 새로운 교수법 개발에도 활용될 수 있다. 특히, 가상환경에서 학습자의 반응 패턴을 분석해 어떤 방식이 가장 효과적인지 연구하는 과정은 언어교육의 패러다임을 변화시키는 중요한 역할을 할 것이다.

이러한 기술 발전을 교육 현장에서 효과적으로 활용하려면 정부와 교육기관의 적극적인 지원이 필수적이다. 메타버스 교육이 특정 기업이나 기관에 의해 독점적으로 운영되는 것이 아니라 공교육 시스템과 연계되어 누구나 접근할 수 있도록 하는 것이 중요하다. 이를 위해서는 인프라 구축, 연구 개발 지원, 교사 연수 프로그램 마련 등이 필요할 것이다.

기술 발전이 교육 불평등을 심화시키지 않도록 형평성을 고려한 정책적 조치도 필수적이다. 저소득층이나 교육 취약 지역의 학교에 VR 기기와 네트워크 인프라를 지원하고 무료 또는 저렴한 비용으로 이용할 수 있는 공공 교육 플랫폼을 구축하는 방식이 필요하다.

윤리적 가이드라인 마련도 중요한 과제다. 메타버스 기반 교육에서는 학습자의 음성, 얼굴표정, 행동 데이터 등이 지속적으로 수집될 가능성이 크므로 개인정보 보호와 데이터 활용에 대한 명확한 규정을 마련해야 한다. 또한, 학습 콘텐츠가 특정 문화적 편향을 띠지 않도록 포용성과 다양성을 보장하는 원칙도 수립할 필요가 있다. 교육 기술이 발전할수록 그 기술이 교육의 본질적 가치와 조화를 이루며 학습자 중심의 경험을 제공하는 것이 더욱 중요해질 것이다.

메타버스 기반 언어교육은 결국 접근성 향상과 개인화된 학습 기회를 제공하는 강력한 도구가 될 가능성이 크다. 그러나 이러한 가능성을 현실로 만들기 위해서는 기술적 발전과 함께 정책 및 윤리적 고려가 균형 있게 이루어져야 한다. 향후 교육의 미래는 단순한 기술 도입이 아니라 그 기술이 어떻게 학습자의 성장과 글로벌 소통 능력 향상에 기여할 수 있을지를 고민하는 방향으로 나아가야 한다.

기술의 지속적 발전과 전략적 투자, 교육 현장의 긍정적 수용과 형평성과 윤리를 지향하는 제도적 지원이 이뤄진다면 메타버스는 물리적 사회경제적 장벽을 넘어 전 세계 학습자에게 양질의 언어교육을 제공할 수 있는 강력한 플랫폼으로 자리 잡을 것이다. 이는 언어 장벽을 허물고 문화 이해와 글로벌 협력을 촉진하는 새 시대 교육 모델의 탄생을 예고한다. 궁극적으로, 인공지능 기반 메타버스 플랫폼의 도입은 학습자 개개인이 언어와 문화를 더 생생하게 습득하며 전 세계와 연결되어 협업할 수 있는 포용적이고 평등한 학습 경험을 실현하는 밑거름이 될 것이다.

잘 묻고 잘 듣고, 외국어 교육 방식의 전환

언어교육은 단순 암기나 수동적 이해에 기반을 둔 전통적 방식에서 점차 설득력 있는 질문하기와 능동적 청취, 비판적 사고를 강조하는 접근으로 대체되고 있다. 오늘날 상호 연결된 세계에서 통찰력 있는 질문을 던지고 적극적으로 경청할 수 있는 능력은 어휘나 문법 실력만큼이나 중요하다. 여기에서는 언어교육에서 질문 기법이 어떻게 진화해 왔는지, 비판적 사고 능력을 발전시키는 인공지능 보조 도구의 역할은 무엇인지, 인공지능 생성 콘텐츠를 통해 듣기 이해력을 어떻게 향상할 수 있는지를 살펴본다. 또한 인공지능 보조 학습과 인간 상호작용의 균형 문제를 검토하고 인공지능이 접목된 환경에서 학생들이 실제 언어 사용 능력을 갖추도록 준비시키는 전략을 논의한다.

언어교육에서 질문 기법의 진화

과거 질문 방식에 대한 고찰

과거의 외국어 교육에서는 주로 암기와 반복을 중심으로 학습이 이루어졌으며 학생들은 교사가 제공하는 정형화된 대화문이나 연습 문제를 통해 언어를 익혔다. 교실에서 이루어지는 질문은 대개 교사가 학생들의 기억력을 평가하기 위한 수단으로 사용되었고 학습자가 능동적으로 질문을 만들거나 언어적 개념을 깊이 탐구하는 기회는 극히 제한적이었다. 이러한 방식에서 질문은 단순히 지식 확인을 위한 도구였으며 학습자들이 언어를 창의적으로 활용할 수 있도록 돕는 역할을 하지 못했다.

이 시기의 질문 방식은 교사가 중심이 되어 학생들에게 특정한 답을 요구하는 형태가 일반적이었다. 학생들은 미리 정해진 문장 구조를 연습하고 답변을 외워서 말하는 방식으로 학습에 참여했다. 이러한 폐쇄적인 질문 방식은 학습자의 탐구 능력을 자극하기보다는 정답을 암기하고 반복적으로 연습하는 것에 초점을 맞추었다. 또한, 객관식이나 단답형 질문이 많아 학습자의 사고를 깊이 확장하기 어려웠고 실생활에서 필요한 언어적 응용력을 기르는 데에도 한계가 있었다. 결과적으로, 과거의 질문 방식은 단순한 문법적 정확성이나 기본적인 단어 사용 능력 향상에는 도움이 되었을지 몰라도 학습자가 실제 의사소통에서 언어를 유연하게 활용하는 능력을 키우는 데에는 충분하지 않았다.

소크라테스식·탐구 기반 방법으로의 전환

현대 언어교육에서는 단순한 암기나 지식 회상이 아니라 학습자가 적극적으로 사고하고 탐구하는 방향으로 질문 기법이 변화하고 있다. 특히 소크라테스식 질문법과 탐구 기반 학습이 주목받고 있으며 이는 학습자가 정형화된 답변을 내놓는 것이 아니라 자신의 생각을 논리적으로 정리하고 언어를 통해 사고를 확장할 수 있도록 유도하는 방식이다.

소크라테스식 질문법은 학습자에게 열린 질문을 던지고 그 질문을 통해 더 깊이 사고하도록 유도하는 방식이다. 예를 들어, 단순히 '이 문장이 문법적으로 맞나요?'라고 묻는 대신, '이 문장을 다른 방식으로 표현할 수 있을까요?'나 '이 문장의 의미가 맥락에 따라 어떻게 달라질까요?'와 같은 질문을 던지는 것이다. 이러한 개방형 질문은 학습자가 단순히 언어를 기계적으로 사용하는 것이 아니라 의미와 맥락을 깊이 탐색할 수 있도록 돕는다.

또한, 최근 교육 방법에서는 학습자가 직접 질문을 만들도록 장려하고 있다. 질문을 스스로 구성하는 과정에서 학습자는 언어의 구조와 맥락을 자연스럽게 익히게 되며 문화적 차이까지 고려할 기회를 얻는다. 예를 들어, 같은 질문이라도 문화적 배경에 따라 해석이 다를 수 있음을 배우는 과정에서 언어적 감각뿐만 아니라 상호 문화적 이해 능력도 함께 향상된다. 이런 방식은 학습자가 언어를 단순한 소통 도구가 아니라 사고를 확장하는 도구로 활용할 수 있도록 이끈다.

디지털 기술이 질문 기법에 미친 영향

디지털 기술과 인공지능이 교육에 도입되면서 질문 기법은 더욱 개인화되고 상호작용적인 방식으로 변화하고 있다. 인공지능 기반 학습 시스템은 학습자의 실력을 분석하고 개별 수준에 맞는 질문을 실시간으로 생성함으로써 맞춤형 학습을 가능하게 한다. 특히, 적응형 퀴즈 시스템은 학습자의 진행 상황을 분석하여 난이도를 조절한다. 예를 들어, 학습자가 특정 문법 항목에서 지속적으로 실수를 한다면 인공지능은 그 항목을 보완할 수 있는 추가적인 질문을 제공하고 점진적으로 난이도를 조정한다. 이러한 방식은 학습자가 적절한 난이도에서 학습을 지속할 수 있도록 도와주며 좌절감 없이 점진적으로 실력을 향상할 수 있도록 지원한다.

또한, 디지털 플랫폼은 실시간 피드백을 제공함으로써 학습자가 질문을 던질 때마다 즉각적인 응답을 받을 수 있도록 한다. 이는 학습자가 자신이 한 답변을 바로 수정할 기회를 제공하며 피드백을 통해 스스로 사고하는 능력을 강화한다. 예를 들어, 학습자가 가상 아바타와 대화하면서 질문을 던지면 인공지능은 문법 및 의미적 오류를 실시간으로 분석해 피드백을 제공하고 더 나은 표현을 제안할 수 있다.

협업적 질문 기법도 디지털 기술을 통해 더욱 발전하고 있다. 온라인 학습 포럼, 가상 교실, 인공지능 기반 토론 게시판을 활용하면 학생들은 서로 질문을 주고받고 다양한 시각에서 답변을 탐색할 수 있다. 이를 통해, 학생들은 단순히 교사로부터 질문을 받는 것이 아니라 동료 학습자들과 함께 언어를 탐구하고 협력하여 문제를 해결하는 과정을 경험하게 된다.

결과적으로, 디지털 기술이 언어교육에 도입되면서 질문 기법은 더욱 역동적으로 변화하고 있다. 개별 맞춤형 질문, 실시간 피드백, 협업적 질문 환경이 결합되면서 학습자는 더 효과적으로 언어를 탐색하고 응용할 기회를 얻고 있다. 앞으로도 이러한 기술이 발전하면서 질문 기법은 단순한 지식 확인을 넘어 학습자의 사고력과 창의력을 더욱 자극하는 방향으로 진화할 것으로 기대된다.

인공지능이 지원하는 비판적 사고 능력 개발

언어학습에서 비판적 사고의 역할

비판적 사고는 언어학습에서 단순히 어휘와 문법을 익히는 것을 넘어 맥락을 이해하고 정보를 분석하며 효과적으로 표현하는 능력을 포함한다. 언어는 단순한 소통 도구가 아니라 사고의 표현 방식이기도 하므로 언어학습자는 비판적으로 사고하며 언어를 활용하는 능력을 길러야 한다. 특히, 비판적 사고는 복잡한 문장 구조를 분석하고 문학 작품이나 뉴스 기사에서 숨겨진 의미를 해석하는 데 필수적이다. 예를 들어, 관용적 표현이나 풍자적인 문장을 읽을 때 단어의 표면적 의미만이 아니라 문맥과 문화적 요소까지 고려해야 한다.

또한, 새로운 단어나 모호한 표현을 만났을 때 학습자는 논리적 추론을 통해 의미를 유추하는 능력을 갖춰야 한다. 이는 단순한 암기식 학습이 아니라 사고력을 동반하는 학습 과정이 되어야 한다는 점을 강조한다. 비판적 사고는 학습자가 자신의 언어 사용을 돌아보고 개선할 수 있도록 돕는다. 언어는 오류를 통해 발전하는 영역이므로 학습자는 자신의 실수를 분석하고 수정하는 성찰적 태도를 가져야 한다. 예컨대, 글을 쓸 때 어휘 선택이나 문장 구조의 논리성을 점검하고 구어 표현에서 부적절한 표현을 교정하는 과정이 비판적 사고와 연결된다. 따라서 효과적인 언어학습을 위해서는 비판적 사고를 적극적으로 활용할 수 있는 환경이 마련되어야 한다.

인공지능이 비판적 사고를 어떻게 강화하는가

인공지능은 학습자가 단순히 언어 규칙을 따르는 것이 아니라 적극적으로 사고하고 탐구하도록 유도하는 역할을 한다. 기존의 언어학습 방식은 교사의 일방적인 설명이나 교과서 중심의 학습이 주를 이루었지만, 인공지능은 학습자의 사고 과정을 분석하고 맞춤형 피드백을 제공하면서 비판적 사고 능력을 길러준다.

인공지능 기반 학습 플랫폼은 학습자의 오류 패턴을 분석하고 특정 표현이 왜 적절한지 또는 다른 방식이 왜 더 효과적일 수 있는지를 학습자 스스로 탐색하도록 돕는다. 예를 들어, 문장 작성을 할 때 인공지능이 단순한 문법 오류만 지적하는 것이 아니라 문장의 논리적 연결성과 표현의 명확성을 평가하고 피드백을 제공하는 방식이다.

가상 토론이나 시뮬레이션을 활용한 학습도 비판적 사고를 강화하는 중요한 방법이다. 인공지능은 학습자에게 특정 주제에 대한 입장을 정리하도록 요구하고 상대방의 주장에 대한 반박을 구성하는 과정을 안내할 수 있다. 이 과정에서 학습자는 자신의 논리를 발전시키고 논증 구조를 이해하며 설득력 있는 언어를 구사하는 능력을 기르게 된다.

그뿐만 아니라, 인공지능은 실제 상황을 기반으로 한 시나리오 문제를 제공함으로써 학습자가 현실적인 문제를 해결하도록 유도한다. 예를 들어, 외국에서 길을 잃었을 때나 고객 서비스 센터에서 문제를 해결해야 할 때와 같은 실제 상황을 가상환경에서 연습할 수 있도록 한다. 이를 통해 학습자는 즉흥적인 문제 해결 능력을 기르고 다양한 관점을 고려하는 습관을 형성하게 된다.

인공지능을 비판적 사고 커리큘럼에 통합하기

비판적 사고를 효과적으로 향상하기 위해서는 인공지능 도구를 기존 언어학습 커리큘럼과 유기적으로 결합하는 것이 중요하다. 인공지능을 단순한 보조 학습 도구로 활용하는 것이 아니라, 교실 내외에서 학습자가 비판적으로 사고하고 탐색할 수 있도록 인공지능을 활용한 학습 모델을 설계해야 한다.

인공지능을 비판적 사고 커리큘럼에 통합하기 위한 하나의 효과적인 방식은 혼합형 학습 모델을 적용하는 것이다. 이 방법을 통해 교실에서 교사와 함께 토론하고 분석하는 시간을 가지면서 인공지능을 활용해 추가적인 질문을 생성하고 이에 대해 토론하는 형태로 진행할 수 있다. 예를 들어, 인공지능이 제공하는 다양한 시나리오를 바탕으로 학생들이 논의를 펼치고 자신의 생각을 정리하는 과정에서 비판적 사고 능력을 자연스럽게 기를 수 있다.

프로젝트 중심 학습을 통해 인공지능을 활용하면 학습자가 실제 문제를 해결하는 과정에서 언어 능력과 논리적 사고력을 동시에 발전시킬 수 있다. 예를 들어, 학생들이 특정 사회적 문제를 해결하는 프로젝트를 수행하면서 인공지능의 분석 기능을 활용해 데이터를 수집하고 논리를 구축할 수 있다. 이를 통해 언어를 단순한 학습 과목이 아니라 실생활 문제 해결 도구로 활용하는 경험을 할 수 있다.

인공지능 기반 포트폴리오 시스템을 도입하면 학습자가 자신의 사고 과정과 발전을 지속적으로 점검할 수 있다. 인공지능이 제공하는 피드백을 기반으로 학습자는 자신의 언어적 표현 능력을 기록하고 분석하며 어떤 부분에서 발전이 있었는지를 명확하게 인식할 수 있다. 이러한 방식은 자기 주도 학습을 장려하고 장기적으로 비판적 사고력을 지속적으로 향상하는 데 기여할 것이다.

결론적으로, 인공지능은 단순한 언어학습을 넘어 학습자가 사고하는 방식을 혁신적으로 변화시키고 있다. 기존의 지식 전달 방식에서 벗어나 학습자가 능동적으로 사고하고 문제를 해결하는 과정에 적극적으로 개입하는 도구로 활용될 수 있기 때문이다. 앞으로의 교육 환경에서는 인공지능이 비판적 사고를 촉진하는 역할을 더욱 강화할 것이며 이를 통해 학습자는 단순히 언어를 배우는 것을 넘어 논리적이고 창의적인 사고를 함께 키울 수 있을 것이다.

인공지능 생성 콘텐츠를 통한 듣기 이해력 향상

듣기 이해는 언어 습득의 필수 요소이며 실생활에서 가장 빈번하게 활용되는 언어 능력이다. 원활한 의사소통을 위해서는 단순히 단어를 알아듣는 것을 넘어 문맥과 화자의 의도를 파악하고 즉각적으로 반응할 수 있어야 한다. 원어민과의 자연스러운 대화뿐만 아니라 강의 청취, 업무 협의, 공식 연설 등 다양한 상황에서 듣기 능력은 필수적이다.

특히, 듣기 능력은 단순한 단어 인식이 아니라 억양, 강세, 속도, 비언어적 단서까지 종합적으로 해석하는 과정이다. 예를 들어, 같은 문장이더라도 말하는 속도나 억양에 따라 의미가 달라질 수 있으며 문화적 배경이 반영된 표현들은 문맥을 고려해야 정확히 이해할 수 있다. 따라서, 듣기 훈련은 단순한 청취 연습을 넘어 다양한 발화 환경에 노출되어 실전 감각을 기르는 방식으로 이루어져야 한다.

인공지능 기술의 발전으로 인해 학습자의 수준과 필요에 맞춘 듣기 훈련 자료를 자동으로 생성할 수 있는 시대가 열렸다. 기존의 고정된 오디오 학습 자료와 달리 인공지능이 제공하는 듣기 콘텐츠는 유연하고 실시간으로 조정 가능하다는 점에서 차별화된다. 예를 들어, 인공지능은 특정 상황을 재현한 시뮬레이션 대화를 만들어 학습자가 실제 생활에서 접할 수 있는 다양한 회화 상황을 연습하도록 돕는다. 식당에서 주문하기, 공항에서 길 찾기, 업무 미팅 등 특정 맥락을 반영한 콘텐츠를 제공함으로써 학습자는 단순한 문장 듣기를 넘어 상황에 적합한 표현과 반응 방식을 익힐 수 있다.

현실과 유사한 다중화자 환경을 제공할 수 있다는 점도 인공지능 기반 듣기 훈련의 강점이다. 여러 명이 동시에 대화하는 상황이나 배경 소음이 섞인 상태에서 듣기 훈련을 할 수 있어 실제 대화 환경에 대한 적응력을 높인다. 그뿐만 아니라, 학습자의 수준에 맞춘 적응형 듣기 과제를 제공함으로써 듣기 속도와 난이도를 조절해 최적의 학습 경험을 설계할 수 있다.

인공지능이 생성하는 듣기 콘텐츠는 학습자에게 다양한 억양과 방언을 경험할 기회를 제공한다. 이는 특정 지역의 표준 발음에만 익숙한 기존 학습 방식과 달리, 실제 원어민들이 사용하는 다양한 표현과 억양을 접하도록 하여 보다 유연한 청취 능력을 키울 수 있도록 돕는다.

또한, 인공지능 생성 콘텐츠는 즉각적인 피드백 기능을 제공해 학습 효과를 극대화한다. 학습자가 들은 내용을 요약하거나 질문에 답변하면 인공지능이 즉각적인 교정과 추가 학습 방향을 제안한다. 예를 들어, 특정 발음이나 문장 구조를 잘못 이해했을 경우, 인공지능이 이를 감지하고 보다 명확한 발음 샘플이나 문법적 설명을 제공할 수 있다.

인공지능 기반 듣기 훈련은 시공간의 제약 없이 언제 어디서나 학습할 수 있는 환경을 조성한다. 기존의 오프라인 강의나 교실 수업은 정해진 시간과 장소에서만 가능했지만, 인공지능 기반 콘텐츠는 학습자가 원하는 시간과 속도로 맞춤형 훈련을 진행할 수 있도록 한다. 이를 통해 학습자는 자율적으로 듣기 능력을 향상하고 지속적인 학습 습관을 형성할 수 있다.

인공지능이 생성하는 듣기 콘텐츠는 기존 학습 방식의 한계를 극복하고 학습자의 개별적 필요를 반영하는 방향으로 진화하고 있다. 다양한 환경과 수준을 반영한 듣기 훈련을 통해 학습자는 실전 감각을 기르고 더욱 효과적인 언어 습득이 가능할 것이다.

언어학습에서 인공지능 지원과 인간 상호작용의 균형

인간 상호작용의 역할

인공지능이 언어학습에 미치는 영향이 커지고 있지만 교사와 학습자 간의 직접적인 상호작용은 여전히 중요한 요소로 남아 있다. 인간 교사는 단순한 언어적 지식을 전달하는 것을 넘어 학습자의 정서적 요구를 파악하고 동기를 부여하며 비언어적 요소까지 반영하여 보다 깊이 있는 학습을 가능하게 한다.

인간 교사는 학습자의 감정 상태를 이해하고 적절한 격려나 조언을 제공할 수 있다. 학습자가 어려움을 겪을 때 따뜻한 말 한마디나 동기 부여가 큰 영향을 미칠 수 있는데 이는 현재의 인공지능이 완전히 대체하기 어려운 부분이다. 또한, 교사는 단순한 문법적 설명을 넘어 문화적 맥락과 역사적 배경을 설명함으로써 학습자가 언어를 더 자연스럽게 이해하고 활용할 수 있도록 돕는다.

학생 간의 상호작용도 학습에 있어 필수적인 요소다. 교실에서 이루어지는 토론이나 협력 과제는 학습자들이 실제 소통 환경을 경험하고 다양한 의견 조율의 기회를 제공한다. 이 과정에서 학생들은 비언어적 단서까지 습득하며 보다 효과적인 대인관계를 형성하는 법을 배울 수 있다. 단순히 문장을 암기하는 것이 아니라 실제 사람들과 교류하며 언어를 습득하는 과정은 인공지능만으로는 완벽하게 제공할 수 없는 경험이다.

인공지능의 상호 보완적 역할

인공지능은 언어학습을 더욱 효율적으로 만들 수 있지만, 인간 교사를 대체하는 것이 아니라 보완하는 역할을 한다. 반복적인 연습이나 기계적 오류 수정과 같은 작업을 담당함으로써 교사는 더욱 창의적인 교육 활동이나 개별 학습 상담에 집중할 수 있다.

인공지능은 방대한 학습 데이터를 분석하여 학습자의 취약점과 성취도를 파악할 수 있으며 이를 기반으로 맞춤형 학습 경로를 제공한다. 교사는 이러한 데이터를 활용해 학생 개개인의 강점과 약점을 더 정확하게 파악하고 맞춤형 피드백을 제공할 수 있다. 인공지능이 학생의 문법 오류 패턴을 분석하여 보고서를 제공하면 교사는 이를 바탕으로 보다 정밀한 수업 전략을 세울 수 있다.

이러한 장점은 혼합형 학습 모델에서 더욱 극대화된다. 학생들은 인공지능 플랫폼을 활용해 자기 주도적으로 학습을 진행하고 교실에서는 협력 학습과 심화 학습을 통해 배운 내용을 실전에서 적용하는 기회를 얻는다. 이렇게 인간 교사와 인공지능의 역할을 조화롭게 결합하면 학습 효과를 극대화할 수 있다.

인공지능과 인간 상호작용의 균형을 위한 전략

인공지능과 인간 상호작용이 균형을 이루려면 학습 과정에서 인공지능이 담당할 영역과 인간 교사가 개입할 영역을 적절히 구분해야 한다. 학습자가 기본적인 어휘와 문법을 익히는 과정에서는 인공지능 기반 연습이 효과적일 수 있지만, 토론, 협상, 문화적 이해를 다루는 과정에서는 인간 교사의 개입이 필수적이다. 따라서 커리큘럼 설계 시, 인공지능을 활용한 훈련과 교사 주도 수업의 적절한 배분이 필요하다.

교사가 인공지능 도구를 효과적으로 활용할 수 있도록 충분한 연수와 지원도 제공되어야 한다. 교사가 인공지능의 기능과 한계를 정확히 이해하고 학습자의 필요에 따라 이를 조율할 수 있어야 하기 때문이다. 그뿐만 아니라, 인공지능이 제공하는 피드백을 단순히 학습자에게 전달하는 것이 아니라 이를 보충하고 맥락을 더하여 보다 깊이 있는 학습을 유도하는 것이 중요하다.

인공지능과 인간 상호작용의 균형은 단순히 기술의 문제를 넘어 교육의 본질적인 목적과 가치에 대한 고민이 필요하다. 인공지능이 제공하는 효율성과 인간 교사가 제공하는 정서 및 사회적 요소가 적절히 조화를 이룰 때 언어학습은 더욱 효과적이고 의미 있는 과정이 될 수 있다.

인공지능이 결합된 환경에서 실제 언어 사용 능력 함양하기

언어학습의 궁극적인 목표는 단순한 문법 숙달이나 어휘 암기가 아니라 실제 상황에서 효과적으로 의사소통할 수 있는 능력을 기르는 것이다. 인공지능 기반 언어학습 도구는 몰입형 환경을 제공하지만 디지털 시뮬레이션에만 의존하는 것이 아니라 현실과 연결되는 학습 경험이 병행되어야 한다. 실제 시나리오를 활용한 학습은 언어 사용의 자발성과 즉흥성을 기르는 데 필수적이다. 따라서, 인공지능 시뮬레이션을 통해 기초적인 대화 패턴을 익힌 후, 교실에서 역할극을 진행하거나 프로젝트 기반 활동을 수행하면 학습자가 더 자연스럽고 유창하게 언어를 구사할 수 있다.

또한, 단순한 암기가 아닌 비판적 사고와 문제 해결 능력을 포함하는 학습 경험을 제공해야 한다. 학습자가 질문을 던지고 답을 분석하며 대화 내용을 반성하는 과정이 포함되면 실제 대화에서도 능동적으로 대응할 수 있는 역량이 강화된다. 효과적인 의사소통은 단순히 문장을 말하는 것이 아니라 비언어적 신호, 사회적 맥락, 문화적 배경을 이해하고 활용하는 능력과도 밀접한 관련이 있다. 따라서 인공지능 기반 몰입 환경과 전통적인 문화 교육을 결합해 학습자가 더 입체적인 문화적 이해를 습득하도록 유도하는 것이 중요하다.

인공지능과 디지털 기술이 언어교육의 중요한 도구가 되면서 학습자가 이를 효과적으로 활용할 수 있는 능력도 요구된다. 인공지능을 단순한 보조 도구로만 인식하는 것이 아니라 그 기능과 한계를 정확히 이해하고 전략적으로 사용할 수 있어야 하기 때문이다. 학습자는 우선 인공지능 기반 언어학습 도구의 작동 원리와 한계를 숙지할 필요가 있다. 예를 들어, 일부 알고리즘이 특정 억양이나 문법 구조를 과도하게 강조할 수 있으며 학습 데이터 편향으로 인해 특정 표현이 과소 또는 과대대표될 가능성이 있다. 이러한 한계를 이해하면 학습자가 인공지능의 피드백을 더 비판적으로 수용하고 학습 성과를 극대화할 수 있다.

데이터 해석 능력도 중요한 요소다. 인공지능이 제공하는 성취도 분석 결과를 활용하여 자신의 학습 진행 상황을 객관적으로 평가하고 부족한 부분을 보완할 전략을 세울 수 있어야 하기 때문이다. 이는 학습자가 단순히 제공된 콘텐츠를 수동적으로 소비하는 것이 아니라 자기주도적으로 학습을 계획하고 실행할 수 있도록 돕게 된다.

한편, 인공지능 기반 학습이 효과적으로 이루어지려면 가상환경에서 익힌 언어 능력이 실제 커뮤니케이션 상황에서도 자연스럽게 활용될 수 있도록 연계되어야 한다. 이를 위해 온라인과 오프라인 학습을 유기적으로 연결하는 혼합형 학습 모델이 필요하다. 인공지능을 활용한 연습 후 교실에서 토론을 진행하거나 원어민과의 대화 클럽 또는 국제 교류 프로그램을 통해 실전을 경험하면 학습 효과가 극대화된다.

다시 말해, 인공지능이 제공하는 대화 시뮬레이션은 학습자가 실수를 두려워하지 않고 반복 연습할 기회를 주지만 궁극적으로는 실제 사람과의 대화를 통해 언어를 더욱 자연스럽게 사용할 수 있어야 한다. 또한, 원어민과 직접 교류하는 경험이 중요하다. 언어 교환 프로그램, 여행, 국제 화상 모임 등을 통해 학습자는 다양한 억양과 문화적 표현을 접할 수 있으며, 이를 통해 인공지능과의 연습을 넘어선 더 현실적인 언어 사용 능력을 갖추게 된다.

마지막으로, 반성적 학습(Reflective learning)이 필수적이다. 학습자는 가상환경에서 연습한 대화와 실제 원어민과의 대화를 비교, 분석하며 어떤 부분이 잘 통했는지 어떤 점을 보완해야 하는지를 점검해야 한다. 예를 들어, 가상 시뮬레이션에서는 매끄럽게 진행되던 대화가 실제 원어민과의 대화에서는 다르게 흘러갈 수 있다. 이런 차이를 인식하고 지속적으로 조정하는 과정이 반복되면 학습자는 실질적인 언어 사용 능력을 더욱 탄탄하게 다질 수 있다.

결국, 앞에서 살펴본 바와 같이 인공지능 기반 학습과 인간 상호작용은 서로 조화를 이루어야 한다. 인공지능은 개인화된 학습 경험과 반복 연습 기회를 제공하지만, 궁극적으로 언어는 사람과 사람 사이에서 사용되는 것이기 때문에 실제 의사소통 경험이 반드시 병행되어야 한다. 따라서, 기술의 발전을 언어교육에 효과적으로 접목하기 위해서는 디지털 학습과 실제 대화 경험이 자연스럽게 연결되도록 교육 설계가 이루어져야 한다.

인간과 인공지능이 함께 만드는 외국어 교육의 미래

여기에서는 생성형 인공지능이 외국어 교육에 준 변화를 깊이 탐구했다. 개인화된 학습 경로와 몰입형 학습환경, 실시간 피드백을 통해 학습자 중심의 새로운 교육 방식이 등장했다. 학습자는 인공지능이 제공하는 맞춤형 콘텐츠와 인터랙티브 시뮬레이션을 활용해 보다 효과적으로 언어를 습득할 수 있게 되었으며 기술 발전이 가져온 혁신은 단순한 학습 도구의 변화가 아니라 교육 패러다임 자체를 바꾸는 중요한 전환점이 되고 있다. 그러나 인공지능의 발전이 인간 교사의 역할을 대체할 수는 없다. 학습자가 단순히 언어적 규칙을 익히는 것을 넘어 문화적 맥락을 이해하고 정서적으로 소통하는 능력을 키우려면 인간 교사의 역할이 필수적이다.

생성형 인공지능은 반복 학습과 실시간 교정에서 뛰어난 성과를 보이지만, 학습자의 동기를 유발하고 창의적 사고를 촉진하는 데는 교사의 세심한 개입이 필요하다. 따라서 인공지능과 인간 교사가 상호 보완적인 방식으로 결합되어야 하며 각자의 강점을 살리는 교육 모델이 요구된다.

기술의 발전에 따라 윤리적 문제도 함께 고려해야 한다. 데이터 프라이버시 보호, 알고리즘의 편향성 문제, 인공지능 의존에 따른 학습자의 비판적 사고 저하 등의 위험 요소를 지속적으로 점검해야 한다. 언어교육이 단순한 기술 혁신에 머물지 않고 학습자의 자율성과 창의성을 보장하는 방향으로 나아가기 위해서는 교사와 교육 정책 결정자들이 긴밀히 협력해야 한다.

생성형 인공지능이 결합된 외국어 교육은 단순한 도구의 발전이 아니라 학습자 중심의 맞춤형 교육을 실현하는 중요한 기회가 된다. 앞으로의 교육은 인공지능의 효율성과 인간의 창의적 개입이 조화를 이루는 방식으로 발전해야 하며 이를 통해 학습자들은 언어적 유창성뿐만 아니라 문화적 감수성과 비판적 사고력을 함께 갖춘 균형 잡힌 의사소통 능력을 키울 수 있을 것이다.

PART 4

한때 암기와 문법 위주로 진행되던 수업은 이제 개인 맞춤 몰입형 상호작용 경험으로 급격히 전환되고 있다. 학습자는 더 이상 교실에서 수동적으로 지식을 수용하는 존재가 아니라, 적응형 알고리즘과 실시간 피드백 시스템을 통해 개인별 취약점을 세밀하게 보완하고 가상현실(VR)이나 증강현실(AR) 같은 몰입형 기술로 현장감을 느끼며 언어를 체득할 수 있게 됐다. 무엇보다도, 학습자가 원하는 속도와 방식으로 학습 경로를 설계하는 자기 주도 학습의 시대가 열리면서 언어교육은 일방적 지식 전달이 아닌 학습자 중심 모델로 빠르게 재편되고 있다.

이처럼 혁신이 가속화되는 변화의 흐름 속에서 우리는 기술적 측면뿐 아니라 인간 중심적 가치를 어떻게 조화롭게 살릴 수 있을지도 고민해야 한다. 인공지능 번역과 실시간 통역 기술이 나날이 발달하고 있지만 언어는 여전히 문화나 정서적 맥락과 깊이 얽혀 있기에 기계가 대체하기 어려운 부분이 존재한다. 따라서 교사는 지식 전달자의 위치를 넘어 인공지능이 생성한 피드백과 학습 데이터를 해석하고 보완하며 문화적 감수성과 비판적 사고를 고취하는 멘토가 되어야 한다. 여기서는 이러한 관점에서 미래 언어교육의 핵심 이슈와 변화 양상을 살펴보고 생성형 인공지능 시대에도 여전히 중요한 인간적 요소와 가치가 무엇인지 조망해 보고자 한다.

호모 커뮤니쿠스

AI 세상과 만나는

외국어 교육의 미래

외국어 교육의 미래

전통적 외국어 교육의 종말: 생성형 인공지능 시대의 새로운 교육 패러다임

정치, 경제, 사회, 문화를 총망라하고 거의 모든 분야가 생성형 인공지능의 등장으로 혁신을 맞이하고 있는 상황 속에서 외국어 교육도 예외는 아니다. 생성형 인공지능이 지원하는 역동적이고 개인화된 상호작용형 학습법이 점차 확대, 도입되면서 오랫동안 교사 주도의 수업이나 암기 위주의 학습, 표준화된 시험을 강조해 온 전통적 모델이 점차 변화되는 것이다. 여기서는 생성형 인공지능 기반 언어교육에서 나타나는 최신 동향을 살펴보고 미래 언어학습 방법을 예측하며, 생성형 인공지능이 접목된 교실에서 교사의 역할이 어떻게 바뀌는지 논의하고자 한다. 또한, 생성형 인공지능이 교육과정 설계와 교육 정책에 미칠 수 있는 영향과 언어학습 혁신을 준비하는 전략을 제시한다.

생성형 인공지능 기반 언어교육의 현재 동향

적응형 학습 플랫폼의 부상

적응형 학습 플랫폼이 주목받게 되면서 개인 맞춤형 교육 경험을 제공하는 것이 언어교육에서 중요한 요소로 부각되고 있다. 머신러닝 알고리즘을 활용해 학습자의 성취도와 학습 패턴을 실시간으로 분석하고 이에 맞춰 난이도를 조정하거나 필요한 콘텐츠를 자동 추천하는 방식이 점점 더 정교해지는 추세다.

기존 정형화된 교재 중심 학습과 달리, 적응형 학습 플랫폼은 학습자의 오류 유형을 세밀히 분석하고 실시간 피드백을 제공함으로써 더욱 효율적인 학습환경을 조성한다. 예를 들어, 생성형 인공지능 기반의 언어학습 서비스는 문법적 오류뿐만 아니라 발음의 정확성, 억양, 어휘 사용까지도 즉각적으로 교정하여 학습자가 더 자연스럽게 언어를 습득할 수 있도록 돕는다.

가상현실(VR)과 증강현실(AR) 기술을 활용한 몰입형 학습환경이 발전하면서 학습자는 실제와 유사한 가상환경에서 실전과 같은 언어 연습을 경험할 수 있다. 이는 단순 암기식 학습을 넘어 보다 실용적인 언어 사용 능력을 키우는 데 기여하고 있다. 이처럼 생성형 인공지능 기반 적응형 학습 플랫폼은 학습자의 개인적 필요를 충족시키며 더욱 효과적이고 지속적인 학습을 가능하게 하고 있다.

다중모드(multimodal) 학습의 통합

언어학습에 있어 단순히 문자를 읽고 암기하는 방식은 점점 비효율적인 학습법으로 평가받고 있다. 따라서, 문자뿐만 아니라 음성, 영상, 시각적 자료, 상호작용형 콘텐츠 등 다양한 학습 요소를 결합한 다중모드(multimodal) 학습 방식을 적극적으로 도입하고 있다.

음성 인식과 자연어 처리(NLP) 기술을 활용하면 학습자의 발음, 억양, 강세 등을 원어민 기준과 비교하여 세부적인 피드백을 제공할 수 있다. 대표적인 사례로 엘사(ELSA Speak)와 같은 애플리케이션은 생성형 인공지능을 활용해 학습자가 더 정확한 발음을 익히도록 돕는다. 또한, 시각적 자료와 맥락 기반 학습이 강조되면서 언어학습이 단순한 문자 기반이 아닌 실제 상황을 반영한 대화형 학습으로 발전하고 있다. 생성형 인공지능 챗봇이나 가상 시뮬레이션 등을 통해 학습자는 일상에서 겪을 수 있는 상황을 미리 연습하고 언어 사용 능력을 자연스럽게 향상시킬 수 있다.

그뿐만 아니라, 게이미피케이션(gamification) 요소와 사회적 학습(Social Learning) 환경이 결합되면서 학습 동기가 더욱 강화되고 있다. 포인트 시스템, 레벨업, 도전 과제, 랭킹 시스템 등과 같은 게임적인 요소들이 학습에 도입되면서 학습자들은 게임을 하듯이 언어를 습득하게 되며 자연스럽게 학습 지속성이 높아진다. 또한, 글로벌 사용자들과의 소셜 네트워크 기능이 강화되면서 원어민과 직접 소통하거나 협업 학습을 할 수 있는 기회도 늘어나고 있다. 이처럼 다중모드 학습의 통합은 단순 암기식 학습을 넘어선 실용적이고도 효과적인 언어학습 경험을 제공하고 있다.

데이터 기반 통찰과 지속적 개선

인공지능(AI) 기술이 발전함에 따라 학습자의 학습 과정과 성취도를 분석하는 데이터 기반 통찰이 강화되고 있다. 이를 통해, 학습자의 강점과 약점을 더 세밀하게 파악할 수 있으며 맞춤형 교육 콘텐츠와 피드백이 지속적으로 개선되는 선순환 구조가 형성되고 있다.

인공지능 시스템은 학습자의 진행 상황을 실시간으로 모니터링하고 반복적으로 틀리는 패턴을 분석하여 개별 맞춤형 피드백을 제공한다. 예를 들어, 특정 문법 구조에서 지속적으로 오류가 발생하는 학습자에게는 해당 부분을 보완할 수 있는 추가 연습 문제를 자동으로 제공하는 방식이 일반화되고 있다. 이러한 피드백 루프는 학습자가 효율적으로 약점을 보완할 수 있도록 도와주며 동시에 인공지능 알고리즘 자체도 사용자 데이터를 바탕으로 지속적인 개선을 이루게 된다.

또한, 생성형 인공지능 기반 언어학습 시스템은 확장성과 접근성을 극대화하는 방향으로 발전하고 있다. 온라인 플랫폼을 통해 전 세계 어디에서나 동일한 품질의 언어교육을 받을 수 있으며 비용 효율성이 높은 생성형 인공지능 튜터를 활용함으로써 경제 및 지리적 제약을 뛰어넘는 교육의 기회를 제공한다. 맞춤형 학습 시스템은 개인별 학습 속도와 목표에 따라 유연하게 조정될 수 있어 전통적인 학습 방식보다 더 효과적이고 지속적인 학습 경험을 제공할 수 있다.

데이터 기반의 통찰과 인공지능 알고리즘의 지속적인 개선이 이루어짐에 따라 인공지능 기반 언어학습 플랫폼은 더욱 정교해지고 있다. 생성형 인공지능 기술의 발전은 단순한 교육 도구를 넘어 학습자의 경험을 혁신적으로 변화시키고 있으며 이를 통해 언어학습의 효율성과 학습 효과가 점점 더 향상되고 있다.

미래 언어학습 방법에 대한 예측

완전 몰입형·맥락 중심 학습으로의 진화

미래의 언어학습은 단순한 문법 암기나 단어 학습을 넘어 실제 상황과 유사한 맥락에서 언어를 활용하는 몰입형 환경으로 발전할 전망이다. 가상현실(VR) 기술이 보편화됨에 따라 학습자는 가상의 식당, 회의실, 여행지 등에서 실제와 같은 언어 연습을 할 수 있는 기회를 얻게 된다. 이는 단순히 문장을 외우는 것이 아니라 맥락 속에서 언어를 사용

하는 능력을 키우는 데 도움을 준다.

또한 증강현실(AR) 기술의 발전으로 현실 공간에서 실시간 번역이나 문화적 정보 제공이 가능할 것이며 학습자는 일상에서 자연스럽게 언어를 습득하게 될 것이다. 예를 들어, 거리를 걸으며 표지판의 내용을 번역하거나 레스토랑에서 메뉴를 원어로 이해하는 경험을 하게 될 것이다. 이러한 기술적 발전은 단순한 언어 이해를 넘어 실제 환경에서 자연스럽게 언어를 습득하는 과정으로 학습의 패러다임을 변화시키고 있다.

더 나아가, 생성형 인공지능 기반의 시나리오 생성 기술이 발전하면서 학습자의 선택과 반응에 따라 변화하는 대화형 학습이 보편화될 것이다. 이는 학습자가 단순한 암기가 아닌, 실전과 같은 환경에서 즉흥적인 언어 활용 능력을 키울 수 있도록 돕는다. 예를 들어, 생성형 인공지능 기반 학습 플랫폼은 학습자의 반응과 학습 수준을 분석하여 실시간으로 대화 흐름을 조정하고 맞춤형 대화 시나리오를 제공할 수 있다. 이러한 방식은 학습자에게 더 자연스럽고 능동적인 학습 경험을 제공하며 언어 사용의 유창성을 높이는 데 기여할 것이다. 언어학습은 점차 정형화된 교육을 넘어 몰입형 학습환경을 통해 실생활에 바로 적용 가능한 학습 방식으로 변화할 것이다.

적응형·개인 맞춤형 학습 시스템의 진화

생성형 인공지능의 발전은 기존의 수준별 학습을 넘어 학습자의 학습 스타일, 관심사, 감정 상태까지 반영한 초(Hyper)개인화된 학습환경을 조성할 것이다. 예를 들어, 학습자가 피로를 느끼는 시간대를 파악하여 학습 강도를 조절하거나 특정한 주제에 흥미를 보이면 해당 주제와 관련된 언어 콘텐츠를 추천하는 방식이 가능해질 것이다. 또한, 하나의 소프트웨어가 둘 이상의 플랫폼을 지원하는 크로스 플랫폼(Cross-platform) 통합이 강화되면서 학습자가 스마트폰, VR 기기, 태블릿 PC, 스마트 스피커 등 다양한 기기에서 끊임없이 학습을 이어갈 수 있는 환경이 조성될 것이다. 이는 시간이나 장소에 구애받지 않고 학습을 지속할 수 있도록 하여 학습 효과를 극대화할 것으로 예상된다.

예측 분석 기술이 고도화되면서 학습자가 어려움을 겪을 가능성이 높은 영역을 미리 파악하고 이에 대한 사전 학습이나 추가적인 지원을 제공하는 능동적 학습 지원도 가능해질 것이다. 이에 생성형 인공지능은 학습자의 오류 패턴을 실시간으로 분석하고 가장 효과적인 복습 전략을 제안함으로써 학습 효율을 높이는 데 기여할 것이다. 생성형 인공지능이 학습자의 실수를 기반으로 맞춤형 복습 문제를 생성하거나 학습자의 학습 속도와 이해도를 고려한 최적의 커리큘럼을 제공할 수 있기 때문이다. 이러한 방식은 학습자가 효과적으로 언어를 습득하고 지속적으로 학습을 이어갈 수 있도록 지원한다.

생성형 인공지능 기반의 학습 시스템은 점점 더 인간의 감성까지 이해하는 방향으로 발전할 전망이다. 학습자의 감정 변화를 분석하여 학습 동기를 유발할 수 있는 게임 기반 보상 시스템을 도입하거나 학습자가 스트레스를 받을 경우 난이도를 조정하는 등의 기능이 적용될 수 있다. 이를 통해 학습자는 더 즐겁고 지속 가능한 학습환경을 경험할 수 있게 될 것이며, 언어 습득이 더욱 자연스럽고 유연하게 이루어질 것이다.

상호작용 강화·협력 학습

미래의 언어학습에서는 개인 맞춤형 학습뿐만 아니라 협력과 상호작용이 더욱 중요한 요소로 자리 잡을 것이다. 글로벌 가상 교실이 활성화되면서 전 세계의 학습자들이 실시간으로 연결되고 다양한 문화적 배경을 가진 사람들과의 대화를 통해 실전 회화 능력을 기르게 될 것이다. 이러한 환경은 단순히 언어 실력을 향상시키는 것뿐만 아니라, 다문화 감수성과 글로벌 의사소통 능력을 함양하는 데에도 큰 역할을 할 것이다. 또한, 학습자 간 상호 학습(peer-to-peer learning)이 강화되면서 생성형 인공지능 시스템이 각자의 강점과 약점을 분석하여 보완할 수 있는 파트너를 자동으로 매칭하는 방식이 등장할 것이다. 이를 통해 학습자들은 서로의 언어 능력을 보완하며 보다 실용적인 언어 교환을 경험하게 될 것이다.

생성형 인공지능과 인간 교사의 역할이 결합된 블렌디드(blended) 학습 방식도 확산될 전망이다. 반복적인 문법 연습이나 실시간 피드백 제공은 생성형 인공지능이 담당하고, 인간 교사는 학습자와의 심층적인 소통과 창의적인 문제 해결을 돕는 역할을 수행하게 될 것이다. 이는 단순한 온라인 강의를 넘어 학습자 간 협력을 촉진하고 보다 인간적인 학습환경을 제공하는 방향으로 나아갈 것이다.

생성형 인공지능 기반의 협력 학습 시스템은 실시간 언어 교환 기능을 강화하고 학습자들 간의 상호작용을 자연스럽게 유도하게 될 것이다. 예를 들어, 생성형 인공지능이 학습자의 수준을 분석하여 적절한 대화 상대를 추천하거나 실시간으로 대화 피드백을 제공하는 등의 기능이 포함될 수 있다. 이러한 변화는 언어학습을 보다 실용적이고 실제적인 커뮤니케이션 환경 속에서 이루어지도록 만들 것이다. 궁극적으로, 앞으로 언어학습은 더 이상 개별 학습자들이 혼자 학습하는 과정이 아니라 글로벌 학습자들이 함께 소통하고 성장하는 협력적인 과정으로 자리 잡을 것이다.

인공지능이 접목된 교실에서 변화하는 교사의 역할

생성형 인공지능이 교육 환경에 접목되면서, 교사의 역할은 단순한 지식 전달에서 학습자의 조력자이자 멘토, 콘텐츠 큐레이터로 확장, 변화하고 있다. 과거에는 교사가 주어진 교재를 바탕으로 일방적으로 정보를 전달했다면 이제는 인공지능이 반복적인 학습 과정을 지원하고 개별 학습자에게 맞춤형 자료를 제공하는 환경이 조성되고 있다. 이에 따라 교사는 학습자의 학습 데이터를 분석하고 생성형 인공지능이 제안한 개인 맞춤형 학습 과정을 해석하며 기술이 놓칠 수 있는 인간적인 부분을 보완하는 과정을 통해 보다 깊이 있는 학습 경험을 설계하는 역할을 맡게 될 것이다.

다시 말해, 앞으로 교사는 학습의 조력자이자 멘토로서 생성형 인공지능이 제공하는 데이터와 맞춤형 학습 경로를 분석하고 그 안에 인간적인 맥락을 더하는 역할을 수행한다는 것이다. 학습자가 단순히 생성형 인공지능이 제공하는 답변을 암기하는 것이 아니라 배운 내용을 실제 상황에서 응용할 수 있도록 돕는 것은 언어교육의 효과를 높이는 데 중요하다. 따라서, 단순한 문법이나 어휘 학습을 넘어 문화적 맥락과 실제 대화에서의 자연스러운 표현까지 이해할 수 있도록 안내하는 것이 교사의 중요한 역할이 된다.

또한, 교사는 멘토이자 코치로서 창의적 사고와 문화적 감수성을 길러주는 데 집중해야 한다. 생성형 인공지능은 방대한 언어 데이터를 기반으로 문장을 생성할 수 있지만, 비유적 표현이나 관용구, 비격식적 언어 사용, 사회적 맥락에 따른 언어 변화까지 완벽하게 전달하기는 어렵다. 따라서, 학습자가 이러한 미묘한 언어적 차이를 이해하고 실제 소통에서 자연스럽게 사용할 수 있도록 돕는 멘토 역할을 하게 된다.

더 나아가, 교사는 콘텐츠 큐레이터로서 생성형 인공지능이 자동 생성한 자료에 추가적인 해석과 맥락을 더해 학습의 질을 높인다. 생성형 인공지능이 제공하는 정보는 방대하지만 정교한 선별 없이 활용하면 학습자가 표면적인 이해에 그칠 가능성이 크다. 따라서 학습자의 수준과 필요에 맞는 자료를 선별하고 문화적 요소나 실제 사례를 보강하여 보다 풍부한 학습 경험을 제공해야 한다.

무엇보다 교실에서의 인간적 유대감은 여전히 중요한 요소다. 기술이 아무리 발전하더라도 학습자가 느끼는 심리적 부담이나 언어학습에 대한 두려움을 해소하는 데에는 인간 교사의 역할이 필수적이다. 교사는 학습자가 적극적으로 질문하고 피드백을 주고받을 수 있는 환경을 조성하며 동료 학습자들과 협력하여 학습할 수 있도록 돕는 역할을 지속해야 한다.

이러한 변화에 적응하기 위해 교사들은 지속적인 전문성 개발과 기술 활용 능력을 갖춰야 한다. 생성형 인공지능을 효과적으로 활용하려면 생성형 인공지능이 분석한 데이터를 해석하는 능력뿐만 아니라 이를 실제 수업에 적용하는 디지털 교수법(Digital Pedagogy)도 익혀야 한다. 교사들 간의 협력적 학습 공동체를 구축하여 새로운 교육 방법을 공유하고 발전시키는 과정도 필수적이다. 인공지능이 가져올 교육의 변화 속에서 교사는 단순한 기술 사용자가 아니라 학습 경험을 설계하고 조율하는 핵심적인 역할을 수행하는 존재로 자리매김하게 될 것이다.

생성형 인공지능이 접목된 교실에서 교사는 단순한 정보 제공자가 아닌, 학습자의 성장을 돕고 정서 및 사회적 지원을 제공하는 필수적인 존재로 자리 잡게 될 것이다. 인공지능의 도움을 받아 학습 과정을 최적화하면서도 학습자가 인간적인 소통을 통해 언어를 더욱 효과적으로 습득할 수 있도록 지원하는 것이 교사의 핵심 역할로 정착될 것이다.

커리큘럼 설계와 교육 정책의 변화

생성형 인공지능이 언어교육에 도입되면서 기존 커리큘럼의 구조와 운영 방식에 근본적인 변화가 예상된다. 과거의 정형화된 학습 과정에서 벗어나 더 유연하고 개별화된 학습 경험을 제공하는 방향으로 커리큘럼이 재설계될 필요가 있다. 이를 통해, 학습자는 일률적인 교과 과정을 따라가는 것이 아니라 자신의 필요와 목표에 맞춰 학습 모듈을 선택하고 개인의 속도에 맞게 학습을 진행할 수 있게 된다. 예를 들어, 회화 능력을 강화하고 싶은 학습자와 학술적 작문을 목표로 하는 학습자가 각기 다른 학습 경로를 선택할 수 있도록 모듈화된 학습 설계가 이루어질 것이다.

이러한 변화 속에서 기존의 시간 중심 학습(Time-Based Learning) 모델은 점차 역량 기반 학습(Competency-Based Learning) 모델로 대체될 가능성이 크다. 학습자가 일정 시간을 수업에 참여하는 것만으로 진도를 나가는 것이 아니라, 특정 역량을 충분히 습득해야만 다음 단계로 넘어갈 수 있는 구조가 될 것이다. 생성형 인공지능이 학습자의 숙련도를 실시간으로 분석하고 맞춤형 난이도를 제시할 수 있기 때문에 개별 학습자의 성취도를 더 정교하게 평가하고 학습을 조정하는 방식이 가능해진다. 이에 따라, 단순한 암기식 평가보다는 실제 활용 능력을 측정하는 평가 방법이 중요해질 것이며, 언어교육은 더 실용적인 방향으로 발전하게 될 것이다.

또한, 언어교육은 단순한 문법과 어휘 학습을 넘어 다양한 학문 분야와 연계되는 학제 간 통합 교육으로 발전할 것이다. 역사적 맥락 속에서 언어가 어떻게 변화했는지 탐구하거나 기술과 미디어를 활용한 언어학습 방법을 실험하는 방식이 가능해진다. 이를 통해 학습자는 단순한 언어 능력을 넘어 언어를 통해 세계를 이해하는 폭넓은 시각을 기를 수 있다.

교육 정책 또한 이러한 변화에 발맞추어 새롭게 조정될 필요가 있다. 우선, 생성형 인공지능 기반 교육의 확산을 위해 기술 인프라와 교사 훈련 프로그램에 대한 투자가 필수적이다. 특히, 디지털 격차가 심화되지 않도록 사회 및 경제적으로 소외된 계층이 생성형 인공지능 기반 학습 도구를 활용할 수 있도록 지원하는 정책이 중요해진다. 모든 학생이 동등한 학습 기회를 가질 수 있도록 하드웨어와 소프트웨어의 보급뿐만 아니라, 이를 효과적으로 활용할 수 있도록 교사를 재교육하는 과정도 함께 이루어져야 한다.

기존의 표준화된 평가 방식 역시 재고될 필요가 있다. 개별 학습자의 수준과 학습 속도에 맞춰 최적의 학습 경로를 제공하는 생성형 인공지능 시스템이 도입됨에 따라, 획일적인 시험이 아니라 맞춤형 평가 방식이 주목받을 가능성이 크다. 이를 위해, 학습자의 실제 언어 활용 능력을 평가할 수 있는 더 정교한 평가 체계가 필요하며 이를 교육 정책 차원에서 반영하는 작업이 필수적이다.

생성형 인공지능 기반 교육이 윤리적으로 운영될 수 있도록 데이터 프라이버시 보호, 알고리즘 편향 문제 해결, 디지털 형평성 확보 등의 정책적 가이드라인도 마련되어야 한다. 학습자의 데이터가 투명하고 공정한 방식으로 활용되도록 규제를 강화하고 기술이 특정 계층에만 혜택을 주는 것이 아니라 모든 학습자가 공정한 기회를 가질 수 있도록 정책적 조율이 필요하다.

인공지능이 접목된 교육 환경은 더욱 개별화되고 유연한 학습을 가능하게 하지만 이를 효과적으로 운영하기 위해서는 교육 정책의 적극적인 개편과 지속적인 지원이 요구된다. 단순히 기술을 도입하는 것을 넘어, 이를 통해 학습의 질을 높이고 교육의 공정성을 강화할 수 있도록 정부와 교육기관의 체계적인 접근이 요구된다.

인공지능 혁명을 대비하는 언어교육 시스템의 준비

언어학습의 방식이 근본적으로 달라지면 교육 시스템도 이에 맞춰 철저히 준비해야 한다. 단순히 새로운 기술을 도입하는 것을 넘어, 이를 효과적으로 활용할 수 있도록 인프라를 구축하고 교사를 훈련하며 형평성과 윤리적 책임을 고려한 정책적 조치를 마련하는 것이 필수적이다.

먼저 탄탄한 디지털 인프라 구축이 선행되어야 한다. 생성형 인공지능이 학습자에게 맞춤형 실시간 피드백을 제공하고 몰입형 학습 경험을 지원하기 위해서는 안정적인 하드웨어와 소프트웨어가 필수적이다. 학교와 교육기관은 고성능 컴퓨터, VR 기기, 태블릿 PC, 원활한 인터넷 환경을 갖추어야 하며 이를 활용할 수 있는 생성형 인공지능 기반 학습 플랫폼도 마련해야 한다. 특히 다양한 환경과 조건에서도 원활하게 운영될 수 있도록 설계되어 확장성이 높은 솔루션과 클라우드 컴퓨팅을 적극적으로 도입해 지역 간 교육 격차를 줄이고 모든 학습자가 동등한 기회를 가질 수 있도록 해야 한다. 기술적 인프라가 탄탄해야만 생성형 인공지능이 제공하는 학습 도구들이 실제로 효과를 발휘할 수 있기 때문이다.

교사 연수와 커리큘럼 개혁도 중요한 과제다. 생성형 인공지능이 교실에 도입된다고 해서 교사의 역할이 축소되는 것이 아니라 오히려 더욱 전문적인 역량이 요구된다. 교사는 생성형 인공지능 도구를 이해하고 활용하는 능력을 갖춰야 하며 이를 위해 지속적인 연수와 교육이 필요하다. 디지털 교수법이나 데이터 기반 교수 전략, 그리고 생성형 인공지능과 협력하여 맞춤형 학습을 설계하는 방법 등을 다루는 워크숍과 세미나를 정기적으로 운영해야 한다.

또한, 교육 리더와 기술 개발자가 협력하여 기존의 획일적인 커리큘럼을 혁신할 필요가 있다. 학습자가 개별 수준과 목표에 맞춰 학습할 수 있도록 유연하고 개인화된 커리큘럼을 설계해야 하며 실생활과 밀접한 언어학습 경험을 제공할 수 있도록 역사, 과학, 기술과 같은 다른 분야와 연계한 학제 간 학습 모델을 도입하는 것도 중요하다. 이를 위해 교육기관, 기술 기업, 연구 기관 간의 협력적 연구 개발이 활발하게 이루어져야 하며 시범 운영을 통해 효과적인 접근 방식을 검증한 후 이를 확대해 나가는 전략이 필요하다.

생성형 인공지능 혁명의 혜택이 특정 계층에만 집중되지 않도록 형평성과 윤리적 책무성을 확보하는 것도 중요한 과제다. 디지털 격차를 줄이기 위해 정부와 민간이 협력하여 소외 지역의 학교와 학습자들에게 필요한 기술과 자원을 지원해야 하며 모든 학습자가 공정하게 생성형 인공지능 기반 학습의 혜택을 누릴 수 있도록 교육 정책을 수립해야 한다. 또한, 학습자의 개인정보 보호와 데이터 보안을 강화하기 위한 법적 및 기술적 조치가 마련되어야 하며 생성형 인공지능이 생성하는 콘텐츠에서 알고리즘 편향이 발생하지 않도록 지속적인 모니터링이 필요하다.

문화적 포용성을 증진하는 것도 역시 중요한 요소다. 생성형 인공지능이 학습자들에게 제공하는 콘텐츠는 다양한 문화적 배경을 고려해야 하며 특정 문화나 언어적 표현이 배제되지 않도록 설계되어야 한다. 교육 당국과 기술 개발자는 생성형 인공지능 시스템이 언어와 문화를 더 정교하게 반영할 수 있도록 협력해야 한다. 개별 학습자의 배경을 고려한 맞춤형 학습 경험을 제공해야만 언어교육이 단순한 기술적 진보를 넘어 더욱 포괄적이고 공정한 방향으로 발전할 수 있다.

언어학습의 미래는 생성형 인공지능과 함께 새로운 가능성을 열어가고 있다. 하지만 이를 성공적으로 정착시키기 위해서는 단순한 기술 도입이 아니라, 교육 시스템 전반에서의 포괄적인 준비와 변화가 필요하다. 인프라 구축, 교사 연수, 커리큘럼 개혁, 형평성 확보, 윤리적 기준 마련 등 다각적인 접근이 이루어져야 하며 이러한 노력이 지속적으로 이루어질 때, 생성형 인공지능 혁명은 교육의 질을 높이고 보다 공정한 학습환경을 조성하는 긍정적인 변화를 불러올 수 있을 것이다.

외국어 학습의 자율성과 학습 동기의 중요성

생성형 인공지능이 교육 현장에서 점점 더 널리 활용되고 있는 시대에 '학습자 자율성(Learner Autonomy)'과 '내적 동기(Intrinsic Motivation)'는 언어 습득 방법론의 핵심 요소로 부상하고 있다. 여기에서는 학습자 자율성에 대한 이론적 배경을 확인하고 생성형 인공지능 도구가 어떻게 자율적인 학습을 촉진할 수 있는지 살펴보고자 한다. 또한 교사의 지도와 자기 주도 학습을 어떻게 균형 있게 조합할 수 있는지 논의하고 생성형 인공지능을 활용해 학습자 동기를 유지하는 전략을 제시한다.

학습자 자율성에 대한 이론적 기초

학습자 자율성의 이해

학습자 자율성(Learner Autonomy)은 학습자가 자신의 학습 과정에서 주도적인 역할을 수행하는 능력을 의미한다. 헨리 홀렉(Henri Holec)이 1981년에 발표한 논문「자율성과 외국어 학습(Autonomy and Foreign Language Learning)」에서 '학습자 자율성'이라는 용어를 '자신의 학습을 스스로 통제하는 능력'으로 처음 정의했다. 이후 이 개념은 단순한 독립적 학습을 넘어 학습자가 자기 성찰을 통해 학습 과정을 조절하는 역량까지 포함하는 방향으로 발전해 왔다.

학습자 자율성은 학습자가 단순히 교사의 지시를 따르는 것이 아니라 학습 목표를 설정하고 학습 전략을 선택하며 자신의 학습 진척 상황을 평가하고 조정하는 능력을 포함한다. 언어학습 맥락에서 이는 교사 주도의 수업에서 벗어나, 학습자가 스스로 언어 능력을 개발하는 태도를 의미한다. 특히 외국어 학습에서 자율성은 학습자가 새로운 언어 환경에서 자신의 학습을 지속할 수 있도록 돕는 중요한 요소로 작용한다. 이러한 자율성은 학습자의 동기부여와 학습 지속성에 긍정적인 영향을 미치며 궁극적으로는 학습자가 더 깊이 있는 학습 경험을 할 수 있도록 돕는다.

생성형 인공지능 시대, 자율성의 중요성

생성형 인공지능 기술은 학습자의 개별적 특성을 분석하여 맞춤형 학습을 제공하며 이를 통해 학습자가 자신의 학습 과정을 더 능동적으로 관리할 수 있도록 지원한다. 학습자의 학습 스타일, 수준, 목표를 분석하여 최적의 학습 경로를 추천하며 이를 통해 학습자는 자신의 필요에 맞게 학습을 조정하고 주도적으로 학습을 설계할 수 있다.

또한, 즉각적인 피드백을 제공하여 학습자가 학습 과정에서 바로 자신의 오류를 수정하고 전략을 조정할 수 있도록 돕는다. 기존의 언어학습에서는 교사의 피드백을 기다려야 했지만 생성형 인공지능은 실시간으로 문법 오류를 교정하고 발음 피드백을 제공하는 등 학습자가 스스로 학습을 점검할 기회를 확대한다.

더불어, 생성형 인공지능은 다양한 학습 리소스에 대한 접근성을 높인다. 온라인 언어학습 앱, 대화형 챗봇, 가상 튜터 등의 생성형 인공지능 기술을 통해 학습자는 언제 어디서나 필요한 정보를 찾고 학습할 수 있으며 이는 자율 학습의 원리를 더욱 강화한다. 생성형 인공지능 시대의 학습자는 단순히 정보를 제공받는 수동적인 존재가 아니라 자신의 학습을 능동적으로 설계하고 실행하는 주체로서 역할을 하게 된다.

학습자 자율성을 뒷받침하는 이론적 모델

학습자 자율성을 설명하는 다양한 이론적 모델이 있으며 이들 이론은 생성형 인공지능 시대에서 학습자의 자율성을 강화하는 데 중요한 기초를 제공한다.

먼저, 자기결정 이론(Self-Determination Theory: SDT)은 학습 동기의 핵심 요소로 자율성(autonomy), 유능성(competence), 관계성(relatedness)을 제시한다. 이 이론에 따르면, 학습자가 자신의 학습을 스스로 결정할 때 내적 동기가 강화되며 이는 학습의 지속성과 성취도를 높이는 데 중요한 역할을 한다. 인공지능 기반 학습환경에서는 학습자가 자신의 학습 목표를 설정하고 맞춤형 학습 자료를 활용하며 학습 과정을 조절할 수 있기 때문에 자기 결정성이 더욱 강조된다. 예를 들어, 생성형 인공지능 기반 언어학습 플랫폼은 학습자가 직접 학습 경로를 선택할 수 있도록 유도하며 이는 학습자의 자율성을 고취하는 역할을 한다.

다음으로, 메타인지 이론(Metacognitive Theory)은 학습자가 자신의 학습 과정을 모니터링하고 조절하는 능력을 강조한다. 메타인지 전략에는 목표 설정(Planning and Goal Setting), 자기 모니터링(Monitoring), 자기 평가(Reflecting on Learning) 등이 포함되며 이는 학습자가 자신의 강점과 약점을 분석하고 학습 전략을 수정하는 데 중요한 역할을 한다. 생성형 인공지능은 학습자에게 실시간 피드백을 제공하고 개인화된 학습 경로를 추천함으로써 메타인지 능력을 키울 기회를 제공한다. 예를 들어, 생성형 인공지능 기반 플랫폼에서 학습자는 자신의 학습 이력을 분석하고 특정 영역에서의 발전 여부를 평가하며 부족한 부분을 보완할 수 있도록 학습 전략을 수정할 수 있다. 이러한 과정은 학습자의 자기 주도적 학습 능력을 향상하는 데 기여한다.

마지막으로, 구성주의(Constructivism)는 학습자가 능동적으로 지식을 구성하는 과정의 중요성을 강조한다. 구성주의적 관점에서는 학습이 단순한 정보 전달이 아니라, 학습자가 직접 탐색하고 문제를 해결하며 의미 있는 지식을 구축하는 과정이라고 본다. 언어학습에서 자율성을 강조하면 학습자는 단순히 문법 규칙을 암기하는 것이 아니라, 실제 대화 속에서 언어를 사용하며 의미를 탐색하고 구성하는 경험을 할 수 있기 때문에 생성형 인공지능은 이러한 구성주의적 학습을 지원하는 도구가 될 수 있다. 예를 들어, 생성형 인공지능 기반 언어학습 프로그램은 학습자가 모의 상황에서 대화를 연습하고 자연스러운 피드백을 받으며 실생활과 유사한 언어 환경에서 능동적으로 학습할 수 있도록 돕는다. 이를 통해 학습자는 더 실용적인 언어 능력을 키울 수 있으며 학

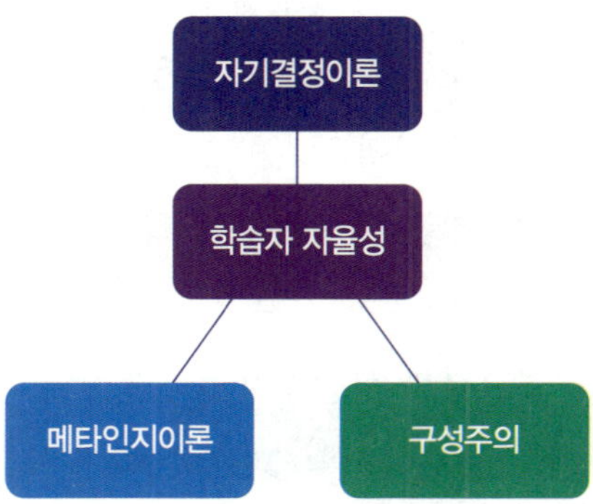

학습자 자율성 모델

습 경험을 더욱 주체적으로 만들어 나갈 수 있다.

이처럼 자기결정 이론, 메타인지 이론, 구성주의는 모두 학습자 자율성을 뒷받침하는 이론적 배경을 제공하며 생성형 인공지능 시대에서 학습자가 자신의 학습을 주도적으로 설계하고 실행하는 데 필요한 이론적 토대를 제공한다. 이러한 이론들을 기반으로 생성형 인공지능 기반 학습환경이 설계된다면 학습자들은 더 능동적으로 학습 과정에 참여하고 지속적인 학습 동기를 유지할 수 있을 것이다.

자율 학습을 촉진하는 인공지능 도구

적응형 학습 플랫폼

생성형 인공지능 기반 적응형 학습 플랫폼은 학습자의 개별적인 수준과 학습 패턴을 분석하여 맞춤형 학습 경험을 제공하는 시스템이다. 듀오링고(Duolingo), 바벨(Babbel), 로제타 스톤(Rosetta Stone)과 같은 언어학습 플랫폼은 머신러닝 알고리즘을 활용하여 학습자의 수행 데이터를 실시간으로 분석하고 강점과 약점을 파악하여 최적의 학습 경로를 제안한다. 동사 활용에서 반복적인 오류를 보이는 학습자에게는 관련 연습 문제를 추가로 제공하고 특정 문법 개념을 이미 숙달한 경우에는 불필요한 반복 학습을 줄이는 방식으로 학습의 효율성을 극대화한다.

이러한 플랫폼은 상호작용 활동을 통해 학습자가 더 능동적으로 학습에 참여하도록 유도하며, 말하기, 글쓰기, 대화형 과제와 같은 실습 중심의 활동을 제공함으로써 학습자가 능동적으로 언어를 사용할 수 있는 환경을 조성한다. 또한, 게이미피케이션(Gamification) 요소를 도입하여 학습의 지속성을 높이고 학습자의 동기부여를 강화한다. 포인트,

배지, 순위표 등의 게임 요소는 학습자가 목표를 설정하고 성취감을 느낄 수 있도록 설계되어 있으며 이는 자율적인 학습 습관을 형성하는 데 중요한 역할을 한다. 이러한 적응형 학습 플랫폼은 학습자가 자기 주도적으로 학습을 조절할 수 있도록 돕는 동시에 지속적인 피드백을 제공하여 학습 성취도를 높이는 데 기여한다.

가상 튜터와 챗봇

가상 튜터와 챗봇은 실제적인 언어 사용 경험을 제공하는 도구로 학습자가 더 자연스럽게 언어를 연습할 수 있는 환경을 조성한다. 기존의 언어학습 방식에서는 학습자가 실제 회화 경험을 쌓을 기회가 제한적이었지만, 생성형 인공지능 기반 챗봇은 이러한 한계를 극복할 수 있도록 돕는다. 챗봇과의 모의 대화를 통해 학습자는 부담 없이 언어를 연습할 수 있으며 실수에 대한 두려움 없이 자유롭게 표현할 기회를 가질 수 있다.

이러한 생성형 인공지능 튜터는 즉각적인 피드백을 제공하여 학습자가 자신의 발화를 실시간으로 수정할 수 있도록 지원한다. 예를 들어, 학습자가 문법적으로 틀린 문장을 입력하면, 챗봇이 즉각적으로 교정을 제안하거나 더 자연스러운 표현을 추천할 수 있다. 이를 통해 학

습자는 반복적인 연습을 통해 언어적 오류를 줄이고 더 정확하고 유창한 언어 사용 능력을 기를 수 있다.

가상 튜터와 챗봇은 24시간 이용이 가능하기 때문에 학습자가 원하는 시간과 장소에서 언제든지 학습을 지속할 수 있는 환경을 제공한다. 이는 학습자의 자율성을 극대화하는 중요한 요소로 작용하며 전통적인 교실 학습에서는 경험하기 어려운 개인 맞춤형 학습 기회를 제공한다.

생성형 인공지능 기반 콘텐츠 생성

생성형 인공지능의 자연어 생성(Natural Language Generation: NLG) 기술을 활용하면 학습자의 수준, 관심사, 문화적 배경을 고려한 독해 및 청취 자료를 동적으로 생성할 수 있으며, 이를 통해 보다 개인화된 학습 경험을 제공할 수 있다. 예를 들어, 동일한 주제를 다루더라도 초급 수준의 학습자에게는 기본적인 단어와 짧은 문장을 활용한 텍스트를 제공하고 고급 수준의 학습자에게는 복잡한 문장 구조와 심화된 어휘가 포함된 자료를 제공하는 방식으로 학습 난이도를 조정할 수 있다.

생성형 인공지능은 동적인 과제 생성을 통해 학습자의 학습 목표에 맞춘 연습 문제를 실시간으로 설계할 수 있다. 학습자가 특정 문법 개념을 연습할 필요가 있는 경우, 즉시 해당 개념을 포함한 문장 작성 과제나 롤플레이 시나리오를 생성하여 보다 실용적인 학습 경험을 제공할 수 있다. 이러한 접근 방식은 학습자가 단순히 주어진 문제를 풀기보다는 자신의 필요에 맞는 과제를 수행하도록 유도하여 학습의 효과를 높인다.

그뿐만 아니라, 생성형 인공지능은 맥락 학습을 강화하는 데에도 기여한다. 학습자가 단순히 문법 규칙을 암기하는 것이 아니라 실제 사용 상황과 연계된 학습 자료를 제공함으로써 언어학습에 보다 자연스럽고 실용적인 방식으로 접근할 수 있도록 돕는다. 여행을 준비하는 학습자에게는 공항, 호텔 체크인, 현지 레스토랑 주문 등과 관련된 실제적인 대화문을 제공하여 학습자가 실생활에서 바로 활용할 수 있도록 지원할 수 있다. 이러한 방식은 학습자의 학습 동기를 높이는 동시에 언어 사용 능력을 더 효과적으로 향상시키는 데 기여한다.

적응형 학습 플랫폼, 가상 튜터와 챗봇, 그리고 생성형 인공지능 기반 콘텐츠 생성 기술은 학습자가 더 능동적으로 학습할 수 있도록 지원하는 중요한 도구들이다. 이러한 기술들은 학습자의 수준과 목표에 맞는 맞춤형 학습환경을 제공하며 실시간 피드백을 통해 학습자가 지속적으로 학습을 조정할 수 있도록 돕는다. 이렇게 생성형 인공지능을 활용한 자율 학습환경은 전통적인 교실 수업의 한계를 보완하며 학습자가 스스로 학습을 설계하고 실행할 기회를 확대하는 중요한 역할을 할 수 있다.

교사의 지도와 자기 주도 학습의 균형 맞추기

생성형 인공지능이 교육 환경에 깊이 통합되면서 학습자의 자기 주도 학습 역량이 강화되고 있지만, 이와 동시에 교사의 역할은 더욱 중요해지고 있다. 생성형 인공지능은 학습자에게 맞춤형 자료를 제공하고 즉각적인 피드백을 주지만, 교사는 학습자가 이러한 기술을 효과적으로 활용할 수 있도록 안내하는 퍼실리테이터(facilitator)로서의 역할을 수행해야 한다. 학습 과정에서 균형을 유지하기 위해서는 생성형 인공지능의 장점을 극대화하면서도 인간 교사의 지도와 정서적 지원이 충분히 제공될 수 있도록 설계해야 한다.

우선 교사는 생성형 인공지능이 제공하는 자료를 적절히 조정하고 보완하는 콘텐츠 큐레이터의 역할을 해야 한다. 생성형 인공지능이 자동으로 생성한 언어학습 자료는 일반적인 패턴을 기반으로 만들어지지만, 문화적 맥락이나 실생활에서의 실제 활용까지 완벽히 반영하지 못할 수 있다. 따라서 생성형 인공지능이 제공하는 콘텐츠에 현실적인 자료나 체험 활동을 추가하여 학습자들이 단순한 정보 습득을 넘어 실제 맥락에서 언어를 활용할 수 있도록 도와야 한다. 특정 표현이 공식적 대화에서 사용되는지, 비격식적 대화에서 더 적절한 대체 표현이 있는지를 설명하면서 생성형 인공지능이 보완하지 못하는 부분을 채워줄 수 있다.

또한, 교사는 학습자가 생성형 인공지능의 피드백을 어떻게 받아들이고 활용하는지 성찰하도록 유도하는 역할을 해야 한다. 생성형 인공지능은 문법적인 오류를 정확히 지적할 수 있지만, 학습자가 이를 어떻게 받아들이고 어떤 전략을 세우는지는 개별적으로 차이가 있을 수 있다. 따라서, 학습자가 자신의 학습 경로를 점검하고 조정할 수 있도록 메타인지적 사고를 촉진해야 하며, 이를 통해 단순히 인공지능이 제공하는 정보를 수동적으로 받아들이는 것이 아니라 적극적으로 활용하고 응용할 수 있도록 도와야 한다.

자기 주도 학습이 강조되는 환경에서도 교사는 학습자의 개별적인 필요를 세심하게 살펴야 한다. 생성형 인공지능은 학습자의 오류 패턴을 분석하고 맞춤형 연습 문제를 제공할 수 있지만, 복잡한 언어적 문제나 정서적인 어려움은 기술만으로 해결하기 어렵다. 학습자가 특정 개념을 반복해서 이해하지 못하거나 학습 과정에서 동기부여가 저하되는 경우, 교사는 개별적인 피드백을 제공하고 정서적 지원을 통해 학습자의 지속적인 참여를 유도할 수 있다. 언어학습에서는 단순한 문법과 단어 암기가 아니라 문화적 이해와 실질적인 소통 능력도 중요하기 때문에 교사의 역할이 더욱 필수적이다.

이러한 교사의 지도와 자기 주도 학습의 균형을 맞추기 위해서는 교사 주도의 수업과 자율 학습이 조화를 이루는 커리큘럼이 필요하다. 이를 위해 구조화된 모듈과 유연한 학습 요소를 함께 설계하는 것도 중요하다. 예를 들어, 기초적인 개념과 언어 규칙은 교사의 직접적인 지도를 통해 학습한 후 학습자가 인공지능을 활용하여 실습하고 응용할 수 있도록 충분한 자율 학습 시간을 배정하는 방식이 효과적이다. 이를 통해 학습자는 기본적인 이론을 탄탄히 다진 후 스스로 실습하면서 자연스럽게 지식을 내면화할 수 있다.

프로젝트 기반 학습(Project-Based Learning: PBL) 방식은 학습자가 자기 주도적으로 언어를 활용할 수 있도록 유도하면서도 교사의 지도가 필요한 부분을 효과적으로 결합하는 방법이 될 수 있다. 학습자가 특정 주제에 대해 연구하고 발표하거나 실생활과 관련된 문제를 해결하는 프로젝트를 수행하도록 하면, 언어를 실질적인 맥락에서 사용할 기회를 얻을 수 있다. 이러한 과정에서 교사는 학습자가 프로젝트를 계획하고 실행하는 과정을 지도하며 학습 과정에서 발생하는 어려움을 해결할 수 있도록 돕게 된다.

마지막으로, 균형 잡힌 학습환경을 조성하기 위해서는 생성형 인공지능이 제공하는 피드백과 교사의 평가를 효과적으로 통합하는 것이 필요하다. 생성형 인공지능은 문법적 정확성, 발음 교정, 어휘 사용과 같은 기술적인 측면에서 정밀한 피드백을 제공할 수 있지만, 의사소통의 맥락적 적절성이나 창의적인 표현 능력까지 완전히 평가하기는 어렵다. 따라서 생성형 인공지능의 기계적 피드백과 교사의 정성적 평가를 결합하여 학습자가 더 심층적인 피드백을 받을 수 있도록 해야 한다. 예를 들어, 생성형 인공지능이 제공하는 자동 채점 결과와 함께 교사가 추가적인 피드백을 제공하여 언어 사용의 자연스러움이나 문화적 적절성 등을 함께 평가하는 방식이 효과적이다.

결국 생성형 인공지능이 제공하는 자기 주도 학습 기회와 교사의 지도를 균형 있게 조합하는 것은 가장 이상적인 학습환경을 조성하는 방법이다. 교사는 기술을 활용하여 학습자의 자율성을 촉진하면서도 학습자가 필요할 때 세심한 지도와 정서적 지원을 제공해야 한다. 이를 통해 학습자는 단순히 생성형 인공지능의 피드백을 받아들이는 것이 아니라, 자신의 학습 과정에서 적극적인 조정자 역할을 수행하며 더 능동적으로 언어 능력을 발전시킬 수 있게 될 것이다.

생성형 인공지능을 활용한 학습자 동기 유지 전략

학습 동기는 언어학습의 지속성과 성취도를 결정하는 핵심 요소이며 생성형 인공지능은 이를 효과적으로 지원하는 다양한 전략을 제공할 수 있다. 특히, 게이미피케이션을 활용한 몰입도 향상, 사회적 협력 학습환경 조성, 그리고 학습자의 내적 동기를 강화하는 방식으로 접근할 수 있다. 생성형 인공지능 기술은 학습자의 참여를 유도하고 동기를 지속시키는 개인 맞춤형 경험을 제공함으로써 보다 자율적이고 장기적인 학습 습관을 형성하는 데 기여한다.

게이미피케이션(Gamification) 요소를 접목하면 학습자가 더 능동적으로 참여하며 지속적인 학습 습관을 유지할 수 있다. 예를 들어, 업적 시스템을 도입하여 학습자가 일정 목표를 달성할 때마다 포인트를 획득하거나 배지를 수집하는 방식으로 학습 동기를 강화할 수 있다. 이러한 시각적 성취 요소는 학습자에게 즉각적인 피드백을 제공하며 꾸준한 학습을 장려하는 역할을 한다.

정기적으로 갱신되는 도전 과제와 보상 시스템은 학습자들이 스스로 목표를 설정하고 이를 달성하는 경험을 하도록 유도한다. 이를 통해 학습자는 학습을 단순한 의무감이 아닌, 지속적인 도전과 성장의 과정으로 인식할 수 있다. 인터랙티브 스토리텔링을 활용하면 학습자가 학습 과정에서 주인공이 되는 몰입형 경험을 제공할 수 있다. 즉, 사용자의 선택에 따라 스토리가 변화하는 구조는 언어학습을 보다 생생하고 의미 있는 활동으로 만들어 학습자가 자연스럽게 반복 연습을 하도록 돕게 된다.

사회적 협력 학습환경 역시 학습 동기를 높이는 중요한 요소다. 생성형 인공지능은 전 세계 학습자들이 서로 연결될 수 있도록 지원하며 다양한 방식으로 상호작용을 촉진한다. 가상 언어 커뮤니티를 통해 학습자들이 온라인 포럼, 채팅 그룹, 가상 교실에서 서로 소통할 수 있도록 하며, 이러한 환경에서는 학습자들은 학습 경험과 질문을 자유롭게 공유할 수 있으며 동료 학습자들 간의 유대감이 형성되면서 학습 지속성이 높아진다.

또한 생성형 인공지능을 활용한 동료 피드백 시스템을 도입하면 학습자들이 서로의 글쓰기나 말하기 연습을 교정해 주며 더욱 적극적으로 학습에 참여할 수 있다. 생성형 인공지능이 자동으로 피드백을 제공하는 것과 달리, 동료 간의 피드백은 상호작용을 촉진하고 보다 인간적인 요소를 추가함으로써 학습자의 동기부여에 긍정적인 영향을 미친다. 이와 함께, 글로벌 대회나 챌린지를 활용하면 학습자들이 자연스럽게 경쟁심을 가지면서도 협력하는 분위기를 조성할 수 있다. 특정 목표를 달성하면 순위가 매겨지거나 보상을 받는 시스템은 학습자가 자발적으로 학습에 몰입할 수 있도록 유도하며 지속적인 학습 습관을 형성하는 데 기여한다. 그러나, 장기적으로 학습 동기를 유지하기 위해서는 외부적인 보상뿐만 아니라 학습자의 내적 동기를 강화하는 전략이 필요하다. 이를 위해 생성형 인공지능은 학습자가 스스로 의미 있는 목표를 설정할 수 있도록 돕고 이를 지속적으로 관리할 수 있는 시스템을 제공한다.

학습자가 자신만의 학습 목표를 구체적으로 설정하면 학습 과정에서 책임감을 느끼고 자기 주도적인 태도를 갖출 가능성이 높아진다. 생성형 인공지능은 학습자의 진도를 추적하고 정기적으로 목표 달성 여부를 알림으로써 학습자가 지속적으로 자신의 성과를 점검하도록 유도하며, 자기 성찰을 촉진하는 기능을 통해 학습자가 학습 과정을 되돌아보고 개선할 수 있도록 돕는다. 학습 일지나 포트폴리오 기능을 활용하면 학습자는 자신의 강점과 약점을 분석하고 앞으로의 학습 방향을 스스로 설정할 수 있다. 이는 학습자가 단순히 시스템이 제시하는 학습 과정을 따르는 것이 아니라, 자기 학습을 조절하고 발전시키는 능력을 키울 수 있도록 돕는다.

학습자의 개인적인 관심사와 문화적 배경을 반영한 맞춤형 콘텐츠 제공도 내적 동기를 강화하는 중요한 전략이다. 학습자가 흥미를 느낄 수 있는 주제와 관련된 학습 자료를 제공하면, 학습이 보다 의미 있고 즐거운 과정으로 전환될 수 있다. 예를 들어, 특정한 음악 장르, 스포츠,

여행과 관련된 콘텐츠를 활용하면 학습자가 자신의 관심 분야와 연결된 언어를 배우면서 더욱 자연스럽게 동기부여를 받을 수 있다. 또한, 생성형 인공지능은 학습자의 문화적 배경을 고려하여 보다 친숙한 학습 경험을 제공할 수 있으며 이를 통해 학습자는 언어학습이 단순한 기술 습득이 아니라 자신의 정체성과도 연관된 과정임을 인식하게 된다.

결과적으로, 생성형 인공지능을 활용한 학습자 동기 유지 전략은 게이미피케이션을 통한 몰입 강화, 사회적 상호작용을 통한 협력적 학습 환경 조성, 그리고 내적 동기를 강화하는 맞춤형 학습 설계를 통해 효과적으로 구현될 수 있다. 생성형 인공지능은 학습자의 개인적 성향과 학습 패턴을 분석하여 맞춤형 피드백과 동기부여 전략을 제공하며 이를 통해 학습자가 지속적으로 학습에 몰입하고 자기 주도적인 학습 태도를 유지할 수 있도록 돕게 된다. 이러한 전략들이 유기적으로 결합될 때, 학습자는 단순히 기술적인 지원을 받는 것이 아니라 자기 주도적으로 학습을 설계하고 조절할 수 있는 능력을 갖추게 될 것이다.

배워야 할 때가 아니라 배우고 싶을 때 배우는 외국어

외국어 교육은 흔히 정규 교육과정에 편성되고 표준화된 환경에서 이루어져왔다. 그러나 생성형 인공지능의 발전이 주도하는 디지털 혁명으로 인해 언어학습의 양상이 크게 달라지고 있다. 오늘날 많은 사람들이 의무감이 아닌, 개인적 흥미나 직업적 목표, 문화적 호기심 등의 이유로 자발적으로 언어를 배운다. 여기에서는 필수 교육에서 자발적 학습으로 변화하는 흐름과 필요한 순간에 즉시 언어를 습득할 수 있도록 돕는 생성형 인공지능 기반 도구의 등장에 대해 살펴본다. 또한, 정규 수업 없이 언어 능력을 유지하는 데 따르는 어려움을 짚어보고 생성형 인공지능이 보조하는 세상에서 평생 언어학습을 지속하기 위한 전략을 제안한다.

필수 교육에서 자발적 학습으로의 전환

외국어 교육은 오랫동안 공교육 시스템의 필수 요소로 자리 잡아 왔다. 초등 및 중등 교육과정에서는 학생들이 최소한 한두 개 이상의 외국어를 배우도록 요구되며 이는 국가별 교육 정책의 중요한 부분이기도 했다. 그러나 전통적인 언어교육 방식은 어휘와 문법 암기, 표준화된 시험 준비에 집중하는 경향이 강했다. 이러한 방식은 학생들이 시험을 통과하는 데는 도움을 주었지만, 실제 소통 능력을 길러주는 데에는 한계를 보였다. 또한, 정해진 커리큘럼과 획일적인 평가 기준 속에서 학습자들은 외국어 학습을 흥미로운 과정이라기보다 의무적인 과업으로 받아들이는 경우가 많았다. 이처럼 강제적인 학습환경은 학습자의 동기를 저하시킬 뿐만 아니라, 학습한 내용을 장기적으로 유지하는 데에도 어려움을 초래했다.

최근 들어 필수적인 교육에서 벗어나 학습자의 자발적인 참여를 중심으로 한 언어학습의 중요성이 점차 강조되고 있다. 강제적 학습보다는 학습자의 관심과 필요에서 비롯된 학습이 더 효과적이며 오래 지속된다는 연구 결과가 늘어나면서 언어교육의 패러다임이 변화하고 있다. 자발적 학습은 단순히 정해진 커리큘럼을 충족하는 것이 아니라, 개인적인 목표와 열망을 반영하는 방식으로 이루어진다. 학습자가 자신의 필요에 의해 언어학습을 시작할 때, 자연스럽게 더 많은 시간과 에너지를 투자하게 되며 결과적으로 더욱 효율적이고 몰입도 높은 학습이 가능해진다.

이러한 변화는 다양한 요인에 의해 가속화되고 있으며 특히 개인적 연관성, 학습 속도의 자율성, 그리고 학습 방식의 유연성이 중요한 역할을 한다.

개인적 연관성이 높아지면서 학습자들은 자신의 관심사와 실질적인 필요에 따라 외국어를 배우는 경향을 보인다. 전통적인 교육에서는 정해진 언어를 특정 연령대에 맞춰 배워야 했지만, 오늘날의 학습자들은 여행, 직업적 성장, 문화적 교류 등 자신의 삶과 직접적으로 연결된 이유로 언어를 배우고자 한다. 해외 취업을 희망하는 학습자는 직무에 필요한 외국어를 집중적으로 학습할 것이고 여행을 자주 다니는 사람이라면 실용적인 회화를 중심으로 학습할 가능성이 크다. 이러한 동기부여 요소는 학습자가 실제 생활에서 언어를 사용하게 만들고 보다 적극적인 학습 태도를 유지하도록 이끈다.

자발적 학습환경에서는 학습 속도의 자율성이 보장되어 학습자가 본인의 페이스에 맞춰 학습할 수 있다. 기존의 교육 시스템에서는 정해진 시간표에 따라 수업이 진행되기 때문에 모든 학생이 동일한 속도로 학습해야 했다. 그러나 개인마다 학습 속도와 필요가 다 다르기에 이러한 방식이 반드시 효과적인 것은 아니다. 반면, 자발적 학습자는 본인이 필요하다고 느끼는 부분을 집중적으로 학습할 수 있으며 반복이 필요한 개념을 충분히 익힌 후 다음 단계로 나아갈 수 있다. 이는 자연스럽게 학습의 효율성을 높이고 스트레스를 줄여 보다 긍정적인 학습 경험을 제공한다.

학습의 유연성이 증대됨에 따라 학습자는 언제, 어디서, 어떻게 공부할지를 스스로 결정할 수 있게 되었다. 과거에는 정규 교육과정에서 제공하는 교재와 교수법에 의존해야 했지만, 오늘날에는 다양한 학습 방법이 존재한다. 온라인 강의, 언어학습 애플리케이션, 가상 튜터, 생성형 인공지능 기반 피드백 시스템 등 다양한 도구를 활용하여 자신에게 맞는 방식으로 학습할 수 있다. 또한, 필요에 따라 학습 방법을 실험하고 조정할 기회가 많아지면서 보다 창의적인 방식으로 언어학습을 지속할 수 있다. 전통적인 교재 학습에 흥미를 느끼지 않는 학습자는 팟캐스트, 유튜브 영상, 소셜 미디어 등을 활용해 보다 실용적이고 흥미로운 방식으로 언어를 익힐 수 있다.

결국 필수 교육에서 자발적 학습으로의 전환은 학습자가 자신의 목표와 필요를 중심으로 학습을 설계하고 주도적으로 이끌어가는 방향으로 발전하고 있다. 더 이상 언어학습이 시험을 위한 단기적인 과제가 아니라, 실생활과 긴밀하게 연결된 지속적인 과정으로 인식되는 것이다. 이러한 변화는 단순히 교육 정책의 변화뿐만 아니라, 기술의 발전과 학습환경의 변화, 학습자들의 인식 변화가 함께 작용한 결과다. 앞으로의 언어학습은 강제적인 교육을 넘어 보다 개인화되고 맞춤형으로 이루어질 것이며 이는 학습자 개개인의 동기와 학습 지속성을 높이는 데 기여할 것이다.

적시에 배우는 언어 습득을 위한 생성형 인공지능 도구

적시 학습의 등장

적시 학습(Just-in-Time Learning: JIT)은 학습자가 필요로 하는 순간에 즉각적으로 맞춤형 교육을 제공하는 비선형 학습 방식으로 전통적인 선형 학습 모델과는 다른 접근 방식을 취한다. 기존의 외국어 교육은 미리 정해진 커리큘럼에 따라 체계적으로 진행되었지만, 이러한 방식은 모든 학습자가 동일한 속도로 학습해야 한다는 제한이 있었다. 반면, 적시 학습은 학습자가 특정한 순간에 필요로 하는 언어 능력을 신속하게 습득할 수 있도록 돕는다. 예를 들어, 해외 출장 전 비즈니스 회의에 필요한 용어와 표현을 빠르게 익히거나 여행 직전 공항 및 호텔에서 활용할 문장을 학습하는 방식이 가능하다. 이러한 접근은 실생활에서 즉각적으로 활용할 수 있는 실용적인 언어 습득을 가능하게 하며 학습자가 필요성을 강하게 느낄 때 학습이 이루어지기 때문에 학습 효과도 극대화될 수 있다.

또한, 오늘날 글로벌화가 가속화되면서 특정한 상황에서 신속하게 언어 능력을 습득해야 하는 필요성이 커지고 있다. 국제적인 비즈니스 환경에서는 짧은 시간 안에 현지 언어로 프레젠테이션을 준비해야 하거나 해외 고객과 즉석에서 원활한 소통을 해야 하는 경우가 빈번하게 발생한다. 게다가, 예기치 않은 여행이나 외국인과의 대화 기회 등에서도 즉각적인 언어학습이 필요할 수 있다. 이러한 환경에서 적시 학습은 기존의 교실 수업이나 정규 학습과는 차별화된 실용적인 학습 경험을 제공하며 기술의 발전과 맞물려 더욱 효과적인 방법으로 자리 잡아 가고 있다.

생성형 인공지능 기반 언어학습 애플리케이션

인공지능을 활용한 언어학습 애플리케이션은 학습자의 필요를 분석하고 실시간으로 맞춤형 학습 자료를 제공하며 즉각적인 피드백을 통해 학습 효과를 극대화한다. 적응형 학습 플랫폼 듀오링고(Duolingo)나 바벨(Babbel)과 같은 앱은 학습자의 실력을 지속적으로 분석하여 학습 난이도를 조정하고 필요한 학습 요소를 보강하는 방식으로 개별 맞춤형 경험을 제공한다. 이는 학습자가 너무 어렵거나 너무 쉬운 콘텐츠로 인해 지루함을 느끼지 않도록 조정하며 지속적인 동기부여를 돕는다.

대화형 인공지능 튜터 역시 적시 학습에서 중요한 역할을 한다. 생성형 인공지능 챗봇과 가상 튜터는 실제 대화에 가까운 연습을 가능하게 하며 특정한 상황에 맞춘 연습 시나리오를 제공한다. 학습자가 상점에서 물건을 구입하는 표현을 연습하고 싶다면, 생성형 인공지능 챗봇이 가상의 대화를 진행하며 실시간으로 피드백을 제공할 수 있다. 이를 통해 학습자는 실제 상황과 유사한 환경에서 연습하며 즉시 적용 가능한 표현을 익힐 수 있다.

음성 인식과 발음 교정 도구는 말하기 능력을 빠르게 향상시키는 데 중요한 역할을 한다. 엘사(ELSA Speak)와 같은 애플리케이션은 고급 음성 인식 기술을 활용하여 학습자의 발음을 분석하고 억양과 악센트까지 세부적으로 피드백을 제공하기 때문에 학습자는 즉각적인 수정이 가능하며 실전에서 더 자연스럽고 정확한 발음을 구사할 수 있도록 연습할 수 있다.

마이크로러닝(Microlearning) 앱 역시 적시 학습을 지원하는 중요한 도구다. 이러한 앱들은 개별 학습 단위가 짧게 구성되어 있어 이동 중에도 짧고 집중적인 학습을 가능하게 하며 퀴즈, 플래시카드, 미니 레슨 등의 기능을 제공한다. 지하철을 기다리는 동안 짧은 대화문을 연습하거나 출퇴근길에 단어 복습을 할 수 있도록 구성된 학습 모듈은 시간과 장소의 제약 없이 효율적인 학습을 가능하게 한다.

적시 언어학습의 이점

생성형 인공지능이 지원하는 적시 학습 방식은 기존의 정형화된 언어교육 방식보다 다양한 이점을 제공한다. 그중 가장 큰 장점은 즉각적인 활용성이 높다는 점이다. 학습자가 특정한 상황에서 필요로 하는 표현을 바로 익히고 실생활에서 즉시 적용할 수 있기 때문에 학습된 내용이 실제 소통에 바로 쓰일 수 있다. 해외여행을 앞둔 학습자는 현지에서 필요한 표현을 단기간에 집중적으로 학습할 수 있으며 이를 바로 실제 여행 중에 활용할 수 있다.

또한, 적시 학습은 유연한 학습 방식을 제공한다. 학습자가 자신의 일정과 라이프스타일에 맞춰 학습할 수 있도록 설계되어 있기 때문에 정해진 시간표에 구애받지 않고 본인의 필요에 따라 자유롭게 학습할 수 있다. 이는 바쁜 직장인이나 유동적인 일정이 많은 학습자들에게 특히 유용한 방식이며 학습의 지속성을 유지하는 데에도 긍정적인 영향을 미친다.

기억 유지 효과 역시 적시 학습의 중요한 장점이다. 학습 직후 실제로 해당 언어를 사용할 기회가 많아지면 학습한 내용이 단기 기억에서 장기 기억으로 더욱 쉽게 전환된다. 단순한 문법 암기보다는 실전에서 곧바로 적용할 수 있는 방식으로 학습이 이루어지기 때문에 자연스럽게 언어 습득이 강화된다.

결과적으로, 생성형 인공지능을 활용한 적시 학습은 기존의 언어학습 방식이 가진 한계를 보완하고 보다 실용적이고 즉각적인 언어 습득을 가능하게 한다. 필요할 때 바로 배울 수 있다는 점은 학습자의 동기부여를 높이며 실생활에서의 즉각적인 적용이 가능하기 때문에 학습 효과도 더욱 극대화된다. 이러한 학습 방식은 앞으로도 더욱 발전하여 언어교육의 새로운 패러다임을 형성하는 중요한 요소가 될 것이다.

정규 수업 없이 언어 능력을 유지하는 데 따르는 어려움

정규 교육 없이 언어 능력을 유지하는 것은 자유롭고 개인화된 학습이 가능하다는 장점이 있지만, 동시에 몇 가지 어려움이 따른다. 특히, 체계적인 반복 학습과 지속적인 평가가 사라지면서 학습 습관을 유지하기 어려워지고 언어 감퇴(Attrition) 현상이 발생할 가능성이 높아진다. 정해진 수업 일정과 과제가 있는 환경에서는 학습을 지속할 동기가 유지되지만, 자율 학습환경에서는 이를 스스로 조절해야 하므로 꾸준함을 유지하는 것이 쉽지 않다. 언어학습은 일회성으로 끝나는 것이 아니라 지속적으로 사용하고 연습해야만 능력이 유지되는 영역이기 때문에 정규 수업 없이 혼자 학습을 지속하는 과정에서 예상치 못한 어려움에 직면할 수 있다.

가장 큰 문제는 언어 능력의 감퇴 현상이다. 일정 기간 사용되지 않은 언어는 급격히 잊히게 되며 이를 방치하면 다시 익히는 데 많은 시간이 다시 필요하게 된다. 학습 초기에는 열정적으로 새로운 표현과 어휘를 익히지만, 시간이 지남에 따라 정기적인 학습 습관을 유지하는 것이 어려워진다. 특히, 시험 준비나 특정 목표 달성을 위해 집중적으로 학습했던 학습자들은 목표가 사라진 후 학습을 지속할 동기가 약해지는 경우가 많다. 이 과정에서 에빙하우스(Ebbinghaus)의 망각 곡선 가설(Forgetting Curve Hypothesis)에서 설명된 바와 같이, 일정 기간 복습이 이루어지지 않으면 학습한 내용이 급격하게 희미해지는 현상이 발생하게 된다. 이는 단순한 지식 손실을 넘어 언어에 대한 자신감의 저하로 이어질 수도 있다.

언어를 사용할 기회가 부족해지는 것도 또 하나의 문제다. 정규 수업에서는 또래 집단과 함께 연습할 기회가 주어지고 교사나 동료 학습자들로부터 피드백을 받을 수 있지만, 독립적인 학습환경에서는 이러한 상호작용이 제한될 수밖에 없다. 특히, 외국어를 일상에서 사용할 일이 거의 없는 환경에서는 실전 경험이 부족하여 말하기 능력이 가장 먼저 퇴화할 가능성이 크다. 학습 커뮤니티나 실전 대화의 기회가 줄어들면 언어학습은 점점 개인적인 노력에 의존하게 되고 이에 따라 학습 동기도 감소할 위험이 커진다.

지나친 기술 의존도 역시 자율 학습에서 발생할 수 있는 또 다른 어려움이다. 생성형 인공지능 기반 학습 도구가 발전하면서 개인 맞춤형 학습이 가능해졌지만, 이러한 기술에 과도하게 의존하면 스스로 문제를 해결하는 능력이 약해질 가능성이 있다. 생성형 인공지능 번역기를 사용하면 복잡한 문장을 즉시 이해할 수 있지만, 이를 반복적으로 활용할 직접 문장을 구성하는 능력이 저하될 수 있다. 나아가, 학습자가 자신의 실수를 스스로 인식하고 수정하는 과정이 부족해질 수도 있다. 이러한 문제는 장기적으로 학습자가 언어에 대한 독립적인 사고력을 기르는 데 방해가 될 수 있으며 결과적으로 언어 능력의 전반적인 퇴보(退步)로 이어질 수 있다.

자율 학습과 체계적 가이드 사이의 균형을 유지하는 것이 어렵다는 점도 고려해야 한다. 독립적으로 학습할 경우, 학습자는 수많은 자료와 학습 방법 중에서 자신에게 맞는 방식을 선택해야 하는 부담을 가지게 된다. 정규 수업에서는 교사가 학습의 방향을 설정하고 중요한 개념을 반복적으로 다룰 수 있도록 설계하지만, 혼자 학습하는 경우에는 스스로 학습 계획을 세우고 이를 실천해야 한다. 자료가 지나치게 많거나 방향성이 부족하면 학습자가 어떤 내용을 우선적으로 학습해야 할지 혼란을 겪을 수 있으며 이로 인해 학습 효율성이 저하될 수 있다. 또한, 계획 없이 무작정 많은 콘텐츠를 소비하면 학습 부담이 증가하여 결국 포기하는 경우도 발생할 수 있다.

결국 정규 수업 없이 언어 능력을 유지하려면 꾸준한 자기 관리와 전략적인 학습 접근법이 필요하다. 단순히 생성형 인공지능 도구나 온라인 자료를 활용하는 것만으로는 충분하지 않으며 학습자가 스스로 목표를 설정하고 지속적인 연습 기회를 만들며 언어 사용 환경을 유지하려는 노력이 필수적이다. 이러한 어려움을 극복하지 못하면 학습의 지속성이 떨어지게 되고 결국 배운 내용을 잊어버리는 악순환에 빠질 위험이 크다. 따라서 자율 학습을 선택하는 학습자들은 스스로 학습 습관을 구축하고 정기적으로 언어를 사용할 기회를 마련하는 전략이 필요하다.

생성형 인공지능을 활용한 평생 언어학습 전략

일관된 학습 루틴 확립

언어에 있어서 평생 학습을 지속하기 위해서는 규칙적인 학습 루틴을 확립하는 것이 필수적이다. 하루에 많은 시간을 투자하지 않더라도, 매일 일정한 시간 동안 언어학습을 지속하는 것이 장기적인 성취에 중요한 역할을 한다. 마이크로러닝 세션을 활용하면 짧지만 집중적인 학습 시간을 확보할 수 있다. 예를 들어, 아침에 출근하기 전 10분간 어휘 학습을 하거나 점심시간에 짧은 듣기 연습을 하는 방식으로 학습을 습

관화할 수 있다. 이러한 방식은 부담을 줄이면서도 지속성을 유지할 수 있도록 돕는다.

정해진 학습 시간을 설정하면 학습 루틴이 더욱 견고해진다. 아침에는 생성형 인공지능 기반 앱을 활용해 간단한 퀴즈를 풀고 저녁에는 가상 튜터와 회화 연습을 하거나 하루의 학습 내용을 복습하는 식으로 규칙성을 부여하면 학습 효과가 극대화된다. 이에 더해, 목표 설정과 성찰 과정도 중요한 요소다. 생성형 인공지능이 제공하는 학습 진행 상황 관리 기능을 활용하면 학습자가 자신의 발전을 시각적으로 확인할 수 있으며 이를 통해 동기부여가 지속될 수 있다. 학습 목표를 세우고 디지털 학습 일지를 활용해 성찰하는 습관을 들이면 학습의 방향성을 유지하는 데 큰 도움이 된다.

인공지능 활용으로 지속적 몰입 유도

생성형 인공지능의 가장 큰 장점은 학습자의 관심과 수준에 맞게 유동적인 콘텐츠를 제공할 수 있다는 점이다. 학습자가 반복적인 학습에 지루함을 느끼지 않도록 생성형 인공지능은 상황별 대화, 적응형 과제, 맞춤형 스토리텔링 등의 방식을 활용해 학습자의 몰입을 유도할 수 있다.

또한, 사회적 학습(Social Learning) 플랫폼을 활용하면 생성형 인공지능 학습과 동료 학습을 병행할 수 있다. 온라인 커뮤니티나 언어 교환 프로그램에 참여하면 학습자들이 서로 피드백을 주고받으며 보다 실질적인 학습을 경험할 수 있다. 생성형 인공지능 챗봇과의 대화 연습을 한 후, 사람들과의 대화를 통해 학습한 표현을 활용하는 방식은 언어 습득에 큰 도움이 된다. 또한, 적응형 평가를 정기적으로 활용하면 자신의 현재 실력을 객관적으로 점검하고 취약한 부분을 집중적으로 보완할 수 있다. 생성형 인공지능이 제공하는 평가 데이터를 바탕으로 개인화된 학습 경로를 조정하면 보다 효율적인 학습이 가능하다.

실제 환경에서의 활용

무엇보다도, 언어는 실제로 사용될 때 가장 효과적으로 습득된다. 생성형 인공지능 기반 학습을 활용하는 것만으로는 충분하지 않으며 이를 실제 환경에서 적용해 보는 과정이 반드시 필요하다. 대화 모임, 언어 교환 이벤트, 온라인 화상 채팅 등의 기회를 활용하면 학습자가 더욱 자연스럽게 언어를 사용할 수 있다. 이러한 경험을 통해 학습자는 실전의 긴장감을 경험하며 더 능동적인 학습자로 성장할 수 있다.

가능하다면 해당 언어권 지역을 여행하거나 현지 문화를 체험할 기회를 얻는 것도 효과적인 방법이다. 직접 외국어를 사용하는 환경에 놓이면 학습자는 언어를 보다 즉각적이고 자연스럽게 습득하게 된다. 현지인과 소통하고 문화를 직접 경험하는 것은 교재나 온라인 강의를 통해 배운 내용보다 훨씬 강한 인상을 남기며 학습자의 언어 습득을 가속화한다. 또한, 혼합 학습 모델을 활용하면 생성형 인공지능 기반 학습과 직접적인 지도를 조화롭게 병행할 수 있다. 예를 들어, 온라인 학습을 통해 기본적인 내용을 익힌 후, 특정한 부분에서는 전문 강사와의 수업을 병행하는 방식으로 학습하면 더 균형 잡힌 학습이 가능하다.

성장 마인드셋 함양

언어학습을 장기적으로 지속하기 위해서는 성장 마인드셋을 갖추는 것이 중요하다. 특히, 실수를 학습의 일부로 받아들이는 태도가 필요하다. 언어를 배우는 과정에서 실수는 불가피하며 실수를 통해 배우는 것이 가장 효과적인 학습 방법 가운데 하나다. 생성형 인공지능이 제공하는 빠른 피드백을 적극적으로 활용하면 자신의 오류를 즉각 수정하고 이를 반복적인 연습으로 극복할 수 있다. 실수에 대한 두려움을 줄이고 오히려 학습 과정의 자연스러운 일부로 받아들이면 보다 적극적인 언어 사용이 가능해진다.

학업 성취를 축하하는 것도 중요하다. 큰 목표를 달성했을 때뿐만 아니라 작은 성과를 기록하고 이를 스스로 인정하는 과정이 동기부여에 긍정적인 영향을 미친다. 예를 들어, 특정한 문법 개념을 완전히 이해했거나 원어민과의 대화에서 처음으로 자연스럽게 의사소통했을 때 이를 기록하고 스스로 칭찬하는 습관을 들이면 학습 동기를 지속적으로 유지할 수 있다.

마지막으로, 호기심을 유지하는 것도 중요하다. 언어학습은 단순한 기술 습득이 아니라 새로운 문화를 경험하고 사고방식을 넓히는 과정이기도 하다. 문학, 영화, 음악, 팟캐스트 등 다양한 콘텐츠를 활용해 언어를 자연스럽게 접하는 환경을 만들면 학습자는 더 흥미롭고 지속적인 학습을 이어갈 수 있다. 단순히 시험을 위해 언어를 배우는 것이 아니라, 언어 자체에 대한 탐구심과 호기심을 유지할 때 평생 학습이 가능해진다.

결국, 생성형 인공지능을 활용한 평생 언어학습은 단순히 기술에 의존하는 것이 아니라, 규칙적인 학습 습관을 형성하고 적극적인 몰입 경험을 만들며 실생활에서 언어를 활용하고 지속적인 성장 마인드셋을 갖추는 방향으로 이루어져야 한다. 이러한 요소들이 조화를 이루어야 장기적인 학습 지속성이 보장되며 궁극적으로 언어를 자유롭게 구사할 수 있는 수준에 도달할 수 있을 것이다.

생성형 인공지능을 활용한 평생 언어학습 전략

'해야 해서'가 아닌 '원해서' 언어를 배우는 흐름은 전통적인 필수 교육 모델과는 상당히 다른 관점을 제시한다. 기술의 발전은 필요한 순간에 언어 능력을 빠르게 습득할 수 있는 적시 학습을 가능하게 해 개인화된 학습과 자기 주도적 공부를 동시에 실현하고 있다. 이러한 환경에서 내적 동기는 필수적인 성공 요인으로 개인화된 콘텐츠, 적응형 피드백, 흥미로운 상호작용이 학습 의욕을 지속적으로 높여준다.

그러나 정규 교육의 틀 없이 언어 능력을 유지하려면 지속적인 실천과 동기 관리가 필요하다. 규칙적인 학습 루틴을 세우고 인공지능의 강점을 최대한 활용하며 실제 상황에서 언어를 사용하려는 노력이 어우러져야 한다. 특히, 인공지능의 도움만 받기보다는 필요한 경우 전문적 지도나 구조를 병행해 학습 방향을 잡아가는 균형적 접근이 중요하다.

생성형 인공지능 활용이 점차 일상화되는 미래에는 언어학습 역시 한층 더 접근하기 쉽고 재미있으며 개인별 필요에 부합하는 방식으로 확장될 것이다. 이때 중요한 것은 평생 학습자로서 열린 자세를 유지하고 최신 기술을 적극 활용하되 언어를 배우는 즐거움과 자신만의 목표를 놓치지 않는 일이다. 그렇게 함으로써 언어학습은 의무가 아닌 자발적 탐구와 성장을 위한 여정이 될 수 있을 것이다.

인공지능을 이겨라! 외국어 전문 인력의 고급화

생성형 인공지능 기술은 빠르고 정확하게 다양한 언어 작업을 수행할 수 있지만, 고도의 역량을 갖춘 인간 번역가와 통역사는 여전히 대체할 수 없는 독자적인 가치를 지닌다. 여기에서는 생성형 인공지능이 주도하는 시대에 인간 번역가와 통역사의 역할이 어떻게 변화하는지, 생성형 인공지능이 쉽게 대체하기 어려운 전문적인 언어 능력은 무엇인지, 그리고 최고 수준의 언어 전문가를 양성하기 위한 교육 프로그램은 어떤 것인지 살펴본다. 또한, 전문가와 생성형 인공지능이 협력하는 언어 서비스의 형태를 분석하고 고급 언어 전문가의 미래 진로 전망을 함께 논의한다.

진화하는 번역가 및 통역사의 역할

전통적 역할과 변화 방향

오랫동안 번역가와 통역사는 단순히 한 언어를 다른 언어로 변환하는 역할을 넘어 서로 다른 문화 간의 가교 역할을 수행해 왔다. 외교, 비즈니스, 영화, 문학 등 다양한 분야에서 언어 전문가들은 단어 하나하나를 정확히 전달하는 것뿐만 아니라, 원문의 의도와 감성을 유지하며 문화적 차이를 고려하는 섬세한 작업을 수행해 왔다. 특히, 문학 작품이나 연설, 법률 문서처럼 맥락적 이해가 필수적인 번역에서는 언어적 유창성뿐만 아니라 고도의 해석 능력이 요구되었다. 하지만 최근 인공지능 기반 번역 기술이 발전하면서 번역가와 통역사의 역할에도 큰 변화가 일어나고 있다.

우선 반복적이고 정형화된 번역 업무는 점차 자동화되고 있다. 생성형 인공지능 번역 시스템은 이메일, 기본적인 계약서, 일반적인 뉴스 기사 등 구조화된 문자 기반의 정보를 빠르게 처리할 수 있게 돕는다. 이에 따라 인간 번역가는 점차 단순한 언어 변환 작업에서 벗어나 더 깊이 있는 분석과 맥락 이해가 필요한 번역을 맡고 있다. 특히, 법률, 외교, 문학처럼 문화 및 역사적 배경이 중요하게 작용하는 분야에서는 여전히 인간 번역가의 역할이 필수적이다. 기계 번역이 단순한 문장 변환에는 능숙하지만 유머, 풍자, 감정이 담긴 표현을 정확히 전달하는 데에는 한계가 있기 때문이다.

또한, 번역가와 통역사는 이제 단순한 번역을 넘어 번역 품질 보증자의 역할을 수행하고 있다. 다시 말해, 생성형 인공지능이 생성한 번역물의 정확성과 문화적 적합성을 검토하고 이를 조정하는 과정이 필수적인 작업이 되는 것이다. 기계 번역은 문법적으로 정확한 결과물을 제공할 수 있지만 문맥상 어색한 표현이나 잘못된 문화적 해석이 포함될 가능성이 크다. 예를 들어, '수도방위사령부(Capital Defense Command)' 관련 내용을 보도한 한글 기사를 생성형 인공지능이 영문으로 번역하는 과정에서 '수도'를 'Capital'이 아닌 'Water'로 오역하여 '물 방위 사령부'라는 의미의 'Water Defense Command'라고 번역하는 해프닝이 발생한 적도 있었다. 따라서 인간 전문가들은 번역의 최종 검수를 담당해 기계 번역이 놓칠 수 있는 미묘한 의미 차이를 보완하는 역할을 하고 있다. 이러한 변화 속에서 번역가와 통역사는 더욱 고도의 전문성을 요구받고 있으며 단순한 언어적 능력을 넘어 다층적인 분석 능력과 문화적 해석 능력이 필수적인 역량이 되었다.

새롭게 요구되는 역량

생성형 인공지능 기술이 언어 서비스 전반에 도입되면서 번역가와 통역사에게 요구되는 역량도 변화하고 있다. 단순한 다언어 능력을 뛰어넘어 특정 분야의 전문 지식, 복잡한 프로젝트를 관리하는 역량, 첨단 기술과 협업할 수 있는 능력이 점점 더 중요해지고 있다.

우선 번역가와 통역사는 다학제적 역량을 갖춰야 한다. 단순한 언어 능력만으로는 차별화된 경쟁력을 갖추기 어려워졌으며 법률, 의학, 외교, 기술 등 특정 분야의 전문 용어와 규범을 깊이 이해하는 능력이 필수적으로 요구된다. 법률 문서나 의료 기록을 번역하는 경우, 단순한 직역이 아니라 해당 분야의 전문적인 개념을 정확히 이해하고 적절한 용어를 사용해야 하므로 분야별 지식이 중요한 자산이 되고 있다.

또한, 문화적 중재 능력도 점점 더 강조되고 있다. 단순히 단어를 바꾸는 것이 아니라 현지 문화권에서 자연스럽게 받아들여질 수 있도록 번역을 조정하는 능력이 필수적이다. 예를 들어, 겉모습만 무섭고 실제로는 별것 아니라는 뜻의 한자어 '紙虎(종이 호랑이)'를 생성형 인공지능이 문자 그대로 'Paper tiger'로 번역한 경우가 있다. 그러나 이렇게 번역하면 '종이로 만든 호랑이'라는 뜻이 되어 원래 의미와는 전혀 다르게 전달될 수 있다. 이렇듯, 유머, 풍자, 관용 표현 등은 기계 번역이 정확하게 처리하기 어려운 부분이며 인간 번역가가 맥락을 고려해 창의적으로 조정해야 하는 영역이다. 따라서, 특정 문화권에서 부적절하게 해석될 수 있는 표현을 조정하거나 원문의 의도를 왜곡하지 않으면서도 보다 자연스럽게 전달하는 작업은 기계가 대체하기 어려운, 번역가의 핵심 역할로 남아 있다.

마지막으로, 번역가와 통역사는 기술 활용 능력을 갖춰야 한다. 컴퓨터 보조 번역(Computer-Assisted Translation: CAT) 도구, 생성형 인공지능 번역 프로그램, 데이터 기반 번역 기술 등을 적극적으로 활용하는 것이 필수적인 역량이 되고 있다. 번역가는 단순히 테크놀로지를 사용하기만 하는 것이 아니라, 기계 번역의 한계를 이해하고 필요할 경우 수정 및 보완할 수 있는 능력을 갖춰야 한다. 생성형 인공지능이 반복적인 번역 업무를 처리하는 동안 번역가는 더 창의적이고 전략적인 작업에 집중하는 방향으로 역할이 변화하고 있다. 이를 위해 번역가는 새로운 기술을 위협이 아니라 생산성 향상의 도구로 바라보는 인식 전환을 해야 하며 기술과 협업할 수 있는 능력을 지속적으로 개발해야 한다.

생성형 인공지능 시대의 번역가와 통역사는 단순한 언어 변환을 수행하는 것이 아니라, 전문적인 지식과 문화적 해석 능력을 바탕으로 고도화된 번역을 수행하는 방향으로 변화하고 있다. 또한, 테크놀로지를 능숙하게 활용하고 기계 번역의 결과물을 검토하고 개선하는 능력이 필수적으로 요구된다. 이러한 변화 속에서 번역가와 통역사는 더욱 높은 수준의 전문성을 갖춘 언어 전문가로서의 역할을 수행하게 될 것이며 단순히 기계를 보완하는 것이 아니라 기계와 협력하여 새로운 형태의 언어 서비스를 창출하는 방향으로 진화할 것이다.

인공지능이 쉽사리 대체하기 어려운 전문화된 언어 능력

인공지능이 언어 처리 분야에서 놀라운 성과를 내고 있지만 아직 인간이 압도적으로 우위에 있는 능력도 존재한다. 이는 주로 복잡한 추론, 문화적 미묘함, 창의적 해석 등에 관련이 깊다.

맥락 및 문화적 미묘함

언어는 단순한 정보 전달 수단이 아니라 문화와 맥락이 복합적으로 얽힌 표현 방식이다. 인간 번역가는 특정한 표현이 문화적으로 오해를 불러일으킬 가능성이 있는지를 직관적으로 파악하고 부드러운 전달 방식으로 조정할 수 있다. 미국의 대형 치킨 프랜차이즈인 KFC(Kentucky Fried Chicken)가 중국 시장에 진출했을 초기, '너무 맛있어서 손가락까지 핥을 정도다'라는 의미의 "Finger-lickin' good"이라는 슬로건을 중국에서 "손가락을 먹어라(吃你的手指)"라는 부정적인 뜻으로 잘못 번역해서 곤욕을 겪었던 사례가 있다. 이렇게 유머나 관용구, 은유적 표현은 직역하면 원래 의미가 사라지거나 의도와 다르게 해석될 위험이 크다. 한 문화권에서 자연스러운 표현이 다른 문화에서는 무례하게 받아들여질 수도 있으며 이러한 섬세한 감각은 아직 생성형 인공지능이 정교하게 재현하기 어려운 영역이다.

전문 번역가는 문장에 내포된 숨은 의미와 암시를 정확하게 파악할 수 있다. 외교적 연설이나 광고 문구, 문학 작품과 같은 분야에서는 단순한 의미 전달이 아니라, 문장 사이에 깔린 뉘앙스, 감정, 반어법까지 고려해야 한다. 예를 들어, 1840년 뉴질랜드에서 체결된 와이탕이 조약(The Treaty of Waitangi)은 영어와 마오리어로 작성되었는데, 영어판에서는

해외로 수출되는 제품명은 언어에 따라 다른 물품으로 오해받을 수 있다.(Dall-E 3)

영국이 외부 간섭없이 결정할 수 있는 최상의 권한인 '주권(sovereignty)'을 가진다고 명시된 반면, 마오리어판에서는 이를 단순히 정책을 운영하고 관리하는 '통치권(governance)'을 인정하는 뉘앙스로 번역했다. 이 해석 차이로 인해 마오리 부족과 뉴질랜드 정부 간의 법적 분쟁이 현재까지도 이어지고 있다. 이와 같이, 외교문서에서 사용되는 미묘한 어조나 의례적 표현은 겉으로 드러나는 의미 이상으로 중요한 함의를 포함하는 경우가 많으며 이를 정확하게 해석하지 못하면 외교적 문제를 초래할 수도 있다.

광고와 마케팅에서도 특정한 단어 선택이 소비자에게 미치는 심리적 영향을 고려해야 하며 이는 기계 번역이 쉽게 판단하기 어려운 요소다. 미국의 헤어 제품 브랜드 클레롤(Clairol)이 출시한 'Mist Stick'이라는 헤어 컬링 제품이 독일에서는 실패했다. 독일어에서 'Mist'는 '똥'을 의미하기 때문에 독일인들에게는 그 단어가 '똥 막대기'로 읽혔던 것이다. 따라서 문화적 맥락과 인간의 감각이 깊이 개입하는 영역에서는 여전히 인간 번역가와 통역사가 필수적인 역할을 수행한다.

창의 및 예술적 표현

창의성이 요구되는 번역의 경우 단순한 언어 변환 이상의 과정이 필요하다. 특히 문학 번역에서는 원문의 리듬, 어조, 문체를 유지하면서도 독자가 속한 문화에 맞게 자연스럽게 전달해야 하는데 이는 기계적으로 단어를 대체하는 방식으로는 해결될 수 없는 문제다. 인간 번역가는 원작자의 의도와 독자의 기대 사이에서 균형을 맞추며 필요할 경우 원문에서 벗어나 창의적인 결정을 내리기도 한다.

일본의 전통적인 짧은 시 형식인 하이쿠(俳句, Haiku)는 5-7-5 음절 구조를 따르지만, 한국어에서는 이를 그대로 유지하기 어려워 번역가는 운율과 감성을 살리면서도 의미를 효과적으로 전달해야 한다. 에도시대의 하이쿠인 마쓰오 바쇼의 유명한 작품(古池や 蛙飛びこむ 水の音)을 직역하면 "오래된 연못, 개구리가 뛰어든다, 물소리"가 되지만, 이러한 단순한 직역만으로는 원문의 분위기와 운율이 충분히 전달되지 않는다. 따라서, "고요한 연못, 개구리 뛰어들자, 물결이 인다"와 같이 번역하면 원문의 정적과 순간적인 움직임이 자연스럽게 살아나게 된다. 이처럼, 시를 번역할 때는 단순한 의미 전달을 넘어, 운율과 감성을 조화롭게 살려야 하는데 이러한 과정은 기계 번역이 수행하기 어려운 문학적 판단과 창의성이 요구되는 영역이다.

창의적 문제 해결 능력도 인간 번역가의 강점이다. 마케팅 슬로건이나 구어체 표현처럼 정형화된 규범에 얽매이지 않는 번역에서는 기

영화 〈다이 하드(Die Hard)〉의 미국, 스페인, 독일, 프랑스 포스터(시계 방향)

존 표현을 그대로 옮기기보다 문화적 차이를 고려한 새로운 접근이 필요하다. 예를 들어, 미국 영화 〈다이 하드(Die Hard)〉의 원래 의미는 '죽어도 끈질기게 싸운다', '악착같이 버틴다' 등의 뜻이지만, 각 나라에서는 관객들에게 더 익숙한 표현으로 제목을 변경하여 개봉되었다. 스페인에서는 '수정 정글(La Jungla de Cristal)', 독일에서는 '천천히 죽어라(Stirb Langsam)', 프랑스에서는 '수정 함정(Piège de Cristal)' 등 원제와는 전혀 다른 의미로 번역되었지만, 이러한 현지화된 제목 덕분에 오히려 각국에서 큰 성공을 거두었다. 이렇듯 특정 브랜드의 광고 문구를 해외 시장에 맞게 변형할 때는 단순한 직역보다는 대상 고객층이 쉽게 이해하고 공감할 수 있도록 재구성해야 한다. 이러한 창의적인 접근 방식은 인간의 직관과 감각을 필요로 하며 생성형 인공지능이 아직 완벽하게 구현하지 못하는 영역이다.

높은 수준의 분야별 지식

법률, 의학, 엔지니어링과 같은 고도의 전문 지식이 요구되는 번역 분야에서는 단순한 언어 능력만으로는 정확한 번역을 보장할 수 없다. 이러한 영역에서는 해당 분야의 개념과 용어에 대한 깊은 이해가 필수적이며 맥락에 따라 미묘한 의미 차이를 반영해야 한다. 예를 들어, 미국이나 영국 등 영미법 체계에서는 '진술서(Affidavit)'가 법정에서 선서한

미국에서는 법정 효력이 있는 진술서가 프랑스 법정에서는 법적 효력을 인정받지 못하는 경우도 많다.

문서로 증거 능력을 가지지만, 독일이나 프랑스 같은 대륙법 체계에서는 진술서라는 개념이 존재하지 않기 때문에 판사나 공증인의 인증이 있어야만 효력이 있다. 따라서, 만약 대륙법 체계 국가에서 영미법 체계의 법정 문서를 기계적으로 번역하면 법적으로 효력이 없는 문서로 해석될 가능성이 높다. 이와 같이, 법률 문서를 번역할 때는 단순한 문장 구조를 변환하는 것이 아니라 법률 시스템의 차이를 고려하여 적절한 용어를 선택하는 것이 필수적이다. 잘못된 용어 선택은 법적 혼란을 초래할 수 있으며 단순한 기계 번역이 해결할 수 없는 문제를 야기할 수 있다.

또한, 국제 정책이나 학술 번역에서는 단순한 언어 변환이 아니라 학제 간 통합적 사고가 요구된다. 특히 국제 무역 협정 번역은 경제, 법률, 외교 등의 배경 지식을 필요로 하며 정치적 맥락까지 고려해야 한다. 예를 들어, 2011년 한국과 유럽연합(EU) 간 자유무역협정(FTA)에서 원산지 기준 해석 차이로 인해 논란이 발생했다. 유럽연합은 부품 하나하나까지 원산지 요건을 충족해야 한다고 해석한 반면, 한국은 일부 해외 부품을 사용하더라도 최종 생산이 한국에서 이루어지면 원산지 규정을 충족하는 것으로 보았던 것이다. 이러한 해석 차이로 인해 일부 한국산 제품이 유럽연합에서 자유무역협정 관세 혜택을 받지 못하는 문제가 발생했다.

이처럼 특정한 정책 문구는 표면적인 의미만으로 이해해서는 안 되며 역사 및 사회적 배경 속에서 해석되어야 한다. 정책과 협정은 법률적 틀 안에서 작성되지만 실제 적용 과정에서는 정치적 이해관계와 경제적 논리가 개입되며 국가마다 법 체계와 산업 구조가 다르기 때문에 동일한 문구라도 해석이 달라질 수 있다. 번역 과정에서 이러한 요소를 간과하면 중요한 의미가 누락되거나 왜곡될 위험이 크다. 따라서, 다양한 학문적 통찰을 결합하여 복합적인 텍스트를 정확하게 해석하는 능력은 인간 전문가가 수행해야 할 중요한 역할로 남아 있다.

종합해 보면, 생성형 인공지능이 발전하면서 번역과 통역 분야에서 상당한 변화를 불러오고 있지만 맥락적 해석, 창의적 재구성, 고도의 전문성이 요구되는 분야에서는 여전히 인간 번역가와 통역사의 역할이 필수적이다. 결국 기술은 언어 전문가들의 생산성을 높이는 도구로 활용될 수 있지만 인간의 직관과 창의성을 완전히 대체할 수는 없다. 따라서 언어 전문가들은 생성형 인공지능을 보완적인 도구로 활용하면서 인간만이 수행할 수 있는 고차원적인 언어 능력을 지속적으로 발전시켜야 할 것이다.

고급 언어 전문가를 육성하는 교육 프로그램

교과 과정 혁신과 전문성 개발

전통적인 언어교육이 문법과 문체, 의미론적 정밀성에 초점을 맞추었다면 이제는 생성형 인공지능 도구와 협력하여 작업하는 능력까지 필수적인 요소로 자리 잡고 있다. 이에 따라, 많은 교육기관이 특정 전문 분야와 기술 활용 능력을 포함한 포괄적인 커리큘럼을 개발하고 있다.

전문 자격증 과정은 고급 언어 전문가를 양성하는 중요한 수단으로 의료, 법률, 문학 등 특정 분야에 특화된 번역 및 통역 프로그램을 운영하고 있다. 이러한 과정에서는 단순한 언어 변환이 아니라, 해당 분야의 규범과 개념을 깊이 이해하는 것이 핵심이 된다. 또한, 기술 통합 워크숍을 통해 컴퓨터 보조 번역(CAT) 도구, 생성형 인공지능 번역 소프트웨어, 데이터 기반 번역 기술을 교육함으로써 언어 전문가들이 생산성을 극대화할 수 있도록 돕는다.

문화 간 소통 능력(intercultural communication)도 필수적인 역량으로 부각되고 있다. 언어를 정확하게 변환하는 것만큼이나 중요한 것은 특정한 문화적 맥락에서 의미를 조정하고 글로벌 윤리와 지역적 차이를 고려할 수 있는 능력이다. 이를 위해, 번역 및 통역 프로그램은 문화 연구, 지역학, 국제 커뮤니케이션 등을 포함한 과정을 개설하고 있다.

기술 발전 속도가 빠르게 변화하는 만큼 지속적인 학습과 멘토링도 필수적이다. 전문가 협회나 교육기관에서는 정기적인 웨비나(Webinar), 학술대회, 멘토링 프로그램을 운영하여 최신 생성형 인공지능 및 번역 기술에 대한 정보를 공유하고 있으며 실무 번역가들이 최신 기술에 적응할 수 있도록 지원하고 있다. 이러한 노력은 언어 전문가들이 변화하는 환경 속에서도 경쟁력을 유지할 수 있도록 돕는다.

교육 사례와 모델

전문 번역가와 통역사를 양성하기 위해 다양한 대학과 기관들이 혁신적인 교육 모델을 도입하고 있다. 특히, 대학원 과정에서는 고급 언어 능력과 첨단 기술 교육을 융합하여 실무 중심의 교육을 강화하고 있으며 미들베리 국제대학원과 제네바 대학교는 이러한 변화를 주도하는 대표적인 교육기관이다.

산업 협회 역시 기술 활용 능력을 검증하는 방식으로 교육 프로그램을 개선하고 있다. 미국 번역가 협회(American Translators Association: ATA)나 영국 번역통역 협회(Institute of Translation and Interpreting: ITI) 등은 기존의 언어 역량 평가에 더해, 최신 번역 기술과 인공지능 도구를 사용할 수 있는 능력을 포함한 시험을 도입하고 있다. 이를 통해, 번역가와 통역사가 전통적인 언어 능력뿐만 아니라 최신 기술을 활용하여 작업할 수 있는 실력을 갖추었는지를 평가하고 있다.

기업 내 교육 프로그램도 점점 더 중요해지고 있다. 다국적 기업들은 자체적인 통번역팀을 운영하며 사내 교육을 통해 직원들에게 인공지능 기반 번역 시스템과 컴퓨터 보조 번역(CAT) 도구 사용법을 익히도록 지원하고 있다. 이는 단순히 효율성을 높이는 것을 넘어, 인간 번역가와 인공지능이 협력하는 새로운 번역 워크플로를 확립하는 데 중요한 역할을 한다. 이러한 기업 교육 모델은 실무 번역가들이 최신 기술을 익히고 적용하는 데 실질적인 도움을 주며 기업 차원에서도 고품질의 언어 서비스를 유지하는 데 기여하고 있다.

미들베리 국제대학원과 제네바 대학교

미국 몬테레이 소재 미들베리 국제대학원(Middlebury Institute of International Studies: MIIS)은 세계적으로 권위 있는 번역 및 통역 교육기관으로 실무 중심의 교육과 최첨단 기술 통합을 특징으로 한다. 이 대학원에서는 번역 및 통역 전문가를 위한 심화 과정이 운영되며 학생들은 국제 회의 통역, 법률 및 의료 번역, 기술 번역 등 다양한 분야에서 전문 역량을 키울 수 있다. 컴퓨터 보조 번역(CAT) 도구와 인공지능 번역 시스템을 교육과정에 적극적으로 포함하여 학생들이 최신 기술과 협력하는 방법을 익히도록 하고 있다. 또한, 실제 통역 부스를 활용한 실전 훈련이 이루어지며 유엔이나 유럽연합(EU) 같은 국제기구에서 요구하는 수준의 전문 통역 훈련도 제공된다. 이를 통해 졸업생들은 즉시 글로벌 시장에서 경쟁력을 갖춘 번역가 및 통역사로 활동할 수 있도록 준비된다.

제네바 대학교(University of Geneva) 역시 세계적인 번역 및 통역 교육기관으로 유럽에서 가장 영향력 있는 통번역 과정 중 하나를 운영하고 있다. 이 대학의 번역 및 통역 대학원(FTI, Faculty of Translation and Interpreting)은 국제기구와의 긴밀한 협력을 바탕으로 실무 중심의 교육을 제공한다. 유엔(UN)과 같은 국제기구가 제네바에 위치하고 있는 만큼 학생들은 실제 국제 회의에서 사용되는 통역 방식을 실습하며 전문성을 쌓을 수 있다.

제네바 대학교는 인공지능 기술을 활용한 번역 교육에도 앞장서고 있다. 자연어 처리(NLP) 기술을 활용한 번역 연구가 활발히 진행되며 학생들은 최신 번역 소프트웨어를 실무에 적용하는 방법을 학습한다. 인공지능 기반 자동 번역 시스템의 한계를 분석하고 이를 수정 및 보완하는 사후 편집(Post-editing) 과정도 포함되어 있어 학생들이 기계 번역과 인간 번역을 효과적으로 결합할 수 있는 능력을 키울 수 있도록 지원한다.

미들베리 국제대학원과 제네바 대학교는 공통적으로 단순한 언어학습이 아니라 생성형 인공지능 시대에 최적화된 전문 번역가와 통역사를 양성하는 데 중점을 두고 있다. 실무 중심의 훈련과 첨단 기술 교육을 조화롭게 접목하여 졸업생들이 글로벌 무대에서 경쟁력을 갖출 수 있도록 준비시킨다는 점에서 이들 교육기관은 번역 및 통역 교육의 미래를 선도하고 있다.

전문 언어 서비스에서의 인간과 생성형 인공지능 협업 모델

생성형 인공지능이 언어 서비스 산업에 깊이 자리 잡으면서 번역가와 통역사는 단순한 언어 변환을 수행하는 역할을 넘어, 생성형 인공지능과 협력하여 보다 정교한 결과물을 만들어내는 전문가로 거듭나고 있다. 산업의 주류 흐름은 생성형 인공지능이 인간 전문가를 대체하는 것이 아니라, 서로의 강점을 결합하여 시너지를 극대화하는 방향으로 발전하고 있다. 이에 따라 번역 및 통역의 작업방식이 변화하고 있으며 인간과 생성형 인공지능의 협업 모델이 더 정교하게 구축되고 있다.

번역 분야에서는 사전 편집(Pre-editing)과 사후 편집(Post-editing) 모델이 대표적인 협업 방식으로 자리 잡고 있다. 생성형 인공지능 번역 엔진이 초안을 생성한 후, 인간 번역가가 이를 검토하고 수정하여 품질을 향상시키는 방식이 널리 활용되고 있다. 기계 번역의 강점은 방대한 양의 데이터를 빠르게 처리할 수 있다는 점이지만, 문맥적 오류나 문화적 뉘앙스를 정확히 반영하지 못하는 한계를 가진다. 이에 따라 인간 번역가는 문장 구조를 조정하고 부자연스러운 표현을 다듬으며 문맥에 맞게 수정하는 작업을 수행한다. 특히, 법률, 의료, 기술 문서와 같은 전문 번역에서는 단순 직역이 아니라, 분야별 전문 용어와 문체를 고려한 세밀한 조정이 필요하기 때문에 인간의 개입이 필수적이다.

통역 분야에서도 생성형 인공지능은 실시간 보조 역할을 수행하며 통역사의 부담을 줄이는 방향으로 활용되고 있다. 예를 들어, 회의 통역에서 생성형 인공지능은 실시간으로 문장을 인식하여 용어 제안을 제공하거나 자동으로 텍스트를 생성해 통역사가 이를 참고할 수 있도록 돕는다. 이러한 기술은 특히 빠르게 진행되는 국제회의나 다국적 기업의 실시간 통역에서 유용하게 사용된다. 통역사는 생성형 인공지능이 제공하는 데이터를 기반으로 보다 정확한 표현을 선택할 수 있으며 동시에 생성형 인공지능이 미처 반영하지 못한 문화적 요소나 화자의 감정을 반영하여 보다 자연스러운 통역을 수행할 수 있다.

품질 보증 측면에서도 인간과 생성형 인공지능의 협업은 중요한 역할을 한다. 생성형 인공지능은 번역 작업에서 용어의 일관성을 유지하고 맞춤법과 문법 오류를 자동으로 감지하며 스타일 가이드 준수를 점검하는 데 활용된다. 이러한 과정은 반복적인 오류를 줄이고 번역의 통일성을 높이는 데 기여한다. 이후 인간 번역가가 최종적으로 텍스트를 검토하면서 문장의 자연스러움과 맥락적 적합성을 보완하는 역할을 한다. 이를 통해 번역물의 신뢰도가 높아지고 보다 정교한 결과물을 만들어낼 수 있다.

이러한 협업 모델은 여러 가지 장점을 가지고 있다. 먼저, 효율성이 크게 향상된다. 반복적인 업무나 기본적인 번역 작업은 생성형 인공지능이 신속하게 처리하고 인간 전문가는 더 복잡하고 창의적인 작업에 집중할 수 있다. 대량의 제품 설명서를 번역하는 경우, 생성형 인공지능이 초안을 생성한 후 인간 번역가가 이를 세밀하게 조정하는 방식으로 작업하면 단순한 수작업 번역보다 훨씬 빠른 시간에 높은 품질의 번역을 완성할 수 있다.

또 하나의 장점은 정확성이 크게 개선된다는 것이다. 생성형 인공지능은 방대한 데이터와 패턴을 기반으로 문장 구조나 용어의 정확성을 검토하는 데 강점을 가지며 인간 전문가가 문화적, 맥락적 판단을 추가함으로써 번역 결과물의 질이 한층 더 높아진다. 특정 업계에서 사용하는 전문 용어가 지속적으로 일관되게 유지되도록 인공지능이 점검하는 한편, 인간 번역가는 특정 문맥에서 용어의 의미가 더 자연스럽게 전달될 수 있도록 조정하는 방식이 가능하다.

또한, 인간과 생성형 인공지능의 협력은 확장성을 확보하는 데 기여한다. 대량의 번역 작업이 필요한 프로젝트에서도 빠른 속도로 작업을 수행하면서도 일정 수준 이상의 품질을 유지할 수 있다. 글로벌 기업이나 국제기구에서 방대한 양의 문서를 다양한 언어로 번역해야 할 때, 인간 번역가 단독으로 수행하는 것은 현실적으로 어려운 경우가 많다. 그러나 생성형 인공지능과 협력하는 방식으로 작업 흐름을 최적화하면 더 신속하고 정확한 다국어 번역이 가능해진다.

결국 생성형 인공지능 시대의 번역 및 통역 서비스는 인간 전문가의 고유한 역량과 생성형 인공지능의 기술적 강점을 조화롭게 결합하는 방향으로 발전하고 있다. 번역가와 통역사는 단순히 언어를 변환하는 역할에서 벗어나, 생성형 인공지능이 생성한 결과물을 정밀하게 다듬고 창의적인 의사결정을 수행하는 전문가로서의 역할을 수행하게 될 것이다. 이러한 협업 모델을 통해 언어 서비스 산업은 더욱 정교하고 효율적인 방식으로 진화하며 인간과 생성형 인공지능이 서로 보완하는 형태로 공존하게 될 것이다.

고급 언어 전문가의 미래 진로 전망

생성형 인공지능 시대에 맞춘 적응 전략

생성형 인공지능이 언어 서비스를 점점 더 정교하게 처리하면서 언어 전문가들에게 요구되는 역량도 빠르게 변화하고 있다. 단순한 번역과 통역 기술만으로는 경쟁력을 유지하기 어려워졌으며 특정 분야의 전문성을 갖추고 기술을 능숙하게 활용하며 학제 간 융합 능력을 키우는 것이 필수적인 시대가 되었다.

특정 전문 분야에 특화하는 것은 생성형 인공지능 시대에서도 인간 번역가와 통역사가 차별성을 가질 수 있는 가장 확실한 방법이다. 법률, 의학, 기술, 문학, 정치와 같은 분야는 단순한 언어적 변환이 아니라, 해당 분야의 개념과 규범을 깊이 이해해야만 정확한 번역과 통역이 가능하다. 생성형 인공지능은 일반적인 문장을 빠르게 처리하는 능력은 뛰어나지만, 전문 용어의 문맥적 의미를 완벽하게 반영하지 못하는 경우가 많다. 그렇기에 이러한 영역에서 전문성을 갖춘 언어 전문가의 역할은 더욱 중요해질 것이다.

언어 능력에 더해 프로젝트 관리, 데이터 분석, 기술 적용 역량을 갖춘다면 더욱 다양한 분야에서 가치를 인정받을 수 있다. 글로벌 기업에서는 번역이나 통역 업무뿐만 아니라, 다국적 프로젝트를 조율하는 역할까지 수행할 수 있는 언어 전문가를 필요로 한다. 따라서 언어 서비스와 관련된 데이터를 해석하고 번역 프로젝트를 효율적으로 관리하며 생성형 인공지능 기반 언어 서비스의 품질을 유지할 수 있는 다재다능한 역량이 요구되고 있다.

첨단 기술 숙련도 또한 필수적인 요소로 자리 잡았다. 생성형 인공지능 도구와 디지털 플랫폼을 능숙하게 다룰 수 있는 능력은 더 이상 선택이 아니라 필수 역량이 되었다. 컴퓨터 보조 번역(CAT) 도구, 생성형 인공지능 번역 소프트웨어, 용어 데이터베이스 등의 기술을 활용하는 능력은 언어 전문가가 더 효과적으로 작업할 수 있도록 도와주며 인간-인공지능 협업 작업 흐름을 원활하게 운영하는 데 필수적인 역할을 한다.

마지막으로, 문화적 중개 역량이 더욱 중요해지고 있다. 세계화가 심화할수록 단순한 언어 변환이 아니라, 의사소통의 맥락을 조정하고 문화적 함의를 반영하는 능력이 요구된다. 이는 특히 외교, 글로벌 마케팅, 국제 비즈니스와 같은 영역에서 더욱 중요한 역할을 하게 된다. 따라서 고급 언어 전문가는 단순히 언어를 바꾸는 것이 아니라, 문화적 배경과 사회적 맥락을 고려하여 메시지를 조정하고 적절한 방식으로 전달할 수 있는 역량을 갖추어야 한다.

새롭게 떠오르는 직무와 기회

생성형 인공지능 시대의 도래는 언어 전문가들에게 새로운 기회를 창출하고 있다. 특히 인간과 생성형 인공지능이 협력하는 방식이 점점 더 정교해지면서 이를 지원하는 직무들이 새롭게 등장하고 있다. 먼저, 생성형 인공지능 사후 편집 및 품질 관리(QA) 전문가 역할이 확대되고 있다. 생성형 인공지능 번역 엔진이 생성한 초안을 인간 번역가가 검수하고 개선하는 작업은 점점 더 중요한 업무로 자리 잡고 있다. 특히 법률 문서, 의료 보고서, 기술 매뉴얼과 같이 높은 정확도가 요구되는 문서에서는 생성형 인공지능 번역의 한계를 보완하는 과정이 필수적이며 이를 전문으로 하는 직무의 수요도 커지고 있다.

컨설턴트 및 트레이너 역할도 증가하고 있다. 숙련된 언어 전문가는 기업이나 기관에서 생성형 인공지능 기반 번역 및 통역 시스템 도입을 컨설팅하거나 후배 양성을 위한 교육 프로그램을 설계하고 운영하는 기회를 얻을 수 있다. 기업들은 생성형 인공지능 기술을 효과적으로 활용하는 방법을 찾고 있으며 이를 위해 생성형 인공지능과 협력하는 번역 및 통역 전략을 이해하는 전문가들의 조언이 필요하다. 따라서 언어 전문가들은 기술을 익히는 것뿐만 아니라, 이를 기업 및 기관에 적용할 수 있도록 돕는 역할도 수행할 수 있다.

한편, 프로젝트 매니저, 데이터 분석가, 교육 기획자 등 다양한 분야에서 교차 기능을 담당하는 언어 전문가의 역할이 확장되고 있다. 글로벌 기업에서 다국적 프로젝트를 운영하는 매니저는 각국의 언어와 문화를 이해해야 하며 이를 위해 고급 언어 전문가들이 중요한 역할을 할 수 있다. 번역 데이터를 분석하여 보다 효율적인 번역 프로세스를 설계하는 데이터 분석 업무 역시 새로운 기회가 될 수 있다.

국제 비즈니스와 외교의 복잡성이 증가하면서 글로벌 통역 및 문화 중개 역할도 더욱 중요해지고 있다. 단순히 언어를 변환하는 것이 아니라, 정치, 경제, 사회적 맥락을 고려한 조정 역할이 필요해지고 있으며, 이는 언어 전문가들이 고유한 가치를 발휘할 수 있는 영역이다. 특히, 다국적 협상, 국제회의, 문화 교류 프로젝트에서 통역가이자 문화적 중재자로서 활동하는 기회가 지속적으로 확대될 것이다.

고급 언어 전문가들은 단순한 번역 및 통역 기술만으로는 경쟁력을 유지하기 어려운 시대를 맞이하고 있다. 그러나 생성형 인공지능과 협력하는 방법을 익히고 특정 분야에 대한 전문성을 강화하며 학제 간 융합 역량을 갖춘다면 오히려 더 넓은 기회가 열릴 수 있다. 변화하는 언어 서비스 산업 속에서 언어 전문가들은 기술과 문화적 감각을 결합하여 더욱 차별화된 가치를 제공할 수 있는 방향으로 진화해 가야 한다. 이를 통해, 언어 서비스의 미래는 인간의 전문성에 생성형 인공지능의 효율을 더해 시너지 효과를 극대화하는 방향으로 발전할 것이다.

평생 학습에서 외국어 교육의 부상

오늘날 직업적 성장뿐 아니라 개인적 성장 면에서도 평생학습의 중요성이 그 어느 때보다 커지고 있다. 과거에는 외국어 교육이 주로 정규 교실에서 어린 학생을 대상으로 이루어졌지만, 이제는 성인들이 문화적 시야를 넓히고 직업적 경쟁력을 강화하며 개인적 삶을 풍요롭게 만들기 위한 방법으로 언어학습에 뛰어들고 있다. 여기에서는 성인 학습과 평생교육 측면에서 나타나는 외국어 학습의 최신 동향에 대해 살펴보고 언어학습이 커리어 발전과 개인적 성취에 미치는 영향, 실시간 번역 시대에 성인 학습자에게 동기부여하는 어려움, 바쁜 현대인의 생활 속에 언어학습을 통합하기 위한 전략을 제안한다.

성인 언어학습과 평생교육의 동향

외국어 학습은 단순한 취미를 넘어 직업적, 문화적, 개인적 동기와 연결되며 평생교육의 흐름 속에서 중요한 변화로 자리 잡고 있다. 성인 학습자들은 자신의 필요와 관심에 따라 다양한 방식으로 언어를 배우며 정부와 민간 교육기관 또한 이들을 지원하는 프로그램을 적극적으로 확대하고 있다. 특히, 디지털 기술의 발전은 성인 학습자의 학습 방식을 근본적으로 변화시키며 온라인 교육을 통한 접근성과 유연성을 높이고 있다.

언어학습에 있어서 성인 학습자의 증가에는 여러 가지 요인이 영향을 미치고 있다. 우선, 세계화와 국제 이동성이 활발해지면서 직장인들은 외국어 능력을 필수적인 직업적 스킬로 인식하기 시작했다. 다국적 기업에서 근무하거나 해외 시장을 대상으로 사업을 운영하는 경우, 원활한 의사소통을 위해 외국어 능력이 요구된다. 그뿐만 아니라, 비즈니스 출장이나 해외 근무를 준비하는 직장인들도 실용적인 언어학습을 필요로 한다. 게다가, 해외여행이 일상화되면서 단순한 관광 목적을 넘어 현지 문화를 익히고 깊이 있는 소통을 원하며 언어를 배우는 성인들도 늘어나고 있다.

문화적 호기심과 자기 계발 욕구도 성인 학습자 증가의 주요 원인 중 하나다. 외국 문학을 원어로 읽거나 해외 드라마와 영화를 자막 없이 감상하고 싶어 하는 사람들은 자연스럽게 언어학습에 관심을 가지게 된다. 음악, 음식, 전통 등 특정 문화에 대한 애정을 바탕으로 언어를 배우는 경우도 많다. 이처럼 언어학습은 지적 호기심을 충족시키는 도구가 되기도 한다.

직업 발전을 위한 언어학습도 중요하게 부각되고 있다. 이중언어나 다중언어 능력은 경쟁이 치열한 취업 시장에서 중요한 강점으로 작용하며 특히 국제 비즈니스, 외교, 관광, IT, 연구개발과 같은 분야에서는 필수적인 스킬로 여겨진다. 외국어 능력을 갖춘 인재는 해외 고객과 직접 소통할 수 있을 뿐만 아니라 글로벌 프로젝트에서 더욱 적극적으로 기여할 수 있기 때문에 채용 시장에서도 높은 평가를 받는다.

이러한 변화 속에서 정부와 민간 기관도 성인 학습을 적극적으로 지원하고 있다. 많은 국가에서 평생교육 정책을 강화하며 성인 대상의 외국어 학습 프로그램을 확대하고 있다. 지역별 커뮤니티 센터에서는 직장인과 중장년층을 위한 야간 강좌를 운영하고 있으며 기업과 연계한 맞춤형 언어교육이 제공되기도 한다. 또한, 온라인 플랫폼과 모바일 애플리케이션이 발전하면서 성인 학습자들은 자신의 일정과 학습 스타일에 맞게 언어를 배울 기회를 더욱 쉽게 찾을 수 있게 되었다.

이에 더해, 온라인 교육의 확산은 성인 학습자의 접근성을 획기적으로 높였다. 바쁜 일정 속에서도 학습을 지속할 수 있도록 돕는 유연성은 온라인 학습의 가장 큰 장점이다. 직장과 가정에서 다양한 역할을 수행해야 하는 성인 학습자들에게 특정한 시간과 장소에 구애받지 않는 학습환경은 필수적인 요소가 되었다. 이를 통해 직장인, 부모, 여행자 등 다양한 학습자들이 자신의 생활 패턴에 맞춰 학습할 수 있는 기회를 제공받고 있다.

모바일 학습과 클라우드 기반 플랫폼의 발전은 교육의 지리적 장벽을 허물었다. 대도시뿐만 아니라 교육기관에 접근하기 어려운 농어촌 지역에서도 양질의 언어교육을 받을 수 있으며 인터넷만 연결되면 어디에서든 학습할 수 있다. 세계적인 언어교육 플랫폼들은 생성형 인공지능을 활용해 맞춤형 학습 경험을 제공하며 학습자의 실력을 분석하고 최적의 학습 경로를 제안하는 기능도 발전하고 있다.

또한, 온라인 교육은 다양한 학습 형식을 제공하여 성인 학습자들의 선호도와 학습 스타일에 맞출 수 있도록 한다. 동영상 강의, 상호작용형 과제, 가상 튜터와의 실시간 대화, 게이미피케이션 기법을 적용한 퀴즈 등은 학습을 더욱 흥미롭고 지속 가능하게 만든다. 특히, 재미, 경쟁, 보상이라는 게임 요소를 도입한 게이미피케이션 학습법은 학습 동기를 강화하며 부담 없이 자연스럽게 언어를 습득하는 데 도움이 된다.

무엇보다도, 온라인 학습이 활성화되면서 학습자들 간의 커뮤니티 참여도 증가하고 있다. 가상 교실과 소셜네트워크를 활용하면 전 세계의 학습자들과 교류하며 실제로 언어를 연습할 기회가 생긴다. 언어 교환 프로그램이나 온라인 스터디 그룹을 통해 학습자들은 서로 피드백을 주고받으며 동기부여를 지속할 수 있다. 이는 정규 교육에서 제공하기 어려운 실전 연습 기회를 확대하는 데 기여하며 보다 자연스럽게 언어를 습득하는 환경을 조성한다.

결국 성인 언어학습과 평생교육은 단순한 지식 습득을 넘어 직업적 성장과 개인적 만족, 글로벌 사회에서의 원활한 소통을 위한 필수적인 과정으로 자리 잡고 있다. 기술 발전과 온라인 플랫폼의 확산은 성인 학습자들에게 더욱 효과적인 학습환경을 제공하고 있으며 앞으로도 언어학습은 유연성과 개인 맞춤형 경험을 기반으로 지속적으로 진화해 나갈 것이다.

커리어 발전과 개인적 성장을 위한 언어학습의 역할

오늘날의 글로벌 환경에서 외국어 습득은 단순한 지식 확장을 넘어 개인의 삶과 직업 전반에 걸쳐 중요한 역할을 하고 있다. 언어를 배우는 것은 커리어 발전의 강력한 도구가 될 뿐만 아니라 개인의 인지적 성장과 정서적 만족을 높이는 과정이기도 하다. 다국어 능력은 직장에서 새로운 기회를 창출하고 네트워킹과 협업을 원활하게 하며 글로벌 무대에서 더욱 경쟁력 있는 인재로 성장할 수 있도록 돕는다. 동시에, 새로운 언어를 배우는 과정은 사고방식을 확장하고 문화적 감수성을 기르며 자기 계발을 지속할 수 있도록 이끈다.

직업적 측면에서 외국어 습득은 취업 기회를 넓히고 다양한 산업 분야에서 경쟁력을 강화하는 데 필수적인 역할을 한다. 세계화가 가속화되면서 기업들은 해외 시장으로의 진출을 확대하고 있으며 이에 따라 다국어를 구사할 수 있는 인재에 대한 수요도 증가하고 있다. 국제 무역, 외교, IT, 금융, 관광, 컨설팅과 같은 글로벌 환경에서 활동하는 직종에서는 외국어 능력이 중요한 경쟁력으로 작용한다. 단순히 추가적인 스킬이 아니라, 특정 언어권 시장을 이해하고 고객과 직접 소통할 수 있는 능력은 기업이 해외에서 성공하는 데 중요한 요소가 된다.

외국어를 배우면 단순한 의사소통 능력을 넘어 문화적 배경에 대한 깊은 이해가 가능해진다. 언어는 단순한 도구가 아니라 그 사회의 가치관과 사고방식을 반영하는 매개체이기 때문에 특정 언어를 익히는 과정에서 그 문화에 대한 통찰력도 자연스럽게 길러진다. 이는 해외 시장에 진출하려는 기업이나 국제적인 협상을 진행하는 전문가들에게 매우 유용한 역량이 된다. 예를 들어, 문화적 차이를 이해하지 못하면 비즈니스 협상에서 예기치 않은 오해가 발생할 수 있지만, 언어와 문화적 맥락을 함께 이해하는 사람이라면 효과적인 전략을 수립할 수 있다.

외국어 능력은 직업적 기회뿐만 아니라 네트워킹과 글로벌 협업을 강화하는 데에도 중요한 역할을 한다. 여러 언어를 구사할 수 있으면 다양한 국적의 동료, 고객, 파트너들과 직접 소통할 수 있으며 이는 글로벌 인맥 형성과 신뢰 구축에 긍정적인 영향을 미친다. 특히, 같은 언어를 공유하면 더욱 자연스럽고 깊이 있는 관계를 형성할 수 있으며 이는 직장 내 협업뿐만 아니라 새로운 비즈니스 기회를 창출하는 데도 기여할 수 있다.

개인적 성장 측면에서도 언어학습은 여러 가지 긍정적인 영향을 미친다. 연구에 따르면, 새로운 언어를 배우는 것은 인지 기능을 향상시키고 두뇌 건강을 유지하는 데 도움을 준다. 특히, 기억력과 문제 해결 능력을 강화하며 인지적 유연성을 높여 다양한 상황에서 유연하게 사고하고 적응하는 능력을 길러준다. 이는 나이가 들수록 더욱 중요한 요소가 되는데 언어학습이 노년기 인지 감퇴를 늦추는 데 도움이 된다는 연구 결과도 있다.

또한, 외국어 학습은 문화적 감수성을 높이고 세계관을 넓히는 데 기여한다. 언어를 배우면 그 나라의 문학, 예술, 역사, 사회적 규범 등을 더 깊이 이해할 수 있으며 이는 다양한 관점을 수용하고 타인의 문화를 존중하는 태도를 형성하는 데 중요한 역할을 한다. 한 나라의 문학을 원문으로 읽거나 외국 영화를 자막 없이 감상하는 경험은 단순한 언어 능력을 넘어 문화적 공감 능력을 길러준다.

자신감 향상은 언어학습의 중요한 요소 중 하나다. 새로운 언어를 배우고 실제로 사용할 수 있게 되면 성취감과 자기 효능감이 증가하여 다른 영역에서도 도전 정신이 강해진다. 새로운 환경에서 의사소통해야 하는 상황은 긴장감을 유발할 수 있지만, 이를 극복하는 과정에서 자기 확신이 쌓이고 더 많은 기회에 도전할 수 있는 용기가 생긴다.

마지막으로, 언어학습 과정에서의 시행착오는 성장 마인드셋을 기르는 데 도움을 준다. 새로운 언어를 배우는 과정에서는 실수가 불가피하지만, 이를 반복적으로 경험하면서 실패를 긍정적인 학습 기회로 받아들이는 태도를 익히게 된다. 이는 적응력과 회복탄력성을 키우는 데 기여하며 변화하는 환경 속에서 유연하게 대처할 수 있는 능력을 길러준다.

언어학습은 커리어 발전과 개인적 성장을 동시에 촉진하는 강력한 도구다. 직업적으로는 글로벌 시장에서의 경쟁력을 높이고 네트워킹과 협업을 강화하며 새로운 기회를 창출하는 데 기여한다. 동시에, 개인적으로는 인지 능력을 강화하고 문화적 감수성을 기르며 자기 계발과 자신감을 향상시키는 과정으로 작용한다. 이러한 다방면의 이점을 고려할 때 외국어 학습은 단순한 기술 습득을 넘어 지속적인 성장과 발전을 위한 필수적인 요소라고 할 수 있다.

실시간 번역 시대 성인 학습자의 학습 동기

스마트폰과 다양한 기기를 활용해 즉석에서 번역할 수 있는 시대가 되면서 많은 성인 학습자는 언어를 직접 배우는 것보다 번역 기술에 의존하는 것이 더 효율적이라고 느낄 수도 있다. 이러한 환경은 언어학습에 대한 동기부여를 약화시키고 지속적인 학습을 어렵게 만드는 요인이 될 수 있다.

실시간 번역 기술이 발전하면서 가장 두드러지는 변화는 언어 장벽이 빠르게 허물어지는 동시에 언어학습의 필요성이 줄어든다는 점이다. 스마트폰 번역 앱이나 생성형 인공지능 통역 기기를 사용하면 즉각적인 의사소통이 가능하기 때문에 굳이 어렵고 시간이 오래 걸리는 외국어 학습을 지속해야 하는지에 대한 의문이 생긴다. 특히 직장인이나 여행객처럼 특정한 목적을 위해 언어를 사용하는 사람들에게는 학습보다 기술 의존이 더 현실적인 선택지로 보일 수 있다. 따라서, 번역 기술이 점점 정교해질수록 학습자가 '언어를 직접 배울 필요가 있을까?'라는 생각을 하게 될 가능성도 높아진다.

실시간 번역 도구의 편리함은 장기적인 언어 능력 개발의 중요성을 간과하게 만드는 역설적인 효과를 가져오기도 한다. 번역 앱을 사용하면 일상적인 상황에서 의사소통 문제를 쉽게 해결할 수 있지만, 이는 한편으로 깊이 있는 언어학습의 필요성을 낮추는 결과로 이어질 수 있다. 이런 도구들에만 의존하게 되면 단기적인 필요를 해결하는 데는 유용하지만, 지속적인 학습과 훈련 없이는 복잡한 대화나 문맥적 이해가 어려워진다. 실시간 번역은 기계적으로 단어를 변환하는 데 강점을 보이지만, 문화적 뉘앙스나 감정이 담긴 표현을 완벽하게 전달하는 데는 한계가 있기 때문이다. 그러나 이러한 차이를 경험하지 못한 학습자들은 기술이 모든 문제를 해결해 줄 것이라고 착각하게 되고 결국 언어학습을 포기하는 경우도 발생한다.

성인 학습자들에게는 실시간 번역 기술의 확산 외에도 다양한 동기 저하 요인이 존재한다. 가장 큰 장애물 가운데 하나는 시간의 부족이다. 성인은 직장, 가족, 사회생활 등 다양한 역할을 수행해야 하며 이로 인해 학습에 투자할 수 있는 시간이 제한적이다. 하루 중 언어학습을 위한 시간을 따로 마련하기 어려운 경우가 많고 학습이 다른 생활 우선순위에 밀리면서 꾸준한 학습 습관을 유지하기가 쉽지 않다.

성인 학습자들은 학습 피로감을 쉽게 느낄 수 있다. 오랜만에 공부를 다시 시작하는 경우, 집중력이 떨어지고 새로운 내용을 익히는 데 부담을 느끼는 경우가 많다. 특히, 기존의 정형화된 학습 방식은 성인 학습자들에게 지루하게 다가올 수 있다. 실질적인 활용보다 문법과 시험 중심으로 지속될 경우 학습 동기를 더욱 낮추는 요인이 될 수 있다.

불안과 자신감 부족도 성인 학습자들이 언어학습을 지속하기 어려운 이유다. 과거의 학습 경험이 부정적이었거나 나이가 들면서 학습 능력이 떨어졌다고 믿는 경우, 언어학습에 대한 두려움과 의구심이 커질 수 있다. 새로운 언어를 배우는 과정에서 실수를 반복하게 되는데 성인 학습자는 실수에 대한 두려움을 더 크게 느끼는 경향이 있다. 다른 사람들과 대화하는 과정에서 자신이 틀릴 수도 있다는 걱정은 학습을 방해하는 심리적 장벽으로 작용할 수 있다.

실시간 번역 시대에 성인 학습자의 동기를 유지하는 것은 점점 더 어려운 과제가 되고 있다. 기술이 제공하는 편리함이 단기적으로는 유용할 수 있지만, 장기적으로는 언어학습의 동기를 약화시키고 지속적인 학습 습관을 형성하는 것을 방해할 수 있다. 여기에 시간 부족, 학습 피로감, 자신감 부족까지 더해지면 성인 학습자들은 쉽게 포기하게 된다. 따라서, 실시간 번역 기술의 편리함을 인정하면서도 언어를 배우는 것이 가져다주는 장기적인 이점을 강조하고 보다 유연하고 동기부여를 지속할 수 있는 학습환경을 마련하는 것이 중요하다.

바쁜 성인 생활 속 언어학습 통합 전략

유연하고 적시성 있는 학습을 위한 인공지능 활용

바쁜 성인 학습자들에게 가장 중요한 것은 유연성과 효율성이다. 생성형 인공지능 기반 언어학습 플랫폼은 개인의 일정과 필요에 맞춰 최적화된 학습 경로를 제공하며 틈새 시간을 활용해 학습을 지속할 수 있도록 돕는다.

마이크로러닝 방식은 바쁜 일상에서 효과적인 학습 방법으로 자리잡고 있다. 하루 10~15분의 짧은 학습 세션을 반복하면 학습 부담을 줄이면서도 꾸준히 언어 실력을 쌓을 수 있다. 출퇴근 시간, 점심시간, 대기 시간 등을 활용하여 모바일 앱으로 간단한 단어나 문장을 학습하면 학습 지속성이 높아진다. 생성형 인공지능 기반 앱은 사용자의 학습 패턴을 분석하고 반복 학습이 필요한 영역을 자동으로 제시함으로써 최소한의 시간으로 최대한의 효과를 얻을 수 있도록 돕는다.

또한, 온디맨드(On demand) 학습 콘텐츠 제공도 성인 학습자에게 유용하다. 생성형 인공지능 시스템은 학습자의 현재 필요와 관심사에 맞춰 실시간으로 맞춤형 콘텐츠를 추천해 준다. 예를 들어, 해외 출장을 앞둔 학습자에게는 관련된 비즈니스 표현을, 여행을 준비하는 사람에게는 공항이나 호텔에서 필요한 문장을 집중적으로 학습할 수 있도록 안내한다.

적응형 학습 시스템은 학습자의 실력에 따라 난이도를 조절하여 지나치게 쉬워서 지루해지는 문제나 너무 어려워서 좌절하는 상황을 방지한다. 생성형 인공지능은 학습자가 문제를 해결하는 속도와 정확도를 분석해 적절한 수준의 콘텐츠를 제공함으로써 학습 효율을 극대화한다. 이렇게 유연한 학습 시스템을 활용하면 성인 학습자들은 본인의 일정과 학습 목표에 맞게 효율적으로 언어를 익힐 수 있다.

블렌디드 러닝 모델

성인 학습자가 효과적으로 언어를 익히기 위해서는 독학과 체계적인 지도를 적절히 병행하는 블렌디드 러닝(Blended Learning) 방식이 유용하다. 생성형 인공지능 기반 학습과 정기적인 정규 수업을 결합하면 유연성과 구조적인 학습의 장점을 동시에 누릴 수 있다.

하이브리드(Hybrid) 강좌는 온라인 학습을 기반으로 하면서도 일정 간격으로 오프라인 또는 화상 강의를 진행하는 방식인데 자율적으로 학습을 진행하면서 정기적인 피드백과 점검을 받을 수 있기 때문에 동기부여와 책임감을 유지하는 데 효과적이다. 이 방식을 통해, 성인 학습자들은 스스로 학습할 자유를 가지면서도 일정한 학습 목표와 일정을 설정함으로써 꾸준히 학습할 수 있도록 유도된다.

또래 학습자들과의 교류도 중요한 요소다. 언어 교환 모임, 온라인 스터디 그룹, 토론 포럼 등 다양한 커뮤니티에 참여하면 실전 연습 기회를 늘릴 수 있으며 학습 동기 또한 강화된다. 언어는 실제로 사용해야 효과적으로 습득되므로 다른 학습자들과 대화를 나누고 피드백을 주고받는 과정이 매우 중요하다.

일상생활 속에서 자연스럽게 언어를 접하는 것도 중요한 학습 전략이다. 외국어로 영화나 드라마를 보거나 팟캐스트와 뉴스 방송을 듣는 것은 실전 감각을 키우는 데 큰 도움이 된다. 생성형 인공지능 추천 시스템을 활용하면 학습자의 관심사에 맞는 콘텐츠를 제공받을 수 있어 더 즐겁고 지속적인 학습이 가능해진다. 이처럼 일상과 학습을 결합하는 방식은 자연스럽게 언어를 익힐 수 있는 환경을 조성해 주며 장기적인 학습 지속성을 높여준다.

동기부여와 학습 태도 전략

무엇보다도, 성인 학습자가 언어학습을 장기적으로 지속하기 위해서는 내적 동기와 긍정적인 학습 태도가 필수적이다. 단순히 외국어를 익혀야 한다는 의무감보다는 구체적인 목표를 설정하고 학습 과정에서 즐거움을 느낄 수 있는 전략을 세우는 것이 중요하다.

또한, 명확한 목표 설정과 자기 성찰(Self-reflection)이 학습 지속성에 중요한 역할을 한다. 단순히 '영어를 잘하고 싶다'라는 막연한 목표보다는

‘3개월 안에 해외 출장에서 필요한 프레젠테이션을 영어로 진행하기’ 같은 구체적인 목표를 설정하는 것이 효과적이다. 목표를 달성하는 과정을 시각적으로 확인할 수 있도록 디지털 학습 일지나 인공지능의 학습 진행 추적 기능을 활용하면 학습 의지를 유지하는 데 도움이 된다.

학습 과정에서 긍정적인 경험을 쌓는 것도 중요하다. 게임적 요소를 활용하면 학습이 더 재미있어지고 지속 가능성이 높아진다. 레벨업, 도전 과제 달성, 보상 시스템 등을 활용하면 학습자가 성취감을 느끼고 학습에 대한 흥미를 유지할 수 있다. 언어학습 커뮤니티에서 서로 칭찬하고 피드백을 주고받으면 자기 계발의 즐거움을 더욱 크게 느낄 수 있다.

마지막으로, 학습 과정에서 스트레스와 불안을 줄이는 것도 중요한 전략이다. 새로운 언어를 배우는 과정에서 실수를 두려워하면 학습 효과가 저하될 수 있기 때문에 실수를 성장의 과정으로 받아들이는 태도가 필요하다. 자기 관리를 위해 짧은 휴식을 취하거나 명상이나 가벼운 운동을 병행하면 학습 스트레스를 줄이고 더 효과적으로 학습할 수 있다. 또한, 긍정적인 태도와 편안한 학습환경을 조성하면 언어학습이 부담이 아닌 즐거운 도전으로 인식될 수 있다.

결국 바쁜 생활 속에서 언어학습을 효과적으로 지속하려면 생성형 인공지능을 활용한 유연한 학습 방식, 블렌디드 러닝을 통한 체계적인 접근, 동기부여 전략을 적절히 조합하는 것이 중요하다. 이를 통해, 학습의 효율성을 높이는 동시에 즐겁고 의미 있는 경험으로 만들 수 있다면, 성인 학습자들도 장기적으로 언어 능력을 발전시킬 수 있을 것이다.

초글로벌 인재의 필수 아이템: 국제 공용어의 지위 향상

갈수록 긴밀해지는 세계 경제 속에서 복잡한 국제 네트워크를 넘나들며 여러 문화권에서 자유롭게 활동할 수 있는 초글로벌 인재의 중요성이 부각되고 있다. 이들은 단순히 여러 언어를 구사하는 능력에 그치지 않고 문화적 경계를 유연하게 넘나들며 혁신을 주도하는 역량을 갖춘 것이 특징이다. 국제 언어는 이제 단순한 소통 도구를 넘어 글로벌 시장에 진출하고 다양한 문화권의 협업을 구축하며 혁신을 이끄는 전략적 자산으로 자리 잡고 있다. 이에 따라, 여기에서는 초글로벌 인재가 갖춰야 할 언어 역량, 글로벌 커뮤니케이션에서 문화적 지능(Cultural Quotient: CQ)의 역할, 부상하는 국제 언어와 그 중요성, 다언어 및 생성형 인공지능 시대에 대비하는 인재 양성 방안을 살펴본다.

초글로벌 인재 개념과 언어 역량 요구

현대의 글로벌 사회에서는 단순한 외국어 구사 능력을 넘어 다양한 문화와 환경에서 유연하게 활동할 수 있는 역량을 갖춘 초글로벌 인재가 요구되고 있다. 초글로벌 인재란 특정한 국가나 조직의 경계를 넘어 전 세계적인 시각에서 문제를 해결하고 다문화적 맥락 속에서 원활하게 협력할 수 있는 전문가를 의미한다. 이들은 한 분야의 전문성을 넘어 다양한 산업과 학문을 아우르는 사고방식을 갖추고 있으며 첨단 기술을 활용해 변화하는 환경에 적응하는 능력이 있다.

초글로벌 인재는 다(多)분야 전문성이 필수적이다. 단순히 한 분야의 전문가로 머무는 것이 아니라, 기술, 국제 비즈니스, 문화 연구 등 여러 영역을 연결하고 융합할 수 있어야 한다. 예를 들어, 국제 경제를 연구하는 사람이라면 단순히 경제학적 지식만으로는 부족하며 지역별 정치나 사회적 환경을 고려하는 통찰력이 필요하다. 이처럼 특정 산업에 국한되지 않고 다양한 분야에서 접점을 찾고 활용하는 능력이 초글로벌 인재의 핵심 요소 중 하나다.

교차 문화 역량도 필수적이다. 글로벌 무대에서 활동하기 위해서는 단순히 언어를 구사하는 것만으로 충분하지 않으며 해당 언어가 사용되는 문화적 맥락과 역사적 배경을 이해하는 것이 중요하다. 초글로벌 인재는 다양한 문화권에서 원활하게 소통하며 각 나라의 사회적 규범과 비즈니스 관행을 고려한 커뮤니케이션 전략을 구사할 수 있어야 한다. 예를 들어, 동양과 서양의 협상 스타일이 다르듯이, 초글로벌 인재는 상황에 맞게 적절한 표현과 태도를 조정하는 능력을 갖추고 있어야 한다.

이와 함께, 초글로벌 인재는 적응적이고 혁신적인 사고를 가져야 한다. 오늘날의 국제 환경은 빠르게 변화하고 있으며 새로운 시장이 급부상하고 기술이 지속적으로 발전하고 있다. 따라서 초글로벌 인재는 기존의 지식에 안주하지 않고 지속적으로 학습하며 변화에 맞춰 자신을 업그레이드하는 능력을 가져야 한다. 특히, 첨단 기술을 활용해 효율성을 극대화하고 새로운 문제를 창의적으로 해결하는 능력이 필수적이다.

이러한 초글로벌 인재에게 언어 구사 능력은 단순한 스킬이 아니라 전략적 자산으로 작용한다. 효과적인 소통 능력은 글로벌 협업과 국제 비즈니스에서 핵심적인 요소이며 이를 통해 고난도 협상, 다국적 팀 운영, 글로벌 프로젝트 수행을 원활하게 할 수 있다. 특히, 국제 무대에서는 복잡한 이해관계가 얽힌 논의를 진행해야 할 때가 많으며 언어 능력이 뛰어난 사람은 단순한 메시지 전달을 넘어 미묘한 뉘앙스까지 조정하며 협상을 주도할 수 있다.

언어 능력은 단순한 정보 교환을 넘어 문화적 중재 능력과 직결된다. 초글로벌 인재는 단어 하나하나를 번역하는 것이 아니라 상대 문화권에서 자연스럽게 받아들여질 수 있는 방식으로 메시지를 전달하는 능력을 갖추어야 한다. 이는 특히 다국적 기업에서의 리더십이나 외교 협상과 같은 분야에서 중요한 역할을 하며 신뢰를 구축하고 장기적인 협력 관계를 형성하는 데 기여한다.

빠른 학습 능력도 초글로벌 인재에게 필수적인 역량이다. 세계 경제와 정치의 흐름은 끊임없이 변화하며 특정 지역이 급부상하거나 새로운 시장이 열리는 경우가 많다. 이러한 상황에서 초글로벌 인재는 필요할 때마다 빠르게 새로운 언어를 습득하고 해당 지역의 비즈니스 환경과 문화를 익힐 수 있어야 한다. 한때 영어와 중국어가 글로벌 시장에서 중요한 언어로 여겨졌다면, 최근에는 아랍어, 러시아어, 스페인어 등의 중요성이 커지고 있다. 이에 맞춰, 다언어 유연성을 갖춘 인재는 더욱 높은 가치를 인정받게 된다.

무엇보다도, 진정한 초글로벌 인재는 다언어 유연성을 기반으로 다양한 언어를 상황에 맞게 자유롭게 전환하는 능력을 갖춘다. 단순히 여러 언어를 할 줄 아는 것이 아니라 상황과 맥락에 따라 적절한 언어를

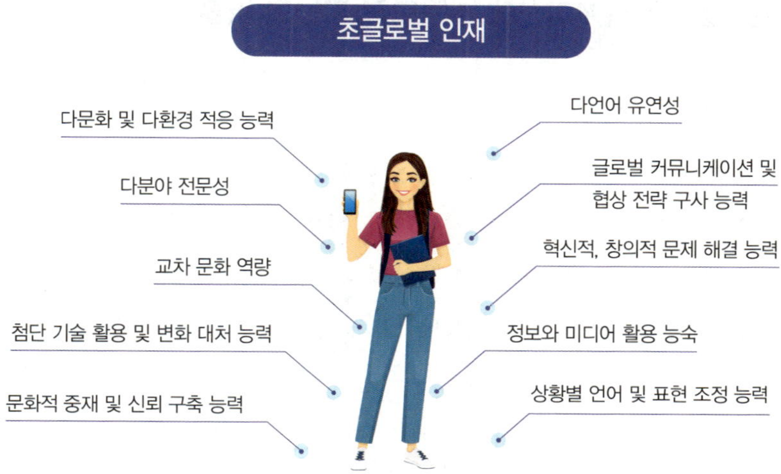

구사하고 상대방의 문화적 배경까지 고려한 커뮤니케이션을 할 수 있는 사람이 글로벌 무대에서 가장 중요한 인재로 자리 잡는다.

결국, 초글로벌 인재란 단순한 다국어 능력을 뛰어넘어 다양한 분야에서 전문성을 갖추고 교차 문화적 감각을 바탕으로 변화에 유연하게 대응하는 사람을 의미한다. 언어는 이 모든 역량을 연결해 주는 필수적인 요소이며 글로벌 사회에서 경쟁력을 높이는 핵심 도구로 작용한다. 따라서, 초글로벌 인재로 성장하기 위해서는 단순한 언어학습을 넘어 이를 전략적으로 활용하고 다문화적 맥락을 이해하는 능력을 함께 길러야 한다.

글로벌 커뮤니케이션에서 문화적 지능의 역할

문화적 지능(CQ) 정의

문화적 지능(Cultural Quotient, CQ)은 다문화 환경에서 효과적으로 협업하고 소통할 수 있는 능력을 의미한다. 이는 단순히 외국어를 유창하게 구사하는 것에서 그치는 것이 아니라 다양한 문화적 맥락을 이해하고 적절하게 대응하는 능력을 포함한다. 문화적 지능은 크게 인지적, 메타인지적, 동기적, 행동적 네 가지 요소로 구성된다.

인지적 CQ는 특정 문화권의 관습, 가치관, 사회적 규범, 세계관 등을 이해하는 지적 능력이다. 글로벌 환경에서는 단순한 언어 능력만으로는 원활한 소통이 어렵기 때문에 해당 문화의 비즈니스 관행, 의사소통 방식, 역사적 맥락 등을 이해하는 것이 필수적이다. 예를 들어, 아랍 문화권에서는 관계 형성이 비즈니스 협상의 핵심 요소가 되므로 이러한 사회적 코드에 대한 이해 없이 접근하면 효과적인 협상이 어렵다.

메타인지적 CQ는 문화적 지식을 습득하고 이를 실질적으로 적용하기 위한 사고 과정과 조정 능력을 의미한다. 이는 단순한 지식 습득을 넘어 새로운 문화적 정보를 해석하고 그에 따라 자신의 사고방식과 행동을 조정하는 능력을 포함한다. 메타인지적 CQ가 높은 사람들은 새로운 문화권에서 의사소통할 때, 사전 계획을 세우고(Planning), 상호작용 중 실시간으로 문화적 차이를 인식하며(Awareness), 대화가 진행됨에 따라 자신의 가정과 기대를 점검하고 수정하는(Checking) 과정을 거친다. 예를 들어, 글로벌 회의에서 특정 표현이 상대 문화권에서 다르게 해석될 수 있음을 미리 고려하고, 대화 중 상대방의 반응을 세심하게 관찰하며, 필요할 경우 커뮤니케이션 방식을 조정하는 것이 메타인지적 CQ

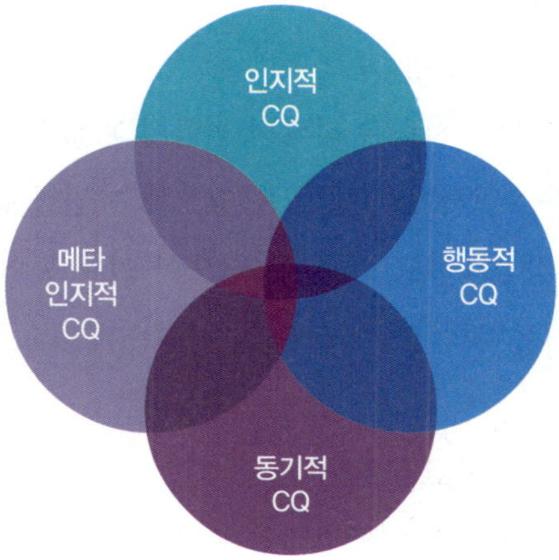

문화적 지능(Cultural Quotient, CQ)의 4요소

의 활용 사례다.

동기적 CQ는 새로운 문화를 배우고자 하는 의지와 열린 태도를 의미한다. 단순히 정보를 아는 것에서 그치는 것이 아니라 실제로 다른 문화권의 사람들과 적극적으로 소통하고자 하는 태도가 중요하다. 문화적 차이에 대한 호기심을 갖고 이를 긍정적으로 수용하는 사람들은 다양한 환경에서도 더 쉽게 적응하며 글로벌 네트워크를 형성하는 데 유리하다.

행동적 CQ는 문화별 예절, 비언어적 신호, 의사소통 양식 등을 적절히 적용하는 실질적인 행동 능력이다. 이는 단순히 언어를 말하는 것을 넘어 상황에 맞는 제스처, 눈맞춤, 음성 톤, 거리 유지 등을 포함한 포괄적인 커뮤니케이션 기술을 의미한다. 예를 들어, 일본에서는 침묵이 존중의 표현일 수 있지만, 서구 문화권에서는 오히려 불편함을 초래할 수 있다. 이러한 차이를 이해하고 상황에 맞게 조정할 수 있는 능력이 글로벌 환경에서 필수적이다.

문화적 지능이 높은 사람은 다국적 팀을 효과적으로 이끌고 글로벌 비즈니스 협상을 유리하게 진행할 수 있으며 다양한 문화권에서 신뢰를 구축하는 데 강점을 가진다. 이는 단순한 언어 능력을 뛰어넘어 글로벌 리더십과 커뮤니케이션 역량을 결정짓는 핵심 요소로 작용한다.

언어 능력과 문화적 지능의 결합

언어 습득은 문화적 배경과 밀접하게 연결되어 있으며 효과적인 글로벌 커뮤니케이션을 위해서는 단순한 언어 능력만으로는 부족하다. 문화적 맥락을 고려하지 않은 언어 사용은 오해와 갈등을 초래할 수 있기 때문에 언어학습과 문화적 지능을 함께 발전시키는 것이 중요하다.

맥락 기반 학습(Context-Based Learning: CBL)은 이러한 결합을 강화하는 중요한 방법이다. 생성형 인공지능 기반 언어학습 플랫폼도 단순히 문장을 번역하는 것이 아니라 실제 문화적 상황을 반영한 대화 시나리오를 제공하는 방향으로 발전하고 있다. 예를 들어, 영어 학습자가 미국과 영국의 표현 차이를 이해하고 프랑스어 학습자가 비즈니스 환경에서의 예절을 익힐 수 있도록 설계된 맞춤형 콘텐츠가 제공된다. 이러한 방식은 학습자가 단순한 문법과 어휘를 넘어 실질적인 커뮤니케이션에서 유용한 표현과 문화적 행동 양식을 익힐 수 있도록 돕는다.

또한, 상호 문화 커뮤니케이션(Intercultural communication) 훈련도 점점 중요해지고 있다. 가상현실(VR)이나 생성형 인공지능을 활용한 시뮬레이션을 통해 학습자는 실제 다문화 환경에서 발생할 수 있는 의사소통 상황을 체험할 수 있다. 예를 들어, 글로벌 회의에서 의견을 표현하는 방법이나 협상 시 문화적 차이를 고려한 의사결정 방식 등을 가상환경에서 연습할 수 있다. 이러한 경험은 다양한 문화적 배경을 존중하면서도 효과적으로 소통하는 능력을 키우는 데 도움이 된다.

언어 능력과 문화적 지능이 결합될 때, 그 시너지는 더욱 강력해진다. 단순히 외국어를 유창하게 구사하는 것만으로는 글로벌 환경에서 영향력을 발휘하기 어렵다. 반면, 언어적 유창성과 더불어 문화적 감수성을 갖춘 인재는 신뢰 구축, 효과적인 협상, 다국적 팀 이끌기 등에서 뛰어난 성과를 낼 수 있다. 중국 시장을 공략하려는 기업에 중국어를 능숙하게 구사하는 동시에 현지의 비즈니스 관습과 사회적 코드까지 이해하는 사람이 있다면, 현지 파트너와의 관계를 더 원활하게 형성할 수 있다.

결국 언어학습은 단순한 의사소통 도구가 아니라 문화적 지능을 키우는 강력한 수단이 된다. 글로벌 커뮤니케이션에서 성공하려면 언어 능력뿐만 아니라, 이를 뒷받침하는 문화적 이해와 적응력이 필수적이다. 언어학습과 문화 지능을 통합적으로 발전시키는 접근 방식은 진정한 글로벌 인재로 성장하는 데 핵심적인 역할을 하게 될 것이다.

부상하는 국제 언어와 그 중요성

세계화가 가속화되면서 국제 언어의 지형도도 빠르게 변화하고 있다. 과거에는 영어, 프랑스어, 스페인어가 국제 무대에서 가장 중요한 언어로 자리 잡았지만, 글로벌 경제와 정치의 중심축이 이동하면서 새로운 언어들이 부상하고 있다. 각국의 경제력, 인구 규모, 지역적 영향력이 커지면서 특정 언어의 전략적 가치가 더욱 높아지고 있으며 초글로벌 인재들에게는 이러한 변화에 적응하고 다언어 역량을 갖추는 것이 필수적인 경쟁력으로 작용하고 있다.

물론, 영어는 여전히 세계 공용어로서의 지위를 유지하고 있다. 국제 비즈니스, 외교, 과학, 기술, 학술 연구 등 거의 모든 분야에서 공통 언어로 기능하며 글로벌 소통에서 가장 중요한 언어이다. 특히 다국적 기업과 국제기구에서의 공식 업무는 영어로 진행되는 경우가 많으며 국제 무역과 금융 시장에서도 영어가 기본 언어로 사용된다. 따라서 글로벌 커리어를 원하는 사람이라면 영어 능력은 기본적인 역량이다.

이제 세계 경제의 판도가 변하면서 영어만으로는 충분하지 않은 시대가 되고 있다. 중국어는 중국의 경제력과 국제적 영향력이 커짐에 따라 필수적인 글로벌 언어로 자리 잡고 있다. 중국은 세계 최대 무역국 중 하나이며 다국적 기업들은 중국 시장에 진출하기 위해 현지 언어를 구사할 수 있는 인재를 적극적으로 찾고 있다. 아시아뿐만 아니라 아프리카와 남미 지역에서도 경제적 영향력을 확대하고 있어 중국어를 구사할 수 있는 능력은 국제 무대에서 더욱 중요해지고 있다.

힌디어와 기타 남아시아 언어들의 부상도 주목할 만하다. 인도의 급격한 경제 성장과 인구 증가로 인해 인도 시장은 글로벌 기업들에게 매우 매력적인 시장이 되고 있다. 힌디어를 포함한 다양한 남아시아 언어를 구사할 수 있는 능력은 인도와의 비즈니스 협력과 시장 개척에 있어 중요한 자산이 된다. 특히 IT, 스타트업, 금융 분야에서 인도의 영향력이 확대되면서 해당 지역의 언어를 익히는 것은 장기적으로 유리한 전략이 될 수 있다.

한편 아랍어 역시 중요한 국제 언어로 떠오르고 있다. 중동 지역은 에너지 시장에서 핵심적인 역할을 하고 있으며 지정학적 요인으로 인해 외교 및 국제 관계에서도 중요한 위치를 차지하고 있다. 또한 중동 지역의 경제 다각화가 진행되면서 금융, 관광, 기술 산업이 빠르게 성장하고 있어 아랍어를 구사할 수 있는 인재에 대한 수요가 증가하고 있다.

이 외에도 포르투갈어, 러시아어, 아프리카 및 동남아시아 지역 언어들의 중요성이 점차 확대되고 있다. 브라질을 포함한 포르투갈어권 국가들은 남미와 유럽 시장에서 영향력을 갖고 있으며 러시아어는 동유럽과 중앙아시아 시장에서 여전히 중요한 언어로 기능하고 있다. 특히, 아프리카와 동남아시아 지역에서는 경제 발전과 함께 다국적 기업들의 진출이 활발해지고 있어 해당 지역의 언어를 익히는 것은 글로벌 인재로서의 경쟁력을 높이는 데 유리하다.

새롭게 부상하는 국제 언어를 익히는 것은 단순한 언어 능력 이상의 가치를 지닌다. 다언어 구사는 글로벌 시장 진출과 협상에서 큰 강점이 된다. 현지 언어를 이해하고 직접 소통할 수 있는 능력은 파트너십을 구축하는 데 중요한 요소이며 기업이 새로운 시장에 원활하게 진입할 수 있도록 돕는다. 예를 들어, 중국이나 인도와의 협상을 진행할 때 해당 언어를 구사할 수 있는 인재가 있다면 신뢰를 형성하고 보다 효과적인 협상을 이끌어갈 수 있다.

또한 언어를 통해 문화적 통합 능력을 기를 수 있다. 단순한 언어 습득이 아니라 해당 언어를 사용하는 사람들의 사고방식과 문화를 이해하는 것이 다문화 협업에 필수적이다. 글로벌 기업에서는 다양한 국적과 배경을 가진 사람들이 함께 일하며 다문화적 감각이 뛰어난 인재는 조직 내 협업을 촉진하고 효과적인 팀워크를 이끌어낼 수 있다.

이에 더해, 혁신과 협업의 촉진 또한 다언어 역량이 제공하는 중요한 이점 중 하나다. 다양한 언어를 구사할 수 있는 사람은 더욱 폭넓은 관점과 아이디어를 수용할 수 있으며 이는 창의적인 프로젝트나 글로벌 협업에서 강력한 무기가 된다. 서로 다른 언어와 문화를 이해하는 사람들은 다양한 시각을 조합해 더 나은 해결책을 도출할 수 있으며 이는 기업과 조직의 경쟁력을 높이는 데 기여한다.

결국 부상하는 국제 언어를 익히는 것은 단순한 스킬이 아니라 글로벌 인재로 성장하기 위한 필수적인 역량이다. 세계 경제의 중심이 다변화되는 현시대에서는 한 가지 언어만으로는 충분하지 않으며 새롭게 떠오르는 언어를 익히고 이를 전략적으로 활용할 줄 아는 능력이 미래의 글로벌 리더들에게 중요한 자산이 될 것이다.

다언어 및 생성형 인공지능 시대 인재 양성을 위한 전략

글로벌 경제 환경의 변화

세계 경제가 빠르게 변화하면서 기업과 기관들은 다국적 협업이 필수적인 시대를 맞이하고 있다. 디지털 기술과 생성형 인공지능의 발전으로 시장 간의 경계가 허물어지면서 이제 기업들은 단순한 언어 능력을 넘어 다문화 환경에서 원활하게 소통할 수 있는 인재를 필요로 하고 있다. 초글로벌 인재는 이러한 시대적 요구에 부합하는 인력으로서 다언어 구사 능력과 문화적 감각을 바탕으로 국제 무역, 외교, IT, 관광, 금융 등 다양한 산업 분야에서 활약할 수 있는 경쟁력을 갖춘다.

기업의 경쟁력 확보 측면에서도 다언어 및 문화적 역량을 갖춘 인재의 중요성은 더욱 부각되고 있다. 글로벌 시장에 진출하려는 기업들은 현지 고객과의 원활한 커뮤니케이션이 필수적이며 이를 위해 다언어 능력을 갖춘 전문가들을 적극적으로 채용하고 있다. 특히 다국적 팀을 운영하고 글로벌 프로젝트를 추진할 때 언어 장벽을 극복할 수 있는 능력은 단순한 편의성을 넘어 전략적 우위를 결정짓는 요소가 된다. 예를 들어, 중국, 인도, 중동과 같은 신흥 시장이 급성장함에 따라 해당 지역의 언어를 구사할 수 있는 인재는 기업이 새로운 시장을 개척하는 데 핵심적인 역할을 하게 된다.

이와 함께, 다언어 커뮤니케이션 방식도 변하고 있다. 생성형 인공지능 번역과 실시간 통역 기술이 보편화되면서 기본적인 언어 장벽은 점차 낮아지고 있지만 문화적 맥락을 고려한 고급 커뮤니케이션 능력은 여전히 인간 전문가의 영역으로 남아 있다. 미래의 초글로벌 인재는 단순한 언어 능력을 넘어 생성형 인공지능과 협력하며 보다 심층적인 문화적 이해를 바탕으로 한 커뮤니케이션을 수행할 수 있어야 한다.

조직 차원의 역량 강화

기업과 기관들은 다언어 및 생성형 인공지능 시대에 발맞춰 내부 인재의 역량을 강화하는 전략을 마련해야 한다. 생성형 인공지능 기반 사내 교육 시스템을 도입하면 직원들이 개별적인 수준과 필요에 맞춰 맞춤형 언어학습을 진행할 수 있다. 생성형 인공지능 기반 학습 플랫폼은 실시간 피드백을 제공하고 학습자의 진행 속도에 맞춰 적절한 콘텐츠를 추천하기 때문에 기존 정형화된 언어교육보다 훨씬 효과적이다.

또한, 단순한 언어학습을 넘어 문화적 지능을 강화하는 프로그램이 필요하다. 다문화 환경에서 원활하게 협업하려면 언어뿐만 아니라 해당 국가의 문화적 코드와 커뮤니케이션 방식도 이해해야 한다. 이를 위해 기업들은 문화적 지능 워크숍, 롤플레이, 가상 시뮬레이션 등을 활용해 실전 감각을 높일 수 있는 교육을 제공할 수 있다. 예를 들어, 글로벌 영업 담당자가 특정 국가에서 협상을 진행해야 할 경우 그 나라의 비즈니스 관행과 예절을 미리 익혀야 효과적인 협상이 가능하다.

유연한 학습 모델의 도입도 필수적이다. 성인 학습자들은 업무와 병행하면서 학습해야 하기 때문에 언제 어디서든 학습할 수 있는 생성형 인공지능 기반 온라인 학습환경을 제공하는 것이 중요하다. 주중에는 모바일 앱을 활용해 개별 학습을 진행하고, 필요할 때 집중 워크숍을 진행하는 혼합 학습 모델이 효과적일 수 있다. 이러한 방식은 기업이 인재를 효율적으로 육성하면서도 업무 생산성을 유지할 수 있도록 돕는다.

이에 더해, 기업과 교육기관 간 협력도 필수적이다. 언어교육 전문기관과의 협력을 통해 특정 산업에 맞춤화된 언어 및 문화 교육 프로그램을 개발할 수 있다. 예를 들어, 의료 분야에서는 의료 통역과 관련된 전문 용어와 문화적 예절을 포함한 교육과정이 필요하며 법률 분야에서는 법률 문서 번역과 법적 커뮤니케이션 기술이 강조되어야 한다. 이러한 맞춤형 교육을 통해 실무에서 바로 적용할 수 있는 역량을 갖춘 인재를 육성할 수 있다.

정책 및 교육 투자

다언어 및 생성형 인공지능 시대에 걸맞은 인재를 육성하기 위해서는 국가 차원의 정책적 지원과 교육 투자가 필수적이다. 공교육 과정에서 다언어교육을 강화하고 성인을 위한 평생학습 기회를 확대하는 것은 글로벌 역량을 갖춘 인재를 양성하는 핵심 전략이 될 수 있다. 단순히 영어 중심의 교육에서 벗어나 중국어, 아랍어, 힌디어 등 신흥 시장에서 중요한 언어들을 조기에 접할 기회를 제공하는 것이 중요하다. 또한, 단순한 문법과 어휘 암기가 아닌 실전 커뮤니케이션을 중심으로 한 교육 방식이 강조되어야 한다.

공공과 민간의 협력도 중요한 요소다. 디지털 인프라와 생성형 인공지능 연구에 대한 투자를 확대하면 더 많은 사람들이 생성형 인공지능 기반 학습 도구를 활용할 수 있게 되어 언어학습 격차를 해소할 수 있다. 특히, 생성형 인공지능 번역 기술과 연계된 교육 프로그램을 개발하면 학습자들이 실제 업무 환경에서 생성형 인공지능 도구를 효율적으로 활용할 수 있도록 도울 수 있다. 예를 들어, 정부와 기업이 협력하여 생성형 인공지능 번역 시스템을 활용한 전문 교육을 제공하면 번역가뿐만 아니라 국제 비즈니스 전문가, 법률가, 의료진 등 다양한 직군의 다언어 활용 능력을 향상시킬 수 있다.

글로벌 역량을 평가하고 표준화하는 기준을 마련하는 것도 중요하다. 언어 능력과 문화적 지능을 측정할 수 있는 공인 인증 제도를 개발하면 기업과 기관이 인재를 채용할 때 더 신뢰할 수 있는 기준을 갖출 수 있다. 기존의 언어 시험이 단순한 문법과 독해 능력을 평가하는 데 그치는 경우가 많았다면 앞으로는 실제 커뮤니케이션 능력과 문화적 적응력을 포함하는 평가 방식이 필요하다.

다언어 및 생성형 인공지능 시대에 적응하기 위해서는 개인의 학습 노력뿐만 아니라, 기업과 정부 차원의 적극적인 투자와 지원이 필수적이다. 글로벌 경제 환경이 빠르게 변화하는 만큼 언어와 문화적 역량을 갖춘 인재를 체계적으로 육성하는 전략이야말로 기업과 국가의 경쟁력을 높이는 핵심 요소가 될 것이다.

정보불균형:
생성형 인공지능 번역 기능 사용의 위험성

생성형 인공지능 기술의 빠른 발전은 번역 분야에 혁신을 가져오며 저비용, 고효율, 확장성 있는 언어 변환이 가능하게 했다. 이러한 진보는 문화 간 의사소통과 비즈니스 효율성을 높일 다양한 기회를 열었지만 동시에 큰 과제들도 안겨주었다. 그중에서도 가장 중요한 문제 가운데 하나는 생성형 인공지능 기반 번역 시스템이 지닌 '정보 비대칭성(Information Asymmetry)'이다. 여기에서는 생성형 인공지능 기반 번역에서 발생하는 정보 비대칭성의 개념을 살펴보고 이러한 도구에 과도하게 의존할 경우 생길 수 있는 결과와 생성형 인공지능 기반 번역을 비판적으로 평가하는 방안을 알아본다. 아울러, 고도의 정확성이 필요한 상황에서 반드시 인간이 개입해야 하는 이유와 생성형 인공지능 번역 시스템의 한계를 사용자에게 제대로 교육하는 방법에 대해서도 논의한다.

생성형 인공지능 기반 번역에서의 정보 비대칭성 이해

생성형 인공지능이 번역 분야에서 널리 활용되면서 정보 비대칭성의 문제가 더욱 부각되고 있다. 정보 비대칭성(Information Asymmetry)이란, 특정한 상황에서 한쪽이 다른 쪽보다 더 많은 정보나 질 높은 데이터를 보유하고 있어 상호작용이 불균형해지는 현상을 의미한다. 생성형 인공지능 기반 번역에서도 이러한 정보 격차는 사용자와 시스템 간의 불균형을 초래하며 이는 번역 품질, 신뢰성, 윤리적 문제 등 다양한 차원에서 영향을 미친다.

오늘날 번역 기술은 빠르고 효율적인 결과를 제공하지만, 사용자는 생성형 인공지능이 어떤 방식으로 작동하는지 정확히 이해하지 못한 채 번역 결과를 받아들이는 경우가 많다. 생성형 인공지능 시스템은 대량의 문자 데이터를 학습하여 번역을 수행하지만, 이러한 데이터가 어떤 기준으로 수집되었고 어떠한 알고리즘을 통해 처리되었는지에 대한 정보는 일반 사용자에게 거의 공개되지 않는다. 이는 단순한 기능적 문제가 아니라 번역 결과의 신뢰성과 해석 가능성에까지 영향을 미치는 중요한 요소다.

특히 생성형 인공지능 번역 모델은 불투명한 알고리즘 구조를 가졌다. 현재의 생성형 인공지능 번역 모델은 딥러닝과 인공신경망을 기반으로 동작하는데 이는 방대한 학습 데이터를 통해 패턴을 학습하는 방식이다. 그러나 번역 결과가 도출되는 과정은 개발자조차 완전히 설명하기 어려운 '블랙박스(Black box)' 형태로 존재한다. 사용자는 번역이 어떻게 이루어지는지 명확하게 이해할 수 없으며 특정한 문장이나 표현이 왜 그렇게 번역되었는지 검증하기 어려운 상황에 놓인다.

생성형 인공지능이 학습하는 데이터가 언어 및 문화적 편향성을 내포할 가능성도 크다. 영어 기반 데이터가 압도적으로 많은 환경에서 학습한 번역 모델은 특정 문화나 관점에서 표현된 개념을 더 선호할 수 있다. 이런 경우, 소수 언어를 사용하는 사용자나 문화적으로 덜 대표되는 집단은 번역에서 불이익을 받을 수 있다. 예를 들어, 동일한 문장이 영어에서 프랑스어나 독일어로 번역될 때는 원문에 충실하지만, 비주류 언어로 번역될 때는 정보가 왜곡되거나 축소될 수 있다. 이러한 현상은 정보 비대칭성을 더욱 심화시키는 요소로 작용한다.

마찬가지로, 맥락적 정보 비대칭(Contextual Information Asymmetry)도 중요한 문제다. 생성형 인공지능 번역 모델은 문장의 문법적 구조를 분석하는 데 탁월하지만, 문맥적 이해나 사회 및 문화적 배경을 고려하는 능력은 여전히 부족하다. 한 언어에서 자연스럽고 미묘한 뉘앙스를 담고 있는 표현이 기계적으로 번역되면 뜻이 완전히 달라지거나 부적절한 표현으로 변할 수 있다. 특히 유머, 관용 표현, 지역적 특성이 반영된 언어는 이러한 문제를 더욱 심화시킨다. 사용자는 번역 결과가 정확하다고 믿고 사용할 수 있지만 실제로는 의도와 전혀 다른 의미를 전달할 가능성이 있다.

이러한 정보 비대칭성은 여러 층위에서 나타난다. 기술적 비대칭은 일반 사용자가 번역 시스템의 작동 방식을 이해하기 어렵다는 점에서 발생한다. 사용자는 번역 모델이 어떤 데이터베이스를 기반으로 학습했으며 어떤 알고리즘적 편향이 존재하는지 파악하기 어렵다. 맥락적 비대칭은 번역 결과가 단순한 단어 치환이 아니라 문맥과 문화적 요소를 반영해야 함에도 생성형 인공지능이 이를 제대로 처리하지 못하는 경우에 발생한다. 윤리 및 문화적 비대칭은 특정 문화권의 언어적 특징이 지나치게 강조되거나 반대로 소수자의 언어적 다양성이 번역 과정에서 배제되는 문제를 의미한다.

이와 같은 정보 비대칭 문제를 해결하기 위해서는 사용자와 개발자가 정보 비대칭성을 인식하고 이를 완화할 수 있는 전략을 마련하는 것이 필수적이다. 첫째, 번역 모델의 투명성을 높이는 노력이 필요하다.

사용자가 번역 결과의 신뢰성을 평가할 수 있도록 번역 과정에서 사용된 데이터의 출처와 알고리즘적 결정 과정을 더 명확하게 공개할 필요가 있다. 둘째, 학습 데이터의 다양성을 강화해야 한다. 특정 언어나 문화에 편향된 데이터셋이 아닌, 보다 광범위하고 다양한 문화적 배경을 포함한 데이터가 번역 모델에 반영되어야 한다. 셋째, 사용자 교육을 강화하여 번역 결과를 무조건 신뢰하기보다 비판적으로 평가할 수 있는 역량을 키울 수 있도록 해야 한다.

생성형 인공지능 기반 번역이 발전하면서 정보 비대칭성의 문제는 더욱 중요한 논의 대상이 되고 있다. 기술이 발전할수록 번역의 편리함과 효율성은 높아지겠지만 이를 맹목적으로 신뢰하기보다는 그 한계를 이해하고 보완할 수 있는 전략이 필요하기 때문이다.

번역 도구에 과도하게 의존할 때의 잠재적 결과

언어 능력의 약화

생성형 인공지능 번역 도구에 과도하게 의존할 경우, 인간의 언어학습 능력이 점차 퇴화할 위험이 크다. 외국어를 직접 학습하는 과정은 단순한 단어 변환이 아니라 문법적 구조와 맥락적 이해를 종합적으로 습득하는 과정이다. 그러나 생성형 인공지능 번역이 언제든지 쉽게 제공되는 환경에서는 학습자가 능동적으로 언어를 이해하고 표현하려는 노력이 줄어들 수 있다.

기술이 고도화될수록 사용자는 직접 문장을 구성하거나 의미를 깊이 고민하기보다 기계 번역 결과를 그대로 받아들이는 경향이 강해질 것이다. 이는 장기적으로 언어 감각을 둔화시키고 문법적 이해를 약화시키며 새로운 표현을 자연스럽게 습득하는 기회를 감소시킨다. 언어 학습이 단순히 단어와 문장을 기억하는 것이 아니라 사고의 확장과 비판적 사고 능력의 향상에도 기여한다는 점을 고려하면 이러한 기술 의존성은 학습자의 인지적 성장에도 부정적인 영향을 미칠 수 있다.

지속적인 생성형 인공지능 번역 사용은 학습자가 오류를 인지하고 수정하는 능력을 약화시킨다. 인간이 직접 문장을 구성할 때 발생하는 실수를 스스로 교정하는 과정은 언어 숙달의 중요한 요소지만 번역 도구가 자동으로 모든 것을 수정해 준다면 이러한 자기 교정 능력 또한 저하될 가능성이 크다. 따라서 생성형 인공지능 번역을 활용하더라도 학습자가 주도적으로 언어를 익히고 활용하는 습관을 유지하는 것이 필수적이다.

오해 및 문화적 왜곡

생성형 인공지능 번역은 문법적으로 정확한 결과를 도출할 수 있지만 언어의 미묘한 뉘앙스나 문화적 차이를 제대로 반영하지 못하는 경우가 많다. 특히, 자동 번역 도구는 직역의 함정에 빠지기 쉽다. 문맥을 고려하지 않고 단순히 단어를 변환하기 때문에 의미가 왜곡되거나 오해를 불러일으킬 가능성이 높다.

예를 들어, '비밀을 누설하다'라는 뜻의 영어 표현 "Let the cat out of the bag"를 기계적으로 번역하면 "가방에서 고양이를 꺼내다"와 같은 어색한 문장이 생성될 수 있다. 이는 단순한 예시일 뿐만 아니라, 법률 문서, 의료 보고서, 외교 문서 등 정밀한 번역이 필요한 분야에서는 더욱 심각한 문제로 이어질 수 있다. 특정 단어 하나가 잘못 번역되었을 때 법적 의미가 완전히 달라지거나 의학적 지시 사항이 왜곡되어 환자의 안전에 위협이 될 수도 있다.

또한, 문화적 감수성이 반영되지 않은 번역은 대인관계에서도 오해를 불러일으킬 수 있다. 어떤 언어에서는 존칭과 격식을 갖춘 표현이 필수적이지만, 자동 번역 도구가 이를 고려하지 않고 지나치게 직설적인 표현으로 번역할 경우 상대방에게 무례하게 전달될 수 있다. 국제 비즈니스 협상이나 외교적 대화에서 이러한 미묘한 차이는 신뢰 형성에 중요한 요소이기 때문에 기계 번역만을 전적으로 신뢰하는 것은 위험할 수 있다.

생성형 인공지능 번역을 사용할 때는 문맥을 고려하여 검토하고 의미가 정확하게 전달되는지 확인하는 과정이 반드시 필요하다. 특히, 문화적으로 민감한 표현이나 중요한 법적, 의료적 문서에서는 반드시 인간 전문가의 검수를 거쳐야 한다.

의존성과 취약성

번역 도구에 지나치게 의존하면 기술적 장애나 보안 문제로 인해 의사소통이 중단될 위험이 커진다. 특히, 기술적 오류가 발생할 경우 사용자는 번역 도구 없이 스스로 의사소통하는 능력이 부족할 수 있으며 이는 장기적으로 인간의 자율성과 독립성을 약화시키는 결과를 초래할 수 있다.

예를 들어, 여행 중이거나 긴급한 상황에서 번역 시스템이 제대로 작동하지 않는다면 의사소통이 단절될 가능성이 있다. 만약 인터넷 연결이 불안정한 지역에서 중요한 비즈니스 협상을 해야 하는 상황이라면, 생성형 인공지능 번역 도구에 의존적인 사용자는 급격한 불안감과 불편함을 느낄 수밖에 없다. 즉, 기계 번역에 대한 지나친 의존은 인간이 직접 언어를 구사해야 하는 상황에서 취약성을 드러내게 된다.

또한 인간 번역 전문가에 대한 수요가 감소할 가능성이 있다. 이는 단순한 번역 작업의 자동화로 인해 초급 수준의 번역가들이 설 자리를 잃게 되는 문제뿐만 아니라, 장기적으로 고급 언어 전문가가 줄어들면서 복잡한 번역이나 문화적 해석이 필요한 분야에서도 전문성이 약화될 위험을 초래한다. 결국 인간 번역가가 사라지면 기계 번역이 처리하지 못하는 부분에서 더 큰 정보 격차가 발생할 수 있으며 이는 글로벌 커뮤니케이션의 질을 저하시킬 수 있다.

보안과 프라이버시 문제도 중요한 고려 요소다. 생성형 인공지능 번역 도구는 클라우드 기반으로 운영되는 경우가 많아 사용자가 입력한 번역 데이터가 제3자에게 저장되거나 분석될 위험이 있다. 기업이나 기관에서 기밀 정보를 번역할 때 무심코 생성형 인공지능 번역 도구를 사용할 경우 데이터 유출의 가능성이 높아지고 보안 사고가 발생할 수 있다. 기계 번역을 사용할 때는 보안 정책을 철저히 검토하고 중요한 문서는 내부적으로 처리하는 것이 필요하다.

생성형 인공지능 번역 도구는 외국어 장벽을 낮추고 커뮤니케이션을 원활하게 만드는 강력한 도구지만 이에 대한 과도한 의존은 다양한 문제를 초래할 수 있다. 언어 능력이 약화될 뿐만 아니라 오역과 문화적 왜곡으로 인해 심각한 오해가 발생할 수 있으며 기술적 장애와 보안 문제로 인해 사용자의 취약성이 커질 수 있다.

따라서, 생성형 인공지능 번역을 활용할 때는 무조건적인 신뢰보다는 보조적인 도구로 사용하는 것이 중요하다. 인간의 언어적 감각과 문화 이해력이 여전히 필수적이며 기계 번역의 한계를 인식하고 적극적으로 보완하는 자세가 필요하다. 장기적으로는 인간과 생성형 인공지능이 상호 보완하는 방식으로 번역 시스템을 활용해야 하며 교육과 정책 차원에서도 이러한 균형을 유지할 수 있는 전략이 마련되어야 한다.

생성형 인공지능 번역을 비판적으로 평가하는 전략

생성형 인공지능이 번역 분야에서 점점 더 널리 사용되면서 사용자가 번역 결과를 수동적으로 받아들이는 것이 아니라 능동적으로 검토하고 평가하는 자세가 필수적이다. 생성형 인공지능 번역은 빠르고 편리하지만, 오류 가능성이 있으며 문화적 맥락을 놓칠 위험이 있다. 따라서 번역 결과물을 비판적으로 평가하는 체계를 마련하고 사용자의 역량을 강화하는 것이 중요하다. 이를 위해 교차 검증, 맥락 분석, 사용자 교육 등의 전략이 필요하다.

비판적 평가의 틀 마련

생성형 인공지능 번역의 정확성과 신뢰성을 높이려면 사용자가 번역 결과를 검토할 수 있는 평가 기준을 확립해야 한다. 가장 기본적인 방법은 교차 검증이다. 한 가지 번역 도구의 결과만을 신뢰하기보다 동일한 문장을 여러 번역 엔진에서 변환해 보고 차이를 비교하는 과정이 필요하다. 또한, 전문 번역가가 제공하는 번역이나 신뢰할 수 있는 사전을 활용해 번역 결과를 검토하면 생성형 인공지능 번역의 편차를 식별할 수 있다.

번역된 문장은 단순히 단어 단위로 분석하는 것이 아니라 맥락적 이해를 바탕으로 평가해야 한다. 생성형 인공지능 번역이 관용 표현을 직역했거나 특정 문화적 배경을 반영하지 못했는지 확인하는 과정이 필요하다. 예를 들어, 상대방이 하는 말이 너무 터무니없어서 '난 믿을 수 없어'라는 의미로 쓰인 "I don't buy it"라는 영어 표현을 "난 그거 안 사"로 번역했다면, 이는 문맥적 오류에 해당하며 사용자가 이를 인식해야 한다. 특히 공식 문서, 광고, 학술 자료 등 번역이 적용되는 문서의 목적에 따라 번역 톤이 적절한지도 고려해야 한다.

번역 결과 중 애매하거나 신뢰하기 어려운 부분이 있다면 질문을 던지는 습관을 길러야 한다. 법률, 의료, 외교와 같은 정밀한 번역이 필요한 영역에서는 생성형 인공지능 번역을 그대로 사용하는 것이 위험할 수 있다. 이러한 경우, 전문가의 검토를 요청하거나 원문의 의미를 정확하게 파악한 후 번역을 수정하는 과정이 필요하다. 또한, 기업이나 조직에서는 내부적으로 검증 프로세스를 도입해 중요한 번역이 생성형 인공지능에만 의존되지 않도록 해야 한다.

생성형 인공지능 번역의 질을 개선하기 위해 피드백 루프를 구축하는 것이 유용할 수 있다. 많은 번역 플랫폼이 사용자 피드백을 통해 알고리즘을 개선하는 기능을 제공한다. 사용자가 번역 오류를 발견했을 때 단순히 수동적으로 수정하는 것이 아니라 시스템에 오류를 보고하거나 개선 제안을 제출하면 시간이 지나면서 번역 품질이 점차 향상될 수 있다.

사용자 역량 강화

한편 비판적 평가를 실천하기 위해서는 사용자들이 생성형 인공지능 번역의 한계를 명확하게 이해할 수 있도록 교육하는 것이 필수적이다. 이를 위해서는 생성형 인공지능 번역의 프로세스를 투명화하는 노력이 필요하다. 생성형 인공지능 번역 플랫폼 제공자는 사용자가 번역 알고리즘의 작동 방식, 사용된 학습 데이터, 발생할 수 있는 오류 유형 등을 이해할 수 있도록 정보를 제공해야 한다. 이러한 투명성이 확보되면 사용자는 번역 결과를 맹신하기보다 비판적으로 검토할 수 있다.

기업이나 기관 차원에서 교육 및 워크숍을 실시하는 것도 효과적인 전략이다. 생성형 인공지능 번역 도구를 적극적으로 활용하는 기업이나 교육기관에서는 직원과 학습자들이 번역 오류를 판별하고 보완하는 방법을 익힐 수 있도록 정기적인 교육 세션을 운영해야 한다. 예를 들어, 법률 번역을 수행하는 회사에서는 법률 용어의 정확성을 검증하는 체크리스트를 제공하고 기계 번역이 자주 범하는 오류 유형을 분석하는 교육을 진행할 수 있다.

매뉴얼과 가이드라인을 제공하는 것도 필요하다. 번역 도구를 사용할 때 주의해야 할 사항이나 문맥 무시, 관용 표현 직역, 문화적 배경 왜곡 등 자주 발생하는 오류 유형을 정리한 자료를 사용자들에게 제공하면 더 신중하게 번역 결과를 검토하는 습관을 형성할 수 있다. 이러한 가이드라인은 의료, 기술, 마케팅, 외교 등 번역이 필요한 다양한 분야에 맞춰 세분화하여 제공될 수도 있다.

한편, 사용자들은 생성형 인공지능 번역을 정답으로 받아들이는 것이 아니라 결과물에 대해 끊임없이 의문을 던지고 검토하는 태도를 갖도록 해야 한다. 학교나 기업 내에서 번역 도구를 사용할 때 단순히 기계 번역을 복사해서 사용하는 것이 아니라 번역 결과를 스스로 분석하고 수정하는 과정을 거치도록 유도하는 정책을 마련할 수 있다.

이렇듯 생성형 인공지능 번역 도구는 강력한 커뮤니케이션 도구이지만 무비판적으로 사용할 경우 언어적 오류나 문화적 왜곡을 초래할 위험이 크다. 따라서 사용자가 번역 결과를 신중하게 검토하고 비판적 사고를 바탕으로 평가하는 능력을 갖추는 것이 필수적이다. 이를 위해 교차 검증, 맥락 분석, 전문가 검토 등의 절차를 강화하고 교육과 매뉴얼을 통해 사용자들이 생성형 인공지능 번역의 한계를 명확히 이해하도록 해야 한다.

궁극적으로, 생성형 인공지능 번역의 발전은 인간과 기술이 협력하는 방식으로 이루어져야 한다. 사용자가 비판적 태도를 갖고 생성형 인공지능 번역을 활용할수록 더 정확하고 신뢰할 수 있는 번역 환경이 조성될 것이다. 이를 위해 플랫폼 개발자, 교육기관, 기업, 개별 사용자들이 함께 노력해야 한다. 생성형 인공지능 번역이 단순한 자동화 도구가 아니라 인간의 언어 능력을 보완하는 도구로 자리 잡을 수 있도록 방향을 설정하는 것이 중요하다.

미묘한 뉘앙스: 일촉즉발의 상황

국제 협상, 법적 절차, 의료 상담, 외교 문서처럼 고위험으로 분류되는 상황에서는 언어가 담고 있는 미묘한 뉘앙스가 매우 중요한 역할을 한다. 단어 하나하나를 정확히 번역하는 것뿐만 아니라 그 속에 담긴 문화 및 맥락적 의미까지 충실히 전달해야 하기 때문이다. 이는 생성형 인공지능 기술이 번역 업무를 자동화하는 데 놀라운 발전을 이루었음에도 인간 언어의 섬세하고 맥락 의존적인 특징을 해석하고 보존하는 데에는 여전히 어려움이 따르는 이유이기도 하다. 여기에서는 언어 사용에서 문화와 맥락 이해가 왜 중요한지 살펴보고 이러한 미묘한 뉘앙스를 파악하는 데 있어 생성형 인공지능이 직면하는 한계를 논의한다. 또한 생성형 인공지능 번역 오류로 인한 오해 사례를 분석하며 고위험 상황에서 생성형 인공지능과 인간의 전문성을 효과적으로 결합하는 전략과 생성형 인공지능 시대의 전문 번역가와 통역사를 위한 교육 방안을 제시한다.

언어 사용에서의 문화·맥락 이해의 중요성

언어는 단순한 기호나 문법의 조합이 아니라 특정한 맥락과 문화적 배경 속에서 의미가 형성되고 전달되는 살아있는 체계다. 같은 단어와 문장이 상황과 문화에 따라 완전히 다른 의미이며 맥락을 고려하지 않은 언어 사용은 오해와 갈등을 초래할 가능성이 크다. 특히 법률, 외교, 의료와 같은 분야에서는 작은 의미 차이가 심각한 결과를 초래할 수 있기 때문에 문화적 감수성과 맥락적 이해가 필수적이다.

문화적 뉘앙스는 언어 이해에 결정적인 영향을 미친다. 어떤 문화에서는 직설적인 표현이 솔직하고 정직한 태도로 받아들여지는 반면, 다른 문화에서는 무례한 태도로 해석될 수 있다. 예를 들어, 영어권에서는 "I have to disagree with you"라는 표현이 상대방의 의견을 존중하면서도 반대하는 의미로 사용될 수 있지만, 동아시아 문화권에서는 직접적인 반대 표현이 지나치게 공격적으로 받아들여질 수도 있다. 반대로, 동아시아에서는 "검토해 보겠습니다"라는 말이 실제로는 긍정적인 의미가 아니라 정중한 거절을 의미할 수도 있다. 이러한 문화적 차이를 이해하지 못하면 상대방의 의도를 오해하거나 부적절한 반응을 보이게 될 위험이 있다.

맥락적 지표인 몸짓, 억양, 상황적 배경 역시 언어의 의미를 결정하는 중요한 요소다. 같은 문장이라도 목소리의 톤과 표정에 따라 친절하게 들릴 수도 있고 반어적으로 해석될 수도 있다. 유머와 풍자는 더욱 더 복잡한 맥락을 필요로 한다. 특정 문화권에서는 웃음을 유발하는 표현이 다른 문화권에서는 모욕적이거나 부적절하게 받아들여질 수도 있다. 예를 들어, 영국에서 회사 대표가 "Honestly, I have no idea what I'm doing! (솔직히, 나도 내가 뭘 하는지 잘 모르겠어!)"이라고 자기비하 유머를 하면 직원들이 이를 가벼운 농담으로 받아들이고 웃을 수 있다. 하지만, 프랑스에서는 이를 리더십 부족의 증거로 받아들여 전혀 웃기지 않은

좋아 or 괜찮아(Dall-E 3)

상황이 될 수도 있다.

마지막으로, 언어의 유동적인 의미를 고려하는 것도 중요하다. 실시간 대화에서는 대화의 흐름과 상황에 따라 같은 표현이라도 다르게 해석될 수 있기 때문이다. 맥락을 제대로 파악하지 못하면 다의어나 애매한 표현을 잘못 해석할 가능성이 커진다. 예를 들어, 영어권에서 "음식이 어땠어?"라는 질문에 "It's fine"이라고 답할 경우, 이는 "괜찮았어, 맛있었어"라는 긍정적인 의미로 쓰일 수도 있지만, 상황과 말투에 따라 "별로였어"라는 반어적인 의미로도 해석될 수도 있다. 이러한 언어적 맥락을 제대로 이해하지 못하면 부적절한 번역이나 오해를 초래할 가능성이 높아진다.

미묘한 언어적 뉘앙스를 해석하는 데 있어서의 한계

생성형 인공지능 번역 기술은 급격히 발전하여 표준 문서나 일상 회화의 번역에서는 상당한 성과를 거두고 있다. 특히, 자동 번역 시스템은 방대한 데이터를 학습하고 언어 패턴을 분석해 신속한 번역을 제공하는 능력을 갖추었다. 그러나 언어에는 단순한 문법 규칙 이상의 복잡한 요소들이 내포되어 있으며 특히 문화적 뉘앙스와 미묘한 의미 차이를 해석하는 데 있어서는 여전히 한계를 보인다. 인간은 문맥과 감정을 고려해 유연하게 의미를 해석하는 반면, 생성형 인공지능은 기계적 패턴 분석에 의존하기 때문에 섬세한 언어적 차이를 정확히 전달하는 데 어려움을 겪는다.

생성형 인공지능 번역의 현재 역량과 한계

최신 생성형 인공지능은 거대한 언어 데이터베이스를 학습하며 패턴을 분석하고 특정 상황에 맞는 번역을 생성할 수 있다. 이를 통해 표준화된 법률 문서나 기술 매뉴얼처럼 표준화된 텍스트나 일상적인 이메일 번역에서는 매우 뛰어난 성능을 발휘한다. 하지만 언어가 가진 미묘한 뉘앙스와 맥락을 온전히 이해하지 못하는 근본적인 한계가 여전히 존재한다.

가장 두드러진 문제는 직역과 비유적 표현을 적절히 처리하는 데 어려움이 있다는 것이다. 생성형 인공지능은 본질적으로 데이터에서 학습한 패턴을 활용하는 방식으로 번역을 수행하기 때문에 맥락에 대한 심층적 이해 없이 단어 단위의 대응을 찾는 경향이 있다. 그 결과, 관용구나 은유, 풍자와 같은 비유적 표현이 원래 의도와 다르게 번역될 가능성이 높다. 예를 들어, 영어의 "Hit the nail on the head"는 '정곡을 찌르다, 정확히 맞히다'라는 의미의 관용 표현이지만, 자동 번역 시스템이 이를 문자 그대로 "못을 머리에 정확히 박다"라고 번역할 수도 있다. 이러한 실수는 생성형 인공지능이 문장의 숨은 의미를 이해하지 못한 채 문자적 해석에만 의존하기 때문에 발생한다.

또한, 인공지능 번역은 문화적 특수성을 정확히 반영하는 데 한계를 가진다. 생성형 인공지능은 대체로 훈련된 데이터에 기반하여 번역을 수행하는데 그 데이터가 특정 언어나 문화적 배경에 치우쳐 있을 경우, 비교적 덜 알려진 문화적 표현을 오해하거나 생략할 가능성이 높다. 일본어에서 겸양어는 자신의 행동이나 상태를 낮춰서 표현하는 방식이고 존경어는 상대방의 행동이나 상태를 높여서 표현하는 방식이다. 이 둘은 상황에 따라 다르게 사용되어야 하지만, 자동 번역 시스템은 이를 적절히 반영하지 못하고 단순히 직역해 버리는 경우가 많다. 결과적으로, 이렇게 번역된 표현은 상대 문화권에서는 부자연스럽거나 심지어 무례하게 받아들여질 수도 있다.

또 다른 문제는 중의적 표현과 다의어 처리의 미숙함이다. 인간은 문맥을 통해 단어의 의미를 유추할 수 있지만, 생성형 인공지능은 문맥을 정확히 해석하는 능력이 제한적이기 때문에 잘못된 번역을 생성할 가능성이 크다. 영어 표현 "Drop the ball"은 공을 떨어뜨리다는 의미일 수도 있고 실수하다는 뜻으로 쓰일 수도 있다. 그런데, 문맥을 잘못 이해하면, "I really dropped the ball on that project"를 "나는 그 프로젝트에서 공을 떨어뜨렸다"라고 번역하는 방식의 오류가 발생할 수 있다. 이러한 중의적 표현은 특히 법률, 의료, 외교 등의 분야에서는 잘못 해석되면 심각한 혼선을 초래할 위험이 있다.

마지막으로, 비언어적 요소를 반영하지 못하는 한계가 있다. 인간은 대화 중 표정, 억양, 몸짓 등 다양한 비언어적 신호를 통해 의미를 보완하지만, 생성형 인공지능 번역 시스템은 이러한 요소를 인식하거나 반영할 수 없다. 같은 문장이라도 억양에 따라 농담이 될 수도 비판이 될 수도 있지만, 생성형 인공지능은 이러한 미묘한 차이를 구별하지 못하고 단순한 언어적 번역만 수행한다.

기술 및 방법론적 도전과 해결 과제

다음의 한계는 기술 및 방법론적 차원에서도 해결하기 어려운 문제로 남아 있다.

첫 번째 문제는 데이터 편향성이다. 생성형 인공지능이 학습하는 데이터는 특정 문화권이나 언어적 표현에 집중될 수밖에 없으며 이는 번역에서 특정 문화적 시각이 과도하게 반영되거나 반대로 소수 언어권의 표현이 무시되는 결과를 초래할 수 있다. 이러한 데이터 편향은 다양한 언어와 문화적 표현을 공정하게 반영하는 것이 중요하지만 현실적으로 모든 문화권을 동일하게 학습하는 것은 어렵다.

두 번째 문제는 불투명한 의사결정 과정이다. 생성형 인공지능 모델은 복잡한 인공신경망 구조를 사용하여 번역을 생성하는데 그 과정이 명확하게 설명되지 않는 경우가 많다. 결과적으로, 번역이 왜 특정한 방식으로 이루어졌는지를 사용자나 개발자가 이해하기 어렵다. 이 문제는 특히 법률 문서나 의료 문서 번역에서 심각한 신뢰도 문제를 일으킬 수 있다.

세 번째 문제는 생성형 인공지능의 정적 학습 모델이 실시간으로 달라지는 언어의 변화를 반영하지 못하는 점이다. 언어는 끊임없이 변화하며 새로운 유행어나 사회적 의미 변화가 지속적으로 발생한다. 하지만, 생성형 인공지능 번역 시스템은 일정한 시점에 학습된 데이터를 기반으로 번역을 수행하기 때문에 최신 표현을 반영하지 못하는 경우가 많다. 어떤 단어가 최근 들어 새로운 의미를 갖게 되었더라도 생성형 인공지능이 이를 학습하지 않았다면 여전히 과거의 의미로 번역하여 시대에 뒤떨어진 표현을 제공할 수 있다.

번역 오류로 인한 오해 사례

인공지능 번역 기술은 빠르고 편리하게 다양한 언어 간 소통을 가능하게 하지만, 맥락과 문화적 차이를 완벽하게 이해하지 못하는 한계로 인해 심각한 오해를 초래할 수 있다. 특히 외교, 법률, 의료처럼 정밀한 언어 사용이 요구되는 분야에서는 번역 오류가 단순한 실수를 넘어 국제적 갈등, 법적 분쟁, 심각한 건강 문제로 이어질 위험이 크다.

특히 외교 분야에서 발생한 번역 오류는 국가 간 갈등을 심화시키는 원인이 되기도 했다. 대표적인 사례로, 2017년 10월 팔레스타인 남성이 페이스북에 아랍어로 '좋은 아침'을 의미하는 "يصبحهم"를 게시했지만, 페이스북의 자동 번역 시스템이 이를 히브리어로 "그들을 공격하라"로 잘못 번역하는 사건이 발생했다. 이로 인해 해당 남성은 이스라엘 경찰에 의해 체포되었으며, 조사받는 과정에서 번역 오류가 밝혀져 석방될 수 있었다. 이는 이스라엘과 팔레스타인 간의 긴장을 더욱 고조시키는 심각한 외교 문제로 발전할 가능성이 있었다. 이 사례는 정치적 문맥과 문화적 차이를 고려하지 않은 인공지능 번역이 얼마나 위험한 결과를 초래할 수 있는지를 여실히 보여준다.

법률 분야에서도 인공지능 번역의 오류는 심각한 법적 분쟁으로 이어질 수 있다. 한 다국적 기업이 해외 협력사와의 계약을 체결하는 과정에서 인공지능 번역 도구를 사용해 법률 문서를 번역했다. 원문에서는 "당사자는 계약 해지 전에 30일간 협의를 진행해야 한다"는 조항이 포함되어 있었지만, 번역된 문장에서는 "당사자는 계약 해지가 가능하다"라는 의미로 잘못 전달되었다. 이로 인해 한쪽 당사자는 계약이 유효하다고 판단했지만, 다른 한쪽은 계약 해지가 즉시 가능하다고 이해하며 조치를 취했다. 결국 이와 같은 해석 차이로 인해 법적 분쟁이 발생했고 양측 변호사들이 원문을 재검토하는 과정에서야 번역 오류가 발견되었다. 법률 문서는 단어 하나가 계약의 해석을 완전히 바꿀 수 있기 때문에 인공지능 번역을 보조 도구로 사용하더라도 반드시 전문가의 검토가 필요하다는 점이 강조된 사례였다.

의료 번역 오류는 환자의 생명과 직결될 수 있어 그 위험성이 더욱 크다. 미국의 한 병원에서 스페인어를 사용하는 환자가 자신의 증상을 설명하며 '속이 메스껍다'는 의미로 스페인어 단어 "intoxicado"를 사용했다. 그런데, 의료진이 자동 번역 도구로 '약물 중독'을 뜻하는 "intoxicated"로 알아들으면서 환자가 불필요하게 약물 중독 치료를 받는 일이 발생했다. 이 사례는 의료 번역에서 인공지능 번역의 한계를 보여주며 인간 전문가의 검토가 필수적임을 강조한다.

이와 같은 사례들은 인공지능 번역이 특정한 상황에서는 유용하지만, 고도의 정확성이 요구되는 맥락에서는 여전히 위험 요소가 많다는 점을 보여준다. 인공지능 번역 도구는 빠르고 효율적이지만, 언어의 맥락과 문화적 차이를 완벽히 반영하지 못하기 때문에 중요한 문서는 반드시 인간 전문가의 검토가 필요하다. 특히 외교, 법률, 의료, 비즈니스 등에서 번역 오류가 미칠 영향을 고려할 때 인공지능 번역은 어디까지나 보조적인 역할로 사용되어야 하며 최종적인 판단은 인간의 몫으로 남겨져야 한다.

고위험 번역 상황에서 인간 감독의 중요성

앞서 이야기했듯이 법률, 의료, 외교와 같은 고위험 분야에서는 생성형 인공지능에 전적으로 의존하는 것이 심각한 문제를 초래할 수 있다. 단순한 일상적 번역과 달리, 이러한 분야에서는 번역의 작은 오류가 법적 분쟁을 야기하거나 환자의 생명을 위협하거나 국가 간 관계를 악화시킬 수도 있다. 따라서 인간 전문가의 감독과 검토가 반드시 필요하며 이는 생성형 인공지능 번역이 제공할 수 없는 정밀성과 윤리적 고려를 보완하는 필수적인 과정이다.

생성형 인공지능과 인간 전문성의 보완적 관계

고위험 번역 상황에서는 생성형 인공지능과 인간 전문가의 협업이 필수적이다. 생성형 인공지능은 대량의 문서를 빠르게 번역하고 반복적인 작업을 자동화하는 데 강점을 가지지만, 인간 번역가는 맥락을 고려한 해석과 문화적 감수성을 반영하는 데 탁월한 능력이 있다. 이러한 보완적 관계를 활용하면 번역 품질을 높이면서도 효율성을 유지할 수 있다.

특히 품질 보증 과정에서 인간 전문가의 역할이 핵심적이다. 생성형 인공지능이 생성한 번역은 언어적으로 자연스러울 수 있으나 미묘한 뉘앙스나 맥락적 요소를 놓칠 가능성이 크다. 법률 문서에서 "shall(강제적 의무)"과 "may(선택적 권한)" 같은 단어 하나가 번역 오류를 일으키면 법적 효력이 완전히 달라질 수 있다. 의료 분야에서도 처방전이나 진단서의 부정확한 번역은 심각한 의료 사고로 이어질 위험이 있다. 이러한 문제를 방지하기 위해서는 인간 번역가가 기계 번역 결과를 철저히 검토하고 수정해야 한다.

모호한 표현을 해석하는 능력은 인간 번역가가 생성형 인공지능보다 뛰어난 영역이다. 동일한 문장이라도 맥락에 따라 의미가 달라질 수 있는 경우, 생성형 인공지능은 정형화된 패턴에 따라 번역을 수행하기 때문에 상황을 고려한 적절한 표현을 선택하기 어렵다. 외교 문서에서 한 국가의 입장을 설명하는 표현이 원문에서는 중립적일 수 있으나, 부적절한 번역이 이루어지면 불필요한 외교적 갈등을 유발할 수 있다. 반면, 인간 번역가는 문맥과 상황을 고려하여 정치적으로 민감한 표현을 더 적절하게 조정할 수 있다.

윤리적 고려는 인간의 감독이 필요한 가장 중요한 이유 가운데 하나다. 법률이나 의료, 외교 분야에서는 단순히 문장을 번역하는 것이 아니라 그 내용이 가지는 사회 및 문화적 함의를 고려해야 한다. 의료 번역에서 환자의 정신 건강과 관련된 정보를 번역할 때, 특정 단어가 환자의 심리적 상태에 영향을 미칠 수 있다. 외교적으로도, 한 국가의 정책 설명을 번역할 때 부적절한 용어 사용이 오해를 초래할 가능성이 크다. 인간 번역가는 이러한 요소를 신중하게 판단하여 적절한 언어적 선택을 함으로써 윤리 및 문화적 문제를 예방할 수 있다.

기관 차원의 감독 체계

고위험 번역을 다루는 기관이나 조직은 인간 감독이 필수적인 절차로 자리 잡을 수 있도록 체계적인 제도를 마련해야 한다. 이를 통해, 생성형 인공지능 번역의 효율성을 유지하면서도 인간 전문가의 검토를 통해 신뢰성을 보장할 수 있다.

하이브리드 모델을 도입하는 것이 효과적인 전략이 될 수 있다. 하이브리드 모델은 생성형 인공지능이 초안을 생성한 후, 인간 번역가가 이를 검토하고 수정하는 방식으로 운영된다. 이러한 작업 흐름을 통해 번역 속도를 높이면서도 품질을 유지할 수 있으며 특히 반복적이고 표준화된 문구가 많은 법률 및 의료 문서에서 효과적으로 활용될 수 있다. 법률 계약서 초안을 생성형 인공지능이 생성한 후, 법률 전문가가 이를 검토하여 법적 용어와 표현의 정확성을 최종적으로 확인하는 방식이 이에 해당한다.

인증 및 자격 제도를 마련하는 것도 중요하다. 생성형 인공지능 번역 도구를 사용하는 기관은 전문 번역가의 검토를 거친 문서에 대해 별도의 인증을 부여하거나 번역 품질 기준을 수립하여 일정 수준 이상의 번역만이 공식적으로 사용될 수 있도록 해야 한다. 이를 통해 무분별한 자동 번역 사용을 방지하고 생성형 인공지능 번역의 한계를 인식한 상태에서 더 신중하게 활용할 수 있는 환경을 조성할 수 있다.

마지막으로, 피드백 메커니즘을 구축하는 것이 필요하다. 생성형 인공지능 번역의 품질을 지속적으로 향상시키기 위해 인간 검수자가 번역 결과에 대한 피드백을 제공하고 오류를 수정할 수 있는 체계를 마련해야 한다. 이를 위해 번역 시스템 내에서 사용자들이 오류를 신고하거나 특정 문장이 더 자연스러운 번역으로 대체될 수 있도록 추천할 수 있는 기능을 포함하는 것이 효과적이다. 이러한 상호작용이 반복될수록 생성형 인공지능 번역의 정확성이 향상되고 인간 전문가와의 협업이 더 원활하게 이루어질 수 있다.

결국 생성형 인공지능 번역은 인간의 능력을 대체하는 것이 아니라 보완하는 도구로 활용될 때 가장 효과적이다. 인간 전문가의 정밀한 검토가 더해질 때, 번역의 정확성과 신뢰성이 확보되며 고위험 번역 상황에서 발생할 수 있는 위험을 최소화할 수 있다. 앞으로 인공지능 기술이 발전함에 따라 이를 어떻게 현명하게 활용할 것인지에 대한 고민과 정책적 대응이 필수적이다.

번역 시스템의 한계를 사용자에게 교육하기

기술이 빠르게 발전하면서 이를 사용하는 일반 사용자와 전문가들이 생성형 인공지능 번역 시스템의 강점과 한계를 정확히 이해하는 것이 더욱 중요해졌다. 번역 시스템이 점점 더 정교해지고 있지만 여전히 문맥을 고려하지 못하거나 문화적 감수성이 결여된 번역을 제공하는 경우가 있다. 따라서 사용자들이 이러한 기술적 한계를 명확히 인식하고 보완할 수 있도록 교육하는 것이 필수적이다.

교육을 통한 인식 제고

사용자들이 생성형 인공지능 번역을 효과적으로 활용하려면 그 한계를 정확히 이해하고 비판적으로 접근하는 태도를 길러야 한다. 이를 위해 워크숍, 세미나, 사용자 매뉴얼, 사례 연구 등의 교육 방안을 도입할 필요가 있다.

첫째, 정기적인 워크숍과 세미나를 개최하는 것이 효과적인 교육 전략이 될 수 있다. 이러한 교육 프로그램에서는 생성형 인공지능 번역 시스템의 작동 원리와 한계를 설명하고 번역 결과가 왜 오류를 일으킬 수 있는지를 사례 중심으로 소개해야 한다. 특히, 생성형 인공지능이 맥락을 충분히 고려하지 못하는 문제, 직역으로 인해 발생하는 의미 왜곡, 문화적 요소를 반영하지 못하는 한계 등을 강조해야 한다.

사용자 매뉴얼과 온라인 자료를 제공하는 것도 중요한 전략이다. 생성형 인공지능 번역이 자주 실패하는 사례를 정리한 가이드를 만들어 사용자들이 번역 결과를 무조건 신뢰하는 것이 아니라 주의 깊게 검토하도록 유도해야 한다. '어색한 분위기를 깨다'라는 의미의 영어 표현 "Break the ice"를 문자 그대로 "얼음을 깨다"라고 번역하는 사례처럼, 문화적 맥락을 반영하지 못하는 문제를 설명하는 자료를 배포할 수 있다. 이러한 매뉴얼은 기업, 공공기관, 교육기관에서 필수적으로 제공할 필요가 있다.

이와 함께, 실제 사례 연구를 통해 학습자가 비판적 감각을 기를 수 있도록 해야 한다. 생성형 인공지능 번역이 실패한 사례를 분석하고 왜 그런 오류가 발생했는지 원인을 파악하며 이를 수정할 방법을 모색하는 과정을 교육과정에 포함하면 사용자의 생성형 인공지능 활용 역량이 향상될 수 있다. 특히, 법률, 의료, 외교와 같은 고위험 분야에서 발생한 번역 오류 사례를 분석하면 생성형 인공지능 번역을 맹신할 경우 어떤 심각한 결과가 초래될 수 있는지를 실감할 수 있다.

마지막으로, 비판적 사용 문화를 조성하는 것이 필요하다. 생성형 인공지능 번역 도구를 사용할 때, 결과물을 맹목적으로 신뢰하는 것이 아니라 항상 검토하고 다른 번역 도구와 비교하거나 전문가의 의견을 참고하는 습관을 길러야 한다. 전문적인 문서나 민감한 정보가 포함된 번역을 할 때는 더욱 신중해야 하며 필요할 경우 인간 번역가의 검수를 거치는 것이 필수적이다.

교육과정에서의 생성형 인공지능 리터러시 포함

번역 시스템을 더 효과적으로 활용하기 위해서는 단순한 기술 교육을 넘어 생성형 인공지능 리터러시(Literacy)를 강화하는 것이 중요하다. 특히 기업과 교육기관에서 생성형 인공지능 리터러시를 정규 교육과정에 포함하면 학습자들이 기술의 작동 원리와 한계를 정확히 이해하고 능숙하게 다룰 능력을 갖출 수 있다.

이를 위해, 우선 언어 및 번역 관련 교과 과정에 생성형 인공지능 기술과 윤리에 대한 내용을 포함하는 것이 필요하다. 기존의 번역학이나 언어학 강의에서 단순한 번역 이론을 가르치는 것에서 벗어나, 생성형 인공지능 번역의 알고리즘 구조, 데이터 학습 방식, 번역 모델이 가지는 편향성과 윤리적 문제까지 다루는 방식으로 교육을 확장할 수 있다. 이를 통해 학생들은 생성형 인공지능 번역 결과를 평가하고 개선하는 능력을 갖출 수 있다.

또한, 학제 간 협력을 통해 보다 포괄적인 교육을 제공할 수 있다. 컴퓨터공학, 언어학, 문화연구 등 다양한 분야가 협업하여 생성형 인공지능 번역이 작동하는 방식, 언어적 한계, 문화적 감수성의 중요성을 통합적으로 교육하는 것이 필요하다. 언어학과 학생들은 기계 번역의 알고리즘적 한계를 배우고 컴퓨터공학 전공자들은 언어적 맥락을 고려한 자연어 처리(NLP)의 어려움을 학습하는 방식으로 서로의 분야를 보완할 수 있다.

마지막으로, 실습 기회를 제공하여 학생들이 직접 생성형 인공지능 번역 도구를 사용하면서 발생하는 문제점을 파악할 수 있도록 해야 한다. 이론 교육만으로는 생성형 인공지능 번역의 실질적인 한계를 체감하기 어렵기 때문에 학생들이 실제로 번역 시스템을 활용해 보고 다양한 문장과 맥락에서 번역이 어떻게 변화하는지를 분석하는 기회를 가져야 한다. 이를 통해, 생성형 인공지능 번역의 장단점을 직접 경험하면서 언제 인간 번역이 필요한지 어떤 상황에서 자동 번역을 보완해야 하는지를 자연스럽게 익힐 수 있다.

궁극적으로, 생성형 인공지능 번역 시스템을 보다 안전하고 효과적으로 활용하기 위해서는 사용자들이 능동적으로 기술을 이해하고 번역 결과를 검토하며 필요할 경우 인간 번역가와 협력하는 태도를 가질 수 있도록 돕는 것이 중요하다. 이러한 교육이 체계적으로 이루어진다면 생성형 인공지능 번역 기술은 보다 신뢰할 수 있는 보조 도구로 자리잡을 것이며 인간의 언어 능력을 강화하는 데 기여할 수 있을 것이다.

외국어 학습의 종말인가, 새로운 시작인가?

외국어 학습은 더 이상 획일적인 커리큘럼을 따르는 것이 아니라 학습자의 개별적인 필요와 동기에 따라 유연하게 조정되는 방식으로 변화하고 있다. 이는 기존의 전통적 외국어 교육 방식이 서서히 종말을 맞이하고 있으며 새로운 기술이 학습자 중심의 교육을 실현하는 중요한 촉진제가 되고 있음을 의미한다.

이러한 변화 속에서 학습자의 자율성과 학습 동기의 중요성이 더욱 강조되고 있다. 과거에는 특정 연령대와 교육과정 내에서 외국어를 배우는 것이 당연한 일이었지만 이제는 개인이 필요를 느낄 때 배우는 것이 가능해졌다. 이렇게 학습자가 배우고 싶을 때 배우는 방식으로 전환되면서 학습 동기는 강해지고 학습 지속성도 높아지게 된다. 이를 가능하게 하는 것이 바로 생성형 인공지능 기반의 학습 도구들이다. 생성형 인공지능은 개별 학습자의 수준과 관심사에 맞춰 실시간으로 콘텐츠를 조정하고 피드백을 제공하며 몰입형 학습환경을 제공함으로써 학습자의 동기부여를 돕는다.

생성형 인공지능 번역과 통역 기술이 고도화됨에도 오히려 고급 외국어 전문 인력의 역할은 더욱 중요해지고 있다. 기계가 단순한 번역과 통역을 자동화할 수는 있지만 창의적이고 맥락적인 언어 활용, 문화적 이해, 미묘한 뉘앙스를 조절하는 능력은 여전히 인간의 영역으로 남아 있다. 특히 외교, 법률, 의료, 문학 번역과 같은 고난이도 언어 작업에서는 고급 언어 전문가의 수요가 지속적으로 증가하고 있으며 생성형 인공지능과 협업하여 보다 정교한 결과물을 만들어내는 방식으로 변화하고 있다.

한편 초글로벌 인재의 필수 아이템으로 국제 공용어의 중요성이 더욱 부각되고 있다. 영어가 여전히 세계 공용어로 강력한 입지를 유지하고 있지만, 중국어, 스페인어, 아랍어, 힌디어 등의 언어도 경제 및 외교적으로 점점 더 중요한 위치를 차지하고 있다. 글로벌 기업과 국제기구에서는 다국어 능력을 갖춘 인재를 더욱 선호하고 있으며 특정 지역의 시장을 공략하기 위해 해당 언어를 구사하는 전문가를 필요로 하고 있다. 따라서 단순히 하나의 외국어를 배우는 것이 아니라 다언어를 구사하는 능력이 글로벌 시대의 필수 역량으로 자리 잡고 있다.

결론적으로, 외국어 교육의 미래는 기술과 인간이 협력하는 방향으로 나아가고 있다. 생성형 인공지능이 학습을 보조하는 도구로서의 역할을 강화하고 있지만 인간의 언어적 창의성과 문화적 감수성은 여전히 중요한 가치로 남아 있다. 학습자는 자율적으로 자신의 학습 목표를 설정하고 맞춤형 학습을 진행할 수 있으며 기업과 교육기관은 이러한 변화에 맞춰 새로운 교육 모델을 도입해야 한다. 앞으로의 외국어 교육은 더욱 개인화되고 실용적이며 평생 학습의 개념 속에서 자리 잡을 것이며 이를 통해 더욱 많은 사람들이 세계와 연결되는 기회를 얻을 것이다.

에필로그

소통하는 인간, 호모 커뮤니쿠스의 진화

인류를 정의하는 가장 본질적인 요소 중 하나는 바로 언어다. 우리는 단순히 도구를 제작하거나 집단생활을 영위하는 사회적 존재를 넘어, 언어를 통해 사고하고 소통하며 문화를 창조해 왔다. 인간은 호모 커뮤니쿠스(Homo Communicus), 즉 '소통하는 인간'이다. 원시적인 몸짓과 소리에서 시작해 문자를 창안하고 문학과 철학을 발전시키며, 수천 개의 언어로 세계를 설명하고 조직해 온 과정은 단순한 대화 이상의 의미를 지닌다. 그러한 맥락에서 언어는 인간 정체성의 핵심이자 지식과 감정을 공유하는 매개체이며 우리가 서로를 이해하고 협력하도록 돕는 가장 강력한 도구다.

오늘날 우리는 또 한 번의 거대한 전환점에 서 있다. 인공지능(AI), 특히 생성형 인공지능과 자연어 처리(NLP) 기술이 급격히 발전하면서 언어와 인간의 관계가 근본적으로 변화하고 있다. 자동 번역기, 실시간 통역 시스템, 생성형 인공지능 기반 언어학습 플랫폼이 보편화되면서 언어 장벽은 점점 허물어지고 있다. 이와 동시에, 언어의 본질과 인간 의사소통의 미래에 대한 근본적인 질문도 새롭게 떠오른다. 생성형 인공지능은 인간의 언어 능력을 보완하는 역할을 할 것인가, 아니면 점차 대체해 나갈 것인가? 이러한 변화 속에서 인간 고유의 언어적 특성과 문화적 다양성을 어떻게 유지할 것인가?

인류의 언어는 고정된 것이 아니라, 생물학적 진화와 문화적 발전이 맞물리며 끊임없이 변화해 온 동적인 체계다. 원시 인류가 사냥과 채집을 위해 기초적인 소리와 몸짓을 사용했던 시기부터 수천 개의 언어가 존재하는 오늘날에 이르기까지, 언어는 우리의 사고방식과 사회 조직을 형성하는 핵심적인 역할을 해왔다. 이와 같이, 언어는 단순한 의사소통 수단을 넘어 인간의 정체성과 문명을 구축하는 근본적인 힘이 되어 왔다. 또한, 언어의 발전은 인간이 집단을 이루고 협력하는 방식을 근본적으로 변화시켰다. 최초의 언어적 상징이 등장하면서 정보와 경험이 구체적으로 공유될 수 있었고 공동의 규범과 가치가 세대를 넘어 전승될 수 있었다. 이는 사회적 결속력을 강화하고 복잡한 협업을 가능하게 했으며 궁극적으로 문명의 기초를 닦았다.

시간이 흐르면서 인간은 언어를 더욱 정교하게 발전시켜 나갔다. 언어를 통해 지식이 축적되고 체계적으로 전수되면서 인간은 단순한 생존을 넘어 예술, 과학, 정치, 철학 등 고도의 문명을 구축할 수 있었다. 문자의 발명은 지식과 기록을 보존하는 혁신을 가져왔고 인쇄술의 등장은 정보의 대량 확산을 가능하게 했다. 산업혁명과 함께 언어는 과학 및 기술적 담론의 주요 도구로 자리 잡았으며 오늘날 디지털 시대에 이르러 인터넷과 소셜 미디어를 통해 전례 없는 속도로 전파되고 있다. 또한, 이 과정에서 언어는 단순히 정보를 전달하는 기능을 넘어, 개인과 집단의 정체성을 구성하는 핵심 요소로도 작용해 왔다. 각 언어에는 그 사회의 역사와 문화, 사고방식이 응축되어 있으며 특정 언어를 사용한다는 것은 곧 그 문화적 배경을 공유한다는 의미이기도 하다. 이러한 이유로 언어 다양성의 보존은 단순한 언어 정책의 문제가 아니라 인류가 지닌 문화적 유산을 지키고 계승하는 중요한 과제다.

생성형 인공지능의 등장은 인간의 언어 사용 방식에 거대한 변화를 예고하고 있다. 이제 우리는 실시간 번역기를 사용해 전 세계 누구와도 즉각적으로 소통할 수 있으며, 맞춤형 인공지능 튜터를 통해 개별 학습자의 수준과 필요에 맞춘 언어교육을 받을 수 있다. 이러한 기술은 지리나 문화적 장벽을 허물며 인간이 이전보다 더욱 자유롭고 효율적으로 의사소통할 수 있도록 돕는다. 하지만 새로운 기술이 가져오는 혁신에는 기회와 동시에 도전이 따른다. 생성형 인공지능은 거대한 언어 데이터를 기반으로 패턴을 학습하고 번역을 수행하지만, 여전히 인간이 직관적으로 이해하는 맥락과 뉘앙스를 완벽히 반영하지 못하는 경우가 많다. 문학적 표현이나 유머, 관용적 표현, 그리고 문화적 차이에 따른 의미 변화 등은 단순한 기계적 번역으로는 전달되기 어려운 영역이다. 예를 들어, 같은 문장이라도 문화적 맥락에 따라 존중의 표현이 될 수도 있고 반대로 비꼬거나 공격적인 어조로 해석될 수도 있다. 이러한 차이를 이해하고 조정하는 것은 인간의 경험과 감각이 필요한 작업이다.

생성형 인공지능이 특정 언어에 편향된 데이터를 학습할 경우, 소수 언어나 지역 언어는 점점 더 기술 발전에서 소외될 가능성이 크다. 현재 자동 번역 시스템은 주로 영어, 중국어, 스페인어 등 사용자 수가 많은 언어에 집중적으로 최적화되어 있으며, 상대적으로 사용자가 적은 언어들은 충분한 데이터가 확보되지 않아 정확도가 떨어지는 경우가 많다. 이로 인해, 소수 언어 사용자는 생성형 인공지능 기반 번역 시스템을 활용하기 어렵게 되고 기술 발전이 오히려 일부 언어의 쇠퇴를 가속화할 위험을 내포하고 있다.

그렇다면 우리는 생성형 인공지능의 발전을 어떻게 활용하면서도 인간 언어의 다양성과 깊이를 유지할 수 있을까? 가장 중요한 것은 기술을 인간 중심적으로 설계하고 운영하는 것이다. 생성형 인공지능이 다양한 언어와 문화적 요소를 포괄적으로 학습할 수 있도록 데이터 편향성을 줄이고 소수 언어와 지역 언어를 보존하고 발전시키는 방향으로 기술을 개발하는 노력이 필요하다. 이를 위해 정부, 학계, 기업이 협력해 다언어 데이터베이스를 구축하고 소수 언어 사용자는 기술 개발과 생성형 인공지능 학습 과정에 참여할 기회를 늘려야 한다.

언어교육 역시 변화하는 시대에 맞춰 적응해야 한다. 단순히 문법과 어휘를 암기하는 기존 방식에서 벗어나, 실질적인 소통 능력과 문화적 이해를 함께 키울 수 있는 학습환경을 조성해야 한다. 생성형 인공지능을 활용한 맞춤형 학습 시스템은 학습자의 개별 수준과 목표에 맞춰 최적의 학습 경로를 제공할 수 있으며, 몰입형 가상현실(VR)이나 증강현실(AR) 기술을 활용한 실습도 언어 습득을 더욱 효과적으로 만들 것이다. 이러한 기술을 통해 학습자는 단순히 언어 지식을 습득하는 것이 아니라 문화적 맥락과 함께 자연스럽게 언어를 체득할 수 있다.

호모 커뮤니쿠스, 즉 '소통하는 인간'의 진화는 이제 인간과 생성형 인공지능이 공존하는 새로운 국면을 맞이하고 있다. 우리는 생성형 인공지능이 제공하는 속도와 효율성을 적극 활용하면서도 인간만이 가진 언어적 창의성과 문화적 깊이를 유지하는 균형을 찾아야 한다. 미래의 언어 환경에서는 인간과 생성형 인공지능이 협력하며 서로의 강점을 보완하는 방식으로 발전할 것이다. 생성형 인공지능은 반복적이고 규칙적인 작업을 수행하며 학습자들에게 맞춤형 교육을 제공하고, 방대한 양의 학습 데이터를 실시간으로 분석하는 도구로 활용될 것이다. 반면, 인간은 비판적 사고와 문화적 맥락 이해를 통해 언어의 정교한 측면을 유지하고 발전시키는 역할을 맡게 될 것이다. 즉, 생성형 인공지능은 인간의 언어 능력을 보조하는 파트너로서 기능해야 하며 단순히 의사소통 자동화 도구로만 활용되어서는 안 된다.

결국 언어의 미래는 단순한 기술적 발전으로 결정되는 것이 아니라, 인간이 이를 어떻게 활용하고 어떤 방향으로 이끌어갈 것인지에 달려 있다. 따라서, 생성형 인공지능이 언어의 장벽을 허물면서도 언어의 본질적 가치와 문화적 다양성을 지킬 수 있도록 하는 것은 우리의 몫이다. 이는 단순히 기술 개발에 그치는 것이 아니라, 윤리적이고 지속 가능한 언어 정책과 교육 방안을 마련하는 데까지 이어져야 한다. 우리가 호모 커뮤니쿠스(Homo Communicus)로서 탐구해야 할 중요한 과제는, 생성형 인공지능과 함께 언어를 더욱 풍부하게 발전시키면서도 인간 고유의 창의적 언어 능력을 보존하는 균형점을 찾는 것이다. 이는 단순한 혁신이 아니라, 언어를 통해 사고하고 소통하며 문화를 창조하는 인간 존재 자체를 지키는 과정이기도 하다.

참고문헌

Armstrong, D. F., & Wilcox, S. E. (2007). *The gestural origin of language*. Oxford University Press, USA.

Arnold, D., Balkan, L., Humphreys, R. L., Meijer, S., & Sadler, V. (1994). *Machine translation: An introductory guide*. Blackwell Publishing.

Baidoo-Anu, D., & Owusu Ansah, L. (2023). *Education in the era of generative artificial intelligence (AI): Understanding the potential benefits of ChatGPT in promoting teaching and learning*. SSRN.

Bahdanau, D., Cho, K., & Bengio, Y. (2015). Neural machine translation by jointly learning to align and translate. *Proceedings of the International Conference on Learning Representations*.

Bender, E. M., & Lascarides, A. (2020). *Linguistic fundamentals for natural language processing II: 100 essentials from semantics and pragmatics*. Springer.

Berwick, R. C., & Chomsky, N. (2016). *Why only us: Language and evolution*. MIT Press.

Blake, R. (2008). *Brave new digital classroom: Technology and foreign language learning*. Georgetown University Press.

Byram, M. (1997). *Teaching and assessing intercultural communicative competence*. Multilingual Matters.

Cambridge University Press & Assessment. (2023). *English language education in the era of generative AI: Our perspective*.

Chapelle, C. A. (2001). *Computer applications in second language acquisition: Foundations for teaching, research, and learning*. Cambridge University Press.

Chomsky, N. (1965). *Aspects of the theory of syntax*. MIT Press.

Chomsky, N. (1998). *On language*. New Press.

Chomsky, N. (2020). *Syntactic structures*. De Gruyter.

Cook, V., & Newson, M. (2014). *Chomsky's Universal Grammar: An introduction*. Wiley-India.

Corballis, M. C. (2002). *From hand to mouth: The origins of language*. Princeton University Press.

Corballis, M. C. (2017). *The truth about language: What it is and where it came from*. University of Chicago Press.

Crawford, K. (2021). *Atlas of AI: Power, politics, and the planetary costs of artificial intelligence*. Yale University Press.

Crystal, D. (1997). *Language and the Internet*. Cambridge University Press.

Deacon, T. W. (1997). *The symbolic species: The co-evolution of language and the brain*. W. W. Norton & Company.

Dessalles, J. (2007). *Why we talk: The evolutionary origins of language*. OUP Oxford.

Dörnyei, Z. (2001). *Motivational strategies in the language classroom*. Cambridge University Press.

Du, J., & Daniel, B. K. (2024). Transforming language education: A systematic review of AI- powered chatbots for English as a foreign language speaking practice. *Computers and Education: Artificial Intelligence, 6*, 100230. https://doi.org/10.1016/j.caeai.2024.100230

Earley, P. C., & Ang, S. (2003). *Cultural intelligence: Individual interactions across cultures*. Stanford University Press.

Everett, D. (2017). *How language began: The story of humanity's greatest invention*. Profile.

Friederici, A. D. (2017). *Language in our brain: The origins of a uniquely human capacity*. MIT Press.

Fryer, L., & Carpenter, R. (2006). Bots as language learning tools. *Computers in Human Behavior, 22*(5), 882–895.

Gamage, D., & Perera, C. (2020). The impact of artificial intelligence on language learning: A review. *International Journal of Computer Science and Engineering*, 18(2), 1–8.

Gardner, R. C. (1985). *Social psychology and second language learning: The role of attitudes and motivation*. Edward Arnold.

Gee, J. P., & Hayes, E. R. (2011). *Language and learning in the digital age* (1st ed.). Routledge.

Godwin-Jones, R. (2024). *Generative AI, pragmatics, and authenticity in second language learning*. arXiv.

Huang, X., Zou, D., Cheng, G., & Xie, H. (2021). A systematic review of AR and VR enhanced language learning. *Sustainability*, 13(9), 4639. https://doi.org/10.3390/su13094639

Hurford, J. R. (2014). *Origins of language: A slim guide*. OUP Oxford.

Hutchins, W. J. (1986). *Machine translation: Past, present, future*. Ellis Horwood.

Jurafsky, D., & Martin, J. H. (2009). *Speech and language processing: An introduction to natural language processing, computational linguistics, and speech recognition* (2nd ed.). Prentice Hall.

Levy, M. (1997). *Computer-assisted language learning: Context and conceptualization*. Oxford University Press.

Lightbown, P. M., & Spada, N. (2013). *How languages are learned* (4th ed.). Oxford University Press.

Manning, C. D., & Schütze, H. (1995). *Foundations of statistical natural language processing*. MIT Press.

Mohamed, Y., Khanan, A., Bashir, M., Mohamed, A., Adiel, M., & Elsadig, M. (2024). The impact of artificial intelligence on language translation: A review. *IEEE Access*, 12, 25553–25579. https://doi.org/10.1109/ACCESS.2024.3366802

Natural language processing in artificial intelligence. (2022). Apple Academic Press, Incorporated.

O'Neil, C. (2016). *Weapons of math destruction: How big data increases inequality and threatens democracy*. Crown.

Ostler, N. (2005). *Empires of the word: A language history of the world*. HarperCollins.

Ouyang, Z., Jiang, Y., & Liu, H. (2024). The effects of Duolingo, an AI-integrated technology, on EFL learners' willingness to communicate and engagement in online classes. *The International Review of Research in Open and Distributed Learning, 25*(3), 97–115. https://doi.org/10.19173/irrodl.v25i3.7677

Pinker, S. (1994). *The language instinct: How the mind creates language*. William Morrow. Poibeau, T. (2017). Machine translation. The MIT Press.

Radford, A. (1988). *Transformational grammar: A first course*. Cambridge University Press.

Samovar, L. A., Porter, R. E., & McDaniel, E. R. (2017). *Intercultural communication: A reader* (15th ed.). Cengage Learning.

Savignon, S. J. (1983). *Communicative competence: Theory and classroom practice*. Addison-Wesley.

Seyfarth, R. M., & Cheney, D. L. (2017). *The social origins of language*. Princeton University Press.

Stern, H. H. (1983). *Fundamental concepts of language teaching.* Oxford University Press.

The Oxford handbook of language evolution. (2012). OUP Oxford.

Thomas, D. A. (1995). *Music and the origins of language: Theories from the French Enlightenment*. Cambridge University Press.

Ting-Toomey, S. (1999). *Communicating across cultures*. Guilford Press.

Venuti, L. (1995). *The translator's invisibility: A history of translation*. Routledge.

Warschauer, M., & Xu, Y. (2024). Artificial intelligence for language learning: Entering a new era. *Language Learning & Technology*, 28(2), 1–4. https://doi.org/10125/73569

Zhang, Y., & Teng, Z. (2021). *Natural language processing: A machine learning perspective.* Cambridge University Press.

Żywiczyński, P., & Wacewicz, S. (2019). *The evolution of language: Towards gestural hypotheses.* Peter Lang.

호모 커뮤니쿠스

AI 세상과 만나는 외국어 교육의 미래

초판1쇄 인쇄 2025년 7월 5일
초판1쇄 발행 2025년 7월 15일

지은이 류태호
펴낸이 김진상
책임 편집 윤민혜
디자인 양송희

펴낸곳 경희대학교 출판문화원
주소 서울시 동대문구 경희대로 26
전화 02-961-0106~8
팩스 02-961-0291
설립 1960년 9월 16일 제5-8호
등록 1977년 11월 8일 제6-5호
홈페이지 www.khupress.com
전자우편 press@khu.ac.kr

ISBN 978-89-8222-797-4 (93370)

* 책 내용 관련 문의: 저자 류태호(yutx@jmu.edu)